**호모
엑스
마키나**

일러두기

- 책명, 잡지명 등은 《 》로, 책이나 잡지 안에 포함된 장이나 단일 기사의 경우는 〈 〉를 사용했다. 논문이나 영화 등의 작품도 〈 〉를 사용했다.
- 국내에서 이름이 잘 알려진 인물이거나 번역서가 나온 경우는 원어를 병기하지 않았으며, 저자 및 책명 표기는 국내 출간작에 의거했다.
- 외국의 인명, 지명, 독음 등은 사전 및 외래어 표기법을 따르되 이에 해당하지 않는 경우는 원어 발음 그대로 따랐다.

Homo ex machina

Der Mensch von morgen. Chancen und Risiken des Transhumanismus.
by Bernd Kleine-Gunk, Stefan Lorenz Sorgner © 2023 by Wilhelm Goldmann Verlag
a division of Penguin Random House Verlagsgruppe GmbH, Muenchen, Germany.

Korean Translation Copyright © 2024 by Mirae N Co., Ltd
Korean edition is published by arrangement with Penguin Random House
Verlagsgruppe GmbH through BC Agency, Seoul

인류의 종말인가, 진화의 확장인가

호모 엑스 마키나

HOMO EX MACHINA

베른트 클라이네궁크 · 슈테판 로렌츠 조르그너 지음

박제헌 옮김

와이즈베리
WISEBERRY

차례

인류의 진화를 대하는 두 가지 시각

트랜스휴머니즘은 철학 사상인가? 그렇다. 이와 동시에 본질적인 면에서 기술 및 자연과학의 진보에 기반을 둔 철학이기도 하다. 트랜스휴머니즘은 기술의 유토피아를 말하는가? 대부분 그렇다. 많은 사례에서 그런 면을 보인다. 그러면서 근본적으로 철학적인 의문을 던지기도 한다. 물론 트랜스휴머니즘을 미래 비전이 아닌 실존적 위험으로 보는 비평가도 적지 않다. 이 책에서는 두 명의 저자가 트랜스휴머니즘이 선사하는 기회와 위험을 비판적으로 논의한다. 두 저자가 기본적으로 같은 의견을 가졌더라도 각각의 주제를 바라보는 견해는 저자마다 명백하게 다를 수 있다. 그렇기에 주제를 뛰어넘는 특별함이 존재한다. 다양한 관점이야말로 트랜스휴머니즘처럼 복잡하고 논란이 많은 주제에 접근하는 훌륭한 방법이리라.

이런 점을 고려할 때 두 저자가 트랜스휴머니즘이란 주제에 관해 이야기하는 것은 당연한 일이다. 저자 슈테판 로렌츠 조르그너 교수는 철학 지식을 갖춘 정신 과학자로서 자신이 트랜스휴머니스트라고 확신한다. 베른트 클라이네궁크 교수는 과학 교육을 받은 의사로서 회의적인 트랜스휴머니스트를 자처한다.

조르그너 교수는 철학을 전공하고 20년 넘게 트랜스휴머니즘을 연구하고 있다. 그는 니체 전문가로 초인의 개념을 통해 트랜스휴머니즘 사상 세계에 들어선다. 2016년부터 로마의 존캐봇대학교에서 철학 교수로 재직하며 트랜스휴머니즘을 학문 분야에서 논의하는 데 깊이 관여하고 있다. 이 때문에 한 독일 언론인으로부터 '철학계의 악동'라는 수식어를 얻었다.

클라이네궁크 교수는 20여 년간 항노화 의학에 관심을 기울여온 의사다. 항노화 의학에 관해 전문적이고 대중적인 서적을 여러 권 집필했으며 독일 항노화 의학 협회의 회장직을 맡고 있다. 더불어 항노화를 주제로 전 세계를 돌아다니며 활발한 강연 활동을 펼치고 있다.

두 저자는 세계 첨단 기술이 집약된 대도시가 아닌 한적한 프랑켄 지역의 퓌르트에서 열린 심포지엄에서 처음으로 만났다. 2019년 10월에 열린 이 심포지엄의 주제는 '더 나은 인간이란? 트랜스휴머니즘의 미래에 던지는 기술 및 윤리 문제'였다. 조르그너는 건강한 삶의 방식을 유지하는 데 이바지할 수 있다는 측면에서 개인의 디지털 데이터 처리 방안을 달리 생각해 봐야 한다고 주장했다. 예상대로 이 발언에 대해 대다수 청중이 분노한 것은 당연한 결과였다. 심포지엄 중간 휴식 시간 동안 조르그너와 클라이네궁크는 대담을 통해 생각이 일치하는 부분이 많다는 사실을 발견했고, 이는 곧 이 책을 공동 집필하는 일로 이어진다. 이 외에도 다른 공통점이 더 있었다. 바로 두 저자 모두 니체 철학의 열정적 지지자라는 점과 혁신 기술에 관한 관심이 높다는 점, 그리고 무엇보다 과학적 사고가 진보를 실현한다고 확신한다는 점이다.

트랜스휴머니즘에서 출발한 두 저자의 공통 주요 관심사는 일단 항노화 의학에 필수적이고 트랜스휴머니스트에게 중요한 급진적 생명 연장이라는 개념이다. 시작부터 순탄하지 않았던 트랜스휴머니즘이란 주제에 헌신해 온 두 저자의 경험은 서로 공감대를 형성하는 데 영향을 미친다. 시작부터 논란이 많았던 트랜스휴머니즘이란 주제에 일찍이 뛰어든 경험은 두 저자 사이에 분명 동류의식으로 작용했으나, 대담의 과정은 순탄치 못했다. 20년 전만 해도 트랜스휴머니즘은 소수 지식인층에서 지지할 뿐 학계나 대중 사이에서는 큰 공감을 얻어내지 못했다. 하지만 현재 트랜스휴머니즘은 실리콘 밸리를 지배하는 사고방식이며, 댄 브라운의 인기 소설이나 할리우드 영화의 단골 소재다. 일론 머스크와 같은 세계적인 유명 인사도 본인이 트랜스휴머니스트임을 자처한다.

항노화 의학 역시 25년 전 등장 초기엔 비웃음 받던 학문이었다. 노화는 피할 수 없는 운명으로, 인간이 바꾸지 못하는 과정이라 생각했다. 노화의 생물학적 진행 과정에 대해 알려진 부분은 거의 없다시피 했다. 그러다 노화 속도를 조절할 수 있다는 말이 퍼지기 시작하며 이 새로운 분야에 관한 과학 연구가 활발하게 진행 중이다. 실리콘밸리는 다시금 이 분야의 선두주자가 된다. '장수 산업'은 전도유망한 미래 산업 가운데 하나로 주목받고 있다.

두 저자에게는 많은 공통분모가 존재하나 둘 사이에 차이점은 여전히 남아 있다. 조르그너 교수는 트랜스휴머니즘에서 자신의 '정신적 고향'

을 발견했다고 말하지만, 클라이네궁크 교수는 미래 트랜스휴머니즘의 발전을 다소 비판적인 시각으로 바라본다. 예를 들어 중국 최초로 유전자 변형을 통해 태어난 신생아를 보는 두 사람의 입장은 상당히 다르다. 그래서 두 저자는 각각의 주제에 관해 별도로 설명하기로 한다. 클라이네궁크는 기술, 조르그너는 트랜스휴머니즘적 가치 평가에 중점을 두고 설명한다. 이 둘의 대담은 새로운 철학 사상의 흐름을 보여주는 예시로, 소크라테스 이후 비판적 반론을 통해 발전해 온 오래된 철학 기법이 아직도 가장 방대한 지식을 얻는 방안이란 방증이다.

마지막으로 두 저자가 비교적 신속하게 합의에 이른 부분이 하나 있다. 이들은 여러 이유로 거듭되는 성별을 굳이 언급하지 않기로 했다.

이제 책장을 넘겨보자. 읽는 즉시 트랜스휴머니즘이라는 새로운 사고 방식이 놀랍도록 오랜 역사를 가졌다는 사실을 알게 될 것이다.

트랜스휴머니즘이 가져올 미래 변화

21세기의 가장 중요한 지적 흐름 중 하나인, 철학과 기술적 유토피아의 혼합인 트랜스휴머니즘 추종자들이 예측하는 세상이 도래했다. 인간은 영광의 시대를 살고 있는 것이다.

트랜스휴머니즘의 비전은 매우 광범위하다. 여러 비전 중에서도 급진적 수명 연장이 가장 중요한 안건이다. '급진적'이란 용어에 주목하자. 10년이나 15년 더 사는 문제가 아니다. 기대 수명을 250년, 500년 이상 달성하는 게 목표다. 영국의 저명한 생물 노인학자 오브리 드 그레이Aubrey de Grey는 1,000살까지 살 수 있는 최초의 인간이 이미 태어났다고 예견한다. 그것도 아주 건강한 삶을 사는 상태로 말이다. 1,000살이 된 인간은 휠체어를 타고 길을 건너는 모습이 아니다. 해변에서 서핑하는 모습이다.

이를 위한 여러 가지 방법이 이미 개발된 상태다. 여기서 가장 도움이 되는 분야가 바로 나노 의학이다. 미래에는 소위 나노봇이란 초소형 로봇이 인간의 면역체계를 강화해 줄 것이라 기대된다. 더 나아가 나노봇은 백혈구처럼 인간의 혈관계를 감시하면서 박테리아, 바이러스, 심지어 암세포까지 추적해 발견하고 제거할 것이다.

하지만 건강하게 나이 드는 일만이 능사는 아니다. 인간은 지금까지 얻은 자신의 생물학적 능력을 최적화해야 한다. 최적화는 유전학에서부터 시작한다. 오랫동안 인간의 유전적 구성은 바꿀 수 없는 걸로 간주되어 왔다. 하지만 이제는 과거의 일이 되었다. 트랜스휴머니스트는 유전적 구성에 개선의 여지가 많다고 생각한다. 트랜스휴머니스트는 이제 무작위 돌연변이를 통해 극히 일부의 사례에만 나타나는 진화의 발전을 기대하지 않는다. 트랜스휴머니스트는 스스로 유전자를 개발시키기로 마음먹었다. 이는 곧 인간이 유전자에서 해로운 유전 인자를 제거한다는 뜻이다. 더불어 인간 DNA를 최적화하여 지금까지 인간으로서 상상하지 못했던 능력을 얻는다는 점을 의미한다.

최적화는 유전학에서 끝나지 않는다. 인간은 무엇보다 지구상의 모든 생명체 중에서 가장 뛰어난 사고 능력을 지녔다는 부분에서 차별화된 존재다. 트랜스휴머니즘은 아직 갈 길이 멀다. 차세대 의약품은 일종의 '두뇌용 비아그라'처럼 작용하여 인간이 더 낫고 더 효율적으로 생각하여 집중력을 높이도록 만들 수 있다. 컴퓨터와 뇌 사이에 인터페이스를 만드는 다양한 가능성은 더 큰 잠재력을 품고 있다. 인공지능은 최근 몇 년 동안 인간의 뇌를 점점 모방(딥러닝)하면서 엄청난 발전을 이루었다. 역으로 인간의 뇌는 인공지능을 중추신경계에 직접 연결하여 이득을 볼 수도 있다. 생물학적 지능과 인공지능의 융합은 인지 능력에 완전히 새로운 가능성을 열어줄 것이다. 신경 보철물은 인간을 점차 사이보그처럼 만들어갈 것이다.

하지만 이게 전부가 아니다. 어쩌면 인간을 생물학적 신체로부터 완전히 분리하는 일도 가능해질지 모른다. 이른바 마인드 업로딩Mind-Uploading은 트랜스휴머니즘이 가진 아주 웅대한 비전 가운데 하나다. 마인드 업로딩 과정에서 인간의 의식은 두뇌에서 저장 매체로 옮겨진다. 이것은 인간 의식의 '백업 사본'과 비슷한 역할을 한다. 하지만 이 사본으로 인해 다음과 같은 시나리오가 가능해질 수도 있다. 인간의 의식이 고장 나기 쉬운 생물학적 신체에서 완전히 분리되어 클라우드에 업로드되고 다른 의식과 네트워크를 형성하는 일 말이다. 그러면 인간은 탄소에 기반을 둔 생물체에서 벗어나 규소에 기반한 새로운 형태를 지닌 존재로 변모한다.

이 모든 일이 허무맹랑한 공상과학소설처럼 들리는가? 아니면 한밤중 넷플릭스 시청에 심취한 컴퓨터 괴짜들이 내뱉는 환상 세계 속 이야기 같은가? 과거에 상상으로 그쳤던 많은 일이 상당 부분 이미 현실이 되었다. 지난 150년 동안 인간의 기대 수명은 두 배로 늘어났다. 전 세계 연구자들은 최대 기대 수명을 확실하게 늘릴 항노화 전략을 집중적으로 연구하고 있는 중이다.

지난 20년간 유전자 진단은 일상처럼 이루어졌다. 인간 게놈 프로젝트Human Genome Project 목적으로 인간 게놈을 완전히 해독하는 데 거의 10년이 걸렸고 30억 달러의 비용이 들었다. 오늘날 좋은 설비를 갖춘 유전학 연구소는 1,000유로로도 안 되는 비용으로 반나절 만에 인간 게놈 전체를 분석한다. 또한 유전자 가위 기술 중 하나인 크리스퍼 캐스CRISPR/

Cas를 사용하면 거의 수술에 가까운 정밀도로 유전자 치료 도구를 사용할 수 있다.

이미 미국 대학생 중 10~20퍼센트가 시험 기간 집중력을 높여준다는 약을 먹는다. 그리고 뇌와 컴퓨터 간 인터페이스도 벌써 존재한다. 인공 와우는 내이가 손상된 사람이 소리를 다시 듣게 해주는 신경 보철물로 이식이 가능하다. 시각장애인이 시력을 되찾도록 만드는 망막 보철물에 관한 연구도 심도 있게 이루어지고 있다. 그런데 이런 보철물에만 기댈 필요가 있는가? 기술만 자리를 잡으면, 예를 들어 메모리 칩도 뇌에 연결할 수 있다. 그러면 아무도 퀴즈 쇼를 보지 않을 것이다. 어차피 모든 인간이 모든 지식을 알고 있기 때문이다.

비록 마인드 업로딩이 아직 먼 미래의 일일지라도 고인이 된 사람들의 디지털 사본은 지금도 존재한다. 망자의 아바타가 인터넷을 떠돌고 있다. 망자가 가상 세계에서 부활하는 일은 이제 완연히 현실로 와닿는다. 그래서 예전에 세상을 떠난 유명 가수가 음악 축제에서 디지털 캐릭터로 부활해 현재 생존해 있는 자신의 동료와 듀엣으로 노래를 부르는 일이 가능하다.

트랜스휴머니즘 사상만 확산하는 게 아니라 트랜스휴머니스트를 자처하는 대표적 인물들도 점차 늘어나고 있다. 현재 세계에서 가장 부자로 손꼽히는 일론 머스크는 자신이 트랜스휴머니스트임을 고백한다. 머스크는 자기 사업 영역을 전기 자동차를 만드는 일에만 국한하지 않은 지 오래되었다. 그가 세운 '뉴럴링크'는 사이보그 기술의 토대가 되는 두뇌와 컴퓨터 간의 인터페이스를 중점적으로 연구한다. 머스크는 이미 첫 번째 성공을 거둔 바 있다.

레이 커즈와일은 세계에서 가장 크고 영향력 있는 인터넷 회사인 구글의 기술 책임자다. 그는 국제 트랜스휴머니즘 운동의 개척자이자 선구자 중 한 명이다. 실리콘 밸리 전체가 트랜스휴머니즘 사상의 핫 스폿으로 발전하고 있다. 중국의 실리콘 밸리, 선전 같은 세계 다른 지역의 기술 센터도 마찬가지다. 이런 곳에선 신기술로 태어나는 새로운 인간의 탄생을 꿈꾼다.

하지만 모든 사람이 신기술의 지속적 활용을 통해 인간이 영광의 시대를 맞이한다고 생각하진 않는다. 격렬한 비판 의견도 있다. 이런 비판은 다양한 측면에서 제기된다. 미국의 정치학자 프랜시스 후쿠야마 같은 보수 사상가들은 트랜스휴머니즘 사상이 전형적인 인간상을 상당히 위태롭게 만든다고 생각한다. 후쿠야마는 트랜스휴머니즘을 두고 "세상에서 가장 위험한 사상"이라고 말한다.

진보적 비평가들은 트랜스휴머니즘 기술이 두 개의 계급이 존재하는 새로운 사회를 만들 것이라 우려한다. 한 계급은 기술적 가능성을 통해 자기 능력을 확장하는 데 성공한 '최적화' 계층이다. 또 다른 계급은 경제 여건 때문에 기술의 혜택을 누릴 수 없는 사람들로 이 세상의 낙오자가 되어버린 계층이다.

모든 정치 진영을 통틀어 트랜스휴머니즘의 '유전 강화 프로젝트'가 국가 사회주의자들의 우생학 프로그램을 떠올리게 한다는 우려의 시선이 있다. 이런 의문점에 관한 토론은 아주 활발하게 진행 중이다.

이 책에서는 인간에게 중요한 트랜스휴머니즘 프로젝트와 가장 중요한 트랜스휴머니즘 사상가들을 소개할 것이다. 그리고 우리는 계속해서 스스로 질문을 던질 것이다. 인간이란 어떤 존재이며, 기술 최적화 시대를 살아가는 인간에게 남아 있는 부분은 무엇인가? 물론 궁극적으로 이런 질문도 던질 것이다. 트랜스휴머니즘은 얼마나 인간다운가?

　금세기 가장 흥미진진한 철학 및 과학 프로젝트를 따라서 우리의 여정에 동참해 보면 어떨까. 장담하건대 흥미로운 탐험이 될 것이다.

- 베른트 클라이네궁크, 스테판 로렌츠 조르그너

새로운 아틸란티스는
과연 도래할 것인가

HOMO
EX
MACHINA

트랜스휴머니즘의 어제와 오늘

– 베른트 클라이네궁크

트랜스휴머니즘은 비교적 새로운 기류처럼 보이지만, 트랜스휴머니즘의 역사는 언제부터였는지, 그 시작점에 누가 있는지에 대한 논쟁은 이전부터 뜨거웠다. 트랜스휴머니즘은 1980년대 미국의 컴퓨터 괴짜들과 공상과학 팬들이 고안해 낸 작품인가, 그 철학적 근간은 그보다 더 오래 거슬러 올라가야 하는가, 아니면 완전히 새로운 사업 영역을 개척하려는 실리콘 밸리 기업의 최신 마케팅 전략일 뿐인가 등.

하지만 적어도 누가 트랜스휴머니즘이란 용어를 만들었는지에 대해서는 의견이 일치한다. 1951년 7월 줄리안 헉슬리(Julian Huxley, 1887~1975)는 〈지식, 도덕, 운명Knowledge, Morality and Destiny〉이라는 글을 출판한다. 이 글은 1957년 선집 《새 술은 새 부대에New Bottles for New Wine》에 개정하여 다시 실렸다. 이 글에서 헉슬리는 말한다. "인류가 그럴 의지만 있다면 흩어져 존재하는 것만이 아니라, 개인으로서 한쪽에서는 이런 방식으로, 다른 쪽에서는 저런 방식으로 인류라는 총체로서 자기 자신을 초월한 존재가 될 수 있다. 우리는 이 새로운 믿음에 대한 이름이 필요하다. 어쩌면 트랜스휴머니즘이란 단어가 새 이름에 걸맞은 역할을 할 수 있을 것이다. 인간은 여전히 인간이지만, 인간 본성의 새로운 가능성을 실현해 인간 자신을 초월하기 때문이다."[1]

줄리안은 20세기 전반을 선도한 진화 생물학자이자 행동 과학자다. 줄리안은 작가로서도 윤리적이고 철학적인 문제를 다루는 데 집중한다. 이런 노력은 줄리안이 초대 유네스코 사무총장으로 선출되어 '세계 인권 선언'에 결정적인 영향을 끼친 데서 빛을 발한다.

사실 줄리안 헉슬리는 소설 《멋진 신세계》로 유명한 작가 올더스 헉슬리(Aldous Huxley, 1894~1963)의 형이기도 하다. 올더스의 미래 소설은 현재 트랜스휴머니즘 사회에 대한 전형적인 상상 속 공포를 신랄하게 묘사한다. 소설의 배경은 서기 2540년으로 질병과 노화가 전반적으로 사라진 세상을 그린다. 모든 인간은 건강하고 능력이 출중할 뿐만 아니라 미용 기술도 발전을 거듭해 평생 매력적인 외모를 유지한다.

하지만 이 '멋진 신세계'에는 차이가 존재한다. 인간이 사회에서 자기 역할을 완벽하게 수행하도록 태아부터 산업 시설에서 생산해 낸다. 그 결과 이곳 인간 사회는 알파부터 입실론까지 다섯 계급으로 나뉘는 일종의 카스트 시스템이 만들어진다. 하층 계급에서 적개심이 생기는 일을 방지하려고 행복을 느끼게 하는 '소마'란 마약을 대량으로 사용한다. 향정신성 약물로 만들어진 만족 사회인 것이다. 조지 오웰의 소설 《1984》와 함께 《멋진 신세계》는 오늘날 미래의 디스토피아를 가장 잘 표현한 작품으로 평가받는다.

줄리안 헉슬리가 '트랜스휴머니즘'이란 개념을 만들어 커다란 희망을 제시했지만, 동생 올더스 헉슬리는 트랜스휴머니즘 프로젝트가 잘못되었을 때 일어날 수 있는 가장 끔찍한 상황을 그린 소설을 썼다는 점은 아이러니다.

트랜스휴머니즘 용어의 창시자에 대한 부분은 이미 합의에 이르렀다. 하지만 줄리안은 트랜스휴머니즘이란 개념은 만들었으나 개념의 내용 면에서는 깊이 있게 설명하지 못한다. 줄리안과 같은 영국인이었던 물리학자이자 분자생물학자인 존 데스먼드 버널(John Desmond Bernal, 1901~1971)이 트랜스휴머니즘의 개념을 이어받는다. 하지만 버널은 '트랜스휴머니즘'이란 용어를 명확하게 사용하진 않았다.

버널은 정의감을 가진 인물로 묘사할 수 있다. 그는 영국의 명문 케임브리지대학에서 방사성 결정학(결정체들을 연구하는 학문-옮긴이) 분야 연구에서 선구적 역할을 한다. 아울러 평생에 걸쳐 군사 문제에도 몰두한다. 무엇보다 버널은 1944년 연합군의 노르망디 상륙 작전인 '오버로드' 작전에 참여해 준비 과정을 돕는다. 잘 알려진 바와 같이 이 작전은 나치를 상대로 최후의 승리를 거두는 성공으로 이어진다.

여기서 주목할 점은 버널이 열렬한 공산주의자였다는 사실이다. 이로 인해 버널의 인생은 냉전 이후 그리 순탄하지만은 않았다. 그러나 버널은 인류의 미래가 계급 없는 사회를 주장하는 프롤레타리아의 승리만으로 결정된다고 보지 않았다. 버널은 자연과학의 발전에도 큰 기대를 건다. 그는 1929년 자신의 저서《세계, 육체 그리고 악마: 이성적 영혼의 탐구The World, Flesh, Devil: The Enquiry in the Rational Soul》에서 과학이 실현해 낸 많은 기술적 성과를 인류가 사용하는 것을 넘어, 과학이 인간의 신체를 통합할 것이라고 예상한다.

버널은 인공 보철물 덕에 전파를 감지하고 적외선 영역까지 볼 수 있을 만큼 시력이 좋으며, 초음파를 감지할 수 있는 청력을 지닌 최적화된 인간을 묘사한다. 더욱 놀라운 것은 미래 인간은 필요에 따라 현실을 벗어나 일종의 '유충 상태'로 수십 년간 생존하는 능력까지 갖춘다는 점이다. 이 인간은 다시 소생하면 과거의 활력을 가지고 차세대 또는 그 이후 세대의 일상에 녹아든다. 또한 버널은 우리가 우주에 대해 집단적으로 열광하기 시작한 최초의 달 착륙보다 훨씬 이전인 1920년대에 이미 다른 별을 방문하거나 우주 정거장을 통해 우주를 영구적인 식민지로 만드는 상세한 계획을 세웠다.[2] 사이보그 인간, 미래 시대로의 가교 구실을 하는 인체 냉동 보존술, 그리고 마지막 단계로 전 우주를 식민지화한다는 계획은 거의 100년이 지난 지금도 유효한 트랜스휴머니즘 프로그램이다. 그렇게 존 데스먼드 버널은 의심할 여지 없이 트랜스휴머니즘 운동의 위대한 선구자 중 한 명이지만 그 진가를 인정받지 못한 인물이다.

20세기 초에 트랜스휴머니즘이라는 용어가 탄생하고 최초의 트랜스휴머니즘 관련 출판물도 등장했다. 그렇다면 여기서 '그 이전에도 트랜스휴머니즘'이 존재했는지에 대한 의문이 생긴다. 자기 한계를 극복하고 '초인적 능력'을 얻으려는 인간의 욕망은 아주 먼 옛날로 거슬러 올라간다. 대체로 모든 민족의 신화에는 그 시대에 맞는 서사가 있다. 신화에서 초자연적 능력은 기계와 융합해 나타나지 않고, 대개 신이나 여신과의 성적 결합으로 얻는다. 예를 들어 그리스 신화에는 신성한 유산을 물려받아 비범한 능력을 지닌 반신반인들이 등장한다. 이 능력에는 용맹한 용기와 뛰어난 지능뿐만 아니라 엄청난 신체 능력까지 포함된다. 헤라클레스는 이런 반신반인 중 가장 널리 알려진 인물일 것이다. 헤라클레스라는 이름은 지금도 초인적인 일을 해내는 사람을 상징한다.

시대에 따라 호전적 기질이 필요한 시기도 있었다. 고대에 불사신이 된다는 것은 영생에 대한 약속과도 같았다. 그래서 여러 신화적 기교를 사용했다. 예를 들어 아킬레스는 자신의 어머니 테티스 여신의 도움을 받아 지하와 지상 세계의 경계에 있는 스틱스강에 몸을 담갔다. 게르만족의 영웅 지크프리트는 자신이 죽인 용의 피로 목욕을 했다. 아킬레스와 지크프리트의 사례 모두 어떤 무기도 꿰뚫을 수 없는 피부를 만들려는 목적으로 행한 일이었다. 하지만 이 둘은 아주 사소한 부주의로 인해 결국 사망하고 말았다. 아킬레스는 발꿈치가, 지크프리트는 왼쪽 어깨가 치명적인 약점이었는데, 아킬레스는 강에 몸이 담길 때 잡힌 부위였고, 지크프리트는 목욕할 때 어깨뼈에 나뭇잎 한 장이 붙어 그 부분에 용의 피가 스며들지 못했기 때문이다.

대중이 기억하는 또 다른 신화 속 비극적 결말이 있다. 미노스 왕은 어린 이카로스를 그의 아버지 다이달로스와 함께 크레타섬에 가둔다. 섬은 너무 외진 곳에 있어 탈출은 불가능해 보였다. 하지만 첨단 기술의 추종자인 다이달로스는 자신과 아들을 위해 날개를 고안해 낸다. 다이달로스는 밀랍으로 깃털을 막대에 고정한다. 그는 날기 직전 아들 이카로스에게 너무 높이 날지 말라고 신신당부한다. 그렇지 않으면 태양열이 밀랍을 녹일 것이기 때문이다. 하지만 전형적인 10대답게 이카로스는 새로 얻은 능력에 오만해져 점점 더 높이 날아가 버린다. 다이달로스가 예측한 대로 태양이 밀랍을 녹여 깃털이 떨어지고 이카로스는 추락해 죽고 만다. 이카로스가 추락한 섬 이름이 이카리아라고 불린다는 사실은 그리 큰 위로가 되지 않는다. 이 신화는 반 트랜스휴머니스트들이 트랜스휴머니스트보다 더 자주 인용한다. 반트랜스휴머니스트의 윤리 규범은 말 그대로 명확하다. 만약 인간이 오만하여 신기술을 과용하고 제대로 다루지 못한다면 인간은 완전히 추락하고 말 것이라는 경고다.

그 유명한 독일 문학 작품에서 태어난 인물인 파우스트 박사도 초기 트랜스휴머니즘 야망이 구체화된 사례로 해석할 수 있다. 파우스트는 자신의 학식과 자기 시대의 지식이 궁극적으로 더 깊은 깨달음을 허용하지 않는다는 현실에 크게 고통스러워한다. 절망에 사로잡힌 그는 결국 스스로 영혼을 악마에게 팔아 '세상을 하나로 결합하는 핵심을 인지'할 수 있는 능력을 얻는다. 파우스트가 이 능력을 이용해 어린 소녀를 유혹하고 불행에 빠뜨리는 일은 또 다른 이야기다.

독자 여러분은 이 책에서 더 많은 '파우스트 캐릭터'를 만날 것이다. 신화 속 인물부터 문학 작품의 등장인물, 실제 철학자와 과학자에 이르기까지 다양한 인물이 등장할 예정이다.

다재다능하고 출중한 미남으로 초기 르네상스 시대 신동으로 불린 이탈리아 철학자 조반니 피코 델라 미란돌라(Giovanni Pico della Mirandola, 1463~1494)는 트랜스휴머니즘의 선조로 꼽힌다. 미란돌라는 1486년 출간한 논문 〈인간의 존엄에 대하여 De Hominis Dignitate〉에서 인간의 특별한 지위에 대해 찬사를 보낸다.

인간 이외의 다른 모든 생물은 본질적으로 특정한 틀 안에 가능한 행동을 제한하는 특성이 있어 고정된 거주지에 머문다. 반면에 인간은 세상 한가운데 서서 자유롭게 세상을 둘러보고 존재하는 모든 것을 탐색한 다음 선택할 수 있다. 그래서 인간은 자유 의지에 따라 자신만의 방식과 장소를 결정하는 창조자가 된다. 이것은 인간만이 지닌 본성의 경이로움과 특별한 존엄성이며, 그런 이유로 신의 모상模像이다. 인간은 하늘이나 땅 어느 쪽에도 속하지 않고, 자기 결정에 따라 동물이나 식물로 퇴화하거나 이성적 능력을 발휘해 천사의 반열에 오를 수도 있다.[3]

인간은 자기 본성의 한계를 뛰어넘는 자율적 창조자다. 인간이 성취한 것을 두고 오늘날 비록 극소수 트랜스휴머니스트만이 '천사의 반열'에 들었다고 표현하지만, 바로 이 상태가 트랜스휴머니스트들이 바라는 상태이기도 하다. 그러니 미란돌라가 원시 트랜스휴머니스트가 모인 선조들의 전당에서 상석을 차지하고 있는 건 당연한 일이다. 더불어 이 뛰어난 철학자가 당대에는 이단이라는 의혹 속에 의심스러운 죽음을 맞이한 것도 놀랍지 않다. 2007년 그의 유골을 발굴해 조사한 결과 미란돌라는 비소 중독으로 사망한 걸로 밝혀진다.

프랜시스 베이컨(Francis Bacon, 1561~1626) 또한 트랜스휴머니즘의 선구자다. 영국의 철학자, 법률가이자 정치인인 베이컨은 체계적인 과학 방식의 창시자로 꼽힌다. 베이컨은 스콜라 철학자들이 행하던 믿음이나 '권위'에 대한 연구 대신 실험과 과학 연구를 통해 지식을 얻는 데 초점을 맞춘다.

베이컨은 과학의 시대가 인류에게 열어준 새로운 가능성에 영감을 받아 《새로운 아틀란티스》라는 유토피아 소설을 쓴다. 이 소설은 미완의 상태로 베이컨 사후 1년 뒤 출간된다. 베이컨은 이 소설에서 자신의 대표 격언 '아는 것이 힘이다'라는 말대로 과학자가 자연의 법칙을 이해하는 데서 그치지 않고 인류를 위해 그 법칙을 변화시키는 미래를 그려낸다. 《새로운 아틀란티스》에는 다음과 같은 구절이 있다. "생명을 연장하고 젊음을 일정 수준으로 되찾아라. 노화를 늦춰라. 불치병으로 여기는 질병을 치유해라. 고통을 없애라. 신체를 변화시켜라. 뇌를 개선해라. 완전히 새로운 생명체를 창조해라." 2009년 발표한 트랜스휴머니즘 선언문의 내용도 이와 크게 다르지 않다. 이처럼 '현대 과학의 아버지' 프랜시스 베이컨은 자연스럽게 트랜스휴머니즘의 정신적 지주로 손꼽힌다.

프리드리히 니체(Friedrich Nietzsche, 1844~1900)로 넘어가면 상황은 좀 더 복잡해진다. 물론 니체의 '초인' 개념은 초기 트랜스휴머니즘 시각으로 볼 수 있다. 니체는 저서 《차라투스트라는 이렇게 말했다》에서 "나는 너희에게 초인을 가르친다. 인간은 극복해야 할 대상이다. 너희는 그것을 위해 무엇을 했는가?"라고 말한다. 니체의 눈에는 행동하는 인간이 너무 적다. 니체에게 초인은 역사가 추구하는 본래 목표이며, 인간은 초인이 되기 위해 길을 닦아야 한다. 현재의 인간은 '동물과 초인 사이에 놓인 밧줄' 같은 존재에 불과하다. 이것이 오늘날 트랜스휴머니스트 대부분이 지닌 관점이다. 그래서 니체는 특히 독일어권 국가에서 새로운 트랜스휴먼 시대의 창시자로 여겨지기도 한다.

이에 비해 영미권에서는 트랜스휴머니즘에 대해 덜 열광하는 편이다. 많은 영미권 사람에게 니체는 너무 음침하고 정치적으로 올바르지 않은 인물로 보인다. 특히 국가 사회주의자들이 니체 사후에 그를 자기 공동체의 현인 중 하나로 선언했다는 사실은 여전히 오점으로 남는다. 많은 사람이 '초인'과 '지배하는 인간'의 경계를 명확하게 모르는 것 같다. 니체의 우생학 및 '인간 개량'에 관한 몇몇 발언도 문제가 되고 있다. 그래서 옥스퍼드에 거주하는 스웨덴인 닉 보스트롬Nick Bostrom 같은 트랜스휴머니스트는 트랜스휴머니즘 사상가로서 니체의 역할을 전면 부정한다. 일단의 트랜스휴머니스트는 일부 트랜스휴머니즘을 오히려 계몽주의의 연장선으로 간주한다.

알려진 바와 같이 18세기에 일어난 이 지적 사회 운동은 합리적이고 과학적인 사고에 크게 의존하며, 의도적으로 합리성과 과학을 인류의 진보에 이바지하도록 만들었다. 계몽주의에 가장 큰 영향을 끼친 국가는 의심할 여지 없이 프랑스다. 트랜스휴머니스트가 자주 언급하는 저명한 프랑스 계몽주의자가 둘 있다. 하나는 프랑스 계몽주의 중심 프로젝트로 백과사전을 편집한 드니 디드로(Denis Diderot, 1713~1784)다. 다른 한 명은 마르퀴 드 콩도르세(Marquis de Condorcet, 1743~1794)다.

디드로는 1769년 환상적인 철학 에세이 세 편을 쓴다. 이 세 편은 나중에 한데 묶여《달랑베르의 꿈》이라는 책으로 출간되었다. 디드로는 친구 달랑베르와 나누는 가상의 대화에서 의식에 대해 추측한다. 디드로는 엄밀하게 따져 실제 두뇌가 생산하는 유일한 산물이 의식이라고 본다. 이는 곧 의식을 분해하고 다시 새롭게 조립할 가능성, 즉 마인드 업로딩의 미래상을 제시한다. 디드로에 따르면, 가까운 미래에 동물과 인간은 지적인 생물로 변모할 수 있다. 인류는 스스로 노력하여 의식과 육체를 모두 갖춘 아주 다양한 생물 유형을 만들 것이다.

프랑스 계몽주의에서 가장 급진적인 유물론자는 쥘리앵 오프루아 드 라메트리(Julien Offray de la Mettrie, 1709~1751)일 것이다. 그의 '기계 인간론 L'Homme Machine' 개념은 지금까지도 환원주의 신경과학자 및 노벨 의학상 수상자 프랜시스 크릭Francis Crick과 같은 분자생물학자에게 영향을 끼치

고 있다. 크릭은 "인간은 뉴런의 집합체일 뿐이다"라고 말한다.[4]

계몽주의의 또 다른 대표적 인물은 프랑스의 철학자이자 수학자인 콩도르세다. 그의 《인간 정신의 진보에 관한 역사적 개요》는 아마 지금까지의 과학 서적 중 가장 큰 영향력을 미쳤을 것이다. 이미 콩도르세는 무엇보다 의학이 인간의 수명을 상당히 연장하리란 생각을 분명하게 밝혔다. 미래 의학은 모든 질병을 정복할 뿐만 아니라 노화 자체도 치료할 것이다. 그래서 미래 인간의 사망 원인은 사고, 살인이나 자살에 국한될 것이다. 콩도르세의 이러한 생각은 200년이 흐른 뒤 급진적 생명 연장을 대표하는 사람들에게 이어져 구체화된다.

요약하자면, 트랜스휴머니즘의 선구자들은 다양한 문화와 시대에 걸쳐 존재한다. 그런데도 여전히 의문점은 남는다. 트랜스휴머니즘은 언제부터 적절한 조직, 기관, 매체를 갖춘 독립적인 운동으로 자리 잡기 시작했을까? 1980년대 초 캘리포니아에서 확실한 시초를 찾을 수 있다.

1980년대 이전 15년간은 유례없는 정치적, 문화적 격변을 겪은 시기다. 특히 베트남 전쟁이 발발한 1960년대 후반부터 전 세계의 학생과 청년들이 거리로 나가 정치 상황에 불만을 표출하기 시작한다. 미국에서는 이 운동이 민권 운동으로 이어지고, 프랑스에서는 노동자 조합과 연대를 이룬다. 독일에서는 '원외 야당APO, Außer Parlamentarische Opposition'이라는 이름으로 힘을 합친다. 버클리, 파리, 베를린 대학 등이 들끓는다. 마르크스주의는 새로운 구원의 교리가 된다. 바람직한 사회주의로 가는 올바른 길을 두고 치열한 이념의 분열이 있었지만, 당시 벌어진 일을 겪은 거의 모든 사람은 좌파였다.

그러나 각성하는 듯했던 정치적 분위기는 금세 사라지고 만다. 그토록 갈망하던 사회주의를 실제로 받아들인 국가의 현실은 너무나 냉정했다. 소련과 그 여러 속국은 무정부주의적 자유를 꿈꾸며 혁명을 일으킨 학생들의 생각과 달리 경직되고 억압된 기능적 사회주의를 만들어낸다. 중국의 정치가 마오쩌둥이 초기에는 좋은 본보기를 보였지만 무자비한 인권 침해 관련 소식이 점차 널리 퍼진다. 이후 시위에 그치지 않고 점점 더 많은 단체가 급진화한다. 상당수는 정치 종파주의자가 되고, 또 다른 일부는 피비린내 나는 테러리즘의 길을 간다. 1967년 '사랑의 여름(Summer of Love, 샌프란시스코에서 일어난 사랑과 평화를 모토로 한 히피 공동체 활동-옮긴이)'에서 1977년 '독일의 가을(Deutschen Herbst, 서독의 극좌파 무장단체가 일으킨 여러 테러 및 범죄 사건-옮긴이)'이 되기까지 10년밖에 걸리지 않았다.

1980년대에는 변하지 않는 정치계에 실망한 사람들의 내면에 일종의 퇴행이 시작된다. 사회가 바뀌지 않더라도 개인 스스로는 바꿀 수 있을 것이다. 정치 상황이 개선되지 않는다면 개인의 최적화 잠재력을 발견할지 모른다. 이 당시 다양한 방향으로 실험이 진행된다. 인도의 지혜에 관한 가르침은 환각제와 같은 호황을 일으킨다. 전원생활을 하려는 경향이 짙어지고 환경에 대한 관심이 높아진다. 환경운동은 서서히 탄력을 받아 1980년 독일에서 '녹색당'이 창당되고 1983년에는 처음으로 독일 의회에 입성한다. '대안'은 새로운 키워드가 된다.

캘리포니아에서는 특별한 대안 문화가 생긴다. '인간 잠재력 운동Human Potential Movement'이란 단체는 인간의 의식을 새롭고 더 높은 수준으로 끌어올리려고 몇 년 동안 다양한 정신공학을 실험한다. 이제 여기에 또 다른 요소로 기술이 추가된다. 정신공학과 기술은 모두 초기에 '뉴 에이지'라는 용어로 병합해 표현된다. 과학과 정신성은 함께 성장한다. 이제 기술 발전과 개인의 발전은 서로 협력한다.

이보다 더 좋을 수 없는 시기였다. 달 착륙과 우주여행은 전 국가를 미래에 대해 열광하게 만든다. 공상과학 문학은 호황을 누린다. 컴퓨터 기술은 갈수록 더 많은 사람, 특히 젊은이들을 흥분하게 한다. 그 결과 컴퓨터 괴짜라는 유형이 등장한다.

아버지의 차고에서 프로그래밍 안내서를 구상하고 프로그램에 맞는 기계장치 설비를 만지던 사람 중 상당수는 나중에 인근 실리콘밸리에서 부유한 사업가가 된다. 트랜스휴머니즘 자체를 하나의 운동으로 발전시킨 존재는 바로 이런 새로운 세대의 '테크 괴짜'들이었다. 정치는 점점 의미를 잃어가고 기술이 중요해지기 시작한다. '좌측도 우측도 아닌 위쪽으로'가 새로운 표어가 된다.

수많은 출판물이 이 표어가 자리 잡는 데 공헌하며 완전히 새로운 관점을 열어주었고, 현재까지도 트랜스휴머니즘을 대표하는 작품으로 남아 있다. 미국의 대학 교수 로버트 에틴거(Robert Ettinger, 1918~2011)는 1964년 《냉동 인간》이라는 다소 충격적인 제목의 책을 출간한다. 이 책에서 에틴거는 인간을 저온에서 냉동해 무기한 보존할 수 있다는 가설을 최초로 세운다. 책 속 냉동 인간은 나중에 언제든 원하는 시점에 해동되어 아무런 손상을 입지 않고 미래 세상을 살아갈 수 있다.[5] 이 아이디어는 기술 광신도들과 캘리포니아에서 대안을 찾아 헤매는 공상과학소설 팬층의 취향에 딱 맞아떨어진다. 오늘날 사람들은 에틴거를 '인체 냉동 보존술의 아버지'로 간주하고 있으며, 이 기술은 트랜스휴머니스트의 주요 관심사다.

컴퓨터 기술이 아직 초기 단계에 있을 때도 새로운 기술이 중요한 위치를 차지하는 미래를 예언한 과학자들이 있었다. 오스트리아 출신의 캐나다 과학자 한스 모라벡Hans Moravec은 로봇공학 분야의 최초 전문가 중한 명이다. 모라벡은 1988년 자신의 저서《마음의 아이들》에서 '지능형 기계'가 가까운 미래에 많은 분야에서 인간보다 우월한 존재가 된다는시나리오를 구상한다.[6] 64KB(코모도어 64)짜리 램이 장착된 최초의 가정용 컴퓨터가 시장에 나오기 시작하던 당시로서는 상당히 대담한 주장이었다.

그러나 단순히 비디오 게임에만 사용하는 컴퓨터가 세상을 지배하는핵심 기술로 발전한다는 확신은 컴퓨터 괴짜들의 세계관과 완벽하게 들어맞는 주장이기도 했다. 지능형 기계, 즉 BCI(Brain Computer Interface, 두뇌와 컴퓨터 간의 인터페이스)와 같은 사항은 트랜스휴머니즘 의제에 처음부터 포함되어 있었다.

위와 비슷한 시기에 차세대 핵심 기술이 될 가능성이 있는 과학의 토대를 마련한 작품이 등장한다. 1986년 미국의 엔지니어 에릭 드렉슬러Eric Drexler는 일명 '나노 기계'를 만들 가능성을 그린《창조의 엔진》을 출간한다.[7] 나노 기계는 분자나 원자 수준에서 사물을 구성하거나 바꿀 수 있는 바이러스 크기의 컴퓨터 로봇이다. 드렉슬러의 책은 나노 기술의 탄생을 의미한다. 현재 나노 기술은 특히 양자 컴퓨터 개발에 큰 희망을 안겨주고 있다. 애초에 나노 기술은 트랜스휴머니스트가 '차세대의 작은 것The Next Small Thing'이라고 부를 정도로 선호하는 프로젝트다.

그래서 정치적 유토피아 대신 기술 혁신에 의존하는 세계 개혁가들의테두리 안에 하위문화가 형성된다. 전문가들이 출간한 여러 출판물은 매우 추상적이면서도 적절한 과학적 근거가 있다. 전문가들은 불멸, 인공지능, 나노 기술, 인체 냉동 보존술처럼 가장 중요한 주제들을 명확하게 다룬다. 이제 남은 사람은 이 혼란스러운 상황을 사회 운동으로 전환해 낸 인물이다.

1930년 브뤼셀에서 태어난 이란계 미국인 작가이자 철학자인 페레이둔 M. 에스판디어리Fereidoun M. Esfandiary는 이 상황을 처음으로 타개한 사람 중 하나다. 그는 일찍부터 초현대적 이슈에 열정을 갖고 미약한 움직임에 불과한 트랜스휴머니즘 운동의 길을 닦으려 언론과 접촉하고 조직적으로 움직인다. 에스판디어리가 1989년에 출간한 《당신은 트랜스휴먼인가? 급변하는 세상에서 당신의 성장 속도를 모니터링하고 자극하기Are You a Transhuman? Monitoring and Stimulating Your Personal Rate of Growth in a Rapidly Changing World》[8]와 맥스 모어Max More가 1990년에 출간한 《트랜스휴머니즘, 미래주의 철학을 향하여Transhumanism: Towards a Futurist Philosophy》[9]는 트랜스휴머니즘의 근간이 된 저작이다. 새로운 트랜스휴머니즘 정체성을 강조하기 위해 에스판디어리는 자기 이름을 'FM-2030'으로 바꾼다. 2030이란 숫자는 에스판디어리가 100세가 되는 2030년에서 따온 것이다. 그는 자신의 100번째 생일을 축하하며 그때까지 수많은 비전이 실현되길 바랐다.

안타깝게도 FM-2030이 2000년 췌장암으로 사망하면서 그의 야심에 찬 계획은 좌절되고 만다. 하지만 훌륭한 트랜스휴머니스트인 FM-2030은 당연히 미리 대비책을 세워두었다. 그의 시신은 현재 알코어사의 냉동 탱크에 들어 있으며 다시 소생할 날을 기다리고 있다. FM-2030은 본격적인 트랜스휴먼 시대가 오기 전에 세상을 떠났지만 분명 시대를 앞서 살았던 인물이다. 언젠가 그는 자신의 상황을 멋지게 표현한 적이 있다. "나는 불행하게도 20세기 환경에서 태어난 21세기 인간이다. 나의 내면에는 미래에 대한 깊은 향수가 살아 있다."

　또 다른 트랜스휴머니즘 선두주자는 1964년 캘리포니아가 아닌 영국에서 태어난 청년이다. 맥스 오코너Max O'Connor는 영국 명문 옥스퍼드대학에서 철학과 정치학을 전공했지만, 자신의 미래 지향적 사상에 훨씬 더 적합한 환경의 미국 '골든스테이트(캘리포니아주의 별칭-옮긴이)'로 이주한다. 오코너는 1992년 몇몇 친구들과 함께 엑스트로피연구소Extropy Institute를 설립한다. '엑스트로피'는 '엔트로피'라는 명칭과 구별하기 위한 인공어다. 열역학에서 엔트로피는 외부 에너지가 인위적으로 공급되지 않는 한 닫힌계에서 무질서의 정도가 꾸준히 증가한다는 사실을 나타낸다. 엔트로피가 최댓값에 도달하면 시스템이 열역학적 평형 상태에 있으며 정지 상태가 된다. 각설탕 하나는 모든 설탕 분자가 똑같이 무질서하게 분포될 때 차 한 잔에 녹아든다. 열역학 제2법칙에 따르면 엔트로피는 항상 최댓값을 추구하므로 차 안의 설탕 분자가 자연적으로 다시 각설탕 형태로 결합하는 일은 불가능하다.

　반면에 오코너의 '엑스트로피'는 인간의 상태를 전적으로 지속해서 개선할 수 있다는 사실을 명확하게 밝히려는 목적에서 만든 단어다. 오코너는《엑스트로피 원리Principles of Extropy》에서 지속적 발전, 합리적 사고, 자가 변형, 지능형 기술, 개방 사회 등 엑스트로피 사고의 핵심 요소를 간추려 소개한다. 이후 오코너는 1990년에 발간한《트랜스휴머니즘, 미래주의 철학을 향하여Transhumanism: Towards a Futurist Philosophy》에서 이 주요 원칙에 관해 상세하게 설명한다. 많은 사람이 이 책을 트랜스휴머니즘의 진정한 탄생을 알리는 저서라고 본다.[10]

　자가 변형에는 개명할 자유도 포함된다. '맥스 오코너'는 1990년 트랜스휴머니즘의 주요 강령을 발표한 그해에 공식적으로 '맥스 모어'로 개명한다. FM-2030과 맥스 모어 사이에는 연결고리 역할을 한 여성이 한 명 있다. 나타샤 비타모어Natasha Vita-More다. 이 여성은 두 선구자와 개인적 친분은 물론 긴밀한 협력 관계를 유지한다. 이로써 나타샤 비타모어는 트랜스휴머니즘 운동을 창시한 인물 중 하나로 꼽히게 된다. 뒤에 나올 '나타샤 비타모어의 비전' 장에서 더 자세히 다루겠다.

트랜스휴머니즘은 이론상 공식화하는 데서 그치지 않고 조직적인 형태를 드러내게 된다. 1990년대 초 인터넷의 성공이 이 과정에 큰 도움을 준다. 이전에는 관심 있는 사람들을 '메일링 리스트'에 일일이 등록해야 하는 번거로움이 있었지만, 같은 주제에 관심 있는 사람들이 네트워크 내에서 서로 직접 연결될 수 있는 시스템이 개발되어 이를 대체할 수 있게 된 것이다.

현대 트랜스휴머니즘의 기원을 캘리포니아에서만 찾는 것은 너무 근시안적인 생각이다. 유럽, 특히 영국에서 트랜스휴머니즘을 지적인 흐름과 조직적 운동으로 확립하는 데 상당히 이바지한 선구자들이 있다. 그중에서도 첫 번째로 단연 앞서 언급한 닉 보스트롬을 꼽는다. 보스트롬은 스웨덴 철학자로 옥스퍼드대학에서 강의하며 주로 생명윤리 및 기술영향평가 분야를 전문으로 연구한다. 1998년에는 데이비드 피어스David Pearce와 공동으로 세계 트랜스휴머니스트 협회WTA, World Transhumanist Association를 설립한다. WTA의 목표는 트랜스휴머니즘 사상과 이상을 전세계에 알리는 일이다. 과학적 명성을 떨치는 교수인 보스트롬이 공개적으로 트랜스휴머니즘을 인정했다는 사실은 아직 미미한 움직임에 불과했던 트랜스휴머니즘 운동이 학계에서 입지를 굳히는 데 큰 도움이 된다.

트랜스휴머니즘을 어떤 정치 운동으로 규정할 수는 없으나 확실히 WTA 내부에선 불가피한 이념 논쟁이 벌어진다. 이 논쟁의 승자는 좌파 자유주의 진영이 되고, 이들이 향후 트랜스휴머니즘 운동이 나아갈 방향을 결정한다. 2008년 WTA는 '휴머니티+'로 명칭을 바꾸고 《휴머니티+ 매거진》을 창간한다. 이 잡지는 지금도 가장 중요한 트랜스휴머니즘 매체 중 하나다.

대서양 양쪽에서 다양한 활동이 벌어졌지만, 2000년대 초반에 결정적 발전이 없었다면 트랜스휴머니즘은 아마 종파 집단이나 철학의 부수적 학문 취급을 받는 데 그쳤을 것이다. 바로 실리콘 밸리가 트랜스휴머니즘 사상에 애정을 드러낸 것이다.

새천년이 시작될 무렵 샌프란시스코 남부 지역은 정보 및 컴퓨터 기술의 세계적 중심지로 자리매김한다. 구글, 애플, 페이스북, 아마존 같은 회사들은 세계 최고의 기술 기업에 그치지 않고 거의 무제한에 가까운 자본력을 갖추고 있다. 거기다 실리콘 밸리를 세계에서 가장 창의적인 곳으로 만들어낸 수많은 야심 찬 스타트업이 있다.

실리콘 밸리에서 기술로 억만장자가 된 사람 상당수는 비슷한 경력을 가지고 있다. 젊은 시절의 이들은 아무도 주목하지 않는 컴퓨터 괴짜였다. 이후 이들은 노력과 재능 그리고 기업가다운 냉철함으로 미래 지향적인 아이디어를 인기 상품으로 만드는 데 성공하여 기업을 제국으로 일궈내고 엄청난 자산을 축적하는 기반을 마련한다.

따라서 실리콘 밸리의 IT 억만장자들에게 어제의 조롱거리가 미래의 성공 모델이 될 수 있다는 사실을 굳이 설명할 필요는 없다. 이들은 새로운 혁신적 관점을 여는 것은 무엇보다 기술적 진보라는 것을 학습한다. 이들의 좌우명은 '한계는 없다The Sky is the Limit'다. 그러므로 IT 억만장자들이 거의 모든 한계를 극복하는 일을 목표로 삼는 철학적 기술 운동에 열광하는 건 당연하다.

실리콘 밸리에서 가장 유명한 트랜스휴머니스트를 꼽자면 레이 커즈와일일 것이다. 우리는 다양한 관계 속에서 등장하는 커즈와일을 만날 것이다. 컴퓨터 전문가, 발명가, 미래학자이자 성공한 작가로서 커즈와일은 지난 20년간 트랜스휴머니즘 사상을 전파하는 데 누구보다 많은 일을 했다. 무엇보다 그는 구글의 엔지니어링 이사이기도 하다. 이렇게 커즈와일은 세계에서 가장 크고 가장 영향력 있는 IT 그룹이 트랜스휴머니즘 운동에 호의적일 뿐만 아니라 논리적 및 재정적으로 지원하도록 하고 있다.

실리콘 밸리의 또 다른 전설적 인물로 독일 태생의 피터 틸이 있다. 그는 특히 자신이 공동 설립한 온라인 결제 서비스인 페이팔로 큰돈을 벌었다. 현재 틸은 주로 벤처 투자자로 활동 중이다. 그는 트랜스휴머니즘 프로젝트를 의제로 삼는 회사에 투자하길 선호한다. 틸은 트랜스휴머니즘 이론에도 많은 관심이 있다. 때에 따라 자유주의에서 반민주주의 진영을 넘나드는 견해를 보여 트랜스휴머니즘 운동 자체 내에서 논란을 일으키기도 한다. 우리는 틸에 관해서도 자세히 다뤄볼 예정이다.

이제 마지막으로 일론 머스크를 언급해야겠다. 머스크는 최근 몇 년간 세계에서 가장 부유한 사람으로 손꼽힌다. 그는 언론 활동을 통해 일종의 슈퍼스타로 떠올랐다. 잘 알려진 바와 같이 머스크는 전기 자동차로만 돈을 버는 게 아니다. 그는 우주 탐사 활동 및 BCI를 연구하는 자신의 회사 뉴럴링크에도 막대한 투자를 하고 있다. 사람들이 트랜스휴머니즘 철학을 말할 때 머스크는 우주 식민지화, 인간의 사이보그화를 구체적인 기업 정책으로 실행하는 트랜스휴머니즘 프로그램을 만든다. 그리고 이 프로그램을 통해 머스크는 엄청난 성공을 거두고 있다. 이에 관한 자세한 내용은 '일론 머스크의 연구와 실행' 장을 참고하라.

실리콘 밸리가 트랜스휴머니즘 운동과 친밀한 이유에는 여러 가지가 있다. 실리콘 밸리의 기존 비즈니스 모델인 정보 및 컴퓨터 기술은 여전히 성공적이다. 그럼에도 실리콘 밸리에 기반을 둔 기업에게 있어 '차세대 큰 수익원은 무엇인가?'라는 질문만큼 짜릿한 것은 없다. 그리고 수년 전부터 하나의 경향이 분명하게 나타나고 있다. 수명이 상당히 연장될 가능성이 드러나고 있으며, 이는 상상 이상의 수익을 약속한다. 많은 사람이 스마트폰에 더 많은 저장용량을 확보하는 일보다 건강하게 수십 년 더 오래 사는 게 낫다고 생각한다. 이제 정보기술Infotech 다음으로 생명공학Biotech이 중요하게 등장할 것이다. 대기업들도 이 사실을 인지하고 있다. 실리콘 밸리에서 생명공학 스타트업이 계속 증가하는 사실만 봐도 알 수 있다.

특히 정보기술과 생명공학이 결합하면 더욱더 효과적이다. 새로운 장수 의학은 방대한 데이터를 생성할 것이다. 소위 '-체학' 과학이 호황을 누리고 있다. 가까운 미래에 많은 사람이 개인의 생물학적 존재를 구성하는 요소에 대한 대규모 데이터를 가질 것이다. 여기에는 유전체학(모든 유전자의 총체), 후생 유전체학(모든 유전자를 조절하는 모든 요인의 총체), 단백질체학(체내 모든 단백질의 총체), 미생물체학(체내 및 체외 모든 박테리아의 총체), 대사체학(모든 대사 산물의 총체) 등이 포함된다. 이런 과학이 활성화되면 데이터 수집과 저장에서 그치지 않고 서로 연관성을 파악해야 하는 많은 양의 데이터가 생성된다. 이미 엄청난 데이터를 관리하고 있으며, 이 데이터를 최적으로 평가하기 위해 새로운 알고리즘을 설계하는 실리콘 밸리의 거대 IT 기업 말고 누가 이 일을 더 잘할 수 있겠는가?

그리고 당연하게도 생물학적 지능과 기술적 지능의 융합은 실리콘 밸리에 알맞은 주제다. 신경과학은 우주에서 가장 복잡한 물질인 뇌를 더 잘 이해하도록 돕는 데만 쓰이는 게 아니라 컴퓨터 기술의 효율성을 높여 더 효과적인 컴퓨터 장치를 만들도록 한다. 현재 자가 학습 프로그램 분야에서 가장 성공적인 기술인 '딥러닝Deep Learning'은 뇌 기능에 대한 이해를 보완하지 않았다면 불가능했을 것이다.

자본주의에 비판적인 운동가들이 달갑게 여기지 않을 말일 수도 있겠다. 하지만 전 세계에서 트랜스휴머니즘이 승승장구하는 것은 트랜스휴머니즘 선구자들의 학문과 정신보다는 실리콘 밸리에 있는 IT 억만장자들과 그들의 돈 그리고 언론이 더 큰 역할을 했기에 가능했다는 사실은 반박하기 힘들다.

대 · 담
트랜스휴머니즘의 모든 시작

클라이네궁크 ◇ 먼저 우리가 철학적 수호신으로 꼽는 인물부터 이야기해 볼까요. 조그르너 교수님은 《니체의 철학적 트랜스휴머니즘에 대한 호소 Plädoyer für den Nietzscheanischen Transhumanismus》라는 책을 쓰신 적이 있는데요. 정말 프리드리히 니체가 트랜스휴머니즘의 정신적 지주라고 생각하십니까? 19세기에 '초인'의 개념을 구체화한 니체는 현재 실리콘 밸리의 엘리트들이 성취하고자 하는 일을 이미 이룬 걸까요?

조르그너 ◇ 사실 니체가 트랜스휴머니즘의 아버지인지를 두고 아직까지 의견이 분분합니다. 이 논쟁은 닉 보스트롬과 줄리안 사블레스쿠Julian Savulescu가 참석한 행사에서 제가 강연한 내용이 발단이 되었는데요. 이때의 강연은 나중에 《니체, 초인간, 그리고 트랜스휴머니즘Nietzsche, the Overhuman, and Transhumanism》(2009)이라는 제목으로 출간됐고, 니체를 다룬 글 중에서 가장 많이 인용되고 있는 걸로 압니다. 사실 트랜스휴머니스트 사이에서도 니체에 관해서는 아주 상반된 의견이 많습니다. 일례로 맥스 모어는 니체가 트랜스휴머니즘에서 중요한 선구자 역할을 한다는 제 의견에 동의합니다. 맥스 모어 본인도 니체의 영향을 크게 받았거든 요. 반면에 닉 보스트롬은 니체가 트랜스휴머니즘의 시조라는 생각에 이견이 있지요. 이런 견해차가 발생하는 데는 정치적 이해관계가 어느 정도 있다고 봅니다. 사람들은 니체의 사상과 관련된 함의를 자신을 결부시키길 바라지 않습니다. 말하자면, 보스트롬은 니체라는 이름과 연관된 사람들의 적개심에서 트랜스휴머니즘을 구하려고 일종의 노력을 하고 있는 겁니다.

클라이네궁크 ◇ 니체 사후 그의 사상이 나치에 의해 이용당했으니 니체에 대한 의구심이 여전할 수밖에요. 그러나 공허한 국수주의나 반유대주의에 대해 니체만큼 단호하게 거리를 둔 독일 철학자도 단연코 없었습니다. 하지만 저는 다른 측면에 관해 얘기하고 싶네요. 트랜스휴머니스트는 기술을 통해 인간이 계속 발전하는 것을 중요하게 여깁니다. 여기서 주목할 점은 니체가 19세기 후반에 글을 썼다는 사실입니다. 당시는 독일이 산업혁명의 전성기를 구가하던 시절이었어요. 그러나 니체는 독일의 기술 발전에 별 관심이 없었죠. 니체는 독일 산업계를 주무르던 실세들보다는 소크라테스 이전의 그리스 철학자와 더 친밀했습니다.

조르그너 ◇ 그 부분에서만큼은 저도 같은 생각입니다. 하지만 기술의 개념을 어디까지 적용하느냐가 문제입니다. 이때 중요한 질문이 하나 등장하죠. '교육은 기술이 아닌가?' 하는. 이렇게 한번 생각해 볼까요. 최신 기술을 통해 자기 자손의 유전자를 변형시키려는 것은 전통적 교육 개념의 연장선상에 있습니다. 애초에 부모는 교육을 통해 자손을 형성해 갑니다. 유전공학이 등장해 건강한 후손을 만들어내고, 아이가 좋은 삶을 살아갈 가능성을 높이는 길이 넓어졌지요. 이 부분은 유전공학 논쟁에서 신중하게 고려해야 할 사항입니다. 그런 의미에서 교육이 인류 공학의 특정 종류라는 점은 분명합니다. 그리고 니체는 교육을 초인이 출현할 확률을 높이는 데 중요한 과정으로 봤습니다.

클라이네궁크 ◇ 하지만 그 생각은 니체가 처음 한 게 아닙니다. 인간이 교육과 훈련으로 더 발전한다는 생각은 본래 전통적 인도주의적 관점에서 이상적인 인간상이니까요. 여기에 반드시 트랜스휴머니즘이 필요하진 않습니다.

조르그너 ◇ 그렇다면 제 질문은 이렇게 정리할 수 있겠군요. 인간에 대한 근본적인 생각은 무엇인가요? 휴머니즘은 궁극적으로 인간이 신성한 번뜩임과 이 번뜩임보다는 덜 중요한 육체로 구성되었다는 생각에 기반을 두고 있습니다. 반면에 니체는 전통적인 휴머니스트와 달리 영혼이 육체 일부에 불과하다고 생각한 몇 안 되는 철학자 중 하나입니다. 니체는 자기 사상으로 전통적인 휴머니즘 관습을 근본적으로 깨부쉈습니다. 이것이 니체 사상과 휴머니즘 사상계와의 결정적인 차이입니다. 문제는 인간이 무엇이냐는 것이지요. 인간은 신성한 번뜩임과 육체로 구성되나요? 아니면 이성과 그 외의 것들을 만드는 부분도 결국 육체의 일부인가요? 니체는 이런 의문을 가졌던 당대의 몇 안 되는 철학자였습니다. 그러므로 저는 그를 아주 흥미롭고 저를 자극하는 존재로 생각합니다. 니체는 플라톤과 데카르트, 칸트에 이르는 이원론적 전통 사상을 깨고 자연주의 접근법을 진지하게 받아들인 철학자 중 하나였습니다.

클라이네궁크 ◇ 자, 이걸로 우리는 니체를 트랜스휴머니즘 선조의 전당에 성공적으로 편입시킨 것이나 다름없습니다. 하지만 트랜스휴머니즘 창립 신화는 훨씬 더 오래전으로 거슬러 올라가지요.

조르그너 ◇ 맞습니다. 19세기, 르네상스, 중세 시대까지도 거슬러 올라가야 합니다. 엄밀히는 고대 그리스부터 시작해야 할지도 모르겠어요. 프로메테우스 신화는 특히 트랜스휴머니즘에 중요한데요. 사실 프로메테우스에게는 중요한 두 가지 목적이 있었습니다. 첫 번째는 인간에게 불을 가져다주는 것이었지요. 불은 지성이나 이성과도 같습니다. 전통적으로 이성은 다른 세상의 것으로 여겨졌습니다. 하지만 다윈 이후 지성역시 현세의 것으로 취급받으며 진화적 관점에서 육체와 함께 만들어졌다고 인식되었습니다. 괴테의 시 〈프로메테우스〉에서도 주요 역할을 하는 프로메테우스의 두 번째 목적은, 프로메테우스 자신이 인간으로서 다른 인간을 창조할 수 있는 존재로 여기는 것이었습니다. 바로 그 자신이 생명과 사람을 창조하고 새로운 생명체를 구현할 수 있다고 생각한 것이지요. 이 생각 자체만으로도 이미 혁신적입니다. 그리고 현재 우리는 최신 기술을 통해 이 생각이 인간의 손으로 해결해야 할 과제가 되는 모습을 목도하고 있습니다. 이는 오늘날 프로메테우스가 품은 열망이 실현되고 있다는 하나의 예시입니다.

클라이네궁크 ◇ 이제 역사에서 지리 쪽으로 넘어가 보겠습니다. 우리는 주로 유럽과 미국에 초점을 맞춰 설명했습니다. 하지만 예를 들자면 러시아 쪽의 전통 트랜스휴머니즘도 있지요. 이미 19세기에 니콜라이 표도로비치 표도로프Nikolai Fjodorowitsch Fjodorow가 있었습니다. 오늘날 표도로프는 일반적으로 우주론의 창시자로 불립니다. 그러나 그의 생각 중 많은 부분이 트랜스휴머니즘 사상과 일치합니다. 초기 소비에트 연방에서도 생명 연장이나 부활과 같은 것에 대해 크게 열광했고요. 새로운 사회주의 인간은 근본적으로 개선된 사람이어야 했습니다. 지면이 한정되어 있다 보니 우리의 이 책에서 아주 상세하게 다룰 수는 없지만, 이 세상의 다양한 영역에서 트랜스휴머니즘 사상이 어떻게 다른 방식으로 전개되었는지 살펴보면 흥미로운 부분이 많습니다.

조르그너 ◇ 물론입니다. 특히 20세기 러시아에서 트랜스휴머니즘의 선구자나 트랜스휴머니즘에 영감이 되었다고 할 수 있는 여러 사상은 믿기지 않을 정도로 인상적입니다. 러시아에서 우주론자가 등장하고 온갖 공상과학 문학이 출간된 시기는 20세기 전반이었는데, 이 또한 놀랍도록 인상적이었습니다. 조지 오웰의 《1984》에 영감을 준 걸로 알려진 예브게니 자먀찐의 디스토피아 소설 《우리들》에서 다루는 사생활에 관한 의문도 마찬가지입니다. 알렉산더 벨리아예프Alexander Belyayev의 《양서 인간Der Amphibienmensch》역시 트랜스휴머니즘의 비전을 묘사합니다. 벨리아예프의 소설 속에서 한 과학자는 아들이 물과 육지를 오가며 살 수 있도록 아들의 신체를 개조하지요. 러시아의 공상과학 문학과 20세기에 러시아에서 제작된 영화를 살펴보면 트랜스휴머니즘에 대해 온전한 이해가 가능할지도 모릅니다. 여기에는 초기 소비에트 연방에서 물질주의 세계관을 전제로 하여 기술로 삶의 질을 향상하겠다는 희망에 중요한 의미가 있었기 때문이겠죠.

클라이네궁크 ◇ 러시아계 미국인 작가인 아이작 아시모프 역시 매우 흥미로운 인물이에요. 아시모프는 흥미진진한 공상과학소설을 썼을 뿐만 아니라 도덕 철학적 의문을 구체적으로 다루기도 했습니다. 그는 이미 50년 전에 '로봇이 지켜야 할 윤리 규범'에 대해 따져본 바 있습니다. 이 주제는 우리가 현재 아주 깊이 숙고하고 있는 부분이지요. 그 외에 폴란드의 스타니스와프 렘Stanistaw Lem처럼 트랜스휴머니즘 초기 사상의 원천이 된 작가가 여러 나라에 수없이 많습니다. 눈부신 성과를 자랑하는 동시대 인물들도 있고요. 드미트리 이츠코프Dmitry Itskov는 실리콘 밸리 트랜스휴머니스트의 지도자 격 인물입니다. 이츠코프 역시 인터넷 기술을 통해 억만장자가 되었는데요. 더불어 그는 불멸, 트랜스휴머니즘 사상, 그리고 곧 가상 세계에서 인간을 대체할 아바타를 만드는 일에도 관심이 있지요. 근본적으로 이츠코프는 러시아의 레이 커즈와일이라고 보면 됩니다. 반면에 러시아와 동유럽에는 트랜스휴머니즘 전통이 있지만, 아시아에는 트랜스휴머니즘 사상이 그다지 널리 퍼지지 않았어요. 이 점은 놀랍습니다. 예를 들어 중국, 일본, 한국을 비롯한 아시아 국가는 새로운 기술 개발이나 인공지능에 대단한 열정을 가지고 있는 게 사실이거든요. 하지만 트랜스휴머니즘을 지적인 운동으로 바라보는 일은 아시아에서 그리 큰 비중을 차지하지 않습니다.

조르그너 ◇ 실제로 그렇습니다. 문화 운동이나 조직화한 흐름으로서의 트랜스휴머니즘은 아시아에서 강렬하게 나타나진 않아요. 하지만 한국의 서울에서는 이 주제를 다루는 《포스트휴먼 연구 저널》이라는 학술지가 창간됐습니다. 이 학술지의 목적은 트랜스휴머니즘을 후원하고 트랜스휴머니즘을 문화적 흐름으로 대중에게 알리는 데 있습니다. 하지만 서구 세계보다 동아시아 국가에서 트랜스휴머니즘이 훨씬 더 강하게 살아 숨 쉬는 영역이 존재한다는 사실이 중요합니다. 예를 들어 한국은 성형수술로 전 세계에서 큰 인기를 끌고 있는데요. 심지어 점심시간을 이용해 성형외과적 시술을 받는 이들도 있다고 합니다. 이런 사례를 보면 한국에서는 '형태적 자유'가 강력하게 자리 잡은 듯 보여요. 매머드 복제와 같은 프로젝트도 한국 연구진이 추진하고 있고요. 그래서 저는 이 책에서 살아 있는 트랜스휴머니즘에 대해 말하려 합니다. 특히 한국 영화 및 드라마에서 트랜스휴머니즘 관련 주제를 얼마나 비중 있게 다루는지 보면 알 수 있습니다.

클라이네궁크 ◇ 트랜스휴머니즘 사상은 의심할 여지 없이 전 세계적으로 점차 확산되고 있습니다. 하지만 이 흐름이 반드시 조직화한 운동으로 이어지지는 않고 있지요. 트랜스휴머니즘 단체 회원이나 트랜스휴머니즘 대회 참가자 수를 보면 딱히 그 수가 많다고 여겨지진 않습니다. 이것은 결점일까요, 아니면 트랜스휴머니즘이 확산되고 있다는 사실만으로 충분할까요?

조르그너 ◇ '트랜스휴머니즘'이란 용어를 심지어 트랜스휴머니스트들 사이에서도 비판적으로 보는 시각이 있습니다. '세계 트랜스휴머니스트 협회'가 결국 이름을 '휴머니티+'로 바꾼 것도 우연은 아니지요. 트랜스휴머니즘의 주요 조직조차 '트랜스휴머니즘'이란 단어가 대중에게 왠지 모를 불안감을 조성하고 있다는 사실을 알고 있다 말하고요. 인간이 트랜스휴머니즘이란 단어에 자신을 동일시하고 싶지 않다 보니 두려움이 생기나 봐요. 이에 반해 '휴머니티+'라는 이름은 인간이 모두 강인해지고 개선되며 더 능력 있는 사람이 되려는 것처럼 들리지요. 그래서 협회의 이 새로운 이름을 훨씬 더 많은 사람이 거부감 없이 받아들이는 것 같습니다. 그러면서도 트랜스휴머니즘 사상이 놀라울 정도로 빠르게 확산되는 모습이 보입니다. 공개 토론, 소설, 영화 및 넷플릭스 시리즈를 보면 잘 알 수 있죠. 트랜스휴머니즘이란 용어에 확실히 문제가 많다고 하더라도 트랜스휴머니즘 현상의 수용은 점점 강하게 일어나고 있습니다.

클라이네궁크 ◇ 다시 말해 트랜스휴머니즘이란 단어 선택이나 그 범위에 대한 선정은 아직 다듬어지는 중이란 거겠죠. 하지만 그 사상만큼은 계속해서 뻗어나갈 겁니다.

레이 커즈와일의 예언

– 베른트 클라이네궁크

레이 커즈와일은 아마 수많은 트랜스휴머니즘 선구자 중에 가장 유명한 인물일 것이다. 어찌 되었든 커즈와일은 누구와 비교할 수 없을 만큼 트랜스휴머니즘에 대해 선명한 목소리를 내고 있다. 커즈와일은 2005년 최근 수십 년간 트랜스휴머니즘에서 가장 중요한 저서로 꼽히는 《특이점이 온다》라는 책을 출간한다. 그리고 이 책으로 트랜스휴머니스트의 우상이 된다. 구글의 기술 개발 책임자로서 그는 자신의 여러 비전을 실현할 수단이 있다. 커즈와일은 전형적인 대학이 아닌 설립 센터이자 혁신 자문 기관인 싱귤래리티대학을 세워 일종의 트랜스휴머니스트 양성소를 만든다. 커즈와일은 끊임없이 성장하는 트랜스휴머니즘 커뮤니티에 발맞춰 자신의 웹사이트(kurzweilai.net)와 다양한 소셜 미디어 채널을 통해 거의 매일같이 트랜스휴머니즘 세계의 성공 사례를 소개한다.

커즈와일의 왕성한 활동에는 그에 걸맞는 수식어가 붙는다. 《포브스》

1장◇새로운 아틀란티스는 과연 도래할 것인가 **47**

는 그를 "궁극의 사고 기계"라 칭했고 《월스트리트 저널》은 "지칠 줄 모르는 천재"라고 했다. 빌 클린턴은 1999년 커즈와일에게 미국 최고의 기술상인 '국가 기술 훈장'을 수여한다. 커즈와일은 현재 20여 개가 넘는 명예박사 학위를 보유하고 있다.

물론 커즈와일의 말을 "뉴에이지 시대의 헛소리"라고 비난하거나 그가 '사이버 전체주의'의 확립을 암시한다고 주장하는 비평가도 있다. 강렬한 사명감에 불타는 그의 모습에 거부감을 느끼는 사람들도 있다. 하지만 커즈와일의 지적인 우월함을 부정하는 사람은 아무도 없다.

하지만 트랜스휴머니스트이자 미래학자, 기술 선구자로서 커즈와일의 경력은 미리 계획된 것이 절대 아니다. 커즈와일은 1948년 뉴욕 퀸즈의 유대인 가정에서 태어났다. 커즈와일의 부모는 제2차 세계대전 발발 직전인 1939년에 나치를 피해 오스트리아 빈을 탈출한다. 커즈와일의 아버지는 음악 교수, 지휘자, 작곡가였고 어머니는 피아노 교사였다. 어린 커즈와일에겐 피아니스트의 미래가 기다리고 있었다. 하지만 그는 피아노보다 컴퓨터에 더 관심이 많았다. 커즈와일 본인의 말에 따르면, 그는 이미 다섯 살에 발명가가 되고 싶다는 꿈을 꿨다고 한다.

커즈와일은 자신을 꿈을 아주 이른 나이에 성공적으로 실현한다. 유튜브엔 1965년 열일곱 살이던 커즈와일이 TV 쇼 〈내겐 비밀이 있다I Have a Secret〉에 출연한 흑백 영상이 남아 있다. 이 영상에서 커즈와일은 짧은 피아노곡을 아주 훌륭한 솜씨로 연주한다. TV 쇼 제작진이 언급하는 비밀은 바로 이 피아노 소절을 컴퓨터가 작곡했다는 사실이다. 커즈와일은 컴퓨터를 직접 조립하고 소프트웨어를 스스로 프로그래밍하여 작곡한 것이다. 미국 국민이 커즈와일을 처음으로 알게 된 순간이다. 언론은 어린 천재의 탄생을 알린다.

그리고 이 어린 신동은 자란 후에도 사람들을 실망시키지 않는다. 유명한 매사추세츠 공과대학교MIT에 다니는 동안 커즈와일은 문자 인식을 본격적으로 연구한다. 그 결과 문서를 스캔한 다음 컴퓨터가 소리 내어 읽어주는 시각장애인용 장치를 개발한다. 시각장애인 협회는 19세기 점자의 발명 이후 커즈와일의 음성인식 장치 발명이 가장 큰 기술적 진보를 이뤘다는 데 동의한다. 시각장애인용 리더기는 이 장치를 사용한 한 유명인에게 영감을 준다. 바로 전설적인 음악가 스티비 원더로, 그는 커즈와일에게 신시사이저 개발을 제안한다. 이렇게 만들어진 '커즈와일 신시사이저 K250'은 다양한 악기 소리를 모방하고 샘플링했는데, 전문가조차 거의 알아채지 못할 정도였다. 커즈와일은 본인의 발명품(커즈와일 컴퓨터 제품, 커즈와일 음악 시스템)을 기반으로 자기 회사를 창립하고, 얼마 후 대형 기술 회사에다 수백만 달러에 매각한다. 커즈와일이 유능한 기업가이기도 하다는 점을 보여주는, 만능 천재의 또 다른 특징이 여실히 드러난다.

의료 문제에도 높은 관심을 기울이는 커즈와일을 보면 그의 활동 영역이 얼마나 폭넓은지 알 수 있다. 앞서 우리는 급진적 수명 연장이 트랜스휴머니즘의 주요 프로젝트 중 하나라는 사실을 알아보았다. 커즈와일이 예방의학자 테리 그로스먼Terry Grossman과 집필한 《노화와 질병: 레이와 테리의 건강 프로젝트》는 미국에서 큰 성공을 거두며 오랫동안 항노화 의학의 고전으로 여겨진다.

항노화 의학에 대한 커즈와일의 관심은 그저 이론적인 영역을 다루는 데서 그치지 않는다. 커즈와일의 아버지는 58세에 심장마비로 사망한다. 커즈와일의 아버지는 사망하기 몇 년 전 심각한 심장질환과 제2형 당뇨병을 진단받는다. 커즈와일은 건강 면에서만큼은 최고의 유전적 자산을 물려받지 못했다. 이런 사실은 아주 일찍이 분명해진다. 커즈와일은 35세에 이미 당뇨 전 단계로 다뇨증 초기 진단을 받는다. 그로스먼은 커즈와일에게 매일 250여 개의 영양제를 먹고 매주 링거 주사를 맞으라는 지침을 내린다.

하루에 녹차 10잔을 마시고 저녁엔 붉은 포도주 2잔을 마시는 일도 그로스먼이 권한 식이요법의 일부다. 어떤 의사들은 이 같은 행동에 고개를 저었지만, 커즈와일에게는 효과가 있던 듯하다. 커즈와일의 혈당은 정상으로 돌아왔고, 그는 75세에도 젊은이에게 존경받는 일을 하고 있다. 게다가 커즈와일이 행하는 식이요법은 그의 삶에 특수성을 선사한다. 회의, 미팅, 식사 도중 커즈와일의 곁엔 언제나 영양제가 담긴 비닐봉지가 놓여 있다. 커즈와일은 이 영양제들을 쉼 없이 먹는다. 처음에는 250개였던 영양제가 이제 100개 정도로 줄었지만, 그래도 여전히 먹기엔 상당히 부담스러운 양이다. 1975년 커즈와일과 결혼해 두 자녀를 둔 커즈와일의 아내는 남편의 가장 놀라운 점을 묻는 말에 반어적으로 이렇게 답했다. "매일 엄청나게 많은 알약을 삼키는 점이요."

아버지의 이른 죽음은 커즈와일이 의학 분야 문제에만 관심을 두도록 하지 않았다. 커즈와일은 여전히 아버지의 사망이 생물학적으로 부당하다고 생각한다. 음악적 재능이 뛰어났던 커즈와일의 아버지는 훌륭한 음악 경력을 쌓을 수 있었다. 그러나 건강 악화와 재정 문제가 아버지의 앞길을 막아섰다. 하지만 커즈와일이 그런 현실에 체념하고 말았다면 그는 지금의 위치에 없었을 것이다. 커즈와일은 특정 목적을 갖고 창고를 임대하여 아버지의 유산을 모아둔다. 아버지가 작곡한 음악, 편지, 녹음자료, 일기 등 커즈와일이 모은 유산의 종류는 아주 다양하다. 커즈와일은 이런 자료로 가득 찬 수백 개의 상자를 갖고 있다. 이 자료들로 나중에 아버지를 아바타로 되살리려는 비전을 품고 있다. 챗봇^{Chatbot}부터 대드봇^{Dadbot}까지 사망자를 디지털 세상에서 되살리는 데 온갖 산업 분야가 매달리고 있다. 관련 기술 개발이 완성되면 커즈와일의 아버지는 의심할 여지 없이 부활한 자들 중 가장 유명한 사람이 될 것이다.

커즈와일은 1990년에 출간한 자신의 저서 《지능형 기계의 시대^{The Age of Intelligent Machines}》을 통해 전통 학문이 아닌 '미래학' 분야에서 자기 명성을 굳건히 한다. 이제 막 서비스를 시작한 인터넷 서비스망 월드 와이드 웹^{World Wide Web}의 비약적인 성장을 예견하는가 하면, 2000년에는 컴퓨터가 인간 세계 체스 챔피언을 상대로 승리할 것이라고 예측해 조롱을 받기도 한다. 하지만 그보다 이른 1997년 5월, IBM이 개발한 컴퓨터 '딥 블루'가 당시 세계 체스 챔피언이던 가리 카스파로프^{Garri Kasparow}를 이긴다. 커즈와일이 옳다는 사실이 다시 한번 증명된 것이다.

《특이점이 온다》에서 커즈와일은 생물학적 지능과 기술적 지능이 점차 융합하리란 비전을 구상한다. 더불어 천체 물리학에서 유래한 '특이점'이란 용어에 완전히 새로운 의미를 부여한다. 그래서 커즈와일 이후 트랜스휴머니즘을 이야기하는 사람은 누구나 '특이점'을 피할 수 없다. 커즈와일 자신도 이에 가세한다. 그는 2024년 여름, 후속작 《특이점이 더 가까이 온다^{The Singularity is Nearer}》를 출간할 예정이다. 휘황찬란하면서도 오해의 소지가 있는 이 개념에 대해서는 별도의 장을 할애하여 설명하겠다. 그럴 이유는 충분하다(239쪽을 참조하라).

이렇게 일찍부터 인공지능의 웅대한 미래를 예측한 사람은 인공지능으로 돈을 버는 이들의 이목을 끌 수밖에 없다. 2012년 12월, 구글 창립자 래리 페이지는 자신이 직접 나서서 구글의 엔지니어링 이사로 커즈와일을 영입한다. 세계에서 가장 유명한 트랜스휴머니즘의 선구자와 세계에서 가장 영향력 있는 IT 기업의 전 CEO 페이지는 그 이후 긴밀하게 협력하고 있다. 커즈와일과 피터 디아만디스Peter Diamandis가 2009년에 설립한 싱귤래리티대학도 그 혜택을 톡톡히 누리는 중이다. 구글은 나사NASA와 더불어 이 대학에 자본을 투자하는 주요 기업이다.

　　여기에 더할 것이 있을까? 분명히 있다. 비록 커즈와일이 명백한 불가지론자이나, 특히 최근 몇 년간 그의 행보를 보면 종교적 성향을 띠고 있음을 부인할 수 없다. 시각장애인의 시력을 되찾아주지는 못했지만 최소한 글을 읽도록 만들어준 일을 계기로 경력을 쌓아온 커즈와일은 점점 더 높은 목표를 세우고 있다. 그는 살아 있는 자에게 죽음을 없애겠다고 약속한다. 커즈와일의 아버지처럼 이미 죽은 사람에게는 부활을 약속한다. 특이점의 시대에 비약적으로 확장하는 지능이 '온 우주를 깨울 것'이라고 예측하는 예언자 커즈와일은 점차 구세주와 같은 길을 걷고 있다. 커즈와일의 업적을 다룬 90분짜리 다큐멘터리 영화 〈초인적 인간〉을 보면, 마지막에 커즈와일 스스로 "신은 존재하는가?"라는 질문을 던진다. 커즈와일은 이 질문에 대해 지금까지 하지 않던 독창적인 답변을 내놓는다. "글쎄요, '아직은' 그렇지 않다고 생각합니다."

피터 틸의 신념

– 베른트 클라이네궁크

피터 틸은 모든 면에서 이례적인 개성의 소유자다. 실리콘 밸리의 억만장자 중 가장 부유하진 않을지라도 가장 영향력 있는 인물임은 분명하다.

트랜스휴머니스트로서 돈과 아이디어를 제공하는 틸은 언론에 자주 등장하는 커즈와일보다 덜 알려져 있다. 그런데도 틸은 무대 뒤에서 모든 것을 조종하는 진정한 주인공 취급을 받는다. 그는 자선가처럼 자기 신념에 부합하는 사람과 프로젝트에 지원을 아끼지 않는다. 그러면서도 틸은 자신을 건드리려 시도하는 자에게는 무자비하게 냉혹한 면모를 드러낸다. 이런 성격 때문에 그는 '대부'라는 별칭을 얻는다. 실리콘 밸리의 대다수 기업 대표들이 대개 좌파 자유주의 성향을 띠는 데 반해 틸은 강경한 우파 자유주의 진영에 속한다. 그는 대담해 보이는 사상으로 트랜스휴머니스트조차 매번 놀라게 만든다. 그리고 틸은 익숙해지는 데 시간이 필요한 유머 감각을 지니고 있다. 미국 작가 맥스 차프킨Max Chafkin은 2021년에 출간한 틸의 전기에 '더 콘트레이언The Contrarian'이라는 제목을 붙인다. 이 단어는 '일반적인 합의에 반대하는 행동을 하는 사람'이라는 뜻으로 번역할 수 있다.

틸의 복잡한 성격을 이해하려면 그의 유년기를 살펴봐야 한다. 틸은 1967년 10월 11일 프랑크푸르트에서 태어났다. 틸의 아버지는 화학자였다. 아버지의 직업상 틸의 가족은 자주 이사를 해야 했다. 그의 가족은 남아프리카공화국과 나미비아에 머물다 마침내 캘리포니아에 정착했다. 계속 전학을 다녔던 틸은 친구를 사귀기 어려웠다.

하지만 수학에 대한 그의 특별한 재능이 곧 드러난다. 게다가 그는 훌륭한 체스 선수가 된다. 그래서 틸이 1989년 학사 학위를 받은 전공과목이 철학이었다는 점은 다소 놀랍다. 철학 학사로는 재정적으로 풍부한 경력을 쌓는 데 무리가 있었으므로 틸은 추가로 법학을 전공한다. 그는 법학 역시 최고 성적을 받으며 졸업한 후, 곧바로 뉴욕에서 가장 유명한 법률사무소 중 한 곳에 입사한다. 하지만 그는 단 1년밖에 재직하지 못한다. 이후 틸은 더 큰 수익을 보장하는 크레디트 스위스 은행의 외환 딜러가 된다. 거기서 그는 숫자와 수학에 대한 탁월한 재능을 발휘하여 많은 수익을 내고 성공한 딜러가 된다. 어느 날 틸은 자기 능력을 돈으로 바꿀 효과적인 방안을 생각해 낸다. 1996년 그는 캘리포니아로 돌아와 '틸 캐피털 매니지먼트'라는 자산 운용사를 설립한다.

이는 적임자가 적재적소를 찾은 것이다. 틸은 자신이 올바른 직감을 지녔다는 사실을 증명해 낸다. 틸은 실리콘 밸리의 신생 스타트업을 눈여겨본다. 그리고 온라인 결제 서비스 기업 페이팔에 28만 달러를 투자한다. 틸은 3년 만에 회사를 상장하고 5,500만 달러를 벌어들인다. 그는 마크 저커버그라는 젊은 컴퓨터 괴짜가 성장시키려는 회사에 대한 투자가 수익성이 높다는 사실도 증명한다. 틸은 페이스북에 50만 달러를 투자한 최초의 외부 투자자로, 페이스북 주식의 7퍼센트를 확보한다. 2022년 초 그는 메타로 사명을 변경한 페이스북 이사회에서 물러난다. 얼마 후 메타의 주식은 약 25퍼센트 폭락한다. 이로 인해 페이스북의 시장 가치는 2,500억 달러의 손실을 본다.

현재 틸의 개인 자산은 약 25억 달러로 추산된다. 그는 주로 벤처 투자자, 즉 위험 투자자로 활동하는 데 돈을 쓴다. 틸은 인공지능과 급진적 생명 연장과 같은 트랜스휴머니즘 목표를 지향하는 기업에 투자하길 선호한다. 오브리 드 그레이의 SENS 재단은 매년 수천만 달러의 투자금을 받는다('급진적 수명 연장은 영원한 젊음을 뜻할까' 참조). 다른 많은 투자자와 마찬가지로 생명 연장은 투자자로서뿐만 아니라 아주 개인적인 차원에서도 틸의 관심을 끄는 주제다. 2016년 실리콘 밸리의 암브로시아 클리닉Ambrosia Clinic이 맨 처음 '젊은 혈장 치료법'을 제공하기 시작했을 당시 틸은 최초 고객 중 하나였다. 이 치료법은 혈장 수혈로 노인이 젊음을 되찾을 수 있다는 요법이다. 1회당 8,000달러가 든다는 점은 틸에게 딱히 문제가 되는 부분이 아니었다. 그러나 미국 식품의약청FDA이 젊은 혈장 치료법을 '안전하지 않은' 치료로 분류해 암브로시아 클리닉이 2019년 문을 닫은 것은 문제였다.

틸은 대다수 언론이 자신에 관해 부정적인 기사를 쓰는 것에 크게 신경을 쓰지 않는다. 하지만 틸에게도 한계는 있었다. 2007년 미국의 가십을 다루는 블로그 거커Gawker에서 틸이 동성애자라는 사실을 폭로하자 틸은 상당 기간 분노했다. 틸은 동성애가 자신의 결점이 아니라고 생각했고, 2017년 자신의 오랜 파트너였던 매트 댄자이젠Matt Danzeisen과 결혼한다. 하지만 틸은 개인의 사생활을 당사자의 동의 없이 공개하는 일은 언론의 역할이 아니라고 굳게 믿는다.

이후 틸이 거커를 상대로 어떤 조치를 했는지 보면 그가 뛰어난 전략가라는 사실을 다시 한번 느낄 수 있다. 틸은 거커의 폭로 사건을 법적으로 문제 삼는 대신, 완전히 다른 소송 건에 개입한다. 전 미국 레슬러 헐크 호건은 자기 의사에 반하는 섹스 동영상을 공개한 온라인 포털과 갈등이 있었다. 틸은 호건에게 1,000만 달러의 변호 비용을 지원하고, 호건은 재판에서 승소한다. 거커는 1억 1,500만 달러의 손해배상금을 지급하라는 판결을 받는다. 호건은 엄청난 돈을 벌었고, 거커는 발행을 중단했으며, 틸은 만족감을 느꼈다. 이 사건 이후 실리콘 밸리에서는 복수로 남을 파멸에 이르게 하는 변질 행위를 두고 '누군가를 틸(thielen, 독일어 동사 원형으로 영어식으로 표현하면 to thiel-옮긴이)한다'라는 표현이 자리를 잡았다.

틸의 정치 활동 역시 뉴스 기사의 단골 소재다. 2016년 미국 대선에서 틸이 도널드 트럼프를 지지했다는 사실에 많은 언론이 끊임없이 반발한다. 그러나 틸은 결코 전형적인 공화주의자가 아니다. 틸은 자신이 정치적으로 '자유주의자'라고 생각한다. 구체적으로 그는 개인의 발전에 최대한 여지를 주기 위해 국가의 영향력을 가능한 한 억제하고 싶어 한다.

틸은 2021년 베를린에서 열린 프랑크 쉬르마허상(Frank-Schirrmacher-Preises, 독일의 최고의 지식인으로 손꼽히는 언론인이자 문학가인 프랑크 쉬르마허의 이름을 딴 상-옮긴이) 시상식에서 수상 소감을 발표하며 자신이 얼마나 정치적인 사람이 아닌지를 보여준다. 이 소감에서 틸 특유의 유머 감각을 엿볼 수 있다. 그는 간단명료한 연설을 통해 미래 정치의 윤곽을 그려낸다.

"독일인은 미래를 생각할 때 다음과 같은 가능성을 봅니다. 1번 문 뒤엔 이슬람 신권 정치가 있죠. 모든 여성은 반드시 부르카를 착용해야 합니다. 2번 문 뒤에는 중국의 사찰 공산주의가 있으며, 모든 사람의 행동은 중앙 AI 관제 센터에 등록됩니다. 마지막으로 3번 문 뒤엔 그레타 툰베리(환경 운동가)가 그리는 녹색 미래가 있습니다. 이곳에서는 모두가 자전거를 탑니다."

도널드 트럼프를 지지하고 그레타 툰베리를 조롱하는 사람은 독일 언론이 호의적으로 다루지 않는다. 틸에 관한 기사를 보면 이 사실을 알 수 있다. 하지만 틸은 이런 문제로 골치 아파하진 않는다.

더 흥미로운 점은 틸이 제시하는 실용적인 대안이 무엇인가다. 이 부분에서도 틸은 자신만의 독특한 생각을 가지고 있다. 바로 공해상에 떠다니는 자치 공동체 플랫폼을 설립하여 국가의 통제에서 벗어나자는 것이다. 이 시스테딩Seasteading 프로젝트는 국가의 보살핌 없이 자유주의 정신을 실천하며, 제약 없이 첨단 기술을 개발하도록 만들어준다. 물론 암브로시아 클리닉도 다시 문을 열 수 있다. 세금이 면제된다는 사실은 이 프로젝트가 지닌 바람직하지 않은 부작용일 가능성이 있다.

이 모든 것은 결코 순수한 환상이 아니다. 오히려 이미 이 프로젝트를 구체적으로 추진하는 담당 기관이 있다. 틸이 이 기관에 막대한 자금을 지원하고 있음은 말할 필요도 없다. 이 시스테딩 프로젝트는 궁극적으로 트랜스휴머니즘의 미래 비전 중 하나인 우주 식민지화와 확실히 유사하다. 우주에서는 다른 행성의 전형적인 국가 체제나 그 행성의 정치인들이 아무 영향을 끼치지 못한다. 하지만 머스크가 첫 식민지를 건립하기 위해 전력을 다하고 있다 해도 이것이 완성되기까진 시간이 걸릴 것이다. 그러므로 공해상에 플랫폼을 건설하겠다는 생각은 전적으로 실행 가능성이 큰 임시 해결책이다.

틸이 감행한 최후의 일격은 전 오스트리아 총리 세바스티안 쿠르츠Sebastian Kurz를 동업자로 영입한 것이다. 쿠르츠가 정계에서 물러나고 불과 몇 주 뒤인 2021년 12월, 쿠르츠가 '글로벌 전략가'로 틸이 추진하는 시스테딩 프로젝트에 합류한다는 발표가 나온다. 틸을 품기엔 실리콘 밸리는 이미 너무 좁아져 버렸다. 틸은 동유럽 국가에서 기업가나 트랜스휴머니스트로 활동하는 것에 큰 잠재력이 있다고 본다. 뛰어난 인맥과 세련된 언변을 갖춘 쿠르츠는 틀림없이 이상적인 홍보대사의 역할을 할 것이다. 이제 '실리콘 밸리의 대부'가 자기 제국을 확장하며 국제무대에서 점차 활발한 활동을 전개하고 있으니 이에 대비하자.

나타샤 비타모어의 비전

– 베른트 클라이네궁크

나타샤 비타모어는 작가, 예술가, 철학자, 과학자, 보디빌더, 기업가 등 다양한 활동을 하고 있다. 하지만 무엇보다도 그는 트랜스휴머니즘의 선구자이자 트랜스휴머니즘 운동에서 가장 중요한 인물 중 한 명이다.

비타모어는 1950년 뉴욕 브롱스빌에서 나오미 클락으로 태어났다. 그녀는 어렸을 때부터 미술에 관심이 많았다. 학교 졸업 후 이탈리아로 건너가 미술을 공부한 비타모어는 1977년 이탈리아 라벤나에 있는 미술 아카데미Accademia di Belle Arti in Ravenna를 졸업한다. 이후로도 더 많은 학위를 취득한 그는 미국으로 돌아와서 첫 디자인 회사를 설립한다. 그의 디자인 작품은 미래적이고 혁신적이었다.

현재 비타모어는 트랜스휴머니즘 운동에 점차 더 큰 관심을 기울이고 있다. 그는 트랜스휴머니즘 운동의 창시자인 FM-2030이나 맥스 모어와 긴밀한 관계를 유지하며 소통한다. 이미 앞선 '트랜스휴머니즘의 어제와 오늘' 장에서 FM-2030과 맥스 모어를 다룬 바 있다. 옥스퍼드대학 졸업 후 현재 캘리포니아에서 트랜스휴머니즘 운동의 가장 중요한 사상가로 거듭나고 있는 맥스 모어와 비타모어의 관계는 특히 가깝다. 1996년 맥스 모어는 자신보다 열네 살 연상의 나오미와 결혼하는데, 이후 나오미는 나타샤 비타모어로 이름을 바꾼다.

조직화한 트랜스휴머니즘이 아직 초기 단계였던 1982년 초, 비타모어는 '트랜스휴먼 선언문Transhuman Manifesto'을 작성한다. 그는 급진적 생명 연장과 같은 트랜스휴머니즘의 핵심 주제 외에도 무엇보다 '형태적 자유' 라는 개념에 몰두한다. 여기에는 가능한 한 오랫동안 인간의 신체를 건강하게 만들고 기능을 유지하는 일이 포함된다. 이에 더해 인간에게는 신체를 변화시켜 최적화하거나 재구성할 권리도 있다. 인간은 피조물일 뿐만 아니라 스스로 창조하는 존재다.

비타모어는 예술가이자 과학자로서 수십 년간 이 같은 사상에 매료된다. 비타모어의 이름을 따 만들어진 프로젝트는 이런 사상에 기반을 두고 있다. 1997년 비타모어는 미래의 포스트휴먼이 어떤 느낌일지 보여주려고 전신을 인공 보철물로 디자인한 생물체 '프리모 포스트휴먼Primo Posthuman'을 소개한다.

프리모 포스트휴먼은 인공지능이 최적화한 '메타 두뇌'를 보유하며, 원래 인간의 뇌보다 더 많은 회로로 구성되고 노화를 겪지 않는다. 기존 감각은 예민해진다. 수정체에는 돋보기가 내장되었으며 망막에는 야간 투시 장치가 있다. 귀는 일반 주파수는 물론 보통 범위를 벗어난 상하 스펙트럼 주파수를 모두 감지해 들을 수 있다. 따라서 미래에 개 호루라기 소리를 듣는 존재는 동물만이 아닐 것이다. 진화 과정에서 상당히 퇴화한 후각도 최적화될 것이다. 왜 개와 쥐가 인간보다 냄새를 더 잘 맡아야 하는가? 내장 컴퓨터 칩으로 인간은 이전에 감지하지 못하던 가스와 유해 물질을 포착할 수 있다. 앞으로 일산화탄소 중독으로 사망하는 인간은 아무도 없을 것이다.

나타샤 비타모어는 '스마트 스킨'이라는 주제에도 각별한 관심이 있다. 미래에는 과도한 자외선이나 환경 독소에 반응하여 피부의 손상을 미리 예방하는 센서가 피부에 탑재될 것이다. 이뿐만이 아니다. 의학의 힘을 빌리지 않고 취향에 따라 피부색을 마음대로 바꿀 수 있는 생체 색소까지 포함될 것이다. '프리모 포스트휴먼'은 기분에 따라 피부색을 바꾸는 형태적 자유를 누리게 된다. 예를 들어 오늘 저녁에는 보라색으로 피부를 바꿔보는 것이다. 아니면 내가 응원하는 축구팀의 색을 입힐 수도 있다. LED 전광판처럼 사진이나 메시지를 피부에 띄우는 일도 가능하다. '날 팔로우해 줘Follow me'라든가 '꺼져Fuck off'라는 말까지 상대에게 신호를 보내듯 온갖 메시지를 전달할 수 있다.

비타모어가 예술가로 경력을 쌓기 시작했으므로 그가 고안한 '프리모 포스트휴먼'도 처음엔 예술 작품으로 이해하는 사람이 많았다. 모스크바의 국립 현대미술관이나 멤피스의 브룩스 미술관과 같은 곳에서 그의 작품을 전시했다. 한편 커즈와일이 세운 싱귤래리티대학에서는 비타모어의 포스트휴먼 피조물을 실제로 구현하려 심도 있는 연구를 진행 중이다. 이런 연구 활동은 최근 몇 년 동안 트랜스휴머니즘이 어떻게 발전했는지를 말해주는 결과이기도 하다.

최종적으로 '프리모 포스트휴먼'을 실현하기까지는 시간이 걸린다고 예상되므로 비타모어는 그때까지 좀 더 전통적인 방법으로 자기 신체를 최적화하는 중이다. 비타모어는 오랫동안 보디빌딩에 심취해 있다. 그가 주기적으로 소셜 미디어에 포스팅하는 본인 사진을 보면 70세가 넘은 여성이 자기 분야에서 얼마나 많은 것을 성취했는지를 인정할 수밖에 없다.

그는 남편 맥스 모어와의 협업에서도 큰 결실을 맺었다. 두 사람은 2013년 《트랜스휴머니스트 독자The Transhumanist Reader》를 출간한다. '인류 미래의 과학, 기술, 철학에 관한 고전 및 현대 에세이'란 부제의 480쪽에 달하는 이 책은 지금도 여전히 트랜스휴머니즘의 바탕을 이루는 것으로 평가받는다.

더불어 비타모어는 협회의 업무도 갈수록 더 많이 담당하고 있다. 이제 트랜스휴머니즘은 미래 지향적인 과학자와 철학자들이 편하게 모여 얘기나 나누는 모임이 아니다. 트랜스휴머니즘은 조직화한 운동이기도 하다. 트랜스휴머니즘 전문 학회, 간행물, 정기회의 등 필요한 모든 것을 갖추고 있다. 그리고 이 모든 활동을 지휘하는 수장은 대부분 비타모어다. 그는 이미 2001~2004년 당시 트랜스휴머니즘을 선도하던 단체인 엑스트로피연구소의 대표이기도 했다. 현재 가장 중요한 트랜스휴머니즘 관련 단체는 WTA에서 파생된 휴머니티+다. 이 기구의 수장 역시 비타모어다. 휴머니티+의 간행물은 매월 발행되는 《휴머니티+ 매거진》이다. 비타모어는 이 잡지의 발행인이기도 하다.

나타샤 비타모어는 거의 모든 주요 트랜스휴머니즘 활동에 관여하고 있다. 그는 인체 냉동 보존술 분야에서 독보적인 알코어 생명연장재단연구소를 후원한다. 커즈와일이 설립한 싱귤래리티대학에서 강의도 한다. 그리고 전 세계 어디든 트랜스휴머니즘에 관한 주요 회의가 열리면 거의 항상 참석하곤 한다.

아마 비타모어는 정치 및 예술 운동에서 '위대한 노부인'으로 지칭될 것이다. 하지만 이 호칭은 비타모어처럼 노화를 정복하려는 사람에게 알맞지 않다. 비타모어는 80대에 접어드는 나이에도 놀라울 정도로 젊어 보인다. 수년간 그는 트랜스휴머니스트 '단체의 어머니' 같은 존재가 되었다. 트랜스휴머니스트들도 이렇게 밝고 호감이 가는 간판스타가 자신들의 수장이란 사실을 대단히 기뻐한다.

오브리 드 그레이의 주장

– 베른트 클라이네궁크

　오브리 드 그레이는 진정한 의미에선 트랜스휴머니스트가 아니다. 그레이는 스스로를 트랜스휴머니스트라 칭하지 않을 것이다. 그는 수많은 인터뷰를 하는 중에 한 번은 다음과 같이 말한 적이 있다. "나는 '트랜스휴머니스트'라는 용어를 별로 좋아하지 않습니다. 뭔가 아주 유별난 일을 하는 것처럼 들리거든요. 나는 의학자라면 누구나 하는 일 이외의 것을 하진 않습니다."

　하지만 그레이의 말은 자기 일을 지나치게 과소평가한 발언이다. 대개 의학자들은 질병 치료법을 개발하는 데 집중한다. 그레이는 노화를 치료하는 연구를 하고 있다. 더 정확히 말하자면 그는 노화를 완전히 없애고 싶어 한다. 이를 통해 그레이는 트랜스휴머니즘의 주요 프로젝트 중 하나인 급진적 생명 연장 프로젝트를 진행하는 대표적 인물이 된다. '의학자'라는 단어로는 이 기이한 영국인의 활동을 다 설명할 수 없다. 그레이는 의대를 다닌 적도, 실험실에서 일한 적도 없다. 그가 현재 세계 최고의 노화 생물학자 중 한 명으로 인정받게 된 것은 우연의 덕을 보았다고 하는 편이 맞다. 아니면 케임브리지에서 열린 파티 때문일 수도 있다. 이제 순서대로 살펴보자.

그레이는 1963년 4월 20일 런던에서 태어났다. 그의 어머니는 예술가였고, 그레이의 말에 따르면 아버지는 모른다. 어린 그레이는 런던의 엘리트 학교에서 훌륭한 교육을 받는다. 이후 그는 케임브리지에서 컴퓨터공학을 전공한다. 현재도 그레이는 여전히 영국 '상류층 억양'을 구사하는데, 전혀 상류층 같지 않아 보이는 그의 외모와 아주 대조적이다.

대학을 갓 졸업한 그레이는 소프트웨어 개발자로, 케임브리지에서 열린 학생 사교모임 파티에서 초파리를 연구하는 유전학자 아델라이드 카펜터Adelaide Carpenter를 만난다. 초파리는 실험실에서 대량 사육하고 번식 속도가 아주 빨라서 관련 연구 결과를 활용할 때 많은 데이터를 축적할 수 있다. 젊은 컴퓨터 전문가였던 그레이는 유전학 연구소에도 딱 맞는 사람이었다. 이는 연구소에만 해당되지는 않았다. 1991년 그레이는 열아홉 살 연상의 상사 아델라이드 카펜터와 결혼까지 한다.

그레이는 연구소에서 데이터만 처리하지 않는다. 그는 생물학, 특히 노년기의 생물학에 큰 관심을 둔다. 1999년에 출간한 《미토콘드리아 자유 급진 노화 이론The Mitochondrial Free Radical Theory of Aging》으로 그레이는 케임브리지대학에서 원래 전공과는 완전히 다른 분야인 생물학에서 오랫동안 고대하던 학사 학위를 받는다.

이제 그레이가 갈 길이 정해진다. 그에게 생물학적 노화는 중요하게 다뤄야 할 주제가 된다. 그레이는 전문 컴퓨터 공학자가 사용하는 도구를 사용하여 이 주제에 접근한다. 다시 말해 그는 협소한 분야에서 독립적으로 연구하는 대신, 이 주제에 관한 모든 문헌을 분석한다. 이를 통해 노화 생물학 연구를 진행하는 주요 연구소와 연구 결과를 살펴본 후, 마침내 그레이는 노화의 결정적 7가지 요인을 해독함은 물론 노화 치료 전략을 개발했다고 주장한다. 이에 관해서는 2장에 나올 '급진적 수명 연장은 영원한 젊음을 뜻할까'에서 자세히 다루겠다.

그레이는 2007년에 출간한 저서 《노화 종식Ending Aging》에서 노화 대비 전략의 개념을 상세히 서술한다. 만약 그레이의 말을 그대로 받아들이는 사람이 있다면, 그레이는 노화를 치료 가능한 질병으로 만들 만반의 준비가 되어 있는 사람이다. 단 하나 부족한 것은 바로 돈이다. 연구 비용을 어디에서 조달할 것인가? 이 부분에 문제가 있다는 사실을 그레이는 즉시 깨닫는다. 제약 업계가 비용을 댈까? 제약사들은 너무 단기적으로 생각하고 단일 질병의 치료에만 관심을 가진다. 정부는 어떨까? 정부는 유권자와 언론이 세금을 허무맹랑한 프로젝트에 쓴다고 비난할까 봐 두려워한다. 하지만 대서양 너머에 대담하게 생각하는 데 익숙한 곳이 있었다. 무엇보다도 그곳엔 평생 쓸 수 있는 돈보다 더 많은 돈을 가진 사람들이 있었다. 이런 사람들은 생명을 연장하는 일에 상당한 관심이 있었다. 따라서 그레이는 실리콘 밸리로 이주한다.

그레이가 기대했던 성공은 그리 오래 걸리지 않는다. 미국의 엘리트 트랜스휴머니스트들은 큰 야망을 품은 이 영국인을 금세 주목하기 시작한다. 이런 곳에 필연적으로 등장하는 틸이 가장 먼저 수백만 달러를 선뜻 내놓는다. 이후 여러 벤처 투자자들이 틸의 뒤를 따라 자금을 투자한다. 2009년, 그레이는 마침내 자신이 원하던 SENS 재단을 설립할 수 있게 된다. 하지만 그는 다른 사람의 돈만 이 재단에 투자한 것이 아니다. 그레이의 어머니는 예술가로서는 그저 그런 성공을 거두었으나 사업가로서는 운이 아주 좋았다. 그가 1960년대 런던에서 매입한 주택 두 채는 수도의 부동산 가격 폭등으로 엄청난 가치를 지니게 된다. 그레이는 어머니가 사망한 후 집을 처분하여 1,200만 유로를 벌었고 이 중 1,000만 유로를 자기 재단에 기부한다.

그레이는 제2의 고향이 된 미국에선 절제하는 태도나 겸손함으로는 큰 목표를 달성할 수 없다는 사실을 상대적으로 빠르게 습득한다. 그는 신문 및 온라인 매체와 수많은 인터뷰를 진행하며, 그럴 때마다 인터뷰어가 쉽게 인용할 수 있는 문장을 구사한다. 그중에 가장 잘 알려진 문장은 다음과 같다. "1,000살까지 살 수 있는 최초의 인간은 이미 탄생했다." 노화에 영향을 미치는 방법에 관한 연구는 '노화와의 전쟁'이 되었다. 좀 덜 호전적인 것을 선호하는 사람들을 위한 종교 쪽 버전도 있다. 그레이는 오스트리아 주간지 《프로필》과의 인터뷰에서 이렇게 말한다. "나는 신의 일을 하고 있습니다." 그리고 덧붙여 말한다. "신의 목표는 인간의 고통을 끝내는 것입니다. (……) 노화는 인간의 가장 큰 고통이며, 이를 연구하지 않는 건 죄가 될 겁니다."

우리가 모두 아는 이유로 신이 그레이의 말에 대해 어떻게 생각하는지는 알 수 없다. 하지만 그레이는 자신의 활동이 인류에게 어떤 축복을 가져올지 이미 예상한다. "SENS가 일단 작동하면 나는 10만 명의 생명을 구할 수 있습니다. 그것도 매일 말이죠. 이것은 2001년 9월 11일 테러로 숨진 사망자의 35배에 달하는 수치입니다." 그레이가 영국인의 특성을 많이 지니고 있다고 해도 절제된 표현이 반드시 이 특성에 포함되는 건 아니다.

그의 발언에 대한 평가와는 별개로 그레이의 추종자는 점점 늘어나고 있다. 이런 추종자는 실리콘 밸리에만 있지 않다. 장수를 주제로 한 중요한 회의는 베를린에서도 열린다. 이 회의는 미국의 유명 트랜스휴머니스트들의 삶과 놀랍도록 유사한 경력을 가진 독일인이 주최한다.

미하엘 그레베Michael Greve는 1990년대에 형제 마티아스Mattias 그레베와 함께 독일 인터넷 포털 web.de를 설립한다. 2005년 회사를 매각한 그레베는 약 8억 유로를 손에 쥐고 여생을 어떻게 보낼지 깊이 생각할 시간을 갖게 된다. 그는 건강과 장수에 심취하여 처음에는 개인적으로 관련 주제를 살펴본다. 이후 자신의 고향 카를스루에에 '영원히 건강하기 재단Forever Healthy Foundation'을 설립한다. 그레베가 세운 재단의 목표는 수명 연장과 관련된 모든 연구를 평가하고 대중이 널리 이용하게 만드는 것이다. 이 모든 일은 베를린에서 열리는 연례 회의와 연관되며, 회의에는 업계 최고의 과학자들과 전도유망한 스타트업이 참가한다. '실패하지 않는 노화 회의Undoing Aging Conference'의 주요 연사는 그레베가 수백만 달러를 후원하기도 하는 그레이다. 또한 그레베는 수많은 생명공학 스타트업을 자기 투자 포트폴리오에 포함시키는 열정적이고 성공적인 벤처 투자자다. 카를스루에에도 실리콘 밸리가 있다.

그러나 그레베와 그레이는 여러 공통점에도 불구하고 한 부분에서 근본적으로 다르다. 그레베는 '수명 연장 프로젝트'의 하나로 엄격한 식단, 운동, 생활 방식 프로그램을 직접 시행하고 있지만, 그레이는 이런 활동에 전혀 관심이 없다. 그레이의 생각으로는 현재 그레베의 방식으로 달성할 수 있는 목표는 (그레이가 좋아하는 표현을 빌려 말하자면) '무시할 만한

negligible' 수준이니 신경을 쓸 필요가 없다. 그레이는 예방책에 의존하지 않는다. 그는 앞으로 신체에 생기는 모든 손상을 제거할 수 있는 SENS 프로그램을 전적으로 신뢰한다. 만약 그레이가 다이어트를 한다면, 그의 식단은 주로 맥주를 많이 마시는 메뉴로 구성될 것이다. 그레이는 맥주를 상당히 즐겨 마시고, 보통 오전부터 마시기 시작한다. 케임브리지에서 일할 당시 그는 자신이 좋아하는 '솔즈베리 암스Salisbury Arms' 술집에서 자주 인터뷰를 했는데, 그때마다 맥주를 몇 파인트씩 마셨다. 회의 석상에서도 노트북 옆에 놓인 맥주는 커즈와일이 항상 갖고 다니는 영양제 비닐봉지만큼이나 그레이의 상징이다. 하지만 그레이가 만취한 모습을 아는 사람은 아무도 없다. 항노화 학계에서 이례적인 식단으로 보는 자기 방식을 두고 그레이는 "맥주는 내 몸에 좋습니다"라는 말로 일축해 버린다. 그 효과가 어떨지는 아마도 분자 생물학 관점에서 앞으로 풀어야 할 문제다.

그레이가 일찍이 깨달은 사실은, 특이한 외모와 행동이 특별한 아이디어를 퍼뜨리는 데 도움이 되기도 한다는 것이다. 적어도 영국에서는 그렇다. 미국도 마찬가지일 것이다. 운동화, 슬리퍼, 늘어진 스웨터, 직접 뜨개질한 모자, 그리고 무엇보다도 그의 독특한 턱수염이 그의 특징이다. 특히 그레이의 수염은 많은 논쟁의 대상이다. 누군가는 그레이의 수염을 보며 러시아의 라스푸틴을 연상하고, 또 다른 누군가는 갈리아의 드루이드(고대 영국의 켈트 신앙의 사제-옮긴이)를 생각하기도 한다. 록 음악 애호가들은 미국의 록 밴드, 지지 탑ZZ top 같다고 말한다. 종합해 보면 그레이의 수척한 체형과 고행자 같은 얼굴, 긴 수염은 그를 더 높은 사명을 띠고 여행하는 중세의 성자처럼 보이게 만든다.

하지만 그레이의 실제 생활은 그리 신성하지 않은 것 같다. 2014년 공개된 흥미로운 다큐멘터리 영화 〈디 임모탈리스츠The Immortalists〉에서 그레이는 아내와 알몸으로 즐기는 소풍 장면을 촬영한다. 그러면서 '일부다처제 성생활'에 관해 친절하게 말해준다. 다시 말해 그레이는 아내와 결혼생활을 유지하면서 자신보다 훨씬 어린 여성들과 연애했다. 하지만 그레이의 연상 아내는 그 상황을 그리 달갑게 여기지 않았다. 2017년 아델라이드 카펜터는 결국 이혼을 청구한다.

오랫동안 그저 별난 이력의 소유자가 가진 다채로운 모자이크 중 한 조각으로 인식되던 특성은 2021년 8월 명백한 추문으로 터져 나온다. SENS 재단의 여직원 두 명이 그레이를 성희롱 혐의로 고소한 것이다. 성희롱은 신체적 접촉이 아니라 노골적인 글과 이메일로 이루어졌다. 특히 이메일로 성희롱을 당한 여성의 나이가 당시 17세에 불과했기 때문에 문제는 더욱 심각했다. SENS 재단은 조사를 시작한다. 침묵을 지키는 일보다 더 어려운 게 없는 그레이는 자신의 페이스북 계정에 여러 차례 글을 올려 대응했으나 큰 도움이 되진 않는다. 결국 최종 수사 결과 그레이는 유죄 판결을 받고, SENS 재단은 즉시 그를 CEO에서 해임한다.

그 이후 앞으로 어떤 일이 일어날지 업계에서의 추측은 분분하다. SENS 재단은 과연 재단의 설립, 명칭, 이념에서 상당 부분을 차지하는 사람의 존재 없이 활동을 지속할 수 있을까? 이에 대해 의구심을 갖는 것은 당연하다. 그러나 그레이가 자기 일을 계속할 새로운 수단과 기관을 찾으리란 데는 의심의 여지가 없다. 그레이는 명실공히 '사명이 있는' 사람이다. 그리고 이 사명은 아직 완수되지 않았다.

일론 머스크의 연구와 실행

– 베른트 클라이네궁크

일론 머스크는 아마 지구에서 가장 유명한 사람 중 한 명일 것이다. 머스크는 기업가들의 록스타다. 그의 회사들이 하는 일은 경제지에 대서특필된다. 그의 사생활 또한 타블로이드지가 열광하는 소재다. 《포브스》에 따르면 2021년 1월 머스크의 재산은 1,840억 달러를 넘어섰고, 이에 그는 세계에서 가장 부자가 되었다. 미국인이 즐겨하는 표현으로 머스크는 '삶보다 더 큰Bigger than Life' 사람이다.

그러나 머스크가 자칭 트랜스휴머니스트라는 사실은 거의 알려지지 않았을 것이다. 그가 트랜스휴머니스트라는 사실을 알아야만 머스크가 참여하는 다양한 사업이나 기술 분야에 대해 이해할 수 있다. 제3자의 눈에는 머스크의 행동이 도저히 이해 불가한 것으로 보일 수 있다. 어째서 한 사람이 인공지능을 계속해서 개발하고, 화성 식민지화 계획을 세우며, 뇌와 컴퓨터 간의 인터페이스를 만들고 있는 걸까? 기본 세계관을 알면 답은 간단하다. 머스크가 진행하는 모든 프로젝트는 트랜스휴머니즘의 핵심 주제들이다. 다른 사람은 이 주제를 사색하지만 머스크는 실행한다. 그는 트랜스휴머니즘 의제를 구체적인 기업 정책으로 만들었다.

머스크의 성공 비결은 기업가나 물리학자, 때로는 엔지니어로서 1인 2역을 담당하는 데 있다. 그의 행보는 유망해 보이는 회사를 창립하거나 이런 회사에 투자하는 데서 그치지 않는다. 머스크는 각 분야에 대한 심도 있는 전문지식을 갖고 있다. 돈과 노하우라는 두 배의 효과를 내는 투자 자원은, 머스크가 아닌 다른 사람이었다면 시도해 볼 기회조차 얻지 못했을 사업을 성공으로 이끄는 원동력이 된다.

아마 머스크에게 도움이 되는 다른 것도 있을 것이다. 2021년 5월, 머스크는 미국 TV 쇼에서 자신이 아스퍼거 증후군을 앓고 있다고 고백한다. 이 질환을 앓는 사람은 대개 자기 주변 환경과 상호작용하는 데 어려움을 겪는다. 하지만 이는 아주 독특하고 특별한 관심사를 가지고 있으며 특정 부분에서 재능을 나타내는 특이한 형태의 자폐증이다.

그러나 후에 머스크를 성공으로 이끈 질환이 그의 어린 시절을 더 편하게 해주진 않았다. 머스크는 1971년 6월 28일 남아프리카공화국 프리토리아에서 태어났다. 그의 아버지는 기계공학자였고, 그의 어머니는 캐나다 태생 영양사였다. 머스크는 자기 아버지가 아주 엄격했으며 학창 시절은 악몽 같았다고 회고한다. 십중팔구 그는 아스퍼거 증후군 탓에 외톨이 취급을 받고 집단 괴롭힘을 당했을 것이다. 머스크의 말에 따르면, 그는 종종 의식을 잃을 때까지 구타를 당했다고 한다. 어린 머스크에게 이 시기는 행복한 시기는 아니었지만 창조적인 시기이긴 했다. 그는 책을 많이 읽고, 대부분의 시간을 컴퓨터 앞에서 보냈으며, 연관 프로그래밍 언어를 스스로 학습하고, 열두 살에 이미 비디오 게임 '블래스터 Blaster'를 만들어 500달러를 받고 컴퓨터 잡지사에 팔았다. 독일의 풍자가 하랄트 슈미트Harald Schmidt는 "누군가 모차르트 같은 신동이라면 사람들은 그를 일찌감치 알아챌 것이다"라며 신동이 나타나는 현상을 함축하여 말한 적이 있다.

머스크는 '블래스터'를 500달러에 판 데서 멈추지 않는다. 미국으로 이주한 머스크는 1995년에 동생 킴벌과 함께 ZIP2를 설립한다. ZIP2는 주로 미디어 기업에 콘텐츠를 제공하는 일을 했다. 4년 후 머스크 형제는 이 회사를 3억 7,000만 달러에 매각하고 이 중 2,200만 달러는 머스크의 개인 자산이 된다. 이후 머스크는 틸이 자산 대부분을 털어 설립한 온라인 결제 서비스 회사 페이팔에 투자하여 1억 달러를 벌어들인다. 이로써 머스크는 자신이 진정 원하는 프로젝트를 진행하는 데 충분한 자금을 확보하게 된다.

이 프로젝트 목록의 1순위는 우주 여행사 스페이스X 설립이다. 머스크는 많은 사람이 꿈꾸는 '우주 관광'을 실현하는 데서 그치지 않고, 인류를 실제로 '다행성 종족'으로 본다. 그래서 머스크의 주요 목표는 다른 천체에 인간을 정착시키는 것이다. 인간 정착의 시작점은 바로 화성이다. 하지만 화성에 인간이 정착하려면 우주여행 경비가 전반적으로 훨씬 저렴해져야만 가능하다. 재사용할 수 있는 로켓을 만들어야 비용이 저렴해진다. NASA와 러시아 우주국 모두 재사용 가능한 로켓을 만드는 일은 어불성설이라고 생각한다. 하지만 머스크는 재사용 로켓을 만드는 일을 스페이스X의 핵심 과제로 삼고 있다.

머스크는 하마터면 전 재산을 날릴 뻔한 적이 있다. 바로 스페이스X가 만든 로켓을 재착륙시키려는 시도가 세 번째로 실패했을 때였다. 네 번째이자 마지막 시도를 하기 위해 그는 돈을 빌려야 했다. 결국 그는 성공하고 만다. 이제 재사용 로켓으로 우주여행이 가능하다는 사실이 증명되었고 머스크는 파산을 면할 수 있었다. 현재 스페이스X는 세계 최고의 궤도 운행 로켓 발사 기업이다. 최초의 화성 이주는 2030년 무렵 이뤄질 예정이다. 이미 화성에 살게 될 지원자들을 모집 완료했다.

머스크는 기술에 대한 열정을 가졌으나 이 기술과 관련된 문제들 또한 인지하고 있다. 그는 인공지능이 인류에 가장 큰 위협이 된다고 생각한다. 기계가 인간보다 더 똑똑해지는 순간은 인류 전체의 종말을 의미할수도 있다. 그러나 머스크는 많은 기술 회의론자와 달리 모라토리엄을 강요하거나 규제를 추진하지 않는다. 오히려 정반대로 그는 성장에 초점을 맞춘다. 근본적으로 이것은 '이길 수 없다면 함께하라'는 금언에 따른 생각이다. 인공지능의 관점에서 보면 '기계를 이길 수 없다면 기계와 화합하라'는 뜻이다. 여기엔 문자 그대로의 의미가 있다.

머스크는 뇌와 컴퓨터 간의 인터페이스가 장기적으로 초강력 AI에 대응할 수 있는 가장 효과적인 방법이라고 생각한다. 3장의 '신경 강화를 위한 두뇌용 비아그라의 탄생'에서 다룰 예정인 머스크의 회사 뉴럴링크는 바로 이 인터페이스 기술을 연구한다. 여기서도 아스퍼거 증후군이 머스크에게 어느 정도 올바른 방향을 제시했을 수 있다. 머스크처럼 어릴 때부터 사람보다 컴퓨터와 소통하는 게 더 익숙하다면, 두뇌와 컴퓨터가 순수하게 물리적으로 융합하는 미래를 그려보는 일이 그리 어렵지 않을 것이다.

그렇다고 머스크가 지상의 쾌락과 육체적 즐거움을 사랑하지 않는다는 의미는 아니다. 머스크의 자극적인 사생활은 황색 언론이라면 어디나 환호하는 소재다. 머스크는 첫 번째 아내인 캐나다 작가 저스틴 윌슨과 아들을 다섯 명 낳았다. 영국 배우 탈룰라 라일리와는 두 번 결혼했으나 모두 이혼하고 만다. 머스크의 상대 중 가장 이목을 끌었던 대상은 캐나다 가수 클레어 부셰, 일명 그라임스일 것이다.

그라임스는 일부 비평가들에겐 유명하지만 주류에서는 잘 알려지지 않은 아티스트로, 자신이 '트랜스휴머니스트 심령론자'라고 주장한다. 최근 발표한 그의 앨범 콘셉트에 따라 '인간의 형상을 한 기후 변화의 여신'이기도 하다. 유튜브에서 그라임스의 영상을 보면 가냘픈 목소리에 실망할 수도 있지만, 그를 통해 최소한 트랜스휴머니즘 예술이 어떻게 시각적으로 표현되는지 엿볼 수 있다. 미국의 잡지 《뉴요커》는 머스크와 그라임스를 '세계에서 가장 별난 커플'로 선정한다. 물론 이런 이름을 붙이는 건 언론이 할 일이다. 2020년, 이들 사이에서 태어난 아들은 X AE A-XII 머스크라는 유명한 이름으로 세례를 받는다. 그리고 2022년에는 대리모를 통해 그들의 둘째 아이 엑사 다크 시데렐을 얻는다. 대리모가 출산하기 직전 머스크의 매니저 중 하나인 시본 질리스는 정자 기증을 통해 쌍둥이를 출산한다.

한편 이 매혹적인 트랜스휴머니스트 커플은 이미 결별했거나, 아니면 그들의 표현대로 '유동적인 관계'를 유지하고 있다고 한다. 2022년 가을을 기준으로 머스크는 약 10여 명의 자녀를 둔 것으로 알려져 있다. 어찌 되었든 대중으로선 머스크가 재미로 연인을 사귄다고 생각할 수밖에 없다.

머스크 자신도 이런 재미를 즐긴다. 아스퍼거 증후군과 상관없이 머스크는 수년간 미디어에서 이상야릇한 모습을 과시한다. 그는 TV 인터뷰에서 조인트(하시시 또는 마리화나를 섞은 담배-옮긴이)를 피워대거나, 몇 년간 세계 최고 부자 자리를 두고 경쟁해 온 아마존 창립자 제프 베이조스에 대해 트위터(현 X)에 조롱 섞인 글을 올리기도 한다. 또한 머스크는 매번 자신과 같은 괴짜들 사이에서조차 논쟁이 되는 주제를 꺼내 관심을 끈다. 그래서 2016년에는 인류가 시뮬레이션 속에 살고 있으며, 우리가 사는 세계는 현실이 아니라 수십억 개의 시뮬레이션 세계 중 하나에 불과하다는 자신의 확신을 발표하기에 이른다. 몇몇 이론 물리학자들이 실제로 이 시뮬레이션 가설이 가능하다고 믿는다고 해도 과학계에서는 터무니없는 말 취급을 받는다. 공상과학소설의 팬임을 자처하는 머스크는 고전 영화 〈매트릭스〉에서 이런 아이디어를 생각해 냈을지 모른다. 이 영화의 주요 주제가 그가 말한 시뮬레이션 가설이기 때문이다.

동료들의 증언에 따르면 머스크는 주당 80~100시간을 일한다. 일이 바쁠 때는 자신의 각 회사 사무실에 간이침대를 놓고 기꺼이 현장에 상주한다. 2022년 11월 트위터 인수 당시처럼 직원들에게 조건 없는 헌신을 요구하지만, 항상 만장일치로 열렬한 지지를 받는 건 아니다.

머스크가 경력을 쌓는 동안 압박감을 느낀 동료는 수없이 많다. 애슐리 반스가 머스크의 전기에서 묘사한 것처럼 머스크가 분노를 폭발할 때는 대단하다. 테슬라가 여러 위기를 거치는 동안 한 번은 머스크가 이사회에서 이렇게 말한 적이 있다. "나는 이미 예전에 남태평양의 섬에서 벌거벗은 슈퍼모델들과 칵테일이나 마시는 삶을 살 수도 있었습니다. 그 대신 지금 여러분과 함께 여기 앉아 하루 24시간을 꼬박 일하고 있죠." 어쩌면 조금 더 친절하게 말할 수도 있었겠지만 상당히 정확한 표현이긴

하다.

머스크의 일에 대한 열정과 창의력에는 한계가 없다. 그가 진행 중인 최신 프로젝트 중 하나는 하이퍼루프로 불리며 지하 파이프를 통해 멀리 떨어진 도시 간에 사람과 물품을 운송하려는 목표를 갖고 있다. 사실 이 아이디어는 머스크에게서 나온 것이 아니며 그리 새로운 생각도 아니다. 이 아이디어는 1812년 영국의 발명가이자 엔지니어인 조지 메드허스트 George Medhurst까지 거슬러 올라간다. 머스크는 메드허스트의 생각을 재발견하여 21세기에 맞게 더 발전시킨다. 하이퍼루프의 기본 이념은 고압 공기를 타고 최대 시속 1,200킬로미터의 속도로 이동하는 것이다. 운송 시간을 줄이는 데서 그치지 않고, 도로나 철도의 교통 체증까지 완화하는 게 목적이다. 하지만 그러려면 거대한 터널을 뚫어야 한다. 머스크는 이미 이 작업에 필요한 회사도 설립했다. '보링 컴퍼니The Boring Company'라는 재밌는 이름을 가진 회사다. 'boring'이라는 단어는 '파고든다'라는 의미와 '지루하다'라는 두 가지 뜻이 있다.

머스크의 트위터 인수는 딱히 천재다운 행동은 아니었다. 2022년 초, 머스크는 여론을 지배하는 뉴스 서비스로부터 벗어나겠다는 발상으로 트위터에 420억 달러의 인수 제안을 한다. 이후 인수를 철회했다가 결국 2022년 가을에 트위터를 인수하고 만다. 머스크가 트위터 직원의 절반을 해고한 이후, 해고된 전문가들 없이는 트위터가 제대로 운영되지 않자 머스크는 이번에도 자신의 결정을 철회해야 했다.

다소 혼란스러운 인수 절차로 인해 다른 기업들도 부수적인 피해를 본다. 테슬라의 주가는 상당히 하락한다. 그로 인해 2022년 머스크는 2,000억 달러의 손해를 입는다. 일시적이나마 '세계에서 가장 부유한 사람'이라는 타이틀을 인도 기업가에게 넘겨야 했다. 정치계에서도 머스크는 몇몇 친구들을 잃는다. 그는 '정치적으로 올바른 전기 자동차'를 만든 선구자로서 좌파 자유주의 진영의 사랑을 받는 존재였다. 그러나 트위터 인수 과정에서 있었던 잡음과 공화당 인사들과 급격히 친밀해지면서 좌파의 지지를 거의 잃어버린다. 하지만 그렇다고 이 일로 인해 머스크의 자신감이 크게 떨어지거나 하는 일은 없었다.

머스크와 함께라면 지루할 틈이 없다. 하지만 그의 다양한 활동을 보고 있자면 이런 의문이 든다. 자기가 벌인 여러 사업 중에 머스크가 정말 좋아하는 프로젝트가 있을까? 머스크는 이 질문에 구체적으로 대답한 적이 없다. 그렇지만 아마 화성 이주 프로젝트가 그가 가장 선호하는 프로젝트일 가능성이 크다.

화성 이주에 관해 묻지 않아도 머스크의 대답은 언제나 화성 이주 프로젝트로 귀결된다. 화성 이주 프로젝트는 이 세상만으론 충분하지 않다고 생각하는 머스크에게 걸맞은 과제일지도 모른다. 그리고 무엇보다 미래의 위대한 발전이 결국 우주로 옮겨질 것이라는 트랜스휴머니스트의 비전과도 일치한다. 따라서 머스크가 언젠가 다가올 자신의 최후를 어떻게 생각하냐는 질문에 "나는 화성에서 죽고 싶습니다"라고 답한 뒤 이렇게 덧붙인 것은 다분히 논리적이다. "하지만 화성 착륙과 동시에 죽고 싶지는 않군요."

정치 이념으로서의 트랜스휴머니즘

– 베른트 클라이네궁크

트랜스휴머니즘은 정치 운동이 아니다. 트랜스휴머니즘은 아마 기술 미래주의 철학으로 표현하는 게 가장 적절할 것이다. 그렇다고 트랜스휴머니즘이 비정치적이지도 않다. 트랜스휴머니스트는 전형적인 좌우 이념 구도에 맞춰 설명할 수 없다. 이들은 오히려 놀라울 정도로 광범위한 분야에 걸쳐 있다.

먼저 트랜스휴머니즘의 진원지인 실리콘 밸리를 살펴보자. 많은 사람이 구글, 애플, 페이스북, 아마존과 같은 기업들이 모여 있는 실리콘 밸리를 미국 초자본주의의 상징으로 여긴다. 그런데 실리콘 밸리에 기반을 둔 대다수 기업 대표들이 자신을 좌파 자유주의자라고 말한다. 이는 사실 놀라운 점이다. 세계 IT 중심지의 역사를 통해 그 이유를 설명할 수 있다.

앞서 우리는 실리콘 밸리의 노련한 경험자들이 1960년대 및 1970년대 캘리포니아 저항 문화에 그 뿌리를 두고 있다는 사실을 확인한 바 있다. 이 노련한 자들은 주류가 된 이후에도 마음가짐이 변하지 않는다. 이들은 사업으로 돈을 벌어 부자가 되는 것보다는 세상을 구하는 데 그 목적이 있다. 물론 시간이 흐르면서 가중치가 조금 바뀌긴 했다. 자본주의가 경제의 한 형태로 받아들여졌을 뿐만 아니라 완전히 새로운 차원으로 발전했으니 말이다. 자본주의가 거의 전적으로 이윤을 극대화하는 것에 초점을 맞추고 있으나, 실리콘 밸리의 CEO들은 정치적으로 여전히 중앙에서 약간 왼쪽으로 치우친 지점에 자리한다.

그러나 이렇게 좌파 쪽으로 기운 정신은 자꾸만 무너지는 중이다. 우리는 이미 트랜스휴머니즘을 배후에서 조종하는 틸을 만나보았다. 틸만큼 정치에 적극적으로 참여하는 트랜스휴머니스트는 거의 없다시피 하다. 틸은 자신의 행동이 '자유주의적' 의의를 지니고 있다고 말한다. 말하자면 그는 개인이 발전할 여지를 주려고 가능한 한 국가의 영향력을 억제하려고 한다. 틸은 좌파의 세계관을 혐오한다.

반면에 머스크는 오랫동안 붉은색을 상징으로 하는 좌파 당과 녹색당 및 이 정치 성향에 동조하는 언론이 가장 좋아하는 기업가였다. 전기 자동차를 만드는 사람은 누구나 '좋은' 사람 중 하나라고 생각한다. 하지만 앞서 서술한 대로 2022년 트위터 인수 과정에서 이런 호의적인 시선은 눈에 띄게 냉각된다. 머스크가 다음 선거에서 공화당에 투표하겠다고 발언하자, 좌파 자유주의 진영은 머스크에 대한 탄복의 시선을 거둬들이고 만다. 공화주의자들은 자부심과 자조가 뒤섞인 목소리로 아프리카계 미국인의 지지를 받게 되어 기쁘다고 말한다. 알다시피 머스크는 남아프리카에서 태어났다.

하지만 마르티느 로스블랫Martine Rothblatt의 사례를 보면 미국의 트랜스휴머니즘이 얼마나 정치적으로 폭넓게 자리 잡았는지 알 수 있다. 로스블랫은 1954년 시카고에서 태어났으며 이때 이름은 마르틴Martin 로스블랫이었다. 마르틴은 대학 네 곳을 졸업하고 변호사이자 철학자, 기업가로 활동한다. 그러다 딸이 앓는 병을 계기로 제약 분야와 신약 개발에 뛰어들어 유나이티드 테라퓨틱스United Therapeutics라는 회사를 설립한다. 물론 이 회사가 성공을 거둔 것은 말할 것도 없다. 2018년 로스블랫은 미국에서 가장 높은 연봉을 받는 기업가이자 최고 경영자로 연 소득이 3,800만 달러를 넘어선다. 남자로 태어났지만 자신을 항상 여자라고 생각하던 마르틴은 40세가 되어서야 성전환 수술을 받기로 한다. 이름도 마르티느로 변경한다. 성전환 이후 로스블랫은 세계적인 성 소수자 운동가로 활동 중이다. 1995년 자신의 진정성을 담아 베스트셀러가 된《성의 인종차별 정책: 성별의 자유에 관한 선언문The Apartheid of Sex: A Manifesto on the Freedom of Gender》이란 책을 출간하기도 했다.

로스블랫은 바이오제약 프로젝트를 계속해서 발전시키고 있다. 그의 주요 관심사 중 하나는 동물의 장기를 사람에게 이식하는 이종 이식이다. 돼지의 해부학적 구조는 인간과 아주 유사하므로 이식에 적합하다. 그러나 면역 거부반응을 없애려면 돼지의 유전자를 변형해야 한다. 로스블랫의 회사 유나이티드 테라퓨틱스는 바로 이 거부반응을 줄이는 데 중점을 둔다.

2022년 1월 7일, 거부반응을 줄이도록 유전자를 변형한 돼지의 심장이 처음으로 인간에게 이식된다. 비록 심장을 이식받은 환자는 몇 달 후 사망했지만(아마 심장이 바이러스에 감염되었을 것으로 추측된다), 이 사건은 의사('의학 역사의 기념비적 사건')와 트랜스휴머니스트('돼지의 심장이 인간에게로 넘어감') 모두가 축하할 만한 일이 된다. 이렇게 로스블랫은 실용적인 연구와 정치 및 사회적 문제에 확고한 자세로 대응하는 트랜스휴머니즘을 상징한다.

유럽에서 트랜스휴머니즘 사상이 꽃피는 곳은 첨단 기술의 중심지나 기업계가 아닌 대학이다. 대학의 시대정신은 전통적으로 좌파 쪽이다. 이는 명문 옥스퍼드대학에서 인류미래연구소를 이끌며 1998년 데이비드 피어스와 함께 WTA를 설립한 보스트롬의 저서에도 잘 나타나 있는 부분이다. 그런가 하면 보스트롬은 트랜스휴머니즘과는 다소 거리를 두면서 기술 발전을 되도록 모든 인류에 유용한 '효과적 이타주의' 운동으로 본다.

일부 국가에서는 트랜스휴머니스트가 의회까지 진출했다. 예를 들어 이탈리아에서는 언론인 주세페 바티노Giuseppe Vatinno가 2012년 이탈리아 하원의원에 당선되었다. 바티노의 선거 운동은 본인의 저서 《트랜스휴머니즘, 21세기 인간의 새로운 철학Il Transumanesimo – Una nuova filosofia per l'uomo del XXI secolo》을 기반으로 펼쳐졌다. 1년 후인 2013년에 그는 의회를 떠났지만, 바티노는 지금도 여전히 자신이 '세계 최초의 트랜스휴머니스트 정치인'이라고 주장한다.

2012년 러시아에서도 트랜스휴머니스트를 자처하는 마리아 코노발렌코Maria Konovalenko가 '장수를 위한 정당'을 창당한다. 코노발렌코는 아직 러시아 의회에 진출하진 못했으나 언론과 소셜 미디어에서 존재감을 과시한다. 이를 통해 그는 러시아 트랜스휴머니스트의 '최고 인플루언서'가 되고 있다. 코노발렌코의 눈부신 외모는 그가 소셜 미디어에서 성공하는 데 적잖은 도움이 되었을 것이다.

하지만 전반적으로 여러 트랜스휴머니즘 정당은 어려움을 겪고 있다. 2015년에 창당된 '독일 트랜스휴먼 정당TPD, Transhumane Partei Deutschland'을 보자. 이 정당의 강령을 보면 일관성 없는 운동을 하나의 노선으로 통합하는 일이 얼마나 어려운지 알 수 있다. 기본적으로 TPD의 강령은 기술 개발에 중점을 둔 진부한 발언들을 모아둔 것에 지나지 않는다. 예를 들어 원자력이 미래의 에너지인지 묻는 구체적인 질문에 대한 대답은 교묘하게 회피해 버린다. 창당 후 7년이 지난 2023년 2월 현재 105명이 이 정당에 소속되어 있어 집계하기도 쉬운 편이다.

기타 소규모 트랜스휴머니즘 정당들은 트랜스휴머니즘 사고 체계의 개별적이고 부차적인 측면에 초점을 맞추려는 경향을 보인다. 예를 들어 2015년에 베를린의 생화학자 펠릭스 베르트Felix Werth가 창당한 '건강 연구 정당Partei für Gesundheitsforschung'은 '노년기 질병에 효과적인 약'을 연구하는 것을 주요 과제로 삼고 있다. 이 정당은 그러면서 주로 '급진적 수명 연장'이란 개념을 홍보한다. 선거 운동을 할 때 장수의 권위자로 불리는 그레이의 사진을 벽보 선전물로 이용한다. 이 정당은 다른 정치 이슈에 대해서는 크게 언급하지 않으며, 'AfD(Alternative für Deutschland, 독일을 위한 대안이란 뜻의 독일의 극우 정당)를 제외한 모든 거대 정당'과 연대할 수 있다고 주장한다. 하지만 이 정당의 선거 성적은 매우 저조하다. 2021년 연방 선거에서 '건강 연구 정당'은 지지율 0.1퍼센트, 베를린 하원 재선에선 0.2퍼센트의 지지율을 달성한다. 건강 연구 정당이 가까운 미래에 연대 파트너가 될 가망은 없어 보인다. 이 정당이 2022년 당명을 '정통 의학적 회춘 연구 정당Partei fur schulmedizinische Verjungungsforschung'으로 변경했다지만 결과는 크게 달라질 것 같지 않다.

이런 정당들이 정치적 영향력이 거의 없다고 해도, 이들이 무의미한 일을 하고 있다고 할 수는 없다. 정당의 주요 목적은 특정 이슈를 더 많은 대중에게 알리는 일이다. 이런 정당들이 선거에서 낮은 지지율을 받는다고 해서, 이 해당 목적을 실현하는 데 도움이 되지 않는 건 아니다.

이에 반해 미국의 트랜스휴머니스트 정당은 언론의 관심을 끄는 데 어느 정도 성공을 거둔 상황이다. 2014년 졸탄 이스트반Zoltan Istvan이 트랜스휴머니스트 정당을 창당한다. 이스트반은 전직《내셔널 지오그래픽》의 편집자로, 창당 당시에 이미 작가이자 기업가, 트랜스휴머니즘 공상과학소설《트랜스휴머니스트의 내기The Transhumanist Wager》의 저자로 명성을 얻고 있었다. 2016년 그는 미국 대통령 선거에 공식 후보로 등록하여 최고위직에 도전하기도 한다. 아무도 이스트반의 당선을 진지하게 생각하지 않았으나 그의 선거 운동 방식은 소소한 이목을 끈다.

이스트반은 특별 제작한 '불멸의 버스'를 타고 4개월간 샌프란시스코부터 워싱턴 DC까지 전국을 순회한다. 버스는 관을 본뜬 모양이었고, 버스가 정차하는 곳마다 언론에서 유명한 대통령 후보가 과학으로 죽음을 정복할 것이라는 기쁜 소식을 전했다.

어쨌든 이스트반의 선거 운동은 독창적인 방식이긴 했다. 미국의《뉴욕 타임스》부터 독일의《슈피겔》까지 전 세계 언론이 그의 선거 운동을 보도할 정도였으니 말이다. 알려진 바와 같이 선거는 도널드 트럼프라는 정계의 이방인이 승리한다. 트럼프는 언론에 효과적인 방식으로 등장하는 데 성공했다. 그래도 이스트반은 더 많은 대중에게 트랜스휴머니즘을 알리는 측면에서는 성공을 거둔다. 하지만 그는 자신의 당에서 축출되고 만다. 그의 확고한 자유주의 사상을 당의 많은 구성원이 부적절하다고 생각했기 때문이다.

따라서 정치적 운동으로서의 트랜스휴머니즘은 사실 그리 성공적인 모델이 아니다. 친환경 운동에 종사하는 좌파 활동가, 우파 무정부주의 자유주의자들이 요란하게 트랜스휴머니즘에 몰려드는 것도 놀랄 일은 아니다. 전통적 정치 관점에서 트랜스휴머니즘 관련 정당을 창당하는 일은 거의 불가능에 가깝다. 하지만 문제는 이러한 상황이 정말 안타까운 일이냐 하는 점이다.

대 · 담

트랜스휴머니즘과 민주주의 정신

클라이네궁크 ◇ 조르그너 교수님은 이미 트랜스휴머니즘의 대표인이 되다시피 했는데요. 그래서 지난 선거에서 트랜스휴머니즘 정당에 투표하셨습니까?

조르그너 ◇ 아마 놀라실지도 모르겠어요. 트랜스휴머니즘 정당이 창당되기 전, 관련자들이 제게 연락을 했어요. 함께할 의향이 있는지 묻더라고요. 그런데 정당의 지향점이 제가 추구하는 방향과 맞지 않아서 거절했습니다. 저는 이 세상에 트랜스휴머니즘 정치 같은 건 없다고 생각합니다. 정치적으로 표현 가능한 트랜스휴머니즘 범위는 상당히 넓습니다. 졸탄 이스트반이나 맥스 모어처럼 자유주의자들이 있는가 하면, 공산주의에 가깝게 동조하는 좌파부터 극좌파인 이들도 있죠. 그러나 이들은 모두 민주주의를 존중합니다. 트랜스휴머니즘을 정치적으로 하나로 묶을 수 있는 건 민주주의 정신입니다. 그렇지 않으면 트랜스휴머니즘은 모든 분야를 아우르는 정당의 영역을 벗어나게 됩니다.

클라이네궁크 ◇ 트랜스휴머니즘의 정치적 범위가 그보다 더 넓을 수 없다는 견해엔 동의합니다. 다만 정치 중심이 아닌 그 주변 영역은 종종 상당히 과열되곤 하지요. 예를 들어 프랑스에서는 트로츠키주의에 가까운 트랜스휴머니스트가 있습니다. 미국에서는 피터 틸이 극우에 치우친 공화당을 지지하며 수시로 민주주의가 여전히 현대적 정부의 형태인지 공공연하게 의문을 제기하고요. 정부 대신 새로운 지식인 계층과 기술 엘리트가 정치적 책임을 지는 게 더 낫다고도 생각합니다.

하지만 근본적인 문제를 한번 살펴보죠. 정치에서 전통적인 의미를 가진 유토피아는 대부분 실패했습니다. 우리가 현재 마주하고 있는 것은 정치이지 일상적인 위기관리 체제라고 보긴 힘듭니다. 위대한 비전은 거의 사라지고 말았어요. 트랜스휴머니즘이 그 비전이 사라진 공백을 메울 수 있을까요? 기술을 통해 더 나은 인간을 만들자, 이것이 트랜스휴머니즘의 좌우명입니다. 그렇다면 트랜스휴머니즘이 더 나은 '사회주의 인간'을 계승한다고 선전하거나 파시즘의 '지배하는 인간'과 같은 역할을 할 수 있을까요? 다시 말해 트랜스휴머니즘은 정치적 유토피아가 될 만한 잠재력을 가지고 있습니까?

조르그너 ◇ 그에 관해서는 지금도 계속해서 논의 중에 있습니다. 브로츠와프가 유럽의 문화 중심지였던 당시 그 지역에 초청을 받아 간 적이 있어요. '유럽의 미래를 위한 유토피아'라는 행사가 열렸었죠. 이 행사에서 트랜스휴머니즘은 중요한 역할을 했습니다. 거기에는 닉 보스트롬처럼 유토피아 사상을 전파하는 트랜스휴머니스트의 대표주자들도 있었습니다. 하지만 저는 이와 같은 유토피아를 지향하는 트랜스휴머니즘에 동의하지 않습니다. 오히려 저는 이런 기본 방향성 자체가 매우 위험하다고 생각해요. 하지만 완벽한 세계관이나 인간을 지향하는 대신, 차선책에서라도 해답을 찾는 게 확실히 더 낫다고 생각합니다. 교수님은 유토피아에 대해서도 다소 비판적인 입장인 것 같군요.

클라이네궁크 ◇ 그렇습니다. 유토피아는 분명히 매력적인 부분이 있어 인간을 혹하게 해요. 지금까지 등장한 수많은 유토피아가 극도로 박애주의적인 면모를 보이기도 했고요. 하지만 현실은 대체로 달라요. 결국 인간 자체보다 사상이 더 중요해져서 많은 사람이 서로를 꺾어 넘어뜨려야만 합니다. 지금 우리는 이와 관련하여 이런 질문을 던져야 할지도 모릅니다. 트랜스휴머니즘은 아예 정치에서 손을 떼야 할까? 저는 그렇게 되더라도 문제는 여전하리라 생각합니다. 많은 트랜스휴머니스트가 사회 및 정치적 결과를 유발하는 사상을 전파합니다. 예를 들어 점점 노령화되는 사회는 어떻게 발전할까요? 자꾸만 쌓여가는 수많은 데이터를 어떻게 처리해야 할까요? 이런 변화의 양상을 전반적인 정치 상황과 완전히 분리하여 생각할 수 없습니다. 그래서 저는 트랜스휴머니즘이 한쪽으로만 치우치면 안 된다고 생각합니다. 그렇다고 트랜스휴머니즘이 정치 담론에서 완전히 벗어나기도 힘들지요.

조르그너 ◇ 의심할 여지 없이 기술 혁신은 항상 정치적 결과를 초래합니다. 의학을 예로 들어보죠. 의학계에서는 항상 재정 자원이 문제입니다. 여기서 의문이 생겨요. 의학계 자금은 어디로 유입되는가 하는. 오로지 새로운 항암제나 기타 치료 물질 개발에만 사용되는 걸까요? 아니면 노화를 막는 예방의학에 더 많이 쓰일까요? 공공 의료 보험은 앞으로 어떻게 자금을 조달해야 할까요? 이런 의문은 단순히 의학적인 문제에서 그치지 않습니다. 정치적 차원의 문제로도 연결되지요. 항노화 의학자로서 제 의견에 동의하십니까?

클라이네궁크 ◇ 독일에는 '트랜스휴먼 정당' 외에도 '건강 연구 정당'이나 '정통 의학적 회춘 연구 정당'이 있고, 이 정당들은 교수님이 언급한 의학과 정치 관련 주제를 다룹니다. 하지만 의학이든 정치든 상관없이 이런 의문을 제기하고 싶군요. 선거에서 이길 가능성이 없는 당을 창당해야 할까요? 아니면 의학과 정치 문제를 정치 토론의 장으로 이끌 수 있는 더 효율적인 방법이 있을까요?

마지막으로 제가 말하는 내용이 교수님의 혈압을 얼마간 상승시킬지도 모르겠지만, 짚고 넘어가겠습니다. 트랜스휴머니즘을 정치적 이슈와 연관시키는 데서 끝나지 않는 사람들이 있습니다. 이런 사람들은 트랜스휴머니즘을 종교 차원에서 일종의 구원론으로 생각합니다. 하지만 아예 이치에 맞지 않는 말을 억지로 끌어 붙인 것만은 아닙니다. 트랜스휴머니즘에 관한 주요 저서로 레이 커즈와일의 《특이점이 온다》가 있지요. 이 책에 성경의 "천국이 가까웠다"라는 구절을 연상시키는 종교적 요소가 있는 것은 우연이 아니에요. 커즈와일은 스스로 제자들을 세상에 보내 기술로써 인간을 최종 구원에 이르게 한다는 기쁜 소식을 알리는 종교 속 구세주처럼 등장합니다. 심지어 하늘로 승천하는 부분까지 염두에 두죠. 승천은 바로 마인드 업로딩을 통해 이뤄집니다. 그렇다면 교수님에게 구체적으로 묻겠습니다. 트랜스휴머니즘이 새로운 정치 이데올로기가 아니라면 그 이상의 새로운 종교 같은 존재가 될 수 있을까요?

조르그너 ◇ 사실 종교 차원에서 트랜스휴머니즘 문제는 매번 언급되곤 합니다. 위르겐 하버마스(독일의 철학자, 사회학자, 심리학자이자 언론인-옮긴이)

도 최근 트랜스휴머니즘을 비판하며 종파와 비슷한 구조가 보인다고 주장하기도 했고요. 그는 트랜스휴머니즘을 거부해야 할 여러 가지 이유가 있다고도 합니다. 하지만 이런 평가는 타당하지 않습니다. 트랜스휴머니스트에게는 트랜스휴머니스트로 인정받는 데 필요한 공통 상징이나 휴일, 기도나 종교 관습이 없습니다. 이처럼 트랜스휴머니즘을 종교나 종파로 낙인찍으려는 모든 시도는 트랜스휴머니즘을 사회적으로 깎아내리려는 몸부림일 뿐이에요. 트랜스휴머니즘은 새로운 사이비 종교나 종파가 아닙니다. 오히려 그 반대죠. 우리는 종교 관습이나 기도, 신화가 아닌 과학을 중요하게 생각합니다.

클라이네궁크 ◇ 다행히도 트랜스휴머니스트가 아니라는 이유로 누군가에게 위해를 가하거나, 잘못된 트랜스휴머니즘의 길을 간다는 이유로 폭탄 테러를 하는 일은 없지요. 이 점이 트랜스휴머니즘을 정치 이데올로기나 종교 운동과 구별되게 하는 요소이기도 합니다. 저는 트랜스휴머니즘의 그런 부분이 아주 마음에 듭니다.

2장

생명 연장의 꿈

급진적 수명 연장은 영원한 젊음을 뜻할까

– 베른트 클라이네궁크

급진적 수명 연장이나 불멸이란 주제는 트랜스휴머니즘 의제에서 매우 중요한 자리를 차지한다. 만약 인간이 극복해야 하는 생물학적 한계가 있다면 그 첫 번째는 80년, 100년 또는 최대 120년으로 한정되는 인간의 수명이다. 죽음이라는 인간의 숙명은 단연 트랜스휴머니스트의 가장 큰 적이다.

수명을 연장하려는 시도는 이미 어느 정도 진전이 있었다. 1875년까지 독일인의 평균 기대 수명은 38.5세에 불과했다. 오늘날 독일 남성의 기대 수명은 78세, 여성은 심지어 83세다. 150년 만에 평균 기대 수명이 두 배 이상 늘어났다. 하지만 이게 전부가 아니다. 60세 생일을 맞은 남성은 82세까지 살 것으로 예상된다. 60세 여성은 평균 85세까지 살 수 있다. 60세가 된 사람이 95세까지 생존할 확률은 남녀를 통틀어 최소 10퍼센트 이상이다. 연금 공단이 파산 위험에 처했다며 수년 전부터 우려하는 금융 전문가들은 제쳐두고 생각해 보면 이것은 아주 기뻐할 만한 발전이다.

이른바 항노화 의학이란 분야는 앞으로 인간이 건강하게 나이 들도록 노력하고 있다. 항노화 의학은 노화를 운명이 아니라 어떤 상태로 변해 가는 과정으로 인식하는 데 큰 도움이 된다. 더욱이 항노화 의학은 수명과 건강한 기간을 더 연장할 수 있는 일련의 개념을 만들어낸다. 이 개념은 영양, 운동, 그리고 휴식이 특별한 역할을 담당하는 개인의 생활 방식에서 시작한다. 더불어 최초의 노화 방지 약물 또한 연구되고 있다. 일례로 오랫동안 당뇨병 치료제로 쓰인 메트포르민은 최초의 노화 방지 약품이 될 가능성이 크다. 미국에서는 메트포르민을 이용한 광범위한 연구, 'TAME(Targeting Aging with Metformin, 메트포르민을 이용한 노화 표적 치료)'가 진행 중이다.[11]

그렇다면 앞으로도 기대 수명은 계속 늘어날까? 평균 수명이 150년 또는 160년이 되려면 100년을 더 기다려야 할까? 생물학적 노화 과정을 연구하는 대부분의 노화 생물학자들은 이에 대해 의문을 제기한다. 노화 생물학자는 모든 생물 종에는 평균 수명과 최대 기대 수명이 있다고 가정한다. 예를 들어 실험용 쥐의 최대 기대 수명은 3년이다. 이렇게 짧은 쥐의 수명은 노화 생물학자에게 인기가 높은 연구 대상이다. 이쯤에서 다시 한번 질문해 보자. 인간의 최대 기대 수명은 몇 살일까?

대부분의 노화 생물학자는 최대 기대 수명을 폭넓게 잡아 120세 전후로 보는 데 동의한다. 실제로 이 연령대에 생존한 인간이 있으므로 이 사실은 비교적 쉽게 증명할 수 있다. 장수 부문 세계 기록 보유자는 1997년 122세의 나이로 사망한 프랑스 여성 잔 칼망Jeanne Calment이다. 칼망 이후 아무도 그보다 오래 산 사람은 없다. 그래서 칼망은 항노화 의학계에선 흥미로운 사람으로 꼽힌다.

평균 수명은 꾸준히 증가하고 있지만 120세가 사실상 종착지인 듯하다. 현재 평균 수명이 80세인 것을 고려하면 아직 수명이 늘어날 여지는 남아 있다. 하지만 성별에 따라 다르다. 평균적으로 전 세계 여성은 남성보다 4~5년을 더 오래 산다.

전통 항노화 의학은 수명의 상한선을 최대한 받아들여 '100세까지 건강하게'라는 표어를 내걸지만, 트랜스휴머니스트에겐 100세는 충분하지 않다. 트랜스휴머니스트는 기대 수명을 250년 내지 500년, 심지어 1,000년까지 늘리기를 바란다. 야심으로 똘똘 뭉친 트랜스휴머니스트는 심지어 불멸을 꿈꾸기까지 한다.

이러한 이야기는 초현대적으로 들리지만, 사실 새로운 이야기도 아니다. 영생에 대한 꿈은 분명 인류 등장 초기부터 함께 있었다. 인류 역사상 최초의 문학 작품은 기원전 2000년대 바빌로니아에서 쓰인 〈길가메시 서사시〉다. 이 작품은 우루크의 왕 길가메시의 운명을 노래한다. 길가메시에게는 '가장 친한 친구'라고 불리는 친구 엔키두가 있다. 둘은 수많은 모험을 함께하고 무훈을 세운다. 엔키두가 사망하자, 길가메시는 그의 죽음을 보며 자신도 언젠가 죽는다는 사실을 인식하고 매우 슬퍼한다.

이제 길가메시에겐 단 하나의 목표만 존재한다. 바로 불멸의 비밀을 발견하는 일이다. 그다음으로 이어지는 이야기는 고대 바빌로니아식 로드무비 같은 구성이다. 길가메시는 영생에 도움이 되는 것이라면 무엇이든 찾아다닌다. 그러다 한번 길가메시가 영생에 거의 근접했을 때가 있었다. 성경에 등장하는 노아와 놀랍도록 유사한 우트나피시팀이 먹으면 영원한 젊음을 얻을 수 있는 식물에 대해 알려준 것이다. 각고의 노력 끝에 길가메시는 마침내 우트나피시팀이 말해준 식물을 찾아낸다. 그리고 길가메시는 오랜 여정에 지친 나머지 잠에 빠지고, 그사이 뱀이 길가메시가 찾아낸 식물을 훔쳐 가버린다. 서사시의 마지막에 길가메시는 깨달음을 얻고 이렇게 말한다. "죽음은 인간이 지닌 본성의 일부다. 불멸은 신이 자신만을 위해 감춰둔 것이다."

고대 중국의 통치자들도 영생에 집착했다. 기원전 3세기 '전국 시대'를 끝낸 진시황은 최초로 황제국을 세우고, 그의 이름을 딴 왕조는 중국 역사에 기록된 수많은 통치자에게로 이어진다. 진시황은 제국 건국 이후 만리장성 건설과 자신의 불로장생이라는 두 가지 목표에 집착한다. 특히 불로장생의 영약을 찾는 일은 진시황의 주치의들이 몰두하는 일이었다. 그러다 결국 주치의들은 진시황에게 수은 섭취를 권한다. 오늘날 우리의 눈에는 좀 기괴하게 보일 수 있지만, 그렇다고 이해할 만한 논리가 아예 없는 건 아니다. 수은은 실온에서 유일하게 액체 상태인 금속이다. 금, 은이나 청동과는 달리 실온에서 계속 형태가 변하기 때문에 마치 살아 있는 물질처럼 보이기도 한다. 궁중 의사들의 비논리적인 생각으로는 금속을 살아 있는 상태로 만드는 요소가 황제를 영생하게 만들 수 있다고 본 것이다. 결국 수은 섭취는 황제의 일상이 된다.

당시 중국 의사들은 수은이 독성이 아주 강한 물질이라는 사실을 몰랐다. 무엇보다 수은은 신경 세포를 파괴한다. 그리고 결국 일어날 일이 일어나고 만다. 진시황은 기원전 210년 49세라는 다소 이른 나이에 사망하고 만다. 그는 사망 전 몇 달간 수은 중독 특유의 증세인 환각과 정신 착란에 시달렸다. 이렇게 중국 최초의 황제는 사실상 항노화 의학의 첫 번

째 희생자가 되고 말았다. [12]

하지만 진시황은 불멸을 위한 차선책까지 마련했다. 거대한 무덤에 수천 개의 토용±俑 군대를 만들고 그곳에 함께 묻힌 것이다. 1974년 발굴 이후, 진시황릉은 세계문화유산으로 지정되었을 뿐만 아니라 고고학적으로도 유례없이 가장 화려한 유물 중 하나로 손꼽힌다. 이처럼 진시황은 자신의 이름을 후대에 불멸의 존재로 남겼다는 데에서 위안점을 찾을 수 있겠다. 하지만 진시황은 다른 의미의 불멸을 염두에 두었을 게 분명하다.

1990년대 들어 생명을 연장하기 위한 기상천외한 노력은 좀 더 확고한 과학적 근거를 바탕으로 이루어지게 된다. 그 결과 노화 관련 질병을 예방하기 위한 항노화 의학이 등장한다. 항노화 의학은 중요한 분야로 우수한 성공 사례 또한 여럿 보인다. 그러나 이러한 예방 차원의 접근법은 예전에 다다를 수 있다고 본 최대 기대 수명 범위 내에서 평균 수명을 늘리는 데 그칠 뿐이다. 최대 기대 수명인 약 120세를 넘어서려면 예방 의학뿐만 아니라 재생 의학도 필요하다. 다시 말해 인간이란 생물체는 그저 손상으로부터 보호받는 데서 그쳐선 안 된다. 근본적으로 새롭게 복구하기 위한 기술이 필요하다.

이 기술을 바로 재생 의학이라고 부른다. 재생 의학은 이미 시작 단계에 접어들었다. 재생 의학 분야에서 특히 줄기세포 치료법은 가장 큰 기대를 모으고 있다. 줄기세포는 인간의 신체 세포가 끊임없이 재생되는 일종의 세포 저장고다. 피부 세포와 장 세포, 적혈구 및 백혈구의 수명은 몇 주에 불과하다. 그런데도 이런 세포가 고갈되지 않는 이유는 줄기세포에서 끊임없이 만들어지기 때문이다. 하지만 줄기세포도 노화한다.

늦어도 60세부터 대다수 줄기세포가 재생 기능을 서서히 상실하기 시작한다. 어느 시점이 되면 아예 기능이 멈춰버리기도 한다. 그러면 인체의 '자연 재생'도 함께 멈춘다.

　노년기 신체에 새로운 줄기세포를 주입하여 폭넓은 세포 재생을 하도록 전 세계적으로 심도 있는 연구가 진행 중이다. 이 연구 작업은 개별 세포뿐만 아니라 인체의 전 조직에 적용된다. '조직 공학Tissue Engineering'은 특히 피부과에서 비교적 큰 발전을 이룬다. 물론 조직 공학은 애초에 이식 치료를 목적으로 시작되었다. 화상 환자의 경우 줄기세포에서 배양한 피부를 이식받는 혜택을 처음 누리는 사례가 될 것이다. 하지만 이 피부 배양법이 일단 완성되고 나면 향후 미용 의학에 어떻게 쓰일지 쉽게 상상할 수 있다. 보톡스, 필러, 박피 시술은 역사의 뒤안길로 사라지고, 노화한 피부는 복구가 아니라 새 피부로 손쉽게 대체된다. 이렇게 피부에 적용하는 요법은 원칙적으로 다른 모든 인체 조직과 신체 기관에도 해당된다.

　줄기세포 치료와 함께 유전자 치료는 재생 의학의 또 다른 기대주다. 지금까지 다양한 생물체에서 이른바 장수 유전자라고 불리는 물질이 발견되었다. 이 유전자는 '인디Indy, I'm not dead yet'라는 재밌는 이름을 가지고 있는데, 작명한 과학자들의 유머 감각이 엿보이는 부분이다. 이런 장수 유전자를 표적으로 삼아 활성화하면 단일 생명체의 기대 수명을 크게 늘릴 수 있다. 우리가 선충류라면 간단한 유전자 조작만으로 기대 수명을 10배로 늘리는 게 가능하다. 물론 인간에게는 이런 종류의 장수 유전자가 없다(최소한 아직까진 발견되지 않은 상태다). 하지만 유명한 폭소FOXO, Forkhead box O 유전자처럼 기대 수명이 현저히 긴 유전자는 장수와 서로 관런이 있을 수 있다. 수많은 학자가 유전자를 표적화하는 방식으로 자극하면 재생 의학의 또 다른 장이 열린다고 생각한다. 하지만 이미 언급했듯이 현재 심도 있는 연구가 진행 중이므로 인간에게 적용하기까지는 일단 수년의 시간이 흘러야 할 것이다.

그렇다면 이제 무엇을 해야 할까? 결코 지칠 줄 모르는 창의력의 상징이나 다름없는 레이 커즈와일은 상당히 실용적인 개념을 생각해 낸다.[13] 미국에서 수년간 '항노화 의학의 바이블'로 불리는 커즈와일과 그로스먼의 《노화와 질병》을 보면, 불멸을 위한 '세 가지 단계'가 나온다. 1단계는 항노화 의학에서 이미 활용 가능한 모든 방법을 사용하는 것이다. 이 단계에서는 저탄수화물 식단과 같은 생활 방식의 변화와 충분한 신체 활동이 필요하다. 나이가 들면서 감소하는 호르몬(에스트로겐, 황체 호르몬, 테스토스테론, DHEA, 멜라토닌)을 대체하는 보충제 섭취도 포함된다. 비타민과 미량 영양소를 적극적으로 보충하는 일도 잊어선 안 된다. 커즈와일은 '적극적인 보충'이란 말을 문자 그대로 받아들인다('레이 커즈와일의 예언' 참조).

이 모든 행위의 목표는 오직 하나다. 바로 2단계에 도달하는 것이다. 2단계는 예방의학이 마침내 재생 의학이 되는 시점이다. 줄기세포 치료, 유전자 치료, 노화 과정에 대한 표적 약리학적 영향을 살피는 게 일상인 임상 진료 단계가 될 것이다. 이 말은 즉, 평균 기대 수명은 물론 최대 수명까지도 명백히 늘어난다는 뜻이다.

물론 불멸은 아직 불가능하다. 불멸은 3단계를 거쳐야 도달할 수 있다. 3단계는 커즈와일이 정통한 분야다. 커즈와일은 초소형 나노봇이 인간의 혈관을 상시 정찰하면서 결함 있는 현재의 면역세포보다 훨씬 더 효과적으로 질병과 암세포를 인지하고 치료할 수 있다고 예측한다. 인간은 신경 보철물을 통해 뇌를 최적화하는 데서 그치지 않고, '신경 코드', 즉 두뇌에 저장된 모든 경험과 지식을 외부 데이터 매체에 저장할 것이다. 당연히 인간의 의식을 통째로 클라우드에 업로드하여 다른 의식과 상호작용할 수도 있을 것이다. 클라우드는 신체와 같이 유한하고 병약한 요소와 완전히 분리된다.

우리는 이 모든 비전을 훨씬 더 면밀하고 비판적으로 살펴볼 예정이다. 이 시점에서 간단히 언급하자면, 장기적으로 탄소 기반 생물학을 규소 기반 생물학으로 전환하려는 커즈와일의 접근 방식은 좋은 방법이 아니다. 커즈와일의 발상은 사실 종종 지나치게 과장되는 용어인 '불멸성'에 가깝다. 2009년 커즈와일과 그로스먼은 두 번째 책《영원히 사는 법: 의학 혁명까지 살아남기 위해 알아야 할 9가지》를 출간한다. 이 책에서는 앞서 설명한 1단계에서 2단계로 가는 아주 실용적인 전략을 중심으로 다룬다.[14] 커즈와일은 현재 항노화 의학 분야에서 급진적 수명 연장이란 미래 과학으로 이어지는 길을 설득력 있게 보여준다. 물론 3단계와 관련해서는 인간이 온전히 기술 유토피아 비전의 영역에 속해 있다는 점을 덧붙여야 한다.

하지만 언제나 그래왔듯 어떤 개념에 대한 평가는 목표 설정뿐만 아니라 시간의 한계를 고려해야 한다. 이 부분에서 커즈와일은 다소 낙관적이다. 그는《노화와 질병》의 서문에서 "앞으로 30년만 더 살면 죽지 않아도 된다"라고 말한다. 이 책이 2004년에 출간되었다는 점을 고려하면 앞으로 남은 10년 동안 많은 일이 일어나야 할 것이다.

장수 분야에 관해서 트랜스휴머니즘은 새로운 간판스타를 얻게 된다.

영국인 오브리 드 그레이는 현존하는 급진적 수명 연장 계획 중에서 가장 포괄적이고 상세한 계획을 제시한다. 그레이의 접근 방식은 근본적으로 기존과 다르다. 그는 예방과 재생 대신 지속적인 회복에 초점을 맞춘다. 그레이는 노화를 일으키는 7가지 주요 분자 프로세스를 밝혀낸다. 각 프로세스에 대해 그레이는 5~10년마다 수행할 표적 복구 메커니즘을 제안한다. 이 모든 절차는 수년간 공해상을 항해하는 대형 선박의 운항 과정과 비슷하다. 배 운항을 몇 년 지속하다 보면 사소한 손상이 누적되고, 결국 배는 정기적으로 항만에서 수 주간 정비를 해야 한다. 녹을 제거하고 항해 기술을 최신 상태로 유지하면 새로운 모습으로 다시 항해를 시작할 수 있다. 이와 마찬가지로 몇 년에 한 번씩 노화에 따른 모든 손상을 수리하는 전문 항노화 클리닉을 방문하면 다시 젊음을 되찾고 모험 같은 인생을 살 수 있다.

이는 전통적인 의학과는 거리가 먼 기술적인 관점에서의 접근법이다. 이에 따라 그레이는 자기가 만든 프로그램을 SENS(Strategies for Engineered Negligible Senescence, 무시할 만한 노화를 위한 전략)라고 부른다. 기술적 수단을 통해 노화 과정을 무시하도록 만드는 프로그램이라고 해석할 수 있다. 앞서 말한 그레이의 SENS 재단 자체가 이런 뜻을 가지고 있다. 그런데 SENS는 말이 되는 것일까? 그레이의 프로그램을 자세히 살펴보자. 우선 그레이가 밝혀낸 7가지 노화 요인을 살펴보고 이해하는 것이 중요하다. 이 7가지 요인이 노화에 결정적이며, 그레이에 따르면 자신이 언급한 것 이외에 또 다른 주요 요인이 추가될 일은 없다고 한다.[15]

첫 번째 요인은 게놈(DNA)이나 후생 유전자(게놈을 조절하는 모든 마커의 총체)의 손상이다. 이런 손상은 평생에 걸쳐 계속 쌓여간다. 많은 경우 이 손상이 암을 유발하지만, 노화 자체를 촉진하기도 한다. 어떤 유전자를 사용하고 어떤 유전자를 차단할지 결정하는 두 번째 유전 코드인 후생 유전자는 특히 중요하다. 하버드대학의 유전학자 데이비드 싱클레어 David Sinclair는 노화를 후생 유전자의 불안정성이 증가하는 과정, 즉 '후생 유전학적 잡음'이 일어나는 상태라고 생각한다.

두 번째 요인은 미토콘드리아와 관련이 있다. '세포의 발전소'로 알려져 있는 미토콘드리아는 인체에 필요한 에너지를 생산한다. 다른 모든 세포 소기관과는 달리 미토콘드리아는 자체 DNA가 있다. 그 이유는 아마도 미토콘드리아가 한때 독립 미생물이었다가 진화 초기 단계에서 에너지 생산을 목적으로 더 큰 세포와 합쳐졌기 때문일 것이다(세포 내 공생설).[16] 그러나 이 미토콘드리아 DNA는 약점이 되기도 한다. 우리에게 익숙한 이중나선 구조에 수많은 복구 효소를 지닌 세포핵의 DNA와 다르게 미토콘드리아의 DNA는 대부분 원형이라서 무방비 상태에 놓여 있다. 그래서 돌연변이가 빈번하게 발생하고 미토콘드리아 자체의 노화도 빨라진다. 이렇듯 세포 노화와 인체 전신의 노화는 미토콘드리아가 자기 기능을 상실하는 일과도 관련이 있다.

세 번째 요인은 세포에 축적되는 분자 폐기물이다. 인간의 세포는 거대한 공장과도 같다. 세포에서는 신체에 필요한 모든 구조 단백질, 효소, 호르몬 등을 끊임없이 생산한다. 여느 공장처럼 이 생산 과정에서는 노폐물이 함께 배출된다. 젊을 때는 이 폐기물을 아주 효과적으로 운반할 수 있고, 아니면 현대식 폐기물 처리 방식으로 재활용한다. 노년기에는 이런 방법이 제대로 작동하지 않는다. 그 결과 분자 폐기물이 점점 더 많이 쌓이게 된다. 폐기물은 육안으로도 볼 수 있다. 리포푸신은 이런 분자 노폐물의 대표적 물질이다. 피부에는 제대로 제거되지 않은 분자 노폐물, 일명 '검버섯'으로 불리는 얼룩이 나타난다. 피부에 생기는 검버섯은 대체로 별다른 해가 없다. 하지만 심근에 축적되는 리포푸신은 심부전을 일으킬 수 있다. 망막에 리포푸신이 쌓이면 노인성 황반변성으로 이어지며, 이는 서구권에서 후천적 실명의 가장 흔한 원인이다.

네 번째 요인은 세 번째 요인과 매우 유사하다. 유일한 차이점이라고 한다면, 분자 폐기물이 세포가 아니라 세포 사이에 축적된다는 사실이다. 이에 관해 잘 알려진 예시가 있다. 알츠하이머 치매는 뇌에 베타 아밀로이드가 쌓이면서 발병한다. 베타 아밀로이드는 분자 폐기물에 지나지 않는 단백질 조각이다. 폐기물이 늘어나면 베타 아밀로이드 조각들이 플라크라는 물질에 달라붙는다. 이 플라크는 신경 세포 내가 아니라 신경 세포 사이에 위치하여 정보 전달을 더 어렵게 만들고, 장기적으로는 인간 기억의 무덤이 되고 만다.

다섯 번째 요인은 세포사멸이다. 이것은 비교적 간단하게 설명할 수 있다. 세포는 죽는다. 죽은 세포는 앞서 말한 대로 대개 줄기세포를 통해 새로운 세포로 대체된다. 하지만 나이가 들면서 줄기세포는 점차 기능을 상실한다. 그 결과로 면역세포가 줄어들고 근육량이 감소하며 피부가 얇아진다. 특히 두뇌에는 재생 불가능한 세포가 많다. 재생 불가한 세포가 죽으면 신경퇴행성 질환이 발생한다. 예를 들어 파킨슨병은 뇌의 특정 부위인 흑질Substantia Nigra에 있는 뇌세포가 죽으면서 발생한다.

여섯 번째 요인은 세포의 노화다. 이제부터는 설명이 약간 복잡해진다. '세포가 죽는다'라는 말을 세분화하여 표현해야 한다. 세포가 생명을 다하는 데는 두 가지 방법이 있다. 하나는 미리 짜인 프로그램대로 세포

사멸(세포사멸사)을 하는 것이다. 이때 세포는 사실상 수명을 다해 어떤 손상의 원인도 되지 않는다. 그렇지 않으면 세포는 노화 과정에 진입한다. 노화한 세포는 이전처럼 유용한 작업을 수행하진 않으나 실제로 죽은 상태는 아니다. 노화 세포는 죽지 않은 '좀비 세포'인 채로 상당한 피해를 준다. 좀비 세포란 표현은 저명한 학술지에서도 인용하는 개념이다.[17] 신체의 면역체계는 이 노화 세포를 중심으로 작용하며, 이는 또 다른 노화 요인인 만성적 면역 저하 염증을 유발한다. 좀비 세포는 자기 주변 환경을 직접 훼손하는 수많은 분자를 분비한다. 요약하자면, 이렇게 훼손된 물질의 총체를 노화 연관 분비 표현형SASP, Senescence Associated Secretory Phenotype이라고 한다. 이는 신선한 사과로 가득 찬 바구니에 빗대어 설명할 수 있다. 바구니에 오래되고 썩은 사과가 있으면 이 사과 주변의 사과들은 오래된 사과에 '전염'되어 그 즉시 영향을 받는다. 노화 세포는 자기 주변의 세포에만 영향을 줄 뿐 그 외에는 어떤 영향도 끼치지 않는다.

일곱 번째, 즉 마지막 요인은 소위 AGE다. AGE는 최종 당 산화물Advanced Glycation Endproducts의 약자로 고급 당화 반응의 최종 산물을 나타낸다. 당화 반응이란 설탕이 되는 것과 같다. 설탕은 다른 분자와 결합하는 능력이 있다. 이 성질을 이용해 우리는 설탕을 캐러멜로 만든다. 분자 상태의 설탕은 쉽게 단백질과 결합한다. 이 효과는 캐러멜화와 비슷하다. 단백질은 탄성을 잃고 점점 단단해진다. 이러한 과정은, 예를 들어 혈관 벽의 탄력 있는 근육 섬유가 굳어지면서 고혈압을 일으키는 과정을 보면 알 수 있다. 따라서 동맥 경화증은 동맥의 석회화만이 아니라 동맥의 당화까지 의미한다. 피부에서도 비슷한 현상을 볼 수 있다. 콜라겐은 피부를 지탱하는 복잡한 단백질 구조를 형성한다. 콜라겐이 당화하면 탄력이 떨어지고 주름이 생긴다.

여기까지가 그레이가 밝혀낸 노화 손상에 관한 내용이다. 여기에 몇 가지 다른 요인을 추가할 수는 있으나 기본적으로는 누구나 동의하는 내용이라고 본다. 그렇다면 SENS 복구프로그램이란 무엇인가? 노화를 이해하는 데서 그치지 않고 노화를 치료하려는 인간에게 이는 중요한 질문이다. 그레이는 부분적으로 이미 존재하는 기술과 새로운 치료법 및 처치법을 혼합하여 (이를 조심스럽게 표현하자면) 뛰어난 창의성을 보여주는 접근법을 제시한다.

먼저 유전적 및 후생 유전적 장애부터 설명하겠다. 유전자 치료법이 더 발전하면 근미래에 유전자 손상을 인지하고 결함을 제거할 수 있을 것으로 예상된다. 미토콘드리아 DNA와 그 손상에 관해서는 완전히 예상치 못한 방향으로 문제가 전개된다. 이 지점에서 그레이는 유전자를 백업하자고 제안하는데, 이 미토콘드리아 유전자는 총 13개로, 근본적으로 더 안전한 환경에 있는 세포핵에 존재한다. 유전자가 백업되면 미토콘드리아 DNA가 영구적으로 손상될 위험 없이 미토콘드리아를 조정할 수 있다. 이 가설은 유전학자조차 초현대적인 발상으로 여긴다.

자신의 제안에 관해 그레이는 필라델피아에 있는 토머스제퍼슨대학의 마이클 피킹Michael Peaking의 연구를 참조해 주장한다. 피킹은 미토콘드리아 질환과 관련하여 세계적으로 인정받는 전문가다. 그는 1990년대에 이미 그레이의 제안과 똑같은 방식으로 작용하는 녹조류를 발견한 적이 있다. 이후 피킹은 관련 연구를 지속해 오는 중이다.[18] 의학 연구 분야에서는 쥐에게 효과가 있던 모든 것이 인간에게 효과가 있는 건 아니라는 말이 있다. 녹조류는 쥐보다 더할 것이다. 하지만 그레이는 자기 제안이 한낱 망상이 아니라는 점을 매번 증명하고 있다.

그럼에도 수많은 과학자가 인체 세포 안팎의 분자 폐기물을 처리하려는 그레이의 치료법을 망상으로 간주한다. 그레이는 환경 기술 프로세스에서 이 치료법을 차용했다. 유전자 변형 박테리아는 오염된 토양을 정화하는 데 오랫동안 사용되었다. 원칙상 미생물은 과도하게 증식한 탄화수소부터 방사능 오염 폐기물까지 거의 모든 것을 제거하도록 변할 수 있다. 그렇다면 리포푸신이나 베타 아밀로이드 플라크도 분해하지 못할 이유가 없지 않은가? 인간은 무균 상태인 두뇌에 박테리아가 서식하도록 만들고 싶지는 않을 것이다. 사실 그럴 필요도 없다. 박테리아 관련 유전자를 옮기는 일만으로도 충분하다. 리포푸신을 예로 들면 명확해진다. 리포푸신은 인체 내 분자 폐기물의 대부분을 차지한다. 그리고 리포푸신은 형광을 발하는 특성이 있다. 그렇다면 시체는 왜 어둠 속에서 빛나지 않을까? 리포푸신이 분해되면 세포에서 방출되어 원래는 푸른 빛을 발산해야 한다. 하지만 시신을 광원으로 사용할 수 없는 이유는 지상에 널리 퍼져 있는 소위 지구 박테리아Geo-Bakterien 때문이다. 이 지구 박테리아는 리포푸신을 먹이로 삼는다. 이 지구 박테리아는 그레이가 바라는 일을 수행하고 있다.

지구 박테리아의 유전자를 이용하면 세포에서 노폐물 처리를 담당하는 세포 소기관인 리소좀이 리포푸신을 더 많이 분해하도록 유도할 수 있다는 것이 그레이의 제안이다. 그러니 앞서 말했듯 영국 과학자의 창의성이 부족하다고 비난할 순 없다.

세포사멸이나 줄기세포 저장고의 고갈은 과학적 주류의 영역에 속한다. 전 세계 수많은 연구소에서 줄기세포 기술을 임상적으로 사용할 수 있도록 연구 중이다. 일부 백혈병 치료에 있어서는 이미 수십 년 동안 줄기세포 임상 치료가 일상화되었다. 이제 여기에 다른 질병도 점차 추가되고 있다. 줄기세포 치료는 확실히 '노화 질환' 치료에 가장 큰 잠재력이 있다.

치명적인 '좀비 세포'에 관해서는 가까운 미래에 효과적인 치료법을 기대해 볼 수 있다. 대형 제약 회사와 수많은 생명공학 스타트업이 노화 세포에 결정적인 치명타를 가하는 물질인 세놀리틱스 개발에 열을 올리고 있다. 당화의 최종 산물인 AGE도 해결이 가능한 문제일 수 있다. 이미 수많은 연구소에서 다양한 물질을 갖고 'AGE 차단제'로 적합한지, 즉 단백질 사이의 당화물을 녹일 수 있는지 실험하고 있다.

대체로 그레이의 SENS 복구프로그램은 상당히 잡다한 요소가 뒤섞인 프로그램이다. 이 프로그램의 일부 치료법은 수년 내에 임상 적용이 가능하겠지만, 어떤 치료법은 상용화까지 아주 오랜 시간이 필요할 것이다. 그레이의 제안 가운데 일부는 결국 그저 제안에 그치고 말 것이란 우려가 있다.

그러나 그레이는 창의적 아이디어를 제공하면서도 지치지 않고 자신의 비전을 홍보하는 사람이다. 그가 설립한 SENS 재단은 많은 돈을 모금하는 데 성공했을 뿐만 아니라 재단 프로그램을 다양한 시각에서 분석하는 저명한 학자들을 모아들이기까지 한다. SENS 재단이 제구실을 다 하느냐에 상관없이 재단의 설립은 그레이의 주요 업적 가운데 하나다. 그레이가 만든 SENS 재단은 일종의 장수 연구 분야 싱크 탱크다. 그레이의 프로그램을 하나하나 실행하기보다 과학 및 연구에 새로운 아이디어를 불어넣어 영감을 불러일으키는 일이 중요하기 때문이다. 그리고 확실히 SENS는 이런 일을 하는 중이다.

노화 과정에 대한 인간의 지식은 날로 늘고 있다. 이에 따라 미래의 어느 시점에서는 노화를 치료할 수 있는 질병으로 만들 가능성도 커지고 있다. 하지만 이것이 '불멸'을 의미하진 않는다. 그레이는 자주 "1,000살까지 살 수 있는 최초의 인간이 이미 태어났다"라고 말하지만, 정작 자신은 가장 잘 짜인 장수 전략으로도 영생에 이르지 못한다고 지적한다. 한 유익한 언론 기사에서 그레이는 인간이 '불멸의 존재'일 경우 아프거나 늙지 않고 얼마나 오래 사는지 통계를 내본 일이 있다. 불멸의 인간은 대략 5,000년을 살다가 죽는다는 결과가 나왔다.[19] 하지만 이 수명에 이르기도 전에 인간은 비행기 추락 사고의 희생자가 되거나 쓰나미에 휩쓸리거나 정신 나간 테러범의 공격을 받을 것이다. 그러면 가장 정교하다는 장수 전략은 아무 소용이 없고, 나중에는 어떤 치료도 때가 늦어버린다. 그러니 남는 것은 하나다. 바로 불멸에 관한 이야기는 언론에서 극적인 홍보 효과를 누리지만, 인간이 생물학적 신체를 가진 이상 죽음은 인생의 일부분이란 사실이다. 비록 미래에는 죽음의 시점을 상당히 나중으로 미룰 수 있다 해도 죽음은 언젠가 반드시 닥칠 일이다.

장수 연구가 활발한 이유 중 하나는 대기업들이 장수를 비즈니스 모델로 삼고 있기 때문이다. 2013년 구글의 자회사로 설립된 생명공학 기업 캘리코Calico, California Life Company의 사례가 인상 깊다. 캘리코는 노화를 없애는 일이 목표라고 공언한다. 구글의 공동 창립자 래리 페이지가 새로운 회사를 소개하는 기자회견에서 쓴 표현대로 '죽음을 죽이는 것Killing Death'이 캘리코의 목적이다.

실리콘 밸리에서 이런 목표를 달성하기까지는 꽤 큰 비용이 든다. 구글은 캘리코 창업에만 15억 달러를 투입했다. 최고 수준의 전문가와 과학자들로 구성된 팀도 만들었다. 아서 D. 레빈슨Arthur D. Levinson이 회사 경영을 맡고 있다. 레빈슨은 1995년부터 2005년까지 유전공학 분야에서 성공한 최초의 기업 가운데 하나로 꼽히는 제넨텍Genentech의 CEO를 역임했다. 레빈슨이 초기 스타트업이던 제넨텍에서 일한 마지막 해에 회사는 연 매출 134억 달러를 달성했다. 레빈슨은 혁신적인 아이디어가 돈이 된다는 사실을 분명히 알고 있다.

신시아 케니언Cynthia Kenyon은 캘리코에서 연구 분야를 담당한다. 그는 미국의 분자 생물학자로 노화 연구 계통에서 엄청난 명성을 자랑한다. 1990년대 말 케니언은 예쁜꼬마선충Caenorhabditis elegans에서 최초의 '장수 유전자'인 DAF-2 유전자를 발견한다.[20] 인간이 선충이라면 수명이 당장 10배는 늘어날 수 있다고 한 말을 기억하는가? 케니언은 이와 같은 수명 연장의 기초가 되는 연구를 수행한 것이다.

이처럼 캘리코는 많은 자금, 우수한 과학자, 경험 많은 기업가, 세계에서 가장 중요하고 영향력 있는 기업인 구글을 모회사로 두는 등 최고의 조건을 갖춘 상태에서 사업을 시작한다. 이런 상황을 고려할 때 캘리코란 기업에 대해 아는 사람이 거의 없다는 사실은 놀랍다. 캘리코가 구체적으로 어떤 일을 하는지는 여전히 불분명하다. 구글에 검색해 봐도 결과는 신통치 않다. 알려진 사실은 케니언이 벌거숭이두더지쥐를 연구하는 넓은 실험실을 만들었다는 것이다. 벌거숭이두더지쥐는 아주 못난 외형의 설치류로 동아프리카 땅속에 서식한다. 일반 생쥐는 3년 넘게 살지 못하지만, 벌거숭이두더지쥐는 25~30년까지 살 수 있다. 이 설치류로부터 장수의 비밀을 밝히는 과제는 과학적으로 확실히 가치 있는 일이다.

하지만 많은 사람이 '죽음을 죽이는 것'을 다르게 상상한다. 세상을 떠들썩하게 만든 설립 이후 약 10년이 지났으나 캘리코는 아직 치료 효과가 있는 약을 개발하지 못했다. 시장성 있는 치료제 개발은 아마 구글에 더 중요한 일일 것이다. 물론 팔 수 있는 약을 아직 만들지 못했다고 해서 미래에도 그러리란 법은 없다. 하지만 많은 기대를 모으고 있는 장수 분야에서도 진척이 없는 걸 보면 모든 일에는 한계가 있는 듯하다.

그렇다고 막대한 투자가 멈추지는 않았다. 2021년 9월, 아마존의 전 CEO이자 수년간 세계 최고의 부자(자리를 놓고 최근 몇 년간 머스크와 경쟁자)였던 제프 베이조스는 장수 연구 전문 회사 알토스 랩스Altos Labs를 설립한다. 다른 장수 연구 재단을 지원해 온 실리콘 밸리의 또 다른 억만장자 유리 밀너Yuri Milner와 함께 알토스 랩스에 약 2억 7,000만 달러의 창업자본을 투자한 것이다. 벤처 캐피털 업계의 수많은 투자자도 여기에 합류한다.

이런 회사가 캘리코와 유사하거나 심지어 경쟁 관계인 건 분명하다. 캘리코와 알토스 랩스는 모두 생물학적 나이를 되돌리는 것을 목표로 한다. 그리고 두 회사 모두 세계 최대 IT 기업(구글과 아마존)에서 상당한 자금을 지원받는다. 캘리코와 달리 알토스 랩스는 탈중앙 방식으로 운영되며 주로 기존에 있는 미국, 영국, 스페인, 일본 등지의 연구소를 지원한다. 이런 연구소에서 진행하는 연구의 초점은 세포, 특히 노화된 줄기세포의 회춘에 맞춰져 있다.

알토스 랩스가 영입한 과학자들은 아주 인상적이다. 부자 축구 클럽이 팀을 위해 세계 최고의 전문가들을 영입하듯, 알토스 랩스는 수백만 달러의 연봉을 받는 일류 중에서도 최고의 장수 연구학자들을 고용한다. 알토스 랩스의 과학 자문기구는 노벨 의학상 수상자인 야마나카 신야가 이끌고 있다. 야마나카는 정상 체세포를 줄기세포로 재프로그래밍하는 획기적인 방법을 개발한 인물이다. 이 곳에는 생물학적 나이를 아주 정확하게 측정하는 후생 유전학적 테스트인 '호바스 시계'를 발명한 스티브 호바스Steve Horvath도 자문위원으로 속해 있다. 제니퍼 다우드나Jennifer Doudna나 역시 이 곳 자문위원으로 활동 중이다. 다우드나는 외과적으로 정밀한 게놈 편집 방법, 즉 목적에 따라 DNA를 잘라 변경하는 CRISPR/Cas 시스템을 프랑스 연구자 에마뉘엘 샤르팡티에Emmanuelle Charpentier와 함께 개발한 공로로 2020년 노벨 화학상을 공동 수상한 인물이다.

과학자들이 자문기구 및 생명공학 스타트업에 몸담은 데 만족스러워 하는 이유는 높은 급여 외에도 거의 무제한에 가까운 연구 예산 때문이다. 국립대학의 최고 과학자들조차 많은 돈이 필요한 연구 프로젝트에 이른바 '민간자금'을 조달하려면 얼마나 많은 시간과 에너지를 쏟아야 하는지 아는가? 투자단이 "당신은 연구에만 전념하십시오. 비용은 우리가 책임지겠습니다"라고 말했을 때 과학자가 느끼는 안도감이 상상될 것이다.

제프 베이조스와 같은 억만장자들의 기부가 박애주의적 욕구 때문인지 아니면 수익성 높은 비즈니스 모델 때문인지는 논란의 여지가 있다. 한 가지 확실한 점은 거의 모든 고액 자산을 보유한 투자자들이 인생의 후반부에 접어들었다는 사실이다. 따라서 장수 연구의 획기적인 발전은 이들 개인에게도 큰 이익이 될 것이다. 실리콘 밸리에는 '젊은이들은 부자가 되길 원하고 부자는 젊어지길 원한다'라는 말이 돌고 있다.

급진적 수명 연장에 초점을 맞춘 또 다른 회사는 휴먼 롱제비티HLI, Human Longevity Inc.다. 이 회사에도 우리가 익히 아는 사람들이 속해 있다. 크레이그 벤터Craig Venter는 셀레라 제노믹스Celera Genomics를 설립하고 인간 게놈 해독 경쟁에 뛰어들면서 밀레니엄 시대 초기에 이름을 알리기 시작한다. 게놈 해독은 오랫동안 미 정부 지원을 받아 프랜시스 콜린스가 독점하여 이끌어온 '인간 게놈 프로젝트'였다. 벤터는 대체 시퀀싱 기술(DNA 분자의 염기서열을 결정하는 기술로 유전체 연구, 질병 원인 분석 등 다양한 분야에서 사용-옮긴이), 더 빠른 컴퓨터, 민간 기업이 가진 장점이 인간 유전체 사업을 진행하는 '공무원 과학자'보다 더 낫다는 무한한 자신감으로 프로젝트에 끼어든다. 경쟁은 결국 무승부로 끝났다. 2000년 6월, 당시 미국 대통령 빌 클린턴은 "생명의 책을 해독했다"고 발표하며 전 세계에 깊은 인상을 남겼다. 게놈 해독 경쟁에서 콜린스와 벤터는 거의 원수가 되다시피 했으므로 대통령의 회견에 참석한 기자들 앞에서 웃으며 악수를 하기까진 대단한 자제력이 필요했을 것이다.

해독한 유전자 염기서열에 특허를 내서 상업적으로 활용하려던 벤터의 희망은 실현되지 않았다. 과학계는 게놈 해독에 관한 모든 연구 결과를 '오픈 액세스', 즉 무료로 이용할 수 있도록 한다. 이 결정 이후 벤터의 셀레라 제노믹스 주가는 폭락하고 만다. 콜린스에게 벤터의 주가 폭락 사건은 뒤늦은 승리의 기쁨을 맛보게 한 결과였을 것이다.

2013년 벤터가 트랜스휴머니즘에 관심이 많은 투자자 피터 디아만디스와 함께 설립한 HLI는 이제 다시금 회사가 보유한 유전학적 노하우를 활용하려 한다. 다른 회사들과 HLI의 차별점은 기초 임상 연구가 아니라 예방의학을 실제로 적용하는 데 있다. 어쩌면 이 방식은 세상에서 가장 방대한 진단을 가능하게 만들 것이다. HLI의 목표는 개별 유전자형을 생물표현형과 연계하는 일이다. 다른 말로 하면, 환자 개인의 게놈 염기서열을 분석하는 한편, 현대 진단 의학이 제공하는 모든 자원을 사용한다는 뜻이다. 여기에는 상세 병력 사항부터 대규모 연구 실험, 심장 검사, 미생물군 유전체 분석, 인체에서 가장 작은 종양까지 감지하는 고해상도 자기공명영상MRI에 이르기까지 다양한 검사가 포함된다. 그런 다음 유전자 분석을 임상 및 화학 실험 결과와 연관시킨다. 이 연관성을 바탕으로 정교한 알고리즘이 노화에 대비하는 개인 맞춤형 치료 계획을 개발한다.

이는 좋은 생각인 것 같지만 한 가지 단점이 있다. 꽤 큰 비용이 든다는 것이다. 심장, 신장, 유전자를 비롯해 모든 장기를 검사하려면 HLI에 약 2만 5,000달러를 내야 한다. 분명 많은 사람에게 있어 너무 큰돈이다. 그래서 샌디에이고에 있는 클리닉을 모체로 전 세계에 약 50여 개의 프랜차이즈 클리닉을 설립하려는 계획은 잠정 연기된 상태다. 여기서 다시금 분명해지는 사실이 있다. 미래의 대형 사업을 실현하는 일이 그리 간단하지만은 않다는 것이다.

이런 이유로 만일을 대비한 비상 대책을 마련해 두는 게 좋다. 우리는 이 문제를 다음 장에서 다룰 것이다.

대·담
수명 연장과 노화 방지

조르그너 ◇ 수명 또는 건강 수명을 연장하는 것은 거의 모든 트랜스휴머니스트가 어떤 형태로든 동의하고 목표로 하는 것 중 하나인데요. 인간은 이미 지난 150년 동안 이를 실현해 내 수명을 두 배로 늘렸습니다, 우리는 계속 수명을 연장할 수 있을까요? 아니면 한계가 있을까요? 그렇다면 그 한계를 극복할 수 있을까요?

클라이네궁크 ◇ 선진국의 평균 수명이 19세기 중반부터 두 배로 늘어난 것은 사실입니다. 당시 40세 미만이던 수명이 현재는 약 80세로 늘어났지요. 물론 이는 매우 만족스러운 결과입니다. 그렇다고 수명이 계속 늘어난다고만 가정할 수는 없습니다. 개인별 평균 기대 수명도 있지만, 보편적 최대 기대 수명도 있어요. 쥐는 3년 이상 살지 못합니다. 반려견을 아무리 잘 보살펴도 20년을 넘게 살긴 힘들죠. 인간의 최대 기대 수명은 아마도 프랑스의 잔 칼망이 달성한 122세일 겁니다. 그렇다고 이쪽에서 멈쳐야만 한다는 의미는 아니에요. 하지만 현재 항노화 의학 분야에서 권하는 생활 습관 교정, 미량 영양소 보충, 호르몬 대체 요법 등을 고려하면 120세 정도가 상한선일 겁니다. 그나마 120세까지 살려면 운도 좋아야 하고, 좋은 유전자도 필요해요. 여자가 되면 더 좋고요.

조르그너 ◇ 앞으로 120년이란 장벽을 넘을 수 있는 가장 유망한 접근법은 무엇일까요? 오브리 드 그레이는 1,000살까지 살 수 있는 최초의 인간이 이미 태어났다고 반복해서 이야기 하는데요. 공학자 입장에서 이 비전을 현실화하는 기술은 무엇이라고 생각하시나요?

클라이네궁크 ◇ 우리가 지금까지 해온 일은 사실상 예방의학이에요. 즉 최대 기대 수명인 120세에 이를 수 있게 우리 신체를 손상으로부터 보호하려고 노력해 온 겁니다. 그런데 완전히 새로운 형태의 의학인 재생 의학이 이미 나타나고 있어요. 우리는 데이비드 싱클레어가 노화를 '후생 유전학적 잡음'이 일어나는 상태라고 말한 것을 알고 있지요. 이는 인간이 실행하는 유전자 제어가 점점 더 부정확해지고 있다는 뜻입니다. 그래서 이를 재프로그래밍하려는 시도가 시작되고 있지요. 노화를 극복할 또 다른 기대주는 두말할 필요 없이 줄기세포입니다. 담수 폴립 히드라 같은 원시 생물은 줄기세포를 통해 영구적으로 재생하기 때문에 노화하지 않습니다. 그러므로 노화를 치료할 가능성은 이미 존재하는 거나 마찬가지예요. 히드라, 단세포 생물, 박테리아를 보면 알 수 있듯이 노화가 반드시 생명과 직결되지는 않습니다. 예를 들어 박테리아는 늙지 않아요.

앞으로 30~40년 동안은 오브리 드 그레이가 말하는 차원으로 수명이 연장되는 일은 없을 거라고 생각합니다. 그러나 120년이란 한계를 넘어서는 일은 분명 다음 세대 내에 실현 가능할 테지요. 문제는 1,000년이라는 수명을 달성하는 게 정말 바람직한가 하는 부분입니다. 대다수 사람은 1,000년을 살기는커녕 비오는 일요일 오후에 뭘 해야 할지도 모르는데요.

조르그너 ◇ 교수님은 이 노화 논쟁의 한가운데에 있고, 이 논쟁과 관련된 연구를 하는 핵심 인물들을 알고 있습니다. 항노화 의학을 여전히 미심쩍어하는 사람들에게 예시로 들 만한 사례가 있는지 궁금합니다. 이미 패러다임의 전환은 일어나고 있거든요. 이 새로운 항노화 의학에 어떤 잠재력이 숨어 있는지는 분명해요. 그렇다면 결정적인 플레이어는 누구일까요? 현재로서는 개인 투자자들이 중요한 역할을 하는 듯 보입니다. 제프 베이조스는 선도적인 연구자들을 영입하고 알토스 랩스에 막대한 자금을 투자했지요. 반면에 공공 지원 프로젝트는 아직도 관성적으로만 진행되는 걸로 보입니다. 이런 공공 프로젝트는 암이나 알츠하이머 치료에만 집중하고 있어요. 이러한 판단에 동의하십니까?

클라이네궁크 ◇ 안타깝게도 그렇습니다. 그리고 노화 연구 분야에서 독일이 특히나 훨씬 뒤처지고 있다는 점도 인정해야 합니다. 공공 연구나 제약 업계에서 수행하는 연구는 거의 전부 100퍼센트 질병에 초점을 맞추고 있어요. 그러니 심혈관 질환, 치매, 골다공증, 암 등을 예방하는 것이 전부죠. 이런 질병을 모두 예방할 때 수명을 얼마나 더 연장할 수 있는지 계산한 아주 좋은 연구 결과가 있습니다. 기껏해야 12~13년 정도 더 오래 사는 데 그치더군요. 따라서 결정적인 돌파구를 마련하려면 개별 질환에 치중하는 연구는 그만둬야 합니다. 그 대신 노화 자체를 치료해야 합니다. 노화 이외의 기타 질환은 모두 여러 증상이 뒤섞인 결과물일 뿐이에요. 저는 매번 이런 비판적인 질문을 던집니다. "그럼 노화는 질병인가?" 제 대답은 이래요. "노화는 질병 그 이상이다. 노화는 모든 질병의 어머니다."

지금까지 이를 인식한 것은 대개 실리콘 밸리에 있는 트랜스휴머니스트의 스승 격인 사람들이었어요. 그러니 실리콘 밸리에 노화 연구 관련 기업이 생겨나고 있는 거겠죠. 하지만 캘리코 같은 기업도 과학을 그냥 재창조할 수는 없어요. 기초 연구를 한 다음 임상 실습으로 넘어가는 것이 모든 일의 첫 단계죠. 우리가 최근 몇 년간 놀라운 발전을 이룬 분야가 바로 이 기초 연구 분야입니다. 산화, 염증, 당화, 텔로미어(세포의 수명을 결정 짓는 염기 서열) 단축, 후생 유전학적 잡음, 줄기세포 손상 등 필히 노화를 부르는 요인이 식별되고 설명되었습니다. 향후 우리가 노화를 치료 가능한 질병으로 만들려면 이는 필수적인 전제 조건입니다. 이제 앞으로는 흥미진진한 시대가 펼쳐질 거예요.

조르그너 ◇ 현재 미국에서 상당히 강렬한 인상을 남기고 있는 일명 바이오 해커에 관해서는 어떻게 생각하십니까? 이들은 자신의 수명을 최대한 늘리려고 온갖 치료법을 사용하고 있는데요.

클라이네궁크 ◇ 바이오 해커의 등장은 확실히 흥미로운 현상입니다. 이들이 냉수욕이나 이와 비슷한 방식을 택해 수명 연장을 꾀하는 한 저는 반대할 생각이 전혀 없습니다. 그건 저도 하는 일이기 때문이죠. 하지만 이 해커 중에 몇몇은 전문적인 교육을 받거나 제대로 된 지식이 없는 상태에서 호기심이나 야망에 따라 유전자 조작을 시도하기도 하지요. 그리고 사실 CISPR/Cas 같은 신기술을 이용하면 그리 어려운 일도 아닙니다. 생물학 전공 6학기에 접어든 학생이라면 누구나 수많은 유전자 재조합을 할 수 있습니다. 하지만 이미 말했듯이, 야심 찬 아마추어가 자기 유전자를 바꾸거나 이와 유사하게 급속히 퍼지는 공격적 개입을 시도한다면, 그건 좀 섬뜩하군요.

조르그너 ◇ 그럼 유전자를 바꾼다는 맥락에서 자주 언급되는 리즈 패리시 Liz Parrish에 관해서는 어떻게 생각하시나요? 노화는 결국 텔로미어가 짧아지면서 진행되는데, 패리시는 본인 회사 CEO 신분으로 남아메리카 지역으로 간 다음, 자신이 직접 개발한 기술을 이용해 텔로미어를 다시 연장했거든요. 미국에서는 법적으로 불가능한 일이었죠. 이제 패리시는 자신을 두고 다시 젊어지는 데 성공한 최초의 인간이라고 주장합니다. 패리시의 이런 방식이 우리가 계속 추구해야 할 흥미로운 방법이라고 생각하십니까?

클라이네궁크 ◇ 텔로미어 연장은 확실히 흥미로운 접근 방식입니다. 하지만 패리시가 텔로미어를 연장한 방법에 관해서는 확신이 서질 않네요. 자신을 연구 대상으로 삼는 것은 의학계의 오랜 전통입니다. 예를 들어 독일 의사 베르너 포르스만Werner Forssmann이 그랬습니다. 그는 자기 몸에 심장 카테터를 삽입했는데, 그게 1920년대 일이었어요. 그로부터 30년 후에 그 공로를 인정받아 노벨 의학상을 받았지요.

하지만 지금은 아니에요. 자기 몸을 대상으로 하는 영웅적인 자기 실험은 21세기 과학을 발전시키는 방식이 아닙니다. 과학이 발전하려면 적절한 참여자를 대상으로 하는 좋은 연구가 필요합니다. 패리시의 경우, 요란하게 이목을 끈 실험 이후 그의 행적에 관해 별로 들리는 이야기는 없었습니다. 저는 의학자이자 과학자로서 패리시의 실험을 매우 회의적으로 생각합니다. 어떤 실험을 할 때는 언제나 이런 생각을 염두에 두어야 합니다. 실험이 잘못되면 어떻게 될 것인가? 그렇지 않으면 연구 분야

자체가 몇 년씩 퇴보할 수 있습니다.

조르그너 ◇ 많은 트랜스휴머니스트가 급진적 생명 연장에서 멈추지 않고 불멸을 약속하기까지 합니다. 저는 이에 대해 강력히 반대하는 입장이고요. 불멸은 전통적인 기독교 또는 종교적 의미로 이해하지 않는 한 어떤 식으로든 개념화할 수 없으니까요. 어떻게 생각하십니까?

클라이네궁크 ◇ 불멸은 허구이며 앞으로도 그러리라 생각합니다. 사람들은 항상 모든 일을 아주 논리정연하게 생각하고, 60억 년 후엔 태양이 소멸한다고 말합니다. 어차피 그때쯤이면 모든 게 다 끝나 있을 텐데요. 하지만 우리가 그리 오래 기다릴 필요는 없을 것 같습니다. 노화를 치료 가능한 질병으로 만들더라도 여전히 인간을 사망에 이르게 하는 원인이 아주 많거든요. 그중 몇 가지는 이미 말했습니다. 저는 자살률이 증가하는 것도 일반적인 사망의 원인이 될 것이라고 생각합니다. 기대 수명이 극도로 늘어난다면 말 그대로 지루해서 죽는 사람도 많아지겠죠.

저는 불멸에 관한 이야기는 마케팅의 일환이라고 생각해요. 그래야 언론에 더 쉽게 노출되고 투자자를 확보하기가 쉽잖습니까. 물론 언론에서 다루는 것 중 말도 안 되는 이야기도 많긴 합니다. 우디 앨런은 이런 명언을 남겼죠. "영생은 끔찍하게 긴 시간이며, 특히 끝에 다다를수록 더욱 그렇다." 이쯤에서 다시 철학적으로 생각해 보면, 저는 모든 것이 유한하기 때문에 매력이 있다고 생각합니다. 좋은 음식을 먹을 때 몇 가지 코스가 추가되기도 하지만, 결국 디저트로 끝나야 하잖아요. 오페라 감상도 마찬가지예요. 잘 알려진 정설에 따르면, 오페라에는 뚱뚱한 여자가 마지막에 죽는다는 특징이 있다더군요. 리하르트 바그너의 오페라는 시연 시간이 4~5시간이나 됩니다. 아무리 열정적인 바그너리안(바그너의 열렬한 추종자를 의미-옮긴이)이라도 오페라가 끝나면 한결 홀가분한 기분을 느낄걸요. 그리고 모든 축구 팬은 추가 시간이 가장 흥미진진하다는 사실을 알고 있지요. 현재 우리는 인생의 추가 시간을 확실히 늘리려고 노력 중입니다. 하지만 이조차도 영원하진 않을 겁니다. 심판이 호루라기를 불면 인생이란 경기는 끝나지요. 그리고 이렇게 끝맺음이 있다는 건 좋은 일입니다.

냉동 보존 기술로 오래 살기

− 베른트 클라이네궁크

오브리 드 그레이의 "1,000살까지 살 수 있는 최초의 인간이 이미 태어났다"라는 낙관적인 발언은 이미 여러 차례 소개했다. 이 말은 현재 살아 있는 많은 사람에게 급진적 수명 연장을 향한 돌파구가 가까워졌다는 의미일 수 있다. 하지만 이 말을 비관적으로 해석하면, 현재의 인간은 80~100년이란 전통적인 수명만으로 만족해야 하는 마지막 세대에 속할 위험이 있다. 물론 이는 불유쾌한 상황 그 이상이다.

그렇지만 여기서도 트랜스휴머니스트들은 불멸을 위한 플랜 B, 즉 해결책을 제시한다. 트랜스휴머니스트들은 인체 냉동 보존술을 말한다. 이 기술은 세포나 조직 또는 전체 생물체를 얼려서 보존하는 기술이다. 실제로 이미 오랫동안 적용되기도 했다. 예를 들어 모든 인공 수정IVF, In Vitro Fertilisation 의료 센터는 여분의 수정란을 동결하여 나중에 아이를 갖길 원하는 여성의 자궁에 착상시킬 수 있는 기술이 있다. 난자와 정자 세포가 결합하는 순간부터 인간의 생명이 시작한다고 보는 가톨릭교회의 생각에 따르면 이미 수만 명의 사람이 냉동 보존 중인 것이나 다름없다.

더불어 생물학 연구실에서는 개별 세포, 미생물 내지는 작은 조직 표본을 냉동 보존하는 게 일반적인 관행이다. 이를 목적으로 액체 질소를 사용하면 영하 196도의 온도에 도달할 수 있다. 이 온도에서는 거의 모든 분자 운동이 정지하므로 사실상 무한정 보존이 가능하다.

이와 같은 방식으로 인간을 그대로 냉동한 다음 나중에 다시 온전히 해동하는 게 가능하다는 생각은 비교적 일찍부터 자리를 잡았다. 몇몇 공상과학 작가들이 이미 문학계에서 이 주제를 다룬 이후, 앞서 언급한 로버트 에틴거가 1964년에 출간한 자신의 저서 《냉동 인간》을 통해 최초로 인체 냉동 보존술(크라이오닉스Cryonics)의 과학적 근거를 마련한다. [21] 에틴거의 노력이 결실을 보아 1976년 크라이오닉스 연구소가 설립된다. 다행스럽게도 에틴거는 이 연구소의 도움을 그리 일찍 받을 필요는 없었다. 에틴거는 2011년 92세를 일기로 행복한 삶을 끝내고, 자신의 시신을 냉동 컨테이너에 보관하도록 했다. 이렇게 트랜스휴머니스트는 자신이 선언한 대로 죽은 이후에도 살아간다.

최초로 냉동 인간이 된 사람은 1967년 73세에 사망한 미국의 심리학 교수 제임스 베드포드James Bedford다. 베드포드의 시신은 사망 직후 액체 질소로 보관되었다. 그는 인체 냉동 보존술이 아직 개척 단계였던 과거에 최초로 냉동 인간이 되었으며, 지금까지 알코어에서 자리를 지키고 있다. 알코어의 냉동 신체 보관 장소를 두고 트랜스휴머니스트들은 불경스럽게도 '명예로운 무덤'이라고 부른다.

그러나 베드포드의 시신이 성공적으로 해동될 가능성은 적다. 그 이유는 기본적인 물리 화학적 원칙 때문이다. 가장 작은 유기체와 초미세 조직은 액체 질소에서 급속 냉동될 수 있다. 하지만 이들 조직 외에 보다 더 큰 인체 조직은 서서히 냉동되며 작은 얼음 결정을 만들어낸다. 이 얼음 결정은 세포의 소기관뿐만 아니라 혈관 벽까지 훼손한다. 그 결과 세포와 조직은 거의 완전히 파괴되고 만다.

이식 수술을 할 때, 사망자의 장기를 적출하는 것부터 공여자의 장기를 수혜자에게 이식하는 모든 과정이 매우 신속하게 이루어져야 하는 이유는 이 때문이다. 기증받은 장기를 액체 질소로 보존하여 이식을 위한 일종의 장기 은행을 만들 수 있다면, 이 모든 과정이 훨씬 쉬워질 것이다. 그리고 각각의 장기에 효과가 없다면 유기체 전체에도 딱히 효과가 없을 것이다.

물론 인체 냉동 보존술의 대표주자들은 이 사실을 잘 알고 있고, 최소한 그들의 관점에서 설득력 있는 해결책을 찾았다. 해결 방안의 단서는 바로 '유리화vitrification'다. 이 용어에는 유리를 뜻하는 비트룸vitrum이란 라틴어 단어가 들어 있다. 유리화는 액체가 식어 응고하는 과정을 가리킨다. 이 과정에서는 결정체가 생성되지 않는다. 그 대신 비결정질 고체(유리)가 만들어진다. 좀 더 쉽게 설명하자면, 신체를 냉각하는 과정에서 체내에 부동액과 같은 물질을 흐르게 만들어 조직을 파괴하는 얼음 결정으로부터 신체를 보호하는 것이다. 인공심폐기와 같은 의학계에서 수십 년간 확립된 기기의 작동 원리가 이 같은 발상을 가능하게 했다. 인공심폐기를 사용하면 개심술 시행 시 체내 혈류를 유지할 수 있다. 인공심폐기의 기능을 그대로 적용하면 아주 짧은 시간 내에 온몸의 혈액을 부동액으로 교체하고, 부동액이 모세관을 거쳐 몸 구석구석까지 흐르게 만들 수 있다.

그렇다면 실제로 냉동 인간이 되려면 어떤 절차를 거쳐야 할까? 먼저 관련 회사와 계약을 해야 한다. 그러고 나면 전문 팀이 환자 임종 시 현장을 지키다 환자 사망 직후 시신을 완전히 냉동하지 않고 서서히 식히는 과정을 거친다. 이후 유리화 작업, 즉 혈액을 부동액으로 대체하는 작업에 들어간다. 그런 다음에야 시신을 냉동 보관시설로 옮겨 액체 질소가 들어 있는 탱크에 보관한다. 머리를 아래쪽으로 하여 거꾸로 보관하는데, 액체 질소가 위쪽에서 계속 공급되기 때문이다. 이러면 액체 질소 공급이 끊기는 일이 혹여 발생하더라도 머리가 아닌 발만 부패하게 된다.

인체 냉동 보존을 진지하게 생각하는 사람이라면 누구나 몇 가지 의문점이 생길 수 있다. 먼저 냉동 보존에 적합한 업체를 찾을 수 있느냐 하는 것이다. 선택의 폭이 명확해서 그리 어려운 일은 아니다. 업계의 선두주자는 단연 애리조나에 있는 알코어사다. 많은 트랜스휴머니즘 관련 회사처럼 알코어는 처음에 샌프란시스코에 문을 열었다. 애리조나로 이전한 이유는 샌프란시스코 인근 지역이 지진이 발생하기 쉬워 최악의 경우 냉각 탱크가 손상될 수 있기 때문이다. 그런 위험에서는 애리조나가 훨씬 안전하다. 그런 만큼 인체 냉동 보존술 시행 업체가 모든 상황을 염두에 두지 않는다고 말해선 안 된다.

미시간에 있는 크라이오닉스 연구소는 인체 냉동 보존술의 선조인 에틴거가 직접 설립했다는 것에 자부심을 가질 만하다. 알코어와 달리 이 연구소에서는 미국인에게 꽤 인기 있는 추가 서비스를 제공한다. 바로 반려동물 냉동 보존이다.

마지막으로 러시아에도 냉동 보존술 관련 연구소가 있다. 크리오러스

KrioRus는 애초에 모스크바주 알라부셰보에 있었으나 현재는 모스크바에서 북동쪽으로 약 70킬로미터 떨어진 세르기예프포사트에 극저온 탱크를 보관하고 있다. 비영리 단체로 등록된 알코어와 크라이오닉스 연구소와 달리 크리오러스는 영리 기업이다. 그러나 크리오러스의 사업은 그리 순조롭지 않아 보인다. 2005년에 설립된 크리오러스는 2022년 현재 80여 명의 고객이 냉동 보존되어 있고, 반려동물은 50여 마리가 넘게 보존 중이다.

그렇다면 현재 신체를 보존하는 데 드는 전체 비용은 얼마일까? 알코어에 온전한 인체를 보관하려면 약 20만 달러가 필요하다. 물론 저렴한 가격은 아니다. 냉동 보존에는 적지 않은 돈이 든다. 전문가팀이 유리화에 필요한 고가의 장비를 가지고 이동하기 때문이다. 애리조나까지 이동하는 비용도 고려해야 한다. 냉각 탱크는 24시간 가동하며 아주 오랫동안 그 상태를 유지해야 한다. 그래도 비용이 부담스럽다면 더 저렴한 옵션도 있다. 신경 냉동 보존 비용은 6만 달러부터 시작한다. 이때는 머리 부분만 따로 냉동 보존한다. 여기에는 트랜스휴머니스트 사이에 널리 퍼져 있는 사상이 깔려 있다. 바로 본질 면에서 인간은 두뇌 속에 자리한 의식일 뿐이라는 생각이다. 미래 세대는 머리만 해동한 후 그 머리에 맞는 신체를 찾아 사용하게 될 것이다. 노년기의 신체는 딱히 매력적이지 않다. 또 다른 가능성은 마인드 업로딩을 들 수 있다. 즉 뉴런에 저장된 의식을 클라우드에 업로드하는 것이다.

독일이나 유럽에서는 냉동 탱크 보관 자체가 불법이므로 냉동 보존 연구소도 없다. 하지만 원한다면 미국이나 러시아의 시설을 이용할 수는 있다. 사망 현장에서 유리화하는 과정도 밟을 수 있다. 다만 미국으로 이송하려면 비행기를 이용해야 한다. 이때 큰 비용이 발생한다.

일반적으로 죽게 되는 상황도 매우 중요하다. 불치병에 걸렸다면 병원이나 호스피스 시설에서 숨을 거두는 것이 가장 좋다. 이런 곳에서는 전문 의료진이 사망 시점을 꽤 정확하게 예측할 수 있으며, 냉동 보존 전문팀이 모든 기술 장비를 갖춘 뒤 제시간에 도착하도록 충분한 시간을 확보할 수 있다. 이와는 달리 교통사고로 사망하거나(심지어 두개골 부상까지 있다면), 익사 후 며칠이 지나 물에서 시신을 건지게 된 상황이라면 아무리 냉동 보존 기술 전문가라도 미래에라도 복구가 가능할지 확신하지 못하는 손상이 발생하는 경우가 많다.

이쯤에서 우리는 다른 의문을 품게 된다. 인간은 실제로 언제 죽는 걸까? 오랜 세월 이에 대한 대답은 '심장이 멈출 때'였다. 이제 우리는 좀 더 다른 시각을 갖게 되었다. 심정지 후 성공적으로 다시 소생한 사례를 누구나 한 번쯤 들어봤을 것이다. 개심술 중에는 인공심폐기가 심근의 펌프질 기능을 대신하며 종종 몇 시간씩 작동한다. 그러므로 '심장사'라든가 임상적 사망은 더는 죽음이라고 정의할 수 없다. 이런 것들은 가역적인 죽음이다.

1960년대 말부터 의학계에서 죽음에 대한 정의는 '뇌의 전기 활동이 완전히 비가역적으로 중단된 상태'로 정의하는 '뇌사'로 대체되었다. 뇌사 상태는 뇌전도EEG를 통해 쉽게 확인할 수 있다. 뇌파가 30분 이상 감지되지 않으면 환자가 최종 사망한 걸로 간주한다. 사망이 확실해야만 이식 수술을 위해 장기를 적출할 수 있다. 냉동 보존 전문팀도 사망을 확인한 이후 비로소 유리화 작업을 시작할 수 있다. 뇌전도를 통한 사망 확인 이외의 모든 죽음은 살인이거나 적극적 안락사로 보아 법적 처벌을 받는다.

여기서 또 다른 의문점이 생긴다. 모든 일이 계획대로 진행되더라도 냉동 보존 전문팀이 현장에 도착해 뇌사 판정 직후 보존 작업을 시작한다면 이미 너무 늦은 게 아닐까? 그렇다면 뇌가 다시는 깨어나지 못할 정도로 손상되진 않을까?

아니다. 트랜스휴머니스트는 과학적 증거를 인용해 이같이 대답한다. 미국의 나노공학자이자 극저온학자인 랄프 머클Ralph Merkle은 인간 두뇌의 기억과 의식은 근본적으로 뉴런의 시냅스 연결(신경 세포 간 연결)에 기반한다고 말한다. 이런 연결은 뇌파가 사라지고 몇 시간이 지나도 변동이 없으므로 보존도 가능하다.[22] 그래서 머클은 같은 맥락에서 '정보 이론적 죽음'에 관해 이야기한다. 정보가 뇌 속에 손상되지 않고 저장되는 한 뇌파의 흐름 여부는 중요하지 않다. 정보만 손상되지 않았다면 인간의 기억과 의식은 냉동 상태에서 해동이 되어도 온전히 보존된다. 여기서 더 바랄 게 있을까?

많은 신경과학자가 이 부분에서 희망적인 관측을 하듯 트랜스휴머니즘 프로젝트도 마찬가지다. 사람들은 트랜스휴머니스트의 비전을 순수한 공상과학소설의 일부로 속단해 버린다. 하지만 과학소설에나 있던 이야기가 과학적 사실로 드러난 사례는 너무 많다. 심장사와 뇌사를 구분한 지 50년이 지난 지금 우리는 다시 한번 죽음에 대한 정의의 확장이 필요한지 논의 중이다. 새로운 죽음의 정의에 따르면, 뇌의 정보 이론적 기반, 즉 신경 구조 연결이 해제되었을 때만 최종적으로 죽었다고 할 수 있다.

적어도 극저온학자들은 이런 정의에 희망을 걸고 있다. 그래서 이들은 냉각 탱크에 보관된 사람을 사망자나 시신이라 하지 않고 '환자'라 부른다. 이 환자를 다르게 표현하면 '의학적 시간 여행자' 내지는 '냉동 비행사'라고 할 수 있다.

'환자patient'라는 단어는 인내와 참을성을 의미하는 라틴어 '파티엔티아patientia'에서 유래했으므로 냉동 보존된 인체에 가장 걸맞은 명칭일 것이다. 20세기와 21세기에 극저온으로 냉동된 인체를 손상 없이 되살리는 기술이 개발될 때까지는 인내가 필요하기 때문이다. 낙관론자는 그때가 되려면 1세기가, 현실주의자는 2세기가 걸린다고 예상한다. 어쨌든 해동은 후입선출Last come in, first come out의 원칙을 지켜야 한다. 가장 최근에 냉동 보존된 인체가 최첨단 기술을 적용하여 냉동되었으므로 제일 먼저 해동되어야 한다. 이런 해동 실행 방식이 잘 자리 잡으면, 최적의 조건이 아닌 상태에서 냉각 탱크에 보관된 인체를 해동할 때도 최선을 다해 처리할 수 있다.

따라서 해동 작업은 미래 세대에서도 복잡하고 비용이 많이 드는 일이 될 것이다. 일부 극저온학자들은 이 점을 우려한다. 미래 세대가 실제로 모든 냉동 인간을 다시 해동할 수 있다고 해도 후대가 과연 해동을 원할까? 아니면 초반에 냉동 인간 두세 명을 해동한 이후 21세기 인간이 해동할 가치가 있을 만큼 흥미롭지 않다는 것을 깨닫게 된다면?

다른 문제가 더 있다. '마지막 셔츠에는 주머니가 없다'는 독일 속담처럼 냉각 탱크에는 현금을 넣을 수 없다. 따라서 200년 이내에 냉동 상태에서 깨어난 사람은 아무 재산도 없이 길거리에 나앉을 위험이 있다. 미래에 생존해 있는 후대 자손이 과거 21세기에 머물러 있는 무일푼 상태의 친인척을 도울 만한 마음과 돈이 있을지도 확실하지 않다. 물론 200년 뒤에는 세상이 더 부유하고 발전하여 모두가 행복해져 더는 돈 같은 후진적 수단이 필요 없길 바랄 수 있다. 하지만 이런 요행에 기대선 안 된다. 지난 3,000년간 인류의 번영은 계속되었다. 그렇다고 돈에 대한 걱정이 꼭 줄어들지는 않았다.

극저온학자에게는 냉동 인간의 재정 지원을 대비할 방안이 있다. 믿기지 않겠지만 사실이다. 리히텐슈타인의 한 은행은 '부활 재단'을 설립했다. 냉동 보존을 결정한 사람은 누구나 이 재단에 돈을 예치할 수 있다. 최소 예치금은 2만 5,000달러다. 은행가는 이를 두고 장기 투자라고 할지도 모른다. 결국 냉동 보존을 원하는 사람은 23세기에 자신의 돈이 제3자의 손에 들어가길 원치 않는 것이다.

인체 냉동 보존술에 관한 모든 문제를 현실과 동떨어진 일로 여길 수 있다. 당연히 아이러니하게 느껴지기도 한다. 그래도 트랜스휴머니즘 사상계에서 인체 냉동 보존술은 중요한 위치를 차지한다는 사실을 명확하게 아는 것이 좋다. 혁신적인 기술의 도움으로 죽음을 물리치고 먼 미래의 삶을 냉동고에서 이어간다는 발상은, 모든 것을 포용하면서 한계가 없는 사람의 취향에 딱 맞는 아이디어다.

무엇보다도 인체 냉동 보존술은 트랜스휴머니즘의 또 다른 프로젝트인 우주 식민지화를 위한 핵심 기술이 될 수도 있다. 고전 공상과학 영화 〈에이리언〉 이후 우주에서 긴 시간을 보낼 때 아이스박스에 머무는 게 좋다는 인식이 퍼졌다(외국어 표기법은 '에일리언'이지만 영화사 표기법에 따라 '에이리언'이라고 했으며, 〈에이리언〉에는 승무원들이 극저온 동면 상태에 있는 장면이 나온다-옮긴이).

레이 커즈와일부터 오브리 드 그레이, 피터 틸에 이르기까지 선도적 트랜스휴머니스트들은 이미 알코어와 계약했다. 또한 앞서 소개한 맥스 모어는 10년간 알코어 생명연장재단의 CEO이자 회장을 역임한 바 있다. 이 같은 사례는 트랜스휴머니즘 사고에서 냉동 의학이 얼마나 중요한지 보여준다.

그럼에도 대부분의 트랜스휴머니스트가 가까운 미래에 실제로 냉각 탱크를 벗어나 부활할 가능성은 희박하다고 생각한다. 그렇다고 해도 만에 하나 살아날 가능성을 포기하고 알코어와 계약하지 않을 수도 없다. 트랜스휴머니스트는 철학에 정통한 지식인으로서 '신을 믿으면 이득만 있으니 신을 믿는 편이 더 낫다'는 블레즈 파스칼(Blaise Pascal, 1623~1662)의 논거를 잘 알고 있다. 신이 실제로 존재할 가능성이 작더라도, 신을 믿음으로써 얻을 수 있는 이득의 기대 가치가 신을 불신할 때보다 항상 더 크기 때문에 신을 믿는 것이 언제나 이득이다.

이는 일명 파스칼의 내기로 그 내용은 구체적으로 다음과 같다. 인간이 신을 믿고 신이 존재한다면 인간은 보상을 받는다. 이때 보상은 천국에 가는 것이다. 인간이 신을 믿지만 신이 존재하지 않는다면 인간은 아무것도 얻지 못한다. 믿는 데 들인 시간과 헌금 등이 아쉬울 뿐이다. 인간이 신을 믿지 않고 신이 존재하지 않으면 인간은 얻는 것도 없고 잃는 것도 없다. 인간이 신을 믿지 않는데 신이 존재한다면 인간이 가진 패는 영 좋지 않다. 이런 인간에겐 단죄가 다가온다. 최악의 경우 지옥에 떨어진다.[23]

파스칼의 이러한 주장은 냉동 보존 이후 되살아날 가능성과 비슷한 면이 있다. 냉동된 이후 다시 살아난다면 불멸을 걸고 한 도박에서 이긴 것이다. 다시 살아나지 못한다면 수수료 20만 달러를 제외하곤 아무것도 잃을 게 없다. 어쨌든 죽은 상태니까 말이다.

더 정확하게 요점을 짚어 말할 수도 있다. 알코어와 계약한 사실을 페이스북에 공개한 어느 고객의 말을 들어보자. 그가 계약한 이유는 다음과 같았다. "일이 잘되리란 희망은 딱히 없어요. 하지만 뭐 어때요, 그렇다고 죽어서 썩어버리는 것도 대안은 아닌데요."

대·담
신체와 정신 사이에서

클라이네궁크 ◇ 혹시 교수님도 트랜스휴머니스트로서 알코어와 계약을 하셨습니까?

조르그너 ◇ 많은 트랜스휴머니스트가 이미 알코어와 계약한 것이 사실이지만, 저는 아직 아닙니다. 인체 냉동 보존술에도 다소 회의적이고요. 지금으로서는 불명확하고 믿을 수 없는 점이 너무 많습니다. 냉동은 사망 직후 빠르게 이뤄져야 합니다. 이때 분명 신체 구조가 상당 부분 파괴되니까요. 그러니 지금으로서는 이 기술을 신뢰하기가 어렵군요. 미심쩍은 부분이 많습니다.

물론 그 이면의 논리는 당연히 이해합니다. 냉동 보존술의 가능성이 없다면 수명 연장이나 부활의 희망도 없겠지요. 그렇게 되면 죽음과 함께 모든 것이 끝나버립니다. 중요한 건 신체에 심각한 추가 손상을 입히지 않고 어떻게 시체를 냉동하느냐 하는 문제입니다. 사망의 원인이 되는 전뇌사(뇌의 모든 기능이 정지한 상태-옮긴이)로 인해 뇌 구조가 붕괴하면, 나중에 바이오 프린팅(세포와 같은 생체 재료를 활용한 바이오 잉크를 원료로 하여 3D 프린팅을 구현하는 기술-옮긴이)이나 합성 생물학, 나노 로봇으로 되돌릴 수 있어야 합니다. 이건 아주 매력적인 발상입니다. 그런데 안타깝게도 가까운 미래에 실현될 가능성은 매우 낮다고 생각합니다. 그래서 개인적으로는 인체 냉동 보존술에 대단한 흥미를 느끼지 않습니다. 교수님 생각은 어떠신가요?

클라이네궁크 ◇ 저도 비슷합니다. 인체 냉동 보존술이 난해하지는 않더라도 다소 터무니없다고 생각해요. 그런데도 수많은 트랜스휴머니스트가 이 인체 냉동 보존술의 개념을 얼마나 중요하게 생각하는지 보면 놀라울 뿐입니다. 트랜스휴머니즘 운동의 선구자 맥스 모어는 오랫동안 알코어의 CEO 자리에 있으면서 많은 트랜스휴머니스트가 냉동 인간이 되기로 계약했다는 사실을 공개했습니다. 이제 냉동 인체 보존술은 트랜스휴머니즘의 주요 이슈입니다. 앞으로 그 비용은 아마도 크게 상승할 겁니다. 애리조나 사막에서 강철 탱크를 영하 196도로 24시간 냉각하는 데는 상당한 에너지가 필요하니까요. 수십 년 전 인체 냉동 보존술이 처음 등장했을 때는 에너지 사용이 큰 고려 사항은 아니었을지도 모릅니다. 하지만 아시다시피 시간이 흐르면서 상황이 많이 바뀌었죠.

조르그너 ◇ 인체 냉동 보존술은 이제 미국만의 관례가 아닙니다. 러시아에도 크라이오닉스 연구소가 있습니다. 혹시 이런 연구소가 어떻게 운영되는지 아십니까?

클라이네궁크 ◇ 러시아의 크리오러스를 보죠. 러시아의 에너지 가격이 독일보다 낮지만, 크리오러스는 사업적 측면에서 성공 사례로 보긴 힘듭니다. 그러나 러시아에는 이미 오래전부터 인체 냉동 보존술이 있어왔습니다. 1924년 레닌이 사망했을 때 러시아는 어떻게 해서든 그의 시신을 냉동 보존하려고 애썼습니다. 그 이유는 미래 사회주의 체제에서 레닌을 되살려내 체제의 창시자를 생생한 모습으로 보기 위해서였죠. 불행히도 이런 노력은 기술적인 이유로 빛을 보지 못했습니다. 시체에서 서서히 썩은 내가 나기 시작하자, 결국 러시아는 전통 방식에 따라 시신을 방부 처리 합니다. 그리고 레닌의 시신은 수십 년 동안 크렘린궁 앞 묘지에 전시되고 있지요.

그래도 인체 냉동 보존술이 효과가 있다고 한번 생각해보죠. 그리고 과거를 되돌아봅시다. 200년 전 독일에서 누군가가 자기 몸을 냉동 보존했다면 어떤 모습이었을까요? 1820년대 독일은 비더마이어(Biedemeier, 평범하고 소박한 일상에 안주하려는 성향-옮긴이) 시대였습니다. 인간은 역마차를 타고 다니고, 전기도 없었으며, 괴테는 《파우스트》 2부를 집필하고 있었죠. 그 시대의 누군가가 냉동 보존된 이후 지금 깨어났다고 상상해 보세요. 이 사람은 비행기로 여행을 다니고, 인터넷으로 검색하고, 휴대전화에서 포르노 영화를 보는 세상을 마주하게 됩니다. 19세기 초에 살던 인간이 바뀐 세상에 얼마나 잘 적응할까요? 우리는 트랜스휴머니즘의 리더들로부터 미래에는 발전 속도가 더 빨라지고 세상이 기하급수적으로 성장할 것이란 사실을 배우고 있습니다. 그러니 오늘날 우리가 냉동 보존된다면, 200년 후에는 우리가 살던 곳과는 완전히 동떨어진 세상을 마주하게 될 겁니다.

조르그너 ◇ 우리가 두뇌를 냉동 보존하고 미래에 다시 해동할 수 있다면, 그때는 기술이 엄청나게 발전한 시대이겠죠. 그렇게 되면 뇌를 재활성화하는 데서 그치지 않고 업그레이드할 수도 있다고 생각합니다. 이는 곧 뇌가 냉각 탱크에 있던 기간의 정보를 뇌에 재생시킬 수 있다는 뜻입니다. 그러면 새롭게 맞이한 세상에 문제없이 적응하겠죠.

클라이네궁크 ◇ 제가 늘 트랜스휴머니스트들을 좋아하는 이유가 바로 그 때문입니다. 그들은 모든 문제에 해결책을 가지고 있어요. 비록 해결책이 비현실적으로 보이지만요. 그럼 일단 잠시 현실에 머물러봅시다. 알코어에서는 몸 전체를 냉동할지 머리만 냉동할지 선택할 수 있습니다. 아주 많은 사람이 머리만 냉동하길 원합니다. 머리에 의식이 담겨 있고, 그 의식에 모든 것이 달려 있기 때문이죠. 저는 트랜스휴머니스트 사이에서 이러한 이원론을 자주 목격해요. 이원론의 바탕에는 '신체는 별 필요 없고 오로지 뇌만 중요하다. 뇌는 인간의 의식이 있는 곳이고, 그러므로 뇌를 보존해야 한다'라는 사상이 깔려 있습니다. 이 사상은 신경생물학의 최신 지식과 일치하지 않아요. 신경생물학은 신체와 머리는 하나이고, 함께 행동하며, 따로 분리하지 못한다고 분명히 말합니다. 트랜스휴머니스트가 말하는 이원론은 전통적인 데카르트의 이론이지요. '정신만 중요하고 몸은 필요 없다'라는 주장은 초기 기독교에서는 유효했을지 몰라도 21세기에는 시대에 뒤떨어진 의견입니다.

조르그너 ◇ 저는 교수님의 이원론에 대한 비난에는 동의하지 않습니다. 기독교에서 영혼은 비물질적이고 육체는 물질적이에요. 클라우드에 업로드된 인격은 비물질적인 게 아니라 하드 디스크에 저장된 소프트웨어에 가깝겠죠. 이 인격은 비물질과는 조금 다릅니다. 하지만 저는 아주 실용적인 관점에서 유기적인 육체를 가진 삶을 매우 소중하게 생각합니다. 먹고 마시는 것에서 시작하여 얼마나 많은 즐거움이 육체와 관련이 있습니까! 이런 부분을 생각하면 모든 것을 머리에 국한해 생각하는 일은 상당히 편파적이라고 봅니다.

그러나 우리는 미래의 발전을 염두에 두어야 합니다. 인체 냉동 보존술은 이렇게 말해요. 우리는 고객의 머리만 냉동한다고, 나중에 해동하고 나면 이 머리를 다른 신체에 이식하는 일이 가능해진다고 말이죠. 그러면 생물학적 기원이 바뀌거나, 어쩌면 기술적인 구조만 완전히 바뀔 수도 있습니다. 어느 쪽이든 육체가 아예 필요 없을 때는 없어요. 새로운 육체는 어쩌면 우리가 지금 냉동 보존해야 할 몸보다 더 매력 있고 건강할 수도 있겠죠.

클라이네궁크 ◇ (웃음) 아주 설득력 있는 주장이군요. 결국 우리는 알코어와 계약하는 일을 다시 한번 잘 생각해봐야 할지도 모르겠습니다.

3장

신체 강화 기술의
현재와 미래

HOMO
EX
MACHINA

신경 강화를 위한 두뇌용 비아그라 탄생

– 베른트 클라이네궁크

물론 장수가 트랜스휴머니스트의 유일한 목표는 아니다. 수명 연장이 결실을 보려면 인간의 능력을 강화하고 개선해야 한다. 트랜스휴머니스트가 말하는 개선은 단순히 어딘가에서 어떤 방식으로든 무언가를 최적화하는 것을 의미하지 않는다. 가능하다면 '인간 생물학의 한계'까지 동시에 극복해야 한다. 약리학, 보철학, 나노 기술에 이르기까지 첨단 기술이 이 과정에 도움이 된다.

구체적인 예를 살펴보겠다. 남아프리카공화국의 오스카 피스토리우스Oscar Pistorius는 '세상에서 가장 빠른 다리 없는 남자'로 유명하다. 그는 1986년 선천적 기형(비골 무형성증)으로 종아리뼈 생장이 정지한 상태로 태어난다. 피스토리우스에게 정상 보행은 불가능한 일이었다. 그는 생후 11개월에 무릎 아래 두 다리를 절단하는 수술을 받는다. 이후 피스토리우스는 탄소 섬유 강화 합성수지로 만든 의족을 착용하고 달리기 시작한다. 이 의족은 그의 성장에 맞춰 매번 새로 제작된다. 운동 능력이 뛰어난 피스토리우스는 의족을 착용하고도 꽤 빠르게 달릴 수 있었다. 2004년 9월, 그는 아테네 패럴림픽에 참가하여 200미터 달리기에서 금메달, 100미터 달리기에서 동메달을 따낸다.

그러다 논란이 생기는 일이 발생한다. 2012년 7월, 피스토리우스는 런던 올림픽에서 남아프리카공화국 남자 대표팀에 합류하여 1600(4×400)미터 계주에 출전한다. 장애인이 올림픽에 참가한 것은 선례가 없던 일이었다. 여기에는 당연히 격렬한 반대가 뒤따랐다. 물론 이 반대는 신체장애가 있는 사람을 배제하려는 의도가 아니었다. 반대의 근거는 다른 데 있었다.

첨단 기술로 만든 합성수지 의족을 착용한 피스토리우스는 장애인이 아니었다. 사람들은 오히려 이 의족이 정상적인 두 다리로 달리는 선수보다 더 빨리 달리도록 만들어주는, 일종의 기술 도핑이라고 주장했다. 이런 우려는 피스토리우스가 팀 동료들과 함께 뛴 경기에서 8위에 머물면서 일단 수면 위로 부상하지는 않았다. 하지만 보철 기술 발전이 가속하면서 차세대 또는 그다음 세대의 합성수지 의족을 착용한 장애인이 원래 다리를 가진 사람보다 더 빠르게 달리는 날을 상상하긴 그리 어렵지 않다. '인간 생물학의 한계'는 기술의 도움으로 극복할 수 있다. 인간 강화 프로젝트를 설명하기에 이보다 더 좋은 예시는 없다.

피스토리우스가 리들리 스콧 감독의 유명한 고전 공상과학 영화에서 따온 '블레이드 러너'라는 별명을 그냥 얻은 것이 아니다. 트랜스휴머니스트뿐만 아니라 그 외의 사람들에게도 피스토리우스는 20세기 공상과학이 21세기에 과학적 사실이 되는 과정을 보여주는 생생한 사례다.

하지만 남아프리카공화국의 올림픽 선수가 인간 강화의 상징이 되지 못한 이유가 있다. 2013년 밸런타인데이에 석연치 않은 상황에서 그가 동거인 리바 스틴캠프Reeva Steenkamp를 총으로 쐈기 때문이다. 피스토리우스는 사고였다고 주장했지만, 담당 판사는 계획 살인이 명백하다고 봤다. 피스토리우스는 15년형을 선고받은 뒤 감옥에 갔혔고, 이로써 그의 육상 선수 경력은 끝나고 만다. 이 사건은 살아 있는 공상과학 속 인물이었던 피스토리우스의 유명세에 타격을 입힌다. 하지만 그는 여전히 인간 강화가 무엇인지 설명하는 데 있어 가장 직관적인 사례로 꼽힌다.

현대 의학에서도 강화 기능을 적용한 수많은 사례가 있다. 예를 들어 스포츠 의학 전문가는 정상급 운동선수를 담당할 때, 반복되는 부상을 단순히 치료하는 것뿐만 아니라, 의학적이고 과학적인 연구 결과를 기반으로 선수를 위한 최상의 훈련 및 영양 공급 계획을 세우는 데 주력한다. 이런 계획의 목적은 아픈 사람을 치료하는 것을 넘어 건강한 사람을 최적화하는 것이다. 다시 말해 인간을 강화하는 행위다.

외모를 개선하는 성형외과 분야에서도 놀라울 정도로 치료 범위가 넓어졌다. 기능이 저하되거나 손상된 신체를 부위별로 치료하는 일을 넘어 확대 강화하는 방향으로 발전하고 있다. 그 예가 여성 유방 확대술이다. 유방 확대술을 받은 여성의 가슴은 때때로 인간의 생물학적 한계를 능가하는 크기가 된다. 이렇게 최적화를 거친 신체 기관은 아이작 뉴턴 이후 자연의 법칙으로 자리 잡은 중력마저 무시한다.

트랜스휴머니스트들은 최적화가 가능한 다른 수많은 신체 기관을 떠올린다. 예를 들어 트랜스휴머니즘 운동의 선구자인 나타샤 비타모어는 앞서 1장에서 설명한 대로 '스마트 스킨' 프로젝트를 상세하게 소개한다.

나노 기술 입자로 최적화된 새로운 '지능형 피부'는 자외선, 환경 오염물질을 감지하고 이에 대응한다. 그렇게 되면 햇볕 화상이나 알레르기성 피부는 결국 역사 속으로 사라질 것이다.

댈러스에 있는 텍사스대학의 레이 보면Ray H. Baughman과 그의 동료들은 현재 인간의 생물학적 근육보다 100배 이상 강한 합성 폴리머로 만든 인공 근육을 개발 중이다. 이런 인조 근육을 사용하면 20~30톤짜리 물건을 쉽게 들어 올릴 것이다.[24]

애초에 트랜스휴머니스트는 인간을 절대적인 창조의 정점으로 생각하지 않는다. 트랜스휴머니스트는 인간의 구조를 자세히 들여다볼수록 생물학적 표본의 설계 결함이 분명하게 드러난다고 본다. 이때 '지적 설계자'가 특정 문제를 해결하는 데 지능이 부족했다고 인정할지, 아니면 진화의 구조가 계속 발전하는 상황에서 서툰 부분이 있었다는 걸 증명할지는 트랜스휴머니스트마다 견해가 다를 것이다.

예를 들어 인간의 식도와 기도가 후두부에서 서로 교차하는 구조는 아주 좋지 않다. 이 구조 탓에 음식물 조각이 기도로 넘어가는 상황이 생긴다. 운이 좋으면 사레가 들려 심한 기침만 하고 말지만, 최악의 경우에는 질식사한다. 요로와 생식기가 근접하여 있는 형태도 실제로 많은 문제를 일으킨다. 여성의 요도는 질 앞부분에 있고, 질은 항문에 인접하여 있다. 이런 탓에 여성은 요로 및 질 감염 질환이 자주 발생한다. 이 지점에서도 의문이 생긴다. 설계자의 지적 수준이 어느 정도가 되어야 하수도를 환락가 한가운데에 만들 생각을 할 수 있을까?

간단히 말해 인간의 신체에는 개선해야 할 부분이 많고, 트랜스휴머니스트는 이 문제를 해결하기 위해 노력하고 있다. 그중에서도 인간의 뇌만큼 트랜스휴머니스트의 관심이 집중되는 기관은 없다. 신경 강화는 트랜스휴머니스트가 가장 선호하는 프로젝트다. 신경 강화가 진보한 것이 인공지능 개발이라는 트랜스휴머니스트의 주요 의제와 연결되어 있다.

먼저 아주 일상적인 부분부터 살펴보자. 신경 강화는 사실 인간이 매일같이 하는 일이다. 인간은 두뇌 작동 온도를 높이려고 아침에 일어나자마자 아메리카노나 에스프레소를 마신다. 겉으로 보기에는 단순하지만 이와 관련된 생화학적 과정은 복잡하다.

커피 속 카페인은 고리형 뉴클레오타이드 포스포다이에스터레이스cyclic nucleotide phosphodiesterase라는 효소를 억제한다. 그 결과 고리형 아데노신 1인산cAMP, cyclic adenosine monophosphate이 증식하여 뇌에 쌓인다. 고리형 아데노신 1인산은 신경 세포에서 에너지 자원으로 활용되며, 자극 전달 물질인 아드레날린의 효과를 개선한다. 또한 카페인은 세포 내 칼슘의 가용성을 높여 신경 세포의 자극 수용을 쉽게 만든다.

의심할 여지없이 카페인은 향정신성 물질 중 하나에 속한다. 카페인이 인간을 더 총명하게 만들어주진 않으나 각성도와 주의력은 개선해 준다. 카페인이 중요한 효과를 발휘하는 '강장 음료'도 마찬가지다. 이는 현재 이용할 수 있는 수많은 신경 강화제에도 똑같이 유효하게 나타나는 징후다. 카페인의 효과는 현재 뇌의 상태에 따라 달라진다. 뇌의 활성 수준이 낮으면 카페인은 뇌의 능률을 향상하는 데 확실히 도움이 된다. 반면에 이미 의식이 또렷하게 활성화되어 있다면 카페인을 섭취해도 별다른 추가 효과를 기대하기 어렵다. 오히려 능률이 저하될 수도 있다. 커피를 마시는 사람 대부분은 본인의 경험을 통해 이 사실을 알고 있다. 커피는 피곤한 전사를 활기차게 만든다. 이 갈색 액체를 너무 많이 마시면 인간은 어느 시점에서 계속 각성하는 대신 변덕스럽고 산만해지기만 할 것이다.

약국에서 200밀리그램짜리 캡슐로 구할 수 있는 카페인 외에도 이른바 '순한 강화제'로 손꼽히는 은행이 있다. 은행나무 잎 추출물은 특히 뇌의 유기적 기능에 장애가 있는 노년층을 상대로 오랫동안 치료에 사용되고 있다. 이 추출물은 혈액 순환을 촉진하며, 그 외에도 신경 세포를 보호하는 효과가 있다. [25]

그러나 은행의 효과에 관한 연구는 일관성이 없다. 어떤 연구에서는 긍정적인 효과가 있는 걸로 나타났지만, 또 다른 연구에서는 전혀 효과가 없는 걸로 나타났다. 그 이유는 연구에 사용한 약제가 서로 달랐기 때문일 수 있다. 화학적으로 명확한 정의가 내려진 단일 약제와 달리 식물 추출물은 원산지에 따라 구성 성분이 달라진다. 그래서 효과가 다르게 나타나게 된다. 아마도 은행의 효과는 카페인과 같을 가능성이 크다. 그러므로 인지 기능이 이미 손상된 사람이 가장 큰 효과를 볼 것이다. 인지 기능에 아무 문제가 없는 사람은 카페인이나 은행 추출물을 섭취해도 개선되는 효과를 느끼지 못할 것이다. 따라서 진정한 신경 강화는 순한 강화제를 통해서는 실현할 수 없다.

이와 비슷한 상황은 치매 치료제에서도 나타난다. 도네페질이나 메만틴은 다양한 유형의 치매를 치료하는 데 쓰이는 약품이다. 치매 환자의 기억력을 높이는 약물이 건강한 사람에게도 효과가 있다고 생각하기가 쉽다. 하지만 그렇지 않다. 도네페질과 메만틴의 효과는 알츠하이머 환자에게조차 매우 미약하다. 이런 약은 치매 환자가 아닌 사람에게는 아무런 효능이 없다.

진짜 '두뇌 도핑'을 하게 만들어준다는 '머리를 좋게 하는 약'도 나오고 있다. 그러나 이것도 아주 새로운 것은 아니다. 1930년대 암페타민이 개발되면서 약물을 통해 정신을 자극하는 물질의 역사가 시작된다. 암페타민 약물류는 인지 기능에 영향을 끼치는 완전히 새로운 가능성을 열었다. 예를 들어 암페타민은 카페인보다 능률과 집중력을 훨씬 더 높게 만들어준다.

암페타민에 관한 소문은 이런 혁신에 언제나 관심이 많은 군부에서 빠르게 퍼져나가게 된다. 제2차 세계대전이 시작될 무렵 나치 독일군은 엄청난 양의 메스암페타민(당시 유통명은 페르비틴)을 군인들에게 나눠준다. '탱크 초콜릿' 내지는 '폭격기 알약'이라는 별칭으로 불리던 이 약물은 군인들이 극심한 스트레스를 받는 와중에도 며칠이나 집중력을 유지하여 싸우게 만든다. 그래서 제2차 세계대전 당시 독일 군대가 초반에 '전격전에서 성공'을 거둔 것은 이념 세뇌의 결과라기보다는 약리학적 물질로 조종당한 결과라고 보는 대담한 역사학자들도 일부 있다.[26]

1950년대부터 암페타민은 성공한 부자들 사이에 유행 마약처럼 번진다. 존 F. 케네디는 규칙적으로 각성 약물 주사를 맞았다고 알려져 있다. 엘리자베스 테일러나 테네시 윌리엄스 또는 빌리 와일더와 같은 유명인들도 독일계 미국인 의사 맥스 제이콥슨Max Jacobson에게서 암페타민 약물을 이용한 치료를 받는다. 제이콥슨은 '미라클 맥스' 또는 '닥터 필굿'으로 불리게 된다.

현재 가장 인기 있는 각성제는 암페타민과 비슷한 효과가 있는 약품군일 것이다. 리탈린이라는 유통명으로 더 잘 알려진 메틸페니데이트는 주의력 결핍 과잉행동 장애ADHD 치료에 주로 사용하는 페닐에틸아민계

물질이다. 집중력을 높여준다는 명성 덕에 리탈린은 미국 대학생들 사이에서 '머리를 좋게 하는 약'으로 인기가 있다. 관련 연구에 따르면, 시험을 준비하는 학생의 20퍼센트가 이런 유행 마약을 복용한다고 한다. 암페타민의 혼합 약제인 애더럴도 점차 인기를 끄는 중이다.[27]

독일에서는 이런 약물 사용 빈도가 낮은 편이나, 5퍼센트 정도가 약물을 복용하는 걸로 나타난 점은 주목할 만하다. 메틸페니데이트는 독일 마약법이 적용되는 물질로 구하기가 몹시 어렵기 때문이다. 하지만 의지가 있는 곳에 언제나 길이 있는 법이다.

리탈린의 높은 인기는 약제 판매 수치에 반영된다. 리탈린 제조사 노바티스는 2012년부터 2018년까지 판매량이 300퍼센트 증가했다고 발표한다. 메틸페니데이트가 의료 목적으로 ADHD에 유일하게 승인된 이후 ADHD 진단은 수년간 계속 늘어나는 추세다. 하지만 지난 10년간 ADHD 환자 수가 네 배나 늘어났을 리는 없다. 메틸페니데이트가 실제로 건강한 사람의 인지 기능을 개선하는지는 아직 입증되지 않았다. 그러나 분명한 사실은 불면증, 심혈관 문제, 심리적 의존성에 이르기까지 다양한 부작용이 있다는 점이다.

현재 신경 강화 분야에서 주목할 만한 효과가 있는 약제가 있다면, 아마도 모다피닐일 것이다. 모다피닐은 화학적으로 중추에 작용하는 교감신경계 모방 물질 그룹에 속하며 암페타민과는 관련이 없다. 또한 모다피닐은 명확하게 정의된 병의 증상, 즉 기면증 치료에 사용 허가를 승인받은 약품이다. 기면증 환자는 갑자기 과도한 피로에 시달리고, 이 과정에서 갑작스럽게 조절할 수 없는 잠에 빠지기도 한다. 이는 당연히 삶의 질을 크게 저하시킨다. 길을 걷다가 기면 발작이라도 일어난다면 대단히 위험한 상황이 발생한다.

모다피닐은 이런 발작 증세를 억제하여 환자를 치료한다. 이 약품은 건강한 사람의 집중력 향상과 같은 특정 뇌 부위의 기능을 개선하는 데도 도움이 되는 걸로 나타났다. 적어도 몇몇 연구 결과에서 이런 부분이 증명되었다. [28] 그렇다고 모다피닐에 부작용이 없진 않다. 두통, 신경과민, 불면증 같은 부작용이 발생할 수 있다. 이는 다른 향정신성 물질 종류에 대한 좋은 단서가 된다.

머리를 좋게 하는 약, 즉 사고력을 향상시키는 약제 외에 '정신 안정제'와 같은 약도 있다. 정신 안정제는 인간을 행복하게 만드는 약이다. 그리고 이런 약은 실제로 자신이 불행하다고 생각하는 사람들, 즉 우울증을 앓는 사람들에게 효과가 있다. 수년간 우울증은 약리학적으로 대부분 선택적 세로토닌 재흡수 억제제SSRI, Selective Serotonin Reuptake Inhibitor 계열에 속하는 항우울제로 치료해 왔다. 항우울제는 뇌의 세로토닌 농도를 증가시키는데, 세로토닌은 일반적으로 '행복 호르몬'으로 알려져 있다. 최초로 알려진 항우울제 중 하나는 플루옥세틴으로, 1988년 미국에서 프로작이란 이름으로 유통 및 판매되기 시작한다.

프로작은 곧 대히트를 치게 된다. 워낙 앓고 있는 사람이 많은 우울증을 치료했기 때문만은 아니었다. 주로 의학적인 병증이 없는 수많은 사람이 그저 '기분이 좋아지려고' 이 약을 사서 먹는 바람에 엄청난 판매량을 달성한 것이다. 행복한 사람이 자기 주변 사람과도 더 잘 지낸다. 인간관계가 좋아지면 더 큰 성공을 거둘 수 있다. 행복과 성공을 모두 원하는 사람에게 약은 불티나게 팔려나갔다. 프로작은 1990년대 미국 여피들 사이에 유행하는 마약이 된다.

한편 약으로 행복감을 느꼈던 사람들의 감정은 시간이 흐르면서 많이 옅어져버린다. '정신 안정제'는 머리를 좋게 하는 약과 아주 비슷하다. 정신 안정제는 관련 질병으로 고통받는 사람들을 치료한다. 건강하고 인지 기능에 저하가 없으며 우울하지 않은 사람들은 이런 약물을 복용해도 거의 개선되지 않거나 기껏해야 미미한 효과만 볼 수 있다.[29]

물론 영원히 그런 상태를 유지할 필요는 없다. 인간은 이미 다른 영역에서 약리학적 강화가 훨씬 더 잘 일어난다는 사실을 알고 있다. 1998년 제약사 화이자는 '실데나필(비아그라의 성분명-옮긴이)'이란 약제를 판매한다. 파란색으로 코팅된 특징을 지닌 이 약은 비아그라로 알려지게 된다. 비아그라는 원래 심장 치료제로 개발되었으나 현재 발기 부전을 치료하는 약물로 쓰인다. 비뇨기과학회에서는 발기 부전을 정확히 '발기하지 못하거나 발기 상태를 유지할 수 없는 증상'으로 정의한다.

기대한 대로 발기 부전을 겪는 남성들은 새로운 약의 등장에 열렬히 환호했다. 하지만 이들 외에 다른 사람들도 같은 반응을 보였다. 이 '화이자 라이저Pfizer Riser'로 불리는 비아그라가 발기 부전 이외의 질병에도 좋은 효과를 보인다는 사실이 드러났기 때문이다. '더 오래, 더 세게, 더 자주'라는 좌우명에 따라 실데나필은 성생활을 약간 '개선'하고 싶은 남성들에게 인기 있는 일상 약물이 된다. 현재 비아그라를 복용하는 사람의 80퍼센트가 이와 같은 목적으로 약을 먹는다고 추정한다.

아직 '두뇌용 비아그라'는 존재하지 않는다. 하지만 약리학은 계속 발전 중이며, 두뇌용 비아그라 관련 시장도 분명히 있다. 시험에서 더 좋은 성적을 내려고 효과가 명확하게 밝혀지지 않은 약을 먹는 수많은 미국 대학생들에 관하여 이미 언급한 바 있다. 하지만 이런 약을 통해 능률을 높이려는 실제 대상 집단은 훨씬 더 많다. 바로 일상에서 과도한 스트레스를 받는 직장인, 최고의 지적 성과를 계속 달성해야 하는 관리자와 과학자, 끊임없이 새로운 아이디어를 내야 하는 예술가와 창의적인 사람들의 집단이다. 이런 집단들은 신경 강화 치료에 대한 수용력이 놀라울 정도로 높다. 예를 들어 2004년 초 독일의 저명한 신경과학자들은 '부작용 범위가 허용 가능한 수준'이라는 조건으로 《정신과 두뇌Geist und Gehirn》지에 게재한 제안서에서 신경 강화제 사용에 찬성 견해를 표했다.[30]

《네이처》지에 게재된 논문도 큰 주목을 받았다. 《네이처》는 세계에서 가장 유명한 과학 저널로 명성이 높다. 과학자가 자기 분야에서 보고할 만한 중요한 내용이 있다면 《네이처》에 게재하는 게 가장 좋은 방법이다. 2008년 《네이처》는 본지에 글을 기고하는 과학자들을 대상으로 신경 강화제 사용에 대한 온라인 설문조사를 실시했다. 설문은 익명으로 진행됐다. 공개된 답변 내용을 보면, 60개국 1,900명의 과학자 중 20퍼센트가 집중력과 업무 능률을 개선하려고 약을 처방받아본 적이 있다고 응답했다. 이 과학자 중 상당수는 제약 업계가 자신의 연구에 어느 정도 도움이 된 데 고마움을 표하기도 했다.[31] 그러니 신경 강화제가 실제로 인지 능력을 두드러지게 향상한다면 얼마나 큰 효과를 보는 환경에 놓일지 쉽게 상상해 볼 수 있다.

하지만 반드시 의약품으로만 신경 강화를 달성할 수 있는 것은 아니다. 기술을 통해서도 신경 강화가 가능하다. 오래전부터 신경은 전기 자극으로 정보를 전달한다고 알려져 있다. 이탈리아 의사 루이지 갈바니(Luigi Galvani, 1737~1798)는 18세기에 이 전기 자극 실험을 한다. 이 실험은 오늘날에도 여전히 이목을 끌고 있다. 갈바니는 죽은 개구리의 다리에

구리와 아연이 닿으면 개구리 다리가 수축한다는 사실을 증명한다. 전기가 발명되기 100여 년 전, 갈바니는 자기도 모르는 사이에 전기 회로를 만들어낸다. 동시에 그는 신경 세포가 생체 전기 자극을 통해 근육 세포에 신호를 전달한다는 사실도 밝혀낸다.

인간의 뇌는 다양한 활동 중에 서로 다른 전기 전압 변동을 보인다. 특정 뇌 질환이 이러한 전기 활동에 특징적 변화가 생기면서 발병한다는 사실은 19세기부터 신경과 진단의 근거가 되어왔다. 뇌파는 심전도EKG가 심장의 전류를 읽어내는 것과 유사한 방식으로 뇌의 전류를 읽어낸다.

따라서 진단만을 목적으로 하지 않고, 외부에서 영향을 주어 뇌 기능 작용에 변화를 주는 데도 이런 전기 활동을 이용하게 된다. 경뇌 자극 기술TCS이나 경두개 자기 자극술TMS이 바로 그렇다.

애초에 이 치료법은 신경 강화용으로 개발되지 않았다. 오히려 파킨슨병, 간질, 우울증에 이르기까지 아주 구체적인 신경 장애 치료에 사용되었다. 그러다가 언제나 그래왔듯, 이 치료법을 신경학적으로 건강한 사람들의 인지 능력을 개선하는 데 활용하자는 아이디어가 등장한다.

예를 들어 뇌파 진단은 6Hz 주파수를 가진 세타파가 고유의 리듬이 있는 전기 활동 상태임을 보여준다. 세타파는 기억을 불러오는 데 중요한 역할을 담당한다. 추측하건대 세타파는 멀리 떨어진 뇌 중추를 서로 동기화하는 것 같다. 또한 명상 상태에서도 뇌는 종종 세타 모드에 진입한다. 그러므로 외부에서 전기 자극을 주어 뇌가 정보를 더 잘 저장하고 기존 정보를 더 효율적으로 불러오는 상태로 만드는 것은 분명 매력적인 접근 방식이다.

전력을 다해 아주 긴 시간 명상해야만 도달할 수 있는 두뇌 상태로 매우 빠르게 전환할 수 있다는 생각은 분명 흥미롭다. 경두개 전기 자극을 통해 '순간 불교Instant Buddhism' 체험을 할 수 있다니!

자각몽을 자극하는 것도 뇌에 영향을 줄 수 있다. 자각몽은 말 그대로 자고 있는 사람이 자신이 꿈꾸고 있다는 사실을 자각하고 꿈의 내용을 의식적으로 통제하거나 조종할 수 있다. 선천적으로 이런 능력이 있는 사람은 아주 행복해지는 경험을 했다고 고백한다. 일부 정신공학자는 자각몽을 꾸는 사람들의 도움을 받아 이들의 능력을 학습할 수 있다고 주장하기도 한다. 그러나 자각몽을 제어하는 사람은 극소수에 불과하다.

자각몽 또한 뇌파 진단을 통해 자각몽을 꾸는 사람의 뇌가 어떻게 작동하는지, 주파수가 얼마인지 알 수 있다. 자각몽은 40Hz의 감마파가 많이 나타난다. 감마파 활동 역시 외부에서 자극할 수 있다. 프랑크푸르트의 심리학자 우르술라 보스Ursula Voss의 연구팀은 실험 그룹을 꾸려 자각몽에 대한 실험을 했고, 그 결과를 논문으로 작성해 2014년 《네이처》에 공개했다. 이 논문은 큰 관심을 끌었다. 적절한 경두개 자극을 통해 감마파를 나오게 만들어 자각몽을 꾸게 만드는 일이 가능했던 것이다. 말하자면 버튼 하나만 눌러도 자각몽을 꿀 수 있다는 뜻이다.[32]

어쩌면 경두개 자극술을 통해 학습 능력도 향상하게 될지 모른다. 적어도 여러 연구 결과에 따르면 이론적으로는 가능하다. 예를 들어 한 연구에서 실험 대상자들에게 가상 컴퓨터 환경에 숨겨진 물건을 찾아낼 방법을 배우도록 했다. 피험자의 절반은 주의력 조절에 중요한 전전두엽 피질에 양전하를 띤 전극으로 30분 동안 자극을 받았다. 이 그룹은 대조군보다 과제를 훨씬 더 잘 해결했다.

영향을 끼치려는 능력에 따라 뇌의 다른 영역을 자극해야 한다. 운동 효과를 높이고 싶다면 뇌의 운동신경 영역을, 외국어를 더 잘하고 싶다면 언어 중추(브로카 영역)에 전극을 흘려보내야 한다.

기술적으로는 모든 것이 놀랍도록 단순해 보인다. 가장 일반적으로 사용하는 직류 자극의 경우, 전극을 해당 부위가 있는 머리 표면에 부착하고 1~2밀리암페어 정도의 약한 전류를 두개골을 통해 뇌로 전달한다. 여러 제조업체에서 이런 목적의 아주 멋져 보이는 장치를 만들고 있다. 실제로 대학 캠퍼스에서 전류 자극 헤드셋을 쓰고 돌아다니는 학생들을 종종 볼 수 있다.

사실 전류 자극 장치의 구성은 매우 간단하여 직접 만드는 것도 가능하다. 9V 배터리 하나, 전기 부품 몇 가지, 인터넷 설명서만 있으면 된다.

경두개 신경 강화 효과가 긍정적이라고 공개하기에는 아직 이르다. 혹자는 뇌의 특정 부분 기능을 개선할 때 다른 영역이 손상될 가능성이 있다고 지적한다. 당연히 뇌 영역에 자극을 준다고 해서 아무 노력 없이 학습하는 건 불가능하다. 자극은 기껏해야 받아들인 정보를 더 잘 저장하도록 만들 뿐이다. 인간은 자기 두뇌를 이용해 노력해야 한다. 우리는 이런 사실을 다른 분야를 통해 잘 알고 있다. 보디빌더가 근육을 만든답시고 근육 강장제를 먹고 소파에 앉아만 있으면 아무 소용이 없다.

외부 자극을 받은 뇌는 짧은 시간 동안만 영향을 받는다. 자극 후 시간이 지나면 원래 상태로 돌아간다. 트랜스휴머니스트가 자기 세계관과 일치하는 미래 기술에 크게 기대하는 것과는 상당한 괴리가 있다. 소위 신경 보철물이란 건 생물학적 지능과 기술적 지능의 영구적인 연결을 약속한다. 따라서 이런 기술이 발전한다면, 인간의 사이보그화를 향한 한층 더 결정적인 발걸음을 내딛게 될 것이다.

신경 보철물은 이미 임상적으로 사용 중이다. 가장 잘 알려진 예는 인공 와우다. 인공 와우는 심하게 청력이 손실되거나 완전히 청력을 잃어버린 환자에게 사용한다. 단순히 소리를 증폭시키는 보청기와 달리 인공 와우는 일반적으로 귀 뒤에 착용하는 음성 프로세서를 이용해 소리를 전기 자극으로 변환시킨다. 전기 자극은 내이의 달팽이관(와우)에 있는 청각 신경으로 직접 전달되어 약간의 적응 기간만 거치면 정상적으로 소리를 들을 수 있다. 인공 망막은 아직 개발 초기 단계에 있다. 시각장애인을 위한 인공 망막을 개발하여 시신경과 연결하고자 한다.

여기서 중요한 부분은 컴퓨터 칩에서 신경 세포로 정보를 전송하는 것이 기술적으로 가능하다는 점이다. 이 말은 곧 BCI가 가능해진다는 의미기도 하다. 시각장애인을 보게 하고 청각장애인을 듣게 만드는 일은 확실히 추구할 가치가 있는 바람직한 목표다. 그리고 '메모리 칩'을 뇌에 이식하는 것도 생각해 볼 법하다. 예전에 무거운 25권짜리 책으로 나온 《브로크하우스 백과사전》(브로크하우스 출판사가 발간하는 세계에서 가장 오래된 독일어 백과사전-옮긴이)을 이제 초소형 컴퓨터 칩에 문제없이 담을 수 있다. 뇌에 이런 칩이 있으면 누구든 원할 때 항상 정보를 불러올 수 있게 된다. 그렇게 되면 퀴즈쇼가 지루하기만 할 것이다. 이런 문제에서 항상 뛰어난 창의성을 자랑하는 레이 커즈와일은, 모든 인간이 대뇌 내 인터넷 연결을 구축해야 한다고 주장한다. 이를 통해 사용 가능한 정보의 폭을 크게 넓혀야 한다고 말한다.

커즈와일의 주장은 상당히 설득력 있어 보인다. 1940년대에 탄생한 최초의 컴퓨터는 창고 하나를 가득 채울 정도로 거대했다. 1970년대 말부터 비교적 편리한 개인용 소형 컴퓨터PC가 가정과 사무실에 놓이기 시작한다. 컴퓨터의 성능은 훨씬 더 좋아진다. 그리고 약 20년 후엔 스마트폰이 모든 사람의 호주머니에 들어오게 된다. (최소한 이론적으로는) 모든 스마트폰 사용자가 전 세계의 모든 지식에 접근 가능한 환경이 조성되었다. '구글 글라스'는 인간과 컴퓨터를 더 가깝게 만들려는 시도였다. 하지만 이 최첨단 안경이 언제든 사진이나 영상을 찍을 수 있다는 데 많은 사람이 위협을 느끼는 바람에 실패하고 만다. 그래도 컴퓨터를 소형화하여 BCI가 가능해질 때까지 인간의 신체와 연결하려는 노력은 계속되고 있다.

자칭 트랜스휴머니스트인 일론 머스크는 BCI에 대해 집중적으로 연구하고 있다. 그는 2006년 BCI 개발 전문 회사 뉴럴링크를 설립한다. 머스크는 BCI 기술이 잠재적으로 우선 의료 분야에 적용되리라 생각한다. 그렇게 되면 만성 통증, 시력 장애, 뇌 또는 척수 손상을 입은 사람들이 가장 먼저 혜택을 누릴 수 있게 된다. 여타 의료 기술 회사가 사업 목적을 잘 드러내지 않는 데 반해, 머스크는 애초부터 뉴럴링크를 장기적으로 신경 강화 사업에 이바지하려는 목적으로 만들었다는 사실을 숨기지 않는다.

뉴럴링크는 현재 발전 중에 있다. 2020년 8월, 머스크는 언제나처럼 완벽하게 기획한 기자회견에서 첫 번째 성공을 알린다. 이때 머스크의 옆에는 거트루드라는 돼지가 한 마리 있었다. 이 돼지에게는 뉴럴링크사의 첫 번째 두뇌 칩 시제품이 이식되어 있었다. 거트루드가 코를 움직이면 블루투스를 통해 신경 자극이 스마트폰 앱으로 전송되었다.[33] 이 과정에 필요한 배터리는 하루 정도 지속되며 외부에서 무선으로 충전할 수 있다. 칩이 전달한 정보에는 별로 특별한 점이 없었다. 뉴럴링크 시제품은 주로 체온, 혈압, 행동 양식에 대한 데이터를 전송했다. 이것은 일반적인 웨어러블 기기도 제공하는 기능들이다. 뉴럴링크의 목표는 기술이 정상적으로 작동한다는 사실을 보여주는 것이었다. 일단 칩 크기가 상당이 작은 것만으로도 설득력이 있었다. 지름 23밀리미터, 두께 8밀리미터짜리 칩은 최소 침습 수술로 이식할 수 있다. 머스크는 기자회견에서 "머리카락 아래 작은 흉터 말고는 다른 흔적이 전혀 남지 않는다"라고 설명했다. 또한 머스크는 이렇게 덧붙였다. "내가 지금 당장 뉴럴링크 시제품을 이식해도 여러분은 모를 겁니다. 어쩌면 벌써 이미 하나를 이식했을 수도 있죠." 기자회견장에 있던 기자 중 일부는 머스크의 말이 그냥 농담인지 확신할 수 없었다.

그의 말이 진실이든 아니든 간에 머스크는 뉴럴링크의 발전을 매우 진지하게 생각한다. 이 스타트업은 앞으로 몇 년 안에 직원을 현재 수백 명에서 1만 명까지 고용하여 성장시킬 계획이다. 신경 보철물 시장은 확실히 전도유망한 사업이다.

그러나 이게 끝이 아니라면 어떨까? 인간의 뇌를 컴퓨터 칩에 연결하는 데 그치지 않고, 아예 컴퓨터에 다운로드하여 영원히 저장할 수 있다면 어떨까? 이 문제는 트랜스휴머니즘에서 다른 어떤 주제보다 더 열정적으로 대립하며 논의 중인 주제다. 그래서 별도의 장에서 이에 관해 다룰 예정이다. 이 주제는 마인드 업로딩에 관한 내용이다. 자세한 내용은 '마인드 업로딩, 디지털 영생은 가능할까' 장을 참고하길 바란다.

두뇌 강화는 가능할까

조르그너 ◇ 트랜스휴머니즘은 강화 기술에 대해 긍정적으로 생각하는데요. 특히 신경 강화에서 인지 기능 추가 개발과 가까운 미래에 사용할 수 있게 될 두뇌와 컴퓨터 간의 인터페이스, 즉 BCI는 개선의 의미 이상이라고 봅니다. 이는 완전히 새로운 종이 탄생하는 첫걸음이자 포스트휴먼으로 향하는 발전이 아닐까요?

클라이네궁크 ◇ 트랜스휴머니스트는 항상 시대를 앞서나가지요. 과학자로서 저는 먼저 다음 사항에 관심이 있습니다. 신경 강화 분야에서 어떤 연구가 진행되고 있는가. 현재 상황은 어떠한가. 그리고 저는 냉정히 말해야 합니다. 신경 강화 분야는 지금까지 그리 엄청난 발전을 이루지 못했다고요. '뇌를 위한 비아그라'는 인기 있는 키워드입니다. 수많은 광고가 쏟아졌지만 아직 실현되지 못했지요. 현재 사용 중인 비아그라는 실제 성기능 강화용으로 쓰입니다. 아마 음경이 두뇌보다는 덜 복잡한 기관인 탓이겠죠. 해면체에 더 많은 혈액을 공급하고 긴 시간 동안 그 상태를 유지시키기만 하면 됩니다. 그러나 뇌를 강화하는 문제는 좀 더 복잡합니다. 뇌에서는 수많은 국부 기능이 다뤄지고 있습니다. 필요하다면 이 기능들을 강화할 수도 있습니다. 문제는 이 강화를 통해 뇌의 다른 기능에 과부하가 걸리지 않느냐 하는 점입니다. 영화 〈레인맨〉의 모델이었던 자폐증 환자 킴 픽Kim Peek의 유명한 사례가 있어요. 그는 세계에서 기억력이 가장 좋은 사람으로 꼽힙니다. 픽은 책을 읽으면 그 내용을 거의 통째로 암기합니다. 하지만 그는 좋은 기억을 얻는 대신 운동신경과 사회생활에 필요한 능력을 잃어야 했죠. 픽은 도와주는 사람 없이는 신발 끈도 묶지 못하고, 주변 사람과 소통할 때도 미숙한 모습을 보입니다.

조르그너 ◇ 현재 신경 강화제 사용은 점점 더 증가하고 있습니다. 제가 접하는 일상에서도 이런 모습이 낯설지 않아요. 제가 가르치는 미국 학생들에게 물어보니, 3분의 1이 애더럴을 복용했거나 예전에 복용해 본 적이 있다고 대답하더군요. 애더럴은 기억력과 능률을 개선해 주는 물질을 함유하고 있습니다. 알코올이나 흡연과 비교하면 부작용도 낮은 편이고요. 아직 유럽에서는 미국처럼 널리 사용되고 있지 않지만요.

클라이네궁크 ◇ 어쩌면 유럽 학생들은 더블 에스프레소가 실제 애더럴과 같은 효과가 있다는 사실을 알기 때문이겠죠. 조금 더 집중을 잘하고 정신을 차리기 위해 꼭 처방 약을 먹어야 할 필요가 없습니다.

다른 예시를 들어볼까요. 요즘에는 지능이나 인지 능력을 높여준다며 인공 물질 섭취를 대대적으로 홍보하고 있습니다. 50년 전에는 약리학이나 화학 물질로 창의성을 향상하는 일이 유행이었어요. LSD처럼 강력한 마약을 '의식 확장 물질'로 선전했는데, 이는 트랜스휴머니즘적 접근 방식이기도 합니다. 'LSD의 아버지'로 불리는 하버드대 교수 티모시 리어리Timothy Leary는 심지어 식수에 LSD를 섞어 미국을 세계에서 가장 행복한 나라로 만들자고 주장하기도 했어요. 하지만 이는 실현되지 않았고, 어쩌면 그건 당연한 일이었습니다. 오늘날 우리는 이 모든 문제를 더 냉정하게 바라보고 있습니다. 마약으로 의식을 확장한다는 위대한 약속 이면에는 딱히 대단한 게 있지도 않아요. 프랑크푸르트 중앙역 주변이나 근처 다른 곳을 서성이는 불쌍한 사람들을 보면, 마약이 선사한 쾌감이 오히려 심각한 우울증을 불러왔다고 봐야 합니다.

조르그너 ◇ 뭐, 그럴 수도 있겠죠. 하지만 역 주변을 배회하는 사람들이 꼭 환각 물질을 복용한 탓만은 아닐 거예요. 헤로인이나 그보다 더 심각한 마약 때문일 가능성이 크죠. 그런데 LSD는 마약의 역사에 존재하지도 않는 물질이에요. 실리콘 밸리에서만 해도 기분을 좀 낮게 만들고 더 창의적인 사람이 되게 하려고 약하게 만든 LSD를 보급하거든요. 요즘은 환각제의 도움으로 종교 체험을 더 쉽고 강렬하게 경험하는 일이 가능한지에 관한 가설을 연구 중입니다. 이는 모두 환각 물질의 매우 흥미로운 부분입니다.

클라이네궁크 ◇ 교수님처럼 확고한 무신론자가 향정신성 약물을 이용해 종교 체험이 가능하다는 이유로 향정신성 약물을 옹호한다는 점이 새삼 흥미롭군요.

조르그너 ◇ 실제로 신앙심 깊은 수많은 트랜스휴머니스트에 관해 연구해본 적이 있어요. 심지어 목사들도 이 연구에 참여했지요. 이들은 환각 물질의 영향을 받으면 더 강렬한 종교 체험을 할 수 있다고 주장하더군요. 저는 그런 판단이 아주 흥미롭다고 생각합니다.

클라이네궁크 ◇ 뭐, 특정 물질이 인간의 경험 능력에 영향을 미친다는 점은 우리가 예전부터 알고 있는 사실이죠. 술집에서 필스너 맥주 몇 잔만 마셔도 앞에 앉은 여성을 실제보다 훨씬 더 아름답다고 생각하지요. 대개 이런 효과가 오래 지속되지 않는 걸 알면서도, 술을 마시면 자기 인생이 좀 아름다워지지 않을까 하는 마음에 자주 술을 마시는 사람들이 있어요. 딱히 환각을 일으키는 마약에 손댈 필요까진 없는 거죠. 오래된 인기 약물, 술로도 충분하니까요. 그런데 저는 병맥주를 신경 강화제로 보진 않아요.

전반적으로 '강화'란 용어의 의미를 지나치게 부풀려 사용하는 경향이 있는 것 같아요. 저는 피스토리우스를 강화의 대표적인 예시로 자주 인용하는데요, 피스토리우스의 카본 의족이 실제로 강화 효과를 내는지는 의문이 생깁니다. 물론 피스토리우스는 대다수 사람이 자기 다리로 달리는 것보다 더 빨리 달릴 수 있습니다. 하지만 이건 부분적인 기능에 불과합니다. 축구를 하거나 춤을 추거나 산을 오를 때 카본 의족은 생물학적 다리에 비해 나은 성능을 보여주지 않아요. 따라서 '강화'란 용어를 쓰는 일은 자제해야 합니다.

조르그너 ◇ 그러나 이미 존재하는 인간과 기계 간의 인터페이스, 예를 들어 뇌심박조율기의 사례가 있으며 이는 아주 성공적입니다. 이 기계는 파킨스병 환자의 치료를 돕는데요, 파킨스병 환자는 피하에 삽입된 소형 배터리를 통해 이에 연결된 작은 와이어를 제어할 수 있습니다. 이 와이어는 두개골에 낸 구멍을 통해 장애를 일으키는 뇌 부위로 연결되고요. 즉 버튼 하나만 누르면 파킨슨병 환자가 겪는 많은 증상이 완화된다는 말이죠. 온몸이 떨리지도 않고 일상생활이 가능해집니다. 끊임없이 자살 충동을 느끼는 심한 우울증 환자에게도 뇌심박조율기가 도움이 됩니다. 이 장치를 이용한 치료 성공률이 높아요. 적절한 자극을 받으면 기분이 급격하게 바뀌는 경우가 많지요. 확실히 기술이 발전하고 있음을 알 수 있습니다.

클라이네궁크 ◇ 경두개 또는 뇌내 자극을 통해 많은 일을 할 수 있는 건 분명합니다. 하지만 교수님이 언급한 사례는 파킨슨병, 간질, 우울증 등 명확하게 정의가 내려진 질병을 치료할 때 가능한 부분입니다. 인간이 이런 특정 질병 치료 분야에서 발전을 이룬 건 사실입니다. 하지만 명확하게 정의되지 않은 질병을 치료하거나 건강한 사람의 인지 기능을 향상하는 것은 다른 문제이지요. 지금으로선 이 분야에 이렇다 할 만한 진전은 없습니다.

조르그너 ◇ 일론 머스크가 뉴럴링크에서 이에 대해 연구하고 있잖습니까. BCI를 질병 치료에 쓰는 걸로 만족하지 않고, 건강한 사람의 인지 기능까지 개선하는 것을 목표로 하고 있지요. 저는 이 일이 앞으로 몇 년 안에 실현되리라는 것에 의문의 여지가 없습니다. 인간의 뇌를 컴퓨터 칩과 연결하는 기술적 가능성은 이미 존재합니다. 이 기술을 통해 두뇌에는 없지만 컴퓨터 칩에는 있는 능력을 사용하게 될 수도 있습니다. 이것은 '차세대 혁신The Next Big Thing'이 될 겁니다.

클라이네궁크 ◇ 일론 머스크가 트위터보다 뉴럴링크로 더 큰 성공을 거두길 기대해 보죠.

차세대 혁신은 무엇인가

— 베른트 클라이네궁크

실리콘 밸리에서 대화를 나누다 보면 으레 '차세대 혁신은 무엇인가?' 라는 질문이 나온다. 실리콘 밸리 사업가들은 사업이 잘될 때도 모두가 다음 혁신 동력이 무엇이고, 이 동력을 비즈니스 모델로 전환할 방법을 가능한 한 빨리 알고자 한다. 얼마 전부터 차세대 혁신은 아마도 아주 작은 것이 되리라는 징후가 점차 나타나고 있다. 이건 그냥 작다는 의미가 아니다. 나노 기술은 미래의 핵심 기술 중 하나로 자리매김하고 있다. 나노 기술은 트랜스휴머니스트에게만 중요 기대주로 평가받는 게 아니다.

'나노nano'는 그리스어 나노스nanos에서 유래한 단어로 난쟁이라는 뜻 이다. 따라서 나노 기술은 작은 것을 다루는 기술이다. 지금까지 사람들 이 상상할 수도 없었던 아주 작디작은 것을 다룬다. 이때 '작은' 것이란 1밀리미터, 즉 1,000분의 1미터를 의미한다. 극단적으로 작은 것은 1마 이크로미터, 즉 100만분의 1미터다. 나노는 10의 마이너스 세제곱, 즉 마이크로미터보다 1,000배 더 작은 10억분의 1미터다. 나노 세계에서는 원자의 지름이 0.1~0.3나노미터이므로 인간은 원자의 영역에서 활동한다고 볼 수 있다. 유전 분자 DNA의 지름도 2나노미터 정도다. 나노 세계의 상한선은 대개 100나노미터로 본다. 바이러스의 크기가 보통 50~100나노미터다. 비교 차원에서 말하자면, 인간의 머리카락 단면 지름은 약 8만 나노미터다. 시침 핀 단면을 나노 단위로 환산하면 100만 나노미터 이상이 될 것이다.

그렇다면 나노 기술이 미래를 위한 위대한 약속인 이유는 무엇일까? 먼저 소형화라는 단순한 사실 때문이다. 특히 최근 몇 년간 컴퓨터 기술 분야는 관련 부품이 점점 작아지면서 엄청난 혜택을 누리고 있다. 기계식 계산기가 마이크로프로세서로 대체되면서 디지털화 산업이 승승장구하기 시작한다. 앞으로 디지털화의 성공 여부는 소형화가 얼마나 진전되느냐에 달려 있다. 그리고 이는 장기적으로 마이크로프로세서의 자리를 나노프로세서가 차지할 때만 가능할 것이다.

나노 세계에서는 인간이 익히 아는 대우주와는 다른 법칙이 일부 더 우세하다는 사실도 흥미롭다. 이런 발견은 20세기 초 과학계에 혁명을 일으킨다. 가장 작은 영역에서 발생하는 새로운 특성은 나노 기술 계획의 실행을 부분적으로 어렵게 만든다. 그러면서도 완전히 새로운 가능성을 열어주기도 한다. 일부 분야에서 나노 기술은 양자 물리학이나 고전 물리학 같은 전통적인 기술과도 관련이 있다.

결국 나노 기술은 '하향식' 작동법을 '상향식'으로 바꿔 완전히 새로운 생산 방식으로 가는 길을 열어준다. 하향식 기술(위에서 아래로)은 철저히 계획대로 재료를 사용해 물건을 만든다. 석기 시대 때 인간은 바위 일부를 내리쳐 얻은 돌조각으로 주먹 도끼를 만들었다. 조각가는 형체가 없는 돌덩어리에서 원하는 모양을 만들어내 조각을 완성한다. 심지어 컴퓨터 칩조차 성형되지 않은 실리콘 칩에 만들고자 하는 형태를 눌러서 찍어내는 하향식 생산 방식으로 만들어진다. 반면에 상향식 기술(아래에서 위로)에서는 의도한 물체가 개별 모듈 단위로 조립된다. 레고 블록을 갖고 노는 아이는 상향식 원리로 놀이를 한다. 자연도 대부분 상향식 체계를 따른다. 나노 기술은 자원을 절약하면서 각각의 원자를 기반으로 물체를 구성하도록 만들어준다.

미국의 물리학자이자 노벨상 수상자인 리처드 파인만은 이 사실을 가장 먼저 인지한 사람 중 하나다. 1959년 미국 물리학회 강연에서 파인만은 그 유명한 "맨 아랫부분에는 많은 공간이 있다There is plenty of room at the bottom"라는 말을 한다.[34] 우주비행이 가능해지면서 미래의 비전을 대우주에 두는 때에 파인만은 소우주가 가진 기술적 가능성을 정확하게 내다본다. 무엇보다 그는 자기 시대에 출간된 세상의 모든 책 2,900만 권을 먼지 한 톨만 한 매체에 저장할 수 있다고 예측한다. 현재 기술력이 아직 거기까지 미치지는 못하지만 아주 먼 미래의 일은 아닐 것이다. 그러나 파인만이 살던 시대의 사람들은 파인만이 완전히 허무맹랑한 생각을 한다고 봤다. 이는 과학적 기반이 공고하면 기술 유토피아가 얼마나 빨리 실현되는지 다시 한번 보여주는 사례다. 파인만이 나노 기술이란 단어를 사용한 적은 없어도 그는 오늘날 나노 기술의 선구자로 인정받고 있다.

그렇다면 나노 기술은 현재 어느 정도까지 발전했을까? 이미 우리 주변 어디든 있다고 답할 수 있다. 비록 우리가 인식하지 못하더라도 말이다. 나노 입자는 물질과 재료의 특성을 최적화하려는 목적으로 원료 및 소재에 첨가되어 왔다. 잘 알려진 예로 선크림에 함유된 이산화타이타늄 이란 나노 물질이 있다. 이산화타이타늄은 해로운 자외선을 흡수하지만 물질 자체의 크기가 매우 작아서 가시광선에는 영향이 없다. 얼굴 전체를 뒤덮을 정도로 하얗게 바르던 선크림은 이제 필요하지 않다.

자연계에서는 수백만 년간 이어진 나노 기술 효과가 있다. 바로 연꽃 효과가 그 대표적 예다. 연꽃은 절대 더러워지지 않는다. 물이 잎에 닿으면 방울져 떨어지면서 표면의 먼지를 함께 씻어내리기 때문이다. 이 효과를 활용한 것이 오염 입자 부착을 최소화한 복합 나노 시스템이다. 여러 회사에서 이 시스템을 토대로 다양한 물건의 표면을 나노 코팅하는 기술을 개발한다. 차양과 어닝에 자가 클리닝 및 오염방지 기능을 입히는 과정은 인간의 일상에 꼭 필요한 일이 되었다. 오염방지 섬유는 지금도 개발 중이다. 이제 포도주가 셔츠에 쏟아져도 얼룩을 남기지 않고 방울져 떨어질 때가 온다.

이뿐만이 아니다. 은의 경우는 항균 효과가 있다. 그래서 은 분말은 의학에서 오랫동안 상처 치료에 사용해 왔다. 양말이나 티셔츠에서 풍기는 불쾌한 땀 냄새는 땀 자체에서 나는 게 아니라 땀을 분해하는 박테리아에서 나는 냄새다. 은 나노 입자를 스며들게 한 섬유로 만든 옷은 이 박테리아 증식을 억제하여 상쾌함이 오래가고 악취가 덜 나게 한다.

나노 입자를 활용한 또 다른 예로 복합 재료가 있다. 철근 콘크리트나 유리 섬유를 섞어 강하게 만든 합성수지가 이런 물질에 속한다. 콘크리트와 같은 몇몇 재료는 압력이나 장력 부하를 받으면 균열이 생기는 경향이 있다. 섬유를 나노 단위로 삽입하면 균열 확산이 억제되어 근처에 있는 섬유까지만 균열되고 만다. 이 방법을 활용하면 고체 재료의 압축 및 휨 강도와 섬유 다발의 인장 강도를 결합할 수 있다.

자연은 또 다른 복합 재료를 실용화하는 데도 도움을 준다. 거미줄은 나노 기술이 적용된 대표적인 사례다. 거미줄은 지름이 보통 몇 마이크로미터 정도지만 신축성과 응집력이 아주 뛰어나다는 특징이 있다. 거미줄에 얽힌 비밀은, 거미가 여러 단백질과 금속성 내장 나노 결정으로 구성된 복잡하면서도 효과적인 복합 재료를 만들었다는 데 있다. 학자들은 수년 전부터 인공 거미줄을 재현해 기술 분야에 활용하고, 이를 토대로 신소재를 창조하고자 노력하고 있다. 예를 들어 방탄조끼 소재가 되는 고강도 플라스틱인 케블러가 이런 연구의 첫 번째 결과물이다.

트랜스휴머니스트가 나노 기술을 기대주로 삼는 이유는 단지 땀에 젖지 않는 양말이나 포도주 얼룩이 남지 않는 셔츠가 있는 미래를 꿈꿔서는 아니다. 나노 입자를 통합하여 기존 물질을 개선해 낸 현재, 나노 기술은 유용한 물건을 많이 만들어냈을 것이다. 그러나 완전히 새로운 가능성을 가진 신제품을 만들어내는 급진적인 혁신, 즉 '결정적인 응용 사례'는 아직 나오지 않았다.

나노 기술에서 앞으로 기대하는 부분도 바로 이 응용 분야다. 나노 기술은 곧 실현될 수도 있다. 에릭 드렉슬러는 1986년에 출간한 《창조의 엔진》에서 이미 나노 기술에 관해 설명한 바 있다.[35] 나노 입자를 기존 물질에다 첨가하는 '수동적 나노 기술'은 있다. 여기에서 시작해 어셈블러라는 소형 기계가 나노 수준의 기계들을 만들어내어 인체 내 유기체가 수행하는 수많은 일을 대신하는 '능동적 나노 기술' 단계로 가는 과정에 있다. 예를 들어 나노봇은 인간의 혈관 속을 돌아다니며 동맥경화를 일으키는 결석을 탐지해 낸다. 또는 병원균, 바이러스, 암세포에 맞서 싸운다.

　많은 트랜스휴머니즘 비전과 마찬가지로 이 나노봇에 대한 영감은 과학 연구 분야에서뿐만 아니라 공상과학 작품에서도 비롯된다. 1966년 미국에서는 영화 〈판타스틱 보야지The Fantastic Voyage〉(한국 개봉 명 '바디 캡슐')가 개봉한다. 영화는 한 체코 과학자 집단(영화 배경은 냉전 시대)이 소형화된 잠수함에 탑승해 인체 내에 주입되면서 벌어지는 이야기를 다룬다. 이 과학자들의 목적은 뇌에 침투하여 그곳에 있는 혈전을 제거하는 것이다. 이들의 여정에는 기상천외한 사건들이 함께한다. 동맥이 여기저기 막혀 있어 우회로를 찾아야 하고, 그러다 길도 여러 번 잃어버린다. 내이內耳 부위에 갇히거나 백혈구의 공격도 받는다. 이런 위험을 모두 헤치고 과학자들은 임무를 성공적으로 완수한다. 그리고 이들은 시신경에 도달해 눈물샘을 통해 밖으로 탈출한다. 혈액의 미립자가 소변으로 배출되니 그렇게 탈출하는 편이 나았을지 모르지만, 당시에는 관객들이 그런 부분까지는 예상하지 못했을 것이다.

　트랜스휴머니즘의 스승 격인 커즈와일이 자신의 책에서 〈판타스틱 보야지〉를 구체적으로 언급한 사실만 봐도 이 공상과학 영화가 얼마나 큰 영향력을 발휘했는지 알 수 있다. 이런 나노봇이 실제로 존재하는 게 가능할지는 아직 의견이 분분하다. 나노봇이 있어도 거기에 인간이 탑승하진 못할 것이다. 설사 인간이 탑승할 수 있다 해도 그곳의 신경 외과 의사가 영화 주인공 라켈 웰치처럼 매력적이진 않을 것이다.

　어쨌든 나노머신은 가까운 미래에 실제로 존재할 가능성이 크다. 과학자들이 나노봇에 희망을 거는 이유는 바로 자연이 오래전부터 나노봇 같은 물질과 공생하고 있기 때문이다. 본래 모든 세포는 나노봇으로 가득

한 거대한 공장이다. 예를 들어 리보솜은 개별 아미노산을 아주 복잡한 단백질로 합성한다. 이 합성 지침은 DNA에서 메시지를 읽어낸 mRNA(메신저 RNA) 분자가 리보솜에 전달한다. DNA는 30억 개의 염기쌍 형태로 정보가 저장된 거대한 나노 데이터 저장 장치다. 이 모든 정보 저장 과정에 필요한 에너지는 미토콘드리아에서 공급하는데, 미토콘드리아는 나노 단위의 발전소나 마찬가지다. 분자 폐기물 처리는 리소좀이 담당한다. 리소좀은 사용할 수 없게 된 세포 소기관이나 잘못 만들어진 단백질 같은 노폐물을 원소로 재분해하거나 재활용한다. 이렇게 나노 기술은 어디에나 있다.

바이러스도 결국 나노 세계에 속한다. 바이러스 크기는 50~100나노미터로 세포보다 100배는 작다. 대개 바이러스는 DNA 또는 RNA 가닥으로 구성되며 단백질 보호막에 둘러싸여 있다. 바이러스가 생물인지 아닌지는 과학계에서 오랫동안 논쟁의 대상이 되어왔다. 고전적 정의에 따르면 생물은 자체 신진대사 및 독립적인 번식 능력이 있어야 한다. 그런데 바이러스에는 이런 특징이 없다. 바이러스가 신진대사나 번식을 하려면 다른 세포(체세포 또는 박테리아)가 있어야 한다. 바이러스는 이런 세포의 대사 과정을 조작하여 바이러스만 생산하도록 만든다. 이는 종종 우리가 잘 아는 달갑지 않은 결과를 초래한다. 수십 년간 지속된 바이러스를 생물로 보는 문제는 어쩌면 새로운 정의를 통해 해결할 수 있을 것이다. 바로 바이러스가 상당히 효과적인 생물학적 나노봇이란 사실이다.

다시 세포 이야기로 돌아와서, 세포가 하는 놀라운 일은 상호 교류하는 나노 구조와 관련이 있다. 데이터 저장, 발전소, 생산 시설, 폐기물 재활용 같은 모든 것이 이미 세포에 나노 단위로 존재한다면 기술적으로

이 설비들을 복제하는 일도 가능하다는 게 트랜스휴머니스트와 나노 기술 전문가가 가진 긍정적인 생각이다.

이를 연구한 과학자 중 한 명이 로버트 A. 프레이타스 주니어Robert A. Freitas Jr.다. 그는 수십 년 동안 팔로알토에 있는 분자 제조 연구소에서 연구를 진행해 왔으며, 이 분야의 선도적인 인물로 손꼽힌다. 나노 의학에서 기념비적인 연구가 될 프레이타스의 연구는 아직 끝나지 않았다. 프레이타스는 책을 두 권 출간했고, 모두 인터넷에서 무료로 볼 수 있다.[36] 그가 가장 관심을 쏟는 분야는 괴테의 《파우스트》에서 악마 메피스토가 말한 '아주 특별한 주스'인 혈액이다. 이 주스를 구성하는 여러 성분을 재구성해 내는 일이 프레이타스의 주요 연구 활동이다. 의학계에는 '인공 혈액' 수요가 많다. 기존 혈액 비축량은 항상 공급 부족에 시달리고 사용 기한도 정해져 있다. 혈액형이 달라서 두루 사용할 수도 없다. 그리고 앞서 언급한 생물학적 나노봇인 바이러스에도 자주 오염된다. 인공 혈액은 이런 기존 혈액의 문제를 단번에 해결할 수 있다.

프레이타스가 단순히 혈액과 그 세포 성분을 재구성하는 데 만족했다면 트랜스휴머니스트가 되지 못했을 것이다. 미래의 혈액에는 지난 수백만 년 동안 포유류의 정맥을 흐르던 혈액에 비해 새롭고 크게 개선된 특성이 있어야 한다. 말하자면 혈액 강화가 필요하다는 뜻이다. 프레이타스의 발상은 그의 뛰어난 창의성을 보여준다. 작명부터가 그렇다. 그의 '응혈판(Klottozyten, 응고하다, 엉긴다란 뜻-옮긴이)'은 미래에 상처를 봉합하는 역할을 할 것이다. 혈액에서는 혈소판이 이 일을 담당하고 있다. 혈소판은 출혈이 발생하면 상처 부위로 이동하여 서로 결합한 다음 출혈을 막는 덩어리를 형성한다. 이런 덩어리가 만들어지기까지는 일정 시간이 필요하고 큰 상처에선 효과도 한계에 부딪힌다. 프레이타스의 응혈판은 혈소판보다 100배 더 빨리 상처에 도달하고 큰 상처까지 막도록 설계되었다. 이런 일이 가능해지면 과다출혈은 역사 속으로 사라질 것이다.[37]

프레이타스가 말하는 '호흡구Respirozyten'는 적혈구인 조혈모세포의 대체 세포다. 적혈구는 주로 폐에서 각 장기와 세포로 산소를 운반하고, 이산화탄소를 다시 폐로 운반한다. 호흡구도 이런 일을 담당한다. 하지만 두말할 필요도 없이 적혈구보다 호흡구가 더 효과적이다. 프레이타스는 조혈모세포가 산소와 결합하는 능력이 상당히 떨어진다는 사실을 발견한다. 그가 생각하는 호흡구는 180억 개의 원자로 구성되어 있어 적혈구보다 작다. 그러나 적혈구보다 236배 더 많은 산소를 운반할 수 있다. 참고로 이 호흡구는 프레이타스가 연구 중인 인공 혈액의 기초가 되는 세포다. 여기서 백혈구와 혈소판은 그리 중요하지 않다. 산소 공급 능력이 200배 뛰어나다는 점은 당연하게도 응급 의학 분야에서만 관심을 가지는 부분이 아니다. 운동선수 등은 혈액 내에 이런 호흡구를 가지게 되면 그 능력이 엄청나게 향상될 수 있다. 예를 들어 한 번 숨을 들이마시면 한 시간은 족히 물속에 있을 수 있다.

마지막으로 프레이타스의 연구 목록에 있는 세포는 백혈구다. 백혈구의 주 임무는 면역 방어, 즉 미생물 침입을 퇴치하는 일이다. 암세포도 백혈구가 제거해야 할 대상이나, 암세포는 원래 존재하는 자생 세포와 분간하기 어려워서 백혈구가 알아채지 못하는 경우가 많다. 프레이타스에 따르면, 이런 문제는 앞으로 관련 작업을 담당할 '미생물체'에겐 문제가 되지 않는다. 이 새로운 미생물체 세포는 기존 방어 세포보다 훨씬 더 빠르고 정확할 뿐만 아니라 더 효과적이고 정밀하게 임무를 수행할 것이다. 다만 병원균이나 암세포 때문에 계속해서 혼동을 겪을 수는 있다. 프레이타스의 인공 세포는 기존 혈액 세포와 똑같은 방식, 즉 주변 환경에서 당과 산소를 흡수하여 에너지 공급 문제를 해결한다. [38]

이 모든 것이 현재로선 이론으로만 존재한다는 사실을 인정해야 한다. 그러나 이 이론은 아주 확실하고 명백한 검증을 거쳤다. 여기서 빠진 것은 앞서 말한 세포 구조를 '상향식'으로 조립할 수 있는 나노 기계다. 다시 말해 설계도면은 이미 나왔고, 구조를 만들어낼 기계는 아직 개발 중이다.

이 개발 작업이 어려운 데는 여러 이유가 있다. 주요 문제 중 하나는 나노 세계에선 모든 물질이 훨씬 작을 뿐만 아니라 다른 법칙이 적용된다는 점이다. 예를 들어 이 세상에서 중요한 역할을 하는 중력은 나노 세계에서는 거의 영향을 미치지 않는다. 너무 작은 나머지 거의 없다시피 한 입자는 밑으로 떨어지지 않는다. 예를 들어 미세먼지가 땅에 가라앉지 않고 며칠 또는 몇 주 동안 공기 중에 떠다니는 모습을 보면 알 수 있다.

나노 세계에서는 그곳에서만 통하는 힘이 중요하다. 우리는 화학 시간에 원자와 분자가 서로 결합할 수 있다고 배웠다. 이 결합이 일어나려면 각 원자와 분자의 표면이 서로 맞아야 한다. 이와 상관없이 원자 사이에는 서로 표면결합을 형성하지 않도록 약하게 작용하는 인력이 항상 존재한다. 이 인력을 반데르발스력이라고 하는데, 이를 발견한 네덜란드 물리학자 헨드릭 반 데르 발스(Hendrik van der Waals, 1837~1923)의 이름을 딴 것이다. 이 힘은 원자로 구성된 모든 표면 사이에 존재한다.

하지만 반데르발스력의 영향 범위는 아주 좁아서 원자들이 서로 아주 가까이 다가와야만 인력이 작용한다. 이것이 바로 나노 단위에서 발생하는 현상이다. 파리가 유리창을 타고 올라가거나 천장에 거꾸로 매달릴 수 있는 이유도 바로 이 힘 때문이다. 파리의 다리에는 수없이 미세한 털이 나 있으며, 이 털 하나하나가 표면에 닿는다. 그러면 접촉점이 많아져 반데르발스력이 중력을 상쇄할 정도로 넓은 접촉부를 형성한다. 도마뱀은 곤충의 이 습성을 따른다. 도마뱀의 발에는 수십만 개의 주걱 같은 돌기가 있는데, 이는 재사용 가능한 접착테이프 같은 구조로 되어 있다.

이 반데르발스력은 나노 기계(조립 기계)가 원자들을 조립해 구조화하기 힘들게 만들기도 한다. 많은 경우 원자가 작동하는 팔에 달라붙는 현상이 발생하는데, 이를 업계 은어로 '끈적한 손가락Sticky Finger Problem'이라고 한다.

이러한 나노 세계의 특성은 일반 상식상 어느 정도 그럴듯하지만, 다른 현상을 설명할 때는 한계에 다다르고 만다. 가장 작은 입자는 양자 물리학 영역에 속한다. 이 영역에서는 수학적으로 정확하게 설명할 수는 있으나 더는 예시를 들어 설명하지 못하는 상황에 부닥친다. 이런 상황은 전적으로 인간이 상상하는 세계 밖에서 일어난다. 양자 이론을 창시한 맥스 플랑크가 발견한 사실에도 이 같은 상황이 포함된다.

양자인 물체는 파동이면서 동시에 입자로 존재한다는 것이 양자 이론이다. 베르너 하이젠베르크는 양자의 불확정성 원리를 설명한다. 이 원리에서는 입자 두 개의 위치와 운동량을 동시에 정확히 측정할 수 없다. 이를 자세히 설명하자면 이 책의 분량이나 저자의 지적 역량을 모두 넘어서는 일이므로 여기까지만 하겠다. 이런 상황을 모두 고려했을 때 나노 영역에서 작업하는 일은 몹시 어렵다. 하지만 다른 한편으로는 뜻밖의 가능성도 열려 있다. 나중에 설명할 양자 컴퓨터 개발도 이런 가능성

중 일부다.

새로운 가능성이 열리면 당연히 새로운 위험에 대한 예측도 있다. 앞서 나노 입자의 에어로졸에 불과한 미세먼지에 관해 언급했다. 이 먼지가 사하라 사막 먼지만 한 크기로 날리는 한 인간에겐 해가 없을 것이다. 생물체로서 인간은 수십 년간 이런 먼지 성분에 적응했다. 그러나 산업 먼지나 대기 중에 배출되는 완전히 새로운 나노 입자는 좀 다른 문제다. 이런 먼지나 나노 입자가 지금까지 건강에 미치는 중대한 영향은 없었지만, 충분히 예상 가능한 문제다. 피부나 장을 통해 흡수되는 나노 입자도 마찬가지다. 나노 독성학, 즉 개별 나노 입자의 잠재적 독성 특징을 연구하는 분야는 현재 발전 중으로 확실히 전망이 밝은 부문이다.

나노 기술에 대한 가장 위협적인 시나리오는 완전히 다른 모습을 하고 있다. 드렉슬러는 《창조의 엔진》에서 이를 묘사한다. 이는 '그레이 구Grey Goo'라는 이름으로 알려져 있다. 그레이 구는 가상의 지구멸망 시나리오로, 통제 불능 상태에 빠진 나노 기계가 가져올 미래 종말을 그려낸다. 여기서는 나노봇이 점점 더 많은 복제품을 생산하려고 부단히 노력하면서 지표면에서 활용 가능한 모든 자원을 소비하는 장면이 나온다. 동식물은 물론 인간 문명까지 탐욕스러운 나노 괴물의 희생양이 되고 만다. 결국 세상에 남은 존재는 똑같은 모양의 나노 입자로 이루어진 두꺼운 점액질 뿐이다.

'그레이 구'는 수많은 종말론적 비전에 또 다른 아이디어를 제공하여 할리우드 블록버스터급 영화 한두 편 정도는 제작될 영감을 선사한다. 하지만 이 시나리오는 실현 가능성이 극히 낮다. 일단 이 시나리오는 에너지를 보존하는 자연의 기본 법칙을 무시하고 있다. 그리고 자가복제

나노 기계는 이미 오래전부터 존재해왔다. 앞서 바이러스를 단 한 가지 목적을 가진 생물학적 나노봇으로 묘사한 바 있다. 바이러스의 목표는 오로지 자신을 복제하는 것뿐이다. 두말할 필요도 없이 바이러스는 자기 목표를 효과적으로 수행 중이다. 코로나 팬데믹 이후 우리는 바이러스의 자가복제 과정에서 발생하는 피해를 더는 설명할 필요가 없어져 버렸다. 하지만 바이러스가 가져오는 온갖 피해에도 불구하고, 지구 생명체를 완전히 멸종시키고 지표면을 특정한 색으로 뒤덮어 물들이는 데 성공한 바이러스는 아직 없다. 그러니 이 가상의 파멸 시나리오에서 벗어날 기회는 얼마든지 있다. 하지만 세계의 멸망을 가정하는 시나리오가 없는 신기술은 없다는 사실은 분명히 밝혀두겠다.

그렇다면 나노 기술의 미래는 어떤 모습일까? 초소형 나노봇이 인체를 감시하고 손상을 복구하기까지는 시간이 좀 걸릴 것이다. 하지만 나노 입자를 첨가해 물질을 더 유용하게 만드는 현재 기술에서 그치진 않을 건 분명하다. 현재 '차세대 나노 기술'이 성공을 거두게 될 몇몇 분야가 두드러지게 나타나고 있다.

먼저 의학 분야다. 현대 암 치료는 일부 생물학적 나노 효과를 활용하고자 한다. 암 종양이 자라려면 자체적으로 혈액을 공급받는 조직을 형성해야 한다. 이를 전문 용어로 종양 혈관신생성이라고 한다. 암세포가 빠르게 자라는 데 초점을 맞춰 만들어진 혈관에는 건강한 조직의 혈관보다 약간 더 큰 미세 구멍이 있다. 최대 400나노미터 크기의 입자까지 이 구멍을 통과할 수 있다. 이렇게 한번 유입된 입자는 다시 이동하지 않고 종양에 쌓인다. 이런 현상은 두 가지 용도로 활용될 수 있다. 하나는 나노 입자를 활성 물질로 코팅한 후 그대로 목표 위치까지 가져오는 것이다. 그러면 현재 화학 요법이 전신에 영향을 주며 작용해 일으키는 막대한 부수적 손상을 막을 수 있다. 다른 하나는 금속이 함유된 나노 입자를 사용하는 것이다. 종양의 미세 구멍으로 금속성 나노 입자가 축적되면 자기장 치료 내지는 온열요법을 통해 외부에서 표적 치료를 하여 종양을 없앨 수 있다.

인간은 세포가 일으키는 복잡한 처리 과정을 점차 잘 이해하는 중이다. 살펴본 것처럼 세포는 다양한 생물학적 나노 기계를 활용하고 있다. 프로세스를 잘 이해할수록 더 효과적으로 영향을 미치거나 제어할 수 있다. 마지막으로 생물학적 나노 기계는 미래의 기술 응용 분야를 구상하는 데 도움이 된다.

생체 공학은 생체 모방학으로도 알려져 있다. 생체 공학은 생물학적 현상을 기술로 옮기는 일에 집중해 왔다. 산우엉에서 영감을 받아 만들어진 찍찍이가 대표적인 예다. 생체 공학은 살아 있는 자연이 진화 과정에서 최적화된 구조와 처리 과정을 발전시켜 왔고, 인간이 이런 자연에서 학습 가능한 부분이 있다는 생각에서 시작한다. 이것은 나노 생물학도 마찬가지다. 자연의 것을 모방하는 또 다른 장점은 저작권과 특허권을 신경 쓰지 않고 생물학적 창작품을 복제해 낼 수 있다는 부분이다.

나노 기술이 핵심적인 역할을 하게 될 분야 중 하나는 물론 컴퓨터 기술이다. 우리는 지난 몇 년간 디지털 혁명의 본질은 더 작고 더 성능이 좋고 더 저렴한 컴퓨터 칩에 기인한다는 사실을 목도했다. 이제 일반 세탁기에도 1969년 달에 착륙한 아폴로 11호에 탑재된 컴퓨터보다 연산 능력이 좋은 장비를 탑재하게 되었다.

컴퓨터 칩의 효율성 향상에 관한 법칙도 생겨나 그 공신력을 인정받고 있다. 이 법칙은 세계 최대 반도체 제조업체인 인텔의 공동 창립자이며 미국의 물리학자이자 화학자인 고든 무어가 내놓았다. 인텔이 성공적으로 시장에 자리 잡은 지 몇 년 지나지 않아 무어는 집적 회로의 트랜지스터 수가 약 18개월마다 두 배로 증가하는 반면 비용은 절반으로 줄어든다는 사실을 발견한다. 1965년《일렉트로닉스》지에 실린 기사에서 그는 이런 추세가 앞으로 10년간 지속될 것이라고 예측했다.[39] 실제로 무어의 예측은 50년 넘게 맞아떨어진다. 이 '무어의 법칙'은 컴퓨터 칩 제조업체의 지침이 되고 칩 제조 기술을 끊임없이 개선하는 원동력이 되었다. 현재 최신 컴퓨터 칩은 1제곱밀리미터당 3억 3,300만 개의 트랜지스터가 들어간다. 소자 사이의 구조 폭은 이제 2~3나노미터에 불과하다. 이렇게 인간은 오래전부터 첨단 나노 기술 영역에 존재해 왔으며, 이는 아주 뜻깊은 일이다. 하지만 이는 무어의 법칙이 곧 한계에 도달한다는 신호이기도 하다.

무어의 법칙이 한계에 도달한다고 해서 컴퓨터 제조사가 혁신 동력을 잃진 않을 것이다. 이 한계는 단지 물리학적이기 때문이다. 컴퓨터 칩의 트랜지스터는 전자 흐름을 특정 경로로 유도하거나 완전히 차단하는 방식으로 바뀌는 게이트나 수문장의 역할을 한다. 하지만 이 트랜지스터는 불가사의하게도 1나노미터까지만 제한을 두고 작동한다. 트랜지스터 사이의 거리가 1나노미터보다 짧아지면 전자는 그냥 떨어져 나가거나 '터널을 지나가듯 통과'하는데, 이를 전문 용어로 '터널 효과'라고 한다.

그러므로 전통 트랜지스터 기술은 조만간 자연적 한계에 도달할 것이다. 이 경우 지난 수십 년간 검증된 소형화 개념으로는 부족하다. 바로 흔들리지 않는 물리적 한계가 있기 때문이다. 따라서 계속 발전하려면 완전히 새로운 접근 방식을 고민해 봐야 한다.

지금도 그 노력은 계속되고 있다. 컴퓨터의 성능을 개선하는 방법 중 하나는 3차원으로 도약을 감행하는 것이다. 현재까지 트랜지스터는 그저 칩 하나에 일렬로 연결되어 있기만 했다. 트랜지스터 크기가 점점 작아지고는 있어도 기본 배열은 2차원에 머무른다. 이 모습은 마치 단독 주택 단지가 들어선 어느 도시의 구조와 같다. 언젠가는 주거 공간 조성에 한계가 온다. 그러면 남은 방법은 사용 공간을 높게 확장하는 일이다. 말하자면 고층 건물과 마천루를 건설해야 한다. 이를 컴퓨터 칩에 비유하면, 트랜지스터를 나란히 배열하지 않고 서로 겹쳐 쌓아 올리는 3D 기법을 개발한다는 뜻이다. 나노 큐브는 이 3D 기법을 적용한 이상적인 부품이 될 것이다. 도시바는 이런 3D 칩을 개발하기 위해 이미 최선을 다하고 있다.

이 개발에 필요한 모델은 역시 자연에 있다. 정확하게 말하면 인간의 중추 신경계에 있다. 중추 신경계에는 신경 세포가 포개져 쌓여 있으며 3차원상으로 서로 연결되어 있다. 이 같은 구조 때문에 인간의 뇌는 현재 가장 성능이 좋은 컴퓨터다. 두뇌는 IT 기업이 꿈꾸는 에너지 수요를 충족시킬 수 있다. 따라서 컴퓨터 기술 발전에 필요한 다른 접근 방식은 두뇌 신경 세포처럼 트랜지스터를 3차원으로 배열하면서 두뇌 회로와 뇌의 해부학적 구조 전체를 모방하는 것이다. 이 같은 사항을 참고해 현재 개발 중인 신경 컴퓨터는 더 효율적이고 에너지를 더 절약하는 방식으로 작동한다는 장점이 있다. 신경 컴퓨터는 인간의 뇌를 모방해 만들었으므로 인간이 사용할 때도 그리 어렵지 않을 것이다. 언젠가는 신경 컴퓨터가 인간과 융합될지도 모른다. 이 점은 특히 트랜스휴머니스트에게 중요한 부분이다.

마지막 접근법은 현재 컴퓨터 칩의 지속적인 소형화를 억제하고 있는 문제를 명확하게 파악해 추가 개발에 사용하는 것이다. 이런 억제를 양자 효과라고 한다. 양자 효과는 기존 트랜지스터가 1나노미터 미만의 거리에서 작동하지 못하게 만드는 원인이다. 하지만 이 효과는 완전히 새로운 다른 가능성을 열어주기도 한다. 앞서 양자 세계에서는 인간이 맨눈으로 명확하게 보는 세상과 다른 법칙이 적용된다고 언급했다. 양자 세계의 적용 법칙이 다른 이유는 그곳에서 우세한 아원자 입자가 종종 여러 개 내지는 부분적으로 모순되는 특징을 가지기 때문이다. 예를 들어 아원자 입자는 특정 위치에 있는 동시에 다른 곳에도 존재할 수 있다. 왼쪽으로 돌면서 동시에 오른쪽으로 회전할 수도 있다.

이런 아원자 입자의 특징을 활용하는 양자 컴퓨터는 0과 1 사이에서만 작동하는 현재 디지털 기술 기반 컴퓨터보다 더 큰 능력을 갖출 것이다. 다시 말해 양자 컴퓨터 자체는 한곳에 있는 동시에 다른 평행세계에도 존재할 수 있다는 뜻이다. 이 경우 문제를 해결하는 방법이 무수히 많을 것이라고 본다. 현재 컴퓨터의 정보 내용을 측정하는 단위인 비트bit, binary digit는 차례대로 숫자 0 또는 1중에 하나만 쓸 수 있지만(이진법), 양자 컴퓨터는 양자비트Quantum Bit, Qbit를 사용해 동시에 여러 계산을 처리할 수 있다. 이는 실제로 양자 컴퓨터를 사용하면 똑같은 연산 작업을 기존 컴퓨터보다 수백만 배 더 빠르게 수행할 수 있다는 의미다. 현재 대형 IT 기업들은 누가 최초로 실용적인 양자 컴퓨터를 시장에 출시할지를 두고 흥미진진한 경쟁을 벌이고 있다. 승패나 상용화된 양자 컴퓨터가 어떻게 보일지 상관없이 나노 기술은 이런 노력을 성공으로 이끄는 열쇠가 된다.

혁신 기술에 언제나 높은 관심을 보이는 곳은 군부다. 미국의 명문 하버드대학에는 '솔저나노테크놀로지Soldier Nanotechnology'라는 연구소가 따로 있다. 군사 분야에서 말하는 소형화는 군인이 휴대하는 장비의 무게를 적잖이 줄일 가능성을 열어준다. 무전기, 야간 투시경을 비롯한 다른 기술 장비의 크기가 작아지면 군인들의 기동성이 좋아지고 능률이 올라간다.

하버드대 연구소가 진행하는 구체적인 연구 계획 중 하나는, 티셔츠처럼 얇고 가벼워 무더운 날씨에도 문제없이 착용할 수 있는 방탄조끼를 개발하는 것이다. 탄소 나노튜브는 이런 방탄조끼를 만드는 데 이상적인 원료가 된다. 기존에 있는 섬유 오염방지 및 방수 처리 생산 기술을 전투복에도 적용하는 것은 분명 유의미한 일이다. 그렇다고 해서 전쟁이 덜 더러운 일이 되진 않겠지만, 최소한 군복은 깨끗하게 입을 수 있을 것이다.

그다음 단계는 지능형 의류의 도입이다. 나노미터 크기의 센서를 전투복에 짜 넣을 수 있다. 그러면 이 센서를 통해 본부와 계속 교신할 수 있을 것이다. 하지만 이 단계에서 그치지 않는다. 그다음 단계에서는 최첨단 전투복이 상처에 압력을 가해 출혈을 멈추는 데까지 발전할 것이다.

최근 몇 년간 군사 분야에서 점점 중요해지는 기술은 드론이다. 드론은 정찰 및 첩보 활동과 더불어 적을 제거하는 전투용 드론으로도 사용된다. 미래에는 나노 기술로 곤충과 비교해도 별로 크지 않고 그럴싸한 외관을 갖춘 드론을 제작하게 될 것이다. 밀리미터 크기의 파리 모양 비행 물체는 적의 방공망을 어렵지 않게 뚫을 수 있다. 인간이 곤충의 영역을 모방하게 된다면 실제 해충이 되는 능력도 복제할 수 있다. 미세한 가시와 적합한 나노랩 시스템이 장착된 소형 드론은 잠재적인 적을 쏘아 죽이거나 최소한 마비시킬 수 있다. 그러면 조만간 온대 기후 지역에서도 모기장이 인기 상품이 될 것이다.

그리고 마지막으로 지구 온난화에 맞서 싸우기 위한, 다소 모험적이지만 아주 독창적인 용도가 있다. 비평가들은 트랜스휴머니스트가 지구 온난화라는 중요하고 시급한 인류의 문제를 논의하는 일에 거의 참여하지 않는다고 매번 비난한다. 그렇지 않다. 나노 기술은 기후 문제를 변화시킬 수 있다. 인류 역사에서 기후 냉각은 항상 반복되었다. 바로 대형 화산 폭발로 인해 초미세 입자가 대기 중에 흩뿌려졌기 때문이다. 이 입자는 햇빛을 반사해 기후를 냉각시켰다. 가장 유명한 사례는 1815년 4월 인도네시아에서 일어난 탐보라 화산 폭발이다. 이 폭발로 1816년 유럽에는 7월에 눈이 내렸고 '여름이 없는 해'가 됐다.

이 사례를 참고해 생물 및 환경에 친화적인 나노 입자를 대기 상층부에 집중적으로 퍼뜨리면 자외선을 반사하고 지구 온난화를 줄이는 효과가 나타날 것이다. 물론 이는 이상적인 해결책이 아니며 전혀 문제가 없는 해결책도 아니다. 하지만 이산화탄소 배출량을 크게 줄이는 데 치중하는 현재의 기후 대응 전략만으로는 기후 위기를 극복하기에 충분하지 않다는 암시가 곳곳에서 나타나고 있다. 2022년 11월 이집트의 샤름 엘 셰이크에서 열린 세계 기후 변화 총회에서도 드러났듯이, 기후 변화 대응에 있어 특히 인도나 중국과 같은 신흥 산업 국가들은 이런 대응 방식에 썩 내키지 않는 반응을 보인다. 따라서 플랜 A(이산화탄소 배출량 감축)에 플랜 B가 하나라도 더 있다면 그나마 한 가닥 희망이 보일 것이다. 나노 먼지가 세계 기후를 구한다면 나노 기술이 혁신적인 구세주라는 주장은 힘을 얻는다.

마지막으로 답해야 할 질문이 남아 있다. 나노보다 더 작은 물질이 존재하는 게 가능할까? 크기 단위 표시로만 본다면 당연히 가능하다. 미터법에는 10^{-12}미터로 1미터의 1조 분의 1을 표시하는 피코미터^{pm}가 있다. 이보다 10의 3승이 더 내려가면 1미터의 4조 분의 1(10^{-15})을 측정하는 펨토미터^{fm} 단위까지 내려간다.

피코미터와 펨토미터는 모두 인간이 오랫동안 기초 연구를 진행해 온 아원자 영역에 속하는 단위다. 인간이 오랫동안 가정한 것처럼 원자가 자연에서 가장 작고 나눠지지 않는 구성 요소가 아니라는 사실을 우리는 이미 20세기 초반부터 알고 있었다. 덴마크의 물리학자 닐스 보어가 원자 모형을 발표하는데, 이때 원자는 양성자와 중성자를 가진 원자핵으로 구성되고, 원자핵 주변을 껍질처럼 둘러싼 전자가 원자핵 주변을 원을 그리며 돈다. 원자가 등장한 이후로 광자, 보손, 글루온, 쿼크와 같이 더 작은 기본 구성 요소도 분할이 가능해져 전문가들조차 '입자의 동물원'이라고 할 만큼 종류도 다양해지고 한눈에 알아보기가 힘들어진다.

이렇게 다채로운 입자를 이용해 고유 기술을 개발할 수 있을까? 일부 트랜스휴머니스트는 그렇다고 본다. 예를 들어 러시아계 미국인 우주 과학자 알렉산더 볼론킨Alexander Bolonkin은 2009년 〈펨테크놀로지: 환상적인 속성을 가진 핵물질Femtechnology: Nuclear Matter with Fantastic Properties〉[40]이라는 기초 논문을 발표하며 큰 주목을 받는다. 주로 인공지능 분야를 연구하는 벤 괴르첼Ben Goertzel은 파인만의 유명한 나노 기술 관련 '기초 논문'을 인용하며 2011년 다음과 같은 논문을 발표한다. 〈맨 아랫부분엔 더 많은 공간이 있다. 나노 기술을 넘어 펨토 기술로There's Plenty More Room at the Bottom. Beyond Nanotech to Femtotech〉다.[41]

그러나 많은 물리학자가 펨토 기술이 실용 과학이 될 수 있을지를 두고 상당한 의혹을 품는다. 이들의 반박 근거 중 하나는 소립자의 반감기가 매우 짧다는 사실이다. 소립자는 생성되자마자 다시 붕괴하기 시작한다. 이런 소립자를 기반으로 어떤 견고한 것을 만들 수 있는 물질은 아주 드물다. 그리고 이 소립자를 '여기勵起 상태(원자 또는 분자가 외부에서 빛, 방사선 등에 의해 에너지를 흡수하여 궤도 전자의 에너지 준위가 상승한 상태-옮긴이)의 집합체'로 만들어야 한다. 이 점에 있어서는 낙관주의자 커즈와일도 금세기에는 실현 불가능한 환상이라고 말한다. 이러한 주장은 잠재적 신기술에 대한 논의를 22세기에 이 책의 개정판이 나올 때까지 미뤄둬야 한다는 의미다.

대·담
미래의 핵심 기술, 나노

조르그너 ◇ 인공지능이나 유전자 강화와 달리 나노 기술에 대한 대중의 인식은 아직 미미합니다. 그렇지만 나노 기술은 미래의 또 다른 중요한 기술인 것은 분명하지요. 교수님은 어떻게 생각하십니까?

클라이네궁크 ◇ 나노 기술의 잠재력은 엄청나게 큽니다. 먼저 세 가지 질문을 해보겠습니다. 첫 번째 질문은 실현 가능하느냐, 아니면 망상에 불과한 기술이냐는 것입니다. 이에 대한 대답은 상당히 명확합니다. 나노 기술은 실현 가능합니다. 나노 기술은 이미 인간 세포 내에 수백만 종류가 있으니까요. 따라서 우리는 자연에 이미 존재하는 것을 모방하기만 하면 됩니다.

두 번째 질문은 나노 기술이 실제로 인간에게 어떤 유용성을 가져오냐는 것입니다. 여기서도 대답은 확실하게 '유용하다'라고 할 수 있습니다. 이런 유용성은 제가 특히 관심을 두고 보는 의료 분야에도 적용되는데요.

의료 분야에는 나노 기술의 엄청난 잠재력을 응용할 수 있는 영역이 있습니다. 물론 그 활용 범위는 의료 분야를 훨씬 뛰어넘지요. 점점 더 중요해지는 부분은 나노 기술이 자원을 효율적으로 사용한다는 점입니다. 다른 기술이 소비하는 원료와 에너지의 양과 비교해 살펴보면 알 수 있어요. 우리는 원료와 에너지가 조금만 있어도 되는 분자 영역의 세계를 향해 나아가고 있습니다. 사용 가능한 원료가 줄어들고 에너지 부족이 심각해지는 현재 상황에서 나노 기술은 미래를 위한 큰 약속 중 하나입니다.

세 번째 질문은 당연히 나노 기술에도 위험이 존재하냐는 것입니다. 이를 완전히 배제할 수는 없어요. 그런데 저는 실제로는 위험성이 낮을 것이라 생각됩니다. '그레이 구' 시나리오에서 나오는 것처럼 지치지 않는 마이크로봇이 지구 전체를 나노 입자로 분해한다는 발상은 실제 위험이라기보다는 공상과학소설 속에 등장하는 집단 흥분 상태, 즉 히스테리 같은 것으로 여겨지거든요. 우리 앞에는 무궁무진한 미래 가능성을 지닌 기술이 기다리고 있습니다.

조르그너 ◇ 말씀하신 미래는 이미 몇몇 분야에서 시작되었지요. 많은 사람이 기대하는 나노봇은 아직 존재하지 않지만, 인간의 몸에 이식 가능한 칩은 이미 있습니다. 이 칩에 온갖 자료를 저장할 수 있지요. 다른 나라에서는 이런 자료 저장 방식이 관행이 되는 추세입니다. 예를 들어 스웨덴에서는 신체에 이식할 수 있고 코로나 백신 접종과 같은 건강 데이터가 저장된 칩이 제공되고 있습니다. 여기에는 벌써 나노 기술이 적용되어 있습니다. 저는 이것이 상당히 유익하다고 봐요. 예를 들어 누군가 불의의 사고를 당해 급박한 도움이 필요할 때 사고자의 건강 데이터에 접근하기가 어렵습니다. 그런데 체내에 이식된 칩에서 건강 관련 데이터를 언제든지 얻어내 사용할 수 있다면 적절한 치료가 훨씬 쉬워지겠죠. 어째서 독일에서는 이 같은 건강 데이터 칩을 도입하길 망설이는 걸까요?

클라이네궁크 ◇ 건강 데이터를 저장하는 일은 확실히 중요합니다. 이런 자료를 의사와 환자만 공유할 수 있다면 엄청난 장점이 되리라 생각합니다. 하지만 우리는 데이터 보안 문제에 대해서도 매우 민감하죠. 주치의가 환자의 과거 병력을 잘 알게 된다면 확실히 큰 도움이 될 겁니다. 하지만 건강 데이터가 해킹당하거나 엉뚱한 곳에 유출될 위험은 항상 존재하거든요. 예를 들어 특정 질병에 유전적 소인이 있거나 우울증에 걸릴 위험이 있다는 사실을 고용주가 알 필요가 있나요? 고용주가 이런 정보를 알게 된다면 고용인은 직장을 잃거나 경력이 단절될 수도 있습니다. 보험사가 이런 정보를 입수한다면 보험료 인상을 고려할 가능성도 있고요. 이런 예시는 이치에 맞지 않는 소리를 억지로 끌어다 붙이는 게 아닙니다. 우리는 중국이 데이터를 기반으로 자국민을 집중 감시한다는 사실을 익히 알고 있습니다. 이런 행위는 디지털 독재나 다름없지요. 독일에서 개인 건강 자료를 악용하는 것은 정부가 아니라 다른 기관입니다. 제가 애플 워치에 개인 건강 데이터를 업로드하면, 눈 깜짝할 사이에 제 건강을 최적화하는 데 필요한 자료가 우리 집으로 날아올걸요. 이런 사실은 쉽게 예측 가능해요. 결론적으로, 데이터도 중요하지만 데이터 보호도 중요하단 말입니다. 독일에서는 다른 나라에 비해 데이터를 보호하는 일을 더 중요하게 여깁니다. 여기에는 과거로부터 이어진 어떤 관습이 있습니다.

제가 대학생이던 시절을 떠올려보죠. 1983년 독일에서는 인구 조사가 실시될 예정이었습니다. 조사 항목은 원칙적으로 내가 어디에 사는지, 무슨 일을 하는지 딱 두 가지였어요. 그럼에도 많은 사람이 거부감을 나타냈지요. 아마도 '정보의 자기 결정권'이 침해받았다고 느낀 탓일 겁니다. 오늘날 사람들에게 요구되는 자료나 사람들이 자발적으로 제공하는 모든 데이터를 살펴보면 그 차원이 과거와 완전히 다릅니다.

조르그너 ◇ 작은 칩에 데이터를 저장하는 일은 하나의 가능성을 나타냅니다. 하지만 저는 이 저장 기술을 더 발전시켜 나노 크기의 센서를 인체에 통합하는 미래를 생각합니다. 이미 의학 분야에서는 첫 번째 응용 사례가 있습니다. 기계 공학 분야는 의학 분야보다도 훨씬 더 앞서 있죠. 예를 들어 '예지정비Predictive Maintenance 기계'는 기계를 상시 측정하여 수리여부를 먼저 예상합니다. 현재의 우리는 어떻게 해서 안전하게 비행기여행을 할 수 있을까요? 그 이유 중 하나는 기술적 세부 사항으로 비행기엔진과 항공기 전반에 관해 방대한 양의 측정 데이터를 수집하기 때문입니다. 이 측정 데이터에 변화가 생기면 우리는 위험에 관해 비교적 명확한 시간, 예를 들어 8개월 내에 엔진이 고장 날 수 있다는 사실 등을 미리신속하게 알 수 있습니다. 이렇게 미리 위험을 감지하면 위험한 사고가나기 전에 부품을 교체할 만한 시간과 여유를 확보하게 되겠지요. 이런방식을 인체에 적용하면 당뇨나 다른 질병의 발병을 미리 알 수 있는 데이터를 얻게 될 겁니다. 그러면 병에 대응할 시간이 충분해질 거고요. 이렇게 의료 분야에서는 가까운 미래에 건강 데이터 수집이 현실화될 가능성이 매우 높다고 생각합니다.

클라이네궁크 ◇ 항공 기술과 비교라니, 확실히 좋군요. 우리가 얼마나 안전하게 비행기를 타고 있는지 인상 깊었습니다. 예전에는 비행기가 지금보다 훨씬 자주 추락하곤 했었는데, 현재 비행기는 가장 안전한 교통수단이 되었습니다. 이제 대서양을 건너는 비행에서 가장 큰 위험은 택시를 타고 공항까지 가는 길에 발생할 사고네요. 의학 분야에서도 이런 안전 관리 지침을 따르고 있습니다. 무엇보다 수술실에서요. 그러나 아쉽게도 큰 진전은 아직 없습니다. 수술실 안에는 여전히 여러 사람이 일하고 있고, 이들은 기계만큼 관리 감독을 하지 못합니다.

인체 통합 나노 기술 외에도 이미 인간은 건강 상태 정보를 24시간 제공하는 진단 장비를 사용할 수 있습니다. 운동 상황, 수면 패턴, 혈압, 심박수 변동 등 과거에는 의사의 진료를 받아야만 얻을 수 있던 모든 정보를 '자가 추적 장치'로 수집할 수 있지요. 구글은 눈물을 사용해 혈당을 측정하는 콘택트렌즈를 개발 중입니다. 이 모든 기술은 의학, 특히 예방의학의 미래 전망을 밝게 만듭니다. 소형화 추세로 인해 이런 기술들이 더 가능하지요. 소형화 기술이 나노 기술 영역까지 발전하여 기술을 적용할 대상이 인체에만 한정되지 않는다면 패러다임의 대전환이 올 겁니다.

조르그너 ◇ 언급하신 부분이 바로 우리가 트랜스휴머니스트로서 널리 알리고 있는 또 다른 형태의 생물학과 기술 융합입니다. 하지만 여기서도 우리는 이 융합 과정이 인간에게 새삼 어떤 두려움과 저항을 불러오는지 알 수 있습니다. 많은 비평가가 '인간의 본성'이 위태로워질 것이라고 생각합니다. 과연 정말 그럴까요?

클라이네궁크 ◇ 저는 '본성'이란 단어를 언제나 회의적인 시각으로 바라보는 편입니다. 이 단어를 누가 명확하게 정의했나요? 본성은 대개 모호한 의미로 사용됩니다. '오늘 우리는 자연으로 떠난다'라는 문장을 한번 생각해 봅시다. 우리가 자연이라고 인식하는 것은 대부분 인간이 만들고 변화시킨 풍경입니다. '인간 본성'이라는 말에는 더한 문제가 있습니다. 19세기에 이 단어가 어떻게 정의되었는지 생각해 보세요. 당시에는, 예를 들어 남성이 여성보다 더 큰 뇌를 가졌으므로 남성이 더 똑똑한 것이 인간의 본성이라고 여겼습니다. 이 같은 생각은 여성의 대학 진학을 거부하는 데 사용되었고요.

아시아인이나 아프리카인보다 '백인종'이 우월하다는 생각이 '자연적인' 일로 받아들여지기도 했었습니다. 이런 생각은 제3자로서 관찰한 사실이 아니라 '인간의 본성'에 기반한 과학적 추정에서 나왔습니다. 현재 독일의 대학교에는 남학생보다 여학생이 더 많습니다. 미국에서는 이민자 출신의 아시아인들이 미국인보다 대학 졸업 성적이 더 좋습니다. 이처럼 '본성'이란 말은 종종 생태학적으로 천박하게 사용되기도 하고, 역사적으로는 대개 사상 세뇌에 이용되기도 했습니다. 헌법학자이자 철학자인 칼 슈미트는 이런 유명한 말을 남겼습니다. "인간성을 말하는 사람은 누구든 기만하려는 자다." 저는 '인간의 본성'이란 말을 사용하는 일도 이와 똑같다고 봅니다.

조르그너 ◇ 우리 대화의 시작점으로 돌아가 보죠. 앞으로 몇 년 안에 딥러닝을 활용한 인공지능이나 유전공학 분야의 CRISPR/Cas 시스템처럼 나노 기술 발전의 돌파구가 열린다고 생각하십니까?

클라이네궁크 ◇ 그 질문에는 아무도 솔직하게 대답하지 못할 텐데요. 말씀하신 것과 같은 과학적 혁신은 대개 예상치 않은 상황에서 일어나니까요. 제가 확실하게 말할 수 있는 부분은 한 가지입니다. 발전은 개별 기술 발전이 아닌 융합을 통해 점점 더 많이 이루어질 겁니다. 이를 일컬어 영어 약자로 NBIC(Nanotechnology, Biotechnology, Information Technology and

Cognitive Science, 나노기술, 생명공학, 정보기술 및 인지 과학)라고 하지요. 분야 간에 많은 시너지가 발생하고 있으므로 우리는 큰 발전을 맛볼 수 있을 겁니다. 궁극적으로 유전자 편집은 이미 나노 기술 영역에 있습니다. 그러나 유전학자는 나노 기술에 대해 전반적으로 아는 바가 없어요. 반대로 나노 기술자라고 해서 꼭 인간 유전학에 관심이 있진 않고요.

인공지능은 유전학이나 나노 기술 분야에서 생성되는 방대한 자료를 저장하고 서로의 연관성을 찾는 데 두말할 필요 없이 중요합니다. 인공지능을 다룰 때는 모든 분야에 정통하고 다양한 분야를 하나의 주제로 묶을 수 있는 과학계의 신개념 팔방미인이 필요합니다. 이런 '집합체'로부터 도출되는 결과는 틀림없이 단일 학문의 발전 성과만큼이나 흥미로울 겁니다.

조르그너 ◇ 말씀하신 과학계의 팔방미인이 되려면 전공과목을 따로 신설해야겠군요. 융합 기술 전공 같은 걸로 말이죠.

DNA 튜닝은 가능할까

− 베른트 클라이네궁크

생명체의 유전자를 변형하고, 심지어 의도에 따라 개선하는 것은 21세기에 걸맞은 일처럼 보인다. 무엇보다 대단히 야심 찬 트랜스휴머니즘의 비전처럼 들리기도 한다. 하지만 분명히 해둘 점은, 인간은 이미 수천 년 전부터 유전자 변형과 개선을 해왔다는 사실이다. 호모 사피엔스 종의 일부가 과거의 수렵 채집 생활을 포기하고 주로 농업과 축산업에 전념하기 시작한 이후 인간은 동식물계를 자기 입맛에 맞게 적응시키기 시작했다.

이런 적응 과정은 약 8,000년에서 1만 년 동안 각기 다른 지역에서 독자적으로 발생한다. 일반적인 야생 식물로는 곡물 재배의 효율성이 떨어졌다. 그래서 식물을 개량하고 수확량을 늘려야 했다. 처음 인간이 정착한 곳에서는 야생 동물을 키울 수 없었다. 그래서 먼저 길들인 후에 최적화, 예를 들어 우유 생산에 특화된 가축으로 개량해야 했다.

이를 달성하기 위한 수단이 표적 품종 개량이다. 자연계의 우발적 유전 돌연변이는 생명체의 발달을 특정 방향으로 유도하는 데 활용된다. 한 품종에서 가장 몸집이 큰 동물을 서로 교배하면 그 동물들의 자손은 과거 동일 품종 동물의 평균 몸집보다 커질 확률이 높아진다. 특히 많은 곡물을 생산하는 작물을 같은 특성을 가진 작물과 교배하면 다음 세대에는 더 많은 수확을 기대할 수 있다.

이런 품종 개량 방식이 얼마나 성공적인지는 인간이 키우는 반려견이 확실하게 증명하고 있다. 불과 1만 5,000년 전만 해도 모든 개는 늑대였다. 그동안 인간은 경찰의 '직업견'이나 여성의 가방에 들어갈 정도로 작은 개를 개량해 왔다. 지금도 새로운 품종을 계속해서 개량 중이다. 물론 이 개량법에는 아직 유전 물질을 조작해 표적 유전자를 변경하는 일은 포함되지 않는다. 이런 개량 과정에서도 우발적 돌연변이가 인간의 이익을 위해 유전자를 변경하는 데 이용된다. 늑대의 최적화된 형태가 퍼그인지에 관한 의문도 있다. 하지만 인간의 관점에서는 퍼그가 늑대보다 낫다. 어쨌든 늑대는 퍼그처럼 오랫동안 소파에 평화롭게 앉아 있지는 않는다.

돌연변이는 진화의 원동력과도 같다. 돌연변이가 없었다면 종의 다양성도, 더 이상의 발전도 없었을 것이다. 하지만 돌연변이에는 단점도 있다. 상대적으로 드물게 나타나기 때문이다. 극히 적은 돌연변이에만 장점이 있다. 그러나 인간은 항상 자기 주변 환경을 적극적으로 만들기에 이 지점에서 무언가를 떠올린다.

20세기 초부터 감마선이나 방사선 같은 특정 화학 물질이 돌연변이를 일으킨다는 사실이 알려졌다. 인간에게 이런 돌연변이는 무엇보다 암 발병 위험률이 증가한다는 의미가 있다. 따라서 인간은 이런 위험 요소를 피해야 했다. 하지만 식물은 암에 걸리지 않는다. 이에 1920년대부터 돌연변이 생성에 식물 재배 기법을 사용한다. 돌연변이 생성 과정에서 식물 종자의 DNA를 돌연변이로 만들려고 방사선을 쪼이거나 유전 물질을 변경하는 화학 물질인 에틸메탄설포네이트를 이용해 별도로 처리한다. 그런 다음 유전 물질이 발아하도록 두고, 돌연변이 생성으로 인해 유효한 특징이 나타나는지 확인한다. 관련 특징이 보이면 돌연변이 식물을 기존 품종과 수정시킨다. 지난 100년 동안 이러한 방식으로 3,000종 이상의 다양한 재배 식물이 만들어져 왔다. 이런 돌연변이 유발 방식은 현재에도 널리 사용되고 있다.

이런 방법이 인기를 끄는 이유 중 하나는 이 프로세스가 매우 저렴하기 때문이다. 그리고 다른 중요한 부분은 이렇게 돌연변이로 만들어진 식물이 미국 농무부나 독일 유전공학법에 따른 유전자 변형 식품GMO으로 분류되지 않는다는 점이다. 이 말은 곧 유전자 변형 작물을 두고 벌어지는 많은 논란과 감정 소모적인 논쟁에서 벗어날 수 있다는 의미다. 심지어 '유기농'이라는 상표를 붙이고도 아무 문제 없이 판매할 수 있다.

돌연변이 생성은 DNA 형태를 극단적으로 바꾸는 것이다. 그러나 유전 물질을 표적으로 하여 건드리진 않는다. 돌연변이 생성은 유전 물질이 정확히 알려져 있다는 점을 전제로 한다. 유전 물질은 오랜 세월 알려지지 않은 상태였다. 유전학은 비교적 신생 학문이다. 유전학의 역사는 19세기 브뤼너의 한 수도원 뜰에서 완두콩을 재배하던 오스트리아의 아우구스티누스 수도사로부터 시작되었다. 수도사는 완두콩을 여러 세대에 걸쳐 색깔과 모양, 기타 특성에 따라 꼼꼼하게 분류했다. 그러는 와중에 수도사는 일정한 규칙을 발견한다. 그는 열심히 연구한 결과를 여러 장의 노트에 정리했고, 이 결과는 나중에 수도사의 이름을 따서 '멘델의 법칙'이라고 불린다.

초기 수십 년간은 멘델의 연구에 관심을 가지는 사람이 없었다. 하지만 현재는 그의 연구를 유전학이 탄생한 순간으로 간주한다. 멘델의 연구는 특히 많은 트랜스휴머니스트가 놀랄 만한 두 가지 사실을 증명한다. 첫째, 성직자도 근대 과학 발전에 도움이 된다. 둘째, 꼼꼼한 사람은 부당하게도 평판이 나쁠 때가 종종 있다.

이후 1950년대에 제임스 왓슨James Watson과 프랜시스 크릭Francis Crick의 연구팀이 유전 정보를 저장하고 전달하는 DNA 이중나선 구조를 규명하는 데 성공하면서 유전학은 계속해서 발전을 거듭한다. 그리고 새천년이 시작될 무렵 인간 게놈 프로젝트의 하나로 크레이그 벤터의 회사 셀레라 제노믹스가 경쟁 프로젝트에서 인간 게놈의 염기서열을 (추측하건대) 완전히 분석하는 획기적인 사건을 일으킨다. 근 10년간 전 세계 수십 개 연구소에서 인간 DNA에 저장된 약 32억 개의 염기쌍 서열을 해독하려고 노력했다. 2001년 인간 게놈을 '완전히 해독'했다고 발표할 당시에도 인간 게놈 지도상에는 유전 정보의 약 8퍼센트가 빠진 채 흰점으로 남아 있었다. 2022년에 드디어 염기쌍을 '완전히' 해독하여 세기의 과학 프로젝트가 완성된다. 새로운 '게놈 시대'가 열린 것이다.

그러나 아직은 시간이 더 필요하다. DNA의 염기쌍 서열을 필기 시험지처럼 문자로 볼 수 있다고 해서 반드시 완벽하게 이해한다는 의미는 아니다. 인간이 DNA 염기쌍 서열을 바꿀 수 있다는 의미는 더더욱 아니다. 우리가 유전자 강화를 논할 때 중점을 두고 다룰 부분이 바로 이점이다.

'유전공학'은 이미 50년이 넘는 역사가 있다. 각각의 유전자를 다른 유기체로 옮기는 기술은 1970년대 말에 이미 개발되었다. 박테리아는 특히 옮기기 쉽다. 박테리아의 DNA는 염색체에 얽히지 않고 별개로 존재하면서 독자적으로 증식할 수 있는 플라스미드라는 형태로 존재한다. 플라스미드는 비교적 쉽게 분리해 변형을 시킨 다음 박테리아에 재주입할 수 있다. 1982년에 인체 인슐린을 생산하는 박테리아를 처음으로 배양하는 데 성공한다. 이 결과는 수백만 당뇨 환자에게 희소식이 된다.

이전까지 당뇨 환자는 도축한 돼지의 췌장에서 추출한 인슐린에 의존하고 있었다. 인슐린을 주사하는 당뇨 환자 한 명당 일주일에 평균 돼지 한 마리가 필요했다. 매일 약 10만 개에 달하는 돼지의 냉동 췌장이 프랑크푸르트 암마인에 있는 회흐스트 제약회사로 옮겨진다. 회흐스트사에서는 췌장을 걸러 정제하고 당뇨 환자에게 필요한 호르몬을 추출한다. 이 과정에서 공급 부족이 반복되고 질병까지 발생한다. 동물 부산물이 인간에게 잠재적인 병원체란 사실은 잘 알려진 부분이다. 게다가 돼지 인슐린은 인간의 인슐린과 대체로 유사하지만, 완전히 똑같진 않다. 그래서 돼지에게서 추출한 인슐린을 인간에게 주사할 때 방어반응과 거부반응이 일어나기도 한다.

반면에 유전자 변형 대장균은 인간 유전자로부터 옮겨졌으므로 인간에게 100퍼센트 적합한 인슐린을 생산한다. 변형 대장균은 청결한 강철 탱크 내에서 공간을 크게 차지하는 일도 없이 인슐린 생산 작업을 수행한다. 게다가 아주 부지런하게 분열하므로 공급 부족 문제도 사라진다. 성장 호르몬부터 에리스로포이에틴(Erythropoietin, 신장에서 만들어지는 호르몬으로 골수의 적혈구 생산을 조절함-옮긴이), 인터페론(Interferon, 척추동물의 면역세포에서 만들어지는 자연 단백질로 바이러스, 박테리아, 기생충, 종양 등 외부의 침입자에 대응함-옮긴이)까지 유전자 변형 박테리아는 수많은 호르몬과 약물을 생산한다. 이런 박테리아를 이용한 생산 작업은 과학자가 비평가에게 '신이 된 듯한 놀음'을 한다는 비난을 받지 않게 하고, 자연에 죄를 짓는다는 주장에서도 자유롭게 만들어준다.

약품 생산을 위해 미생물을 변형하는 '적색생명공학'은 일반적으로 수용되는 분위기지만, '녹색생명공학'은 훨씬 더 강력한 저항에 맞서 싸워야 한다. 녹색생명공학 분야에서도 수년 전부터 일정한 특징을 지닌 유전 인자를 식물에 전달할 수 있게 되었다. 예를 들어 제초제에 대한 저항성이 있는 유전자를 작물에 심을 수 있다. 옥수수, 콩, 목화 같은 작물에는 이미 몇 년 전부터 적용 중이다. 미국에서 현재 재배하는 콩의 90퍼센트 이상이 유전자를 조작한 품종이다. 그러나 독일과 유럽에서는 이런 유전자 조작 작물에 대한 반발이 심하다. 그 이유 중 하나는 본래 미국 기업이던 몬산토 같은 회사가 유전자 조작 기술을 이용해 아주 수상적은 비즈니스 모델을 만들었기 때문이다. 이런 반발은 주로 '유전자 변형 식품' 같은 유전자 조작 식물이 환경과 인간 양쪽에 모두 해를 끼친다는 두려움에서 비롯된다. 그래서 유럽에서는 유전자 조작 식물 재배를 금지하고 있다. 특히 독일에서는 '녹색생명공학'을 '대지를 불태워 버리는 일'로 간주한다.

원칙적으로는 '적색생명공학'에서도 이와 유사한 공포심이 일어날 가능성이 있다. 적색생명공학을 이용한 기술로 돈을 버는 대기업도 있다. 인슐린을 생성하는 박테리아가 강철 탱크에서 새어 나가 지하수에서 증식하고, 식수를 통해 인슐린이 대량으로 퍼질 가능성을 생각해 보자. 구체적으로 인슐린은 주사로 맞아야만 효과가 있고 경구 섭취할 때는 큰 영향이 없으므로 문제가 그렇게 심각하진 않을 것이다. 물론 박테리아가 생성하는 물질 중에는 식수에 퍼지면 부작용을 비롯해 여러 가지 영향을 끼치는 다른 의약품도 있다. 그러나 여기서는 너무 자세히 설명하지 않겠다. 유전공학의 다양한 특성을 논의할 때는 그리 큰 전문지식이 필요하지 않다.

그렇다면 인간은 어떨까? 인간은 당연히 대장균이나 콩 같은 식물보다 자기 자신에 훨씬 더 관심이 많다. 오랫동안 의학계는 두 가지 어려움에 직면해 있었다. 하나는 인간 게놈이 매우 방대하여 각각의 유전자를 정확하게 삽입, 교체, 제거하는 일이 어렵다는 것이었다. 다른 하나는 어떻게 유전자를 각 체세포에 옮길 것인가 하는 문제였다. 이는 일종의 유전자 택시(전문 용어로 '벡터') 역할을 하는 바이러스가 주로 담당해 왔다. 벡터는 다른 세포 구조와 상호작용하면서 면역체계의 반응을 끌어낼 수도 있다.

그런데도 이런 바이러스 벡터 치료법이 사용되었다. 1990년대 열여덟 살의 제시 겔싱어Jesse Gelsinger는 유전성 간 대사 장애를 앓았다. 그는 식이요법으로 자기 질환을 비교적 잘 관리하고 있던 상태였다. 병을 완전히 치료하는 동시에 과학 발전에도 이바지할 수 있다는 기대감에 찬 겔싱어는 1999년 필라델피아의 대학 병원에서 진행하는 유전자 치료 실험에 자원한다. 이 실험은 당시 저명한 유전자 치료사였던 제임스 윌슨James Wilson이 주도한다. 치료 시작 4일 후 겔싱어는 사망하고 만다. 그의 면역체계는 바이러스성 감염으로 무너진 상태였다. 제시 겔싱어의 죽음은 전 세계에 공포를 불러일으킨다. 이후 인간을 대상으로 한 유전자 치료법은 수년 동안 불신을 받는다. 감히 겔싱어와 비슷한 유전자 치료를 시도하려는 사람은 거의 없었다. 이는 과학 발전이 흔히 주장하듯 연쇄적이거나 기하급수적으로 일어나지 않는다는 증거이기도 하다. 특히 생명 과학 분야에서는 한 번의 실패가 해당 연구 분야 전체를 수년 동안 거의 멈춤 상태로 만들 수 있다.

그런가 하면 과학 연구를 하루아침에 한 단계 발전하도록 만든 순간도 있다. 2012년 CRISPR/Cas 시스템의 발견이 그런 획기적인 순간 중 하나다. 현재 독일에서 활동 중인 에마뉘엘 샤르팡티에와 UC버클리의 제니퍼 다우드나는 둘 다 생화학자이자 분자생물학자다. 이들은 과학 잡지 《사이언스》에 새로운 유전자 편집Genome-Editing 방법을 기술한다.[42] 어떤 혁신은 과학계에서 인정받기까지 시간이 걸릴 때가 많지만, CRISPR/Cas 시스템의 경우는 유전공학의 혁명이라는 사실에 과학계 종사자 전부가 즉시 동의한다. 이 유전자 편집 방식은 효과적이고 정확하며 저렴하고 다루기도 쉬워서 생물학 전공 학생이라면 누구나 사용할 수 있다.

사실 CRISPR/Cas 시스템을 개발한 것은 샤르팡티에와 다우드나가 아니라 화농성 연쇄상구균Streptococcus pyogenes이란 박테리아다. 이 박테리아는 인후 부위에 심각한 화농성 염증을 일으키며 성홍열의 원인균으로도 알려져 있다. 그러나 무엇보다도 화농성 연쇄상구균은 단세포 생물 중에서도 바이러스로부터 자신을 방어하는 아주 독창적인 시스템을 개발한다. 이쯤에서 수십억 년 동안 바이러스와 박테리아 사이에 세계대전이 벌어지고 있다는 사실을 알아야 한다. 그러나 대부분의 인간은 이를 알지 못한다. 미생물 사이에는 전례 없이 치열한 전쟁이 벌어지는 중이다. 전 세계 박테리아의 절반이 매일 바이러스로 인해 죽는다. 박테리아가 존속하는 유일한 이유는 놀라울 정도로 빠르게 다시 증식하기 때문이다.

박테리아의 생존 이유는 나노 크기의 살인자들에 대항하는 특별한 방어 메커니즘을 개발했기 때문이다. 여기에는 무엇보다도 박테리아의 일종의 면역성 기억을 재현해 내는 CRISPR/Cas 시스템이 포함된다.

박테리아는 박테리오파지, 즉 박테리아를 파괴하는 바이러스 모양을 한 미생물과의 첫 만남에서 살아남으면 박테리오파지의 유전 물질에서 짧은 조각을 획득해 자기 DNA에 끼워 넣는다. 박테리아는 이런 식으로 과거 침입자에 대한 일종의 이미지 보관소를 만든다. 이 보관소를 통해 예전 박테리오파지가 다시 나타나면 바로 알아볼 수 있다. 면역체계의 기억 세포도 이미지 보관소와 비슷하게 작동하여 초기에 한 번 감염되었거나 예방접종을 하면 특정 질병에 대해 오래 지속되는 면역력을 만들어 낸다. 바이러스의 DNA 일부를 신속하게 찾아낼 수 있게 바이러스는 보통 반복 구조로 이루어진 특수 DNA 배열에 감싸져 있다. 이런 반복 배열을 CRISPR라고 한다. 풀어서 설명하자면 '규칙적인 간격을 가지고 나타나는 짧은 회문구조 반복서열Clustered Regulary Interspaced Short Palindromic Repeats이다. 표현이 워낙 장황하다 보니 어떤 언어로 번역해도 딱히 간결해지진 않는다. CRISPR가 유전공학에서 얼마나 결정적인 역할을 하게 될지 발견 당시에 알았다면 좀 더 기억하기 쉬운 명칭을 선택했을지도 모르겠다.

이처럼 바이러스 식별 DNA는 지명 수배자처럼 박테리아의 유전 인자에 내장되어 있다. 이제 긴급 상황이 발생하면 수배 전단을 모두가 볼 수 있도록 유전 물질에서 식별 DNA를 다시 잘라낼 만한 다른 도구가 필요하다. 이 작업을 수행하는 것이 특수 효소인 Cas, 즉 CRISPR 관련 단백질

CRISPR-associated sequences이다. Cas가 바로 실질적인 유전자 가위다. 수백만 년 전 단세포 생물이 바이러스로부터 자신을 방어하려고 '고안한' 것이 21세기 현대 유전공학의 정밀한 도구가 되고 있다. 유전자 가위를 작동 위치로 정확하게 가져가려면 '안내 RNA^Guide RNA'라고 불리는, Cas 효소에게 길을 알려주는 작은 RNA 분자만 만들면 된다.

유전 물질을 변경하는 데 필요한, 표적화되고 정밀한 절차에서 비롯되는 가능성은 엄청나다. 일부 자극적인 신문 기사가 은연중에 시사하는 바와 달리 현재 유전 물질 변경 과정에서 가장 중요한 주제는 맞춤 아기^Designer Baby가 아니다. CRISPR/Cas 혁명은 농업 분야에서 가장 큰 영향을 미치는 걸로 보인다. 원하는 형질을 한 유기체에서 다른 종의 유기체로 옮기는 확실한 형질 전환 작물과 달리 CRISPR/Cas 방식을 사용하면 식물 자체의 유전 물질을 표적으로 하여 변화를 일으킬 수 있다. 이 CRISPR/Cas 적용 과정과 수십 년간 실행해 온 돌연변이 생성 작업은 사격용 소총과 집속탄의 차이를 비교하는 것과도 같다.

벽에 과녁이 걸려 있는 넓은 방을 상상해 보자. 돌연변이를 생성하는 과정은 수많은 파편 중 하나가 과녁에 맞기를 바라며 방 안에 폭탄 파편을 던지는 일과 같다. CRISPR/Cas 방식을 사용하면 과녁을 직접 조준하여 맞출 수 있다.

이렇게 CRISPR/Cas 방식으로 변형된 식물에는 외부 유전자가 전혀 없음에도 유럽사법재판소는 (미국, 캐나다, 호주와는 다르게) 2018년 7월에 CRISPR/Cas로 유전자를 편집한 식물도 GMO군으로 분류한다는 결정을 내린다. 이 결정은 사실상 농업 분야에서 유전자 변형 기술 사용을 금지한 것이나 다름없다. 유럽의 법률은 과학적 증거보다는 이념적 정서에 따라 결정된다.

동물 유전자 변형에 관해 미국은 규제가 덜한 편이다. 예를 들어 2004년 부터 미국에서는 글로피시GloFish라는 물고기 종이 시중에 판매되기 시작 한다. 글로피시(영어로 glow, 즉 '빛나다'라는 뜻에서 유래)는 수정 해파리의 유 전자를 이식한 관상어종으로 당시 통용되던 생명공학 기술을 적용해 만 든 종류다. 수정 해파리의 유전자는 녹색 형광 단백질을 생산하여 해파 리를 바닷속에서 발광하게 한다. 동물을 취미로 키우는 사람들은 집에 있는 수조 속에서 유전자 편집을 통해 해파리의 형광 물질이 삽입된 물 고기를 보는 재미를 톡톡히 누린다. 글로피시 번식 특허를 보유한 요크 타운 테크놀로지스사의 기쁨이 특히 더 크겠지만 말이다.

CRISPR/Cas 기술로 유전자를 변형한 최초의 동물은 이미 존재한다. 발육은 대개 유전의 영향을 받는데, 2015년 베이징유전체연구소는 돼지 의 성장에 관여하는 유전자를 차단해 버렸다. 그 결과 원래 돼지의 약 3분의 1 크기에 불과한 미니 돼지가 탄생했다. 미니 돼지의 크기는 작은 강아지만 하다. 당연히 이 미니 돼지는 '엄청 귀엽기'도 해서 현재 중국에 서 반려동물로 인기를 끌고 있다.

이제 인류가 점차 진화를 좌지우지하고 자기 생각에 따라 의도적으로 생명체를 창조한다면, 이는 두말할 필요 없이 엄청난 진전이다. 그러나 일단 작은 생명체라도 세상에 생겨난 이후에 장식품 취급을 받는다면, 이러한 상황을 우려하는 비평가의 관점도 이해할 수 있다. 아니면 최소 한 구매자의 취향을 의심스럽게 여길 것이다.

인간은 살충제에 내성이 있는 식물, 형광 물고기, 미니 돼지보다 '새로 운 유전공학이 인간에게 어떤 도움이 될지'에 더 관심을 둔다. 여기서 먼저 짚고 넘어갈 문제가 있다. 유전자 강화나 맞춤 아기를 논하기 전에 의학에서 최우선 순위는 강화에 대한 환상의 실현이 아니라 구체적으로 질병을 치료하는 것이다. 치료가 우선이고 그다음이 최적화다.

물론 치료법 또한 그렇게 간단하지만은 않다. 많은 질병에는 유전적 요소가 있으나, 명확한 유전적 결함 때문에 발생하는 질병은 극소수에 불과하다. 따라서 질병 대부분은 결함 있는 유전자만 제거하거나 대체하는 것만으로는 충분하지 않다.

하지만 단일 유전자만이 실제로 특정 병증을 일으키는 소위 '단일 유전자 질환'도 꽤 있다. 이런 단일 유전자 질환 가운데 가장 잘 알려진 것이 과거에 '무도병舞蹈病'이라고 불렸던 헌팅턴병일 것이다. 헌팅턴병은 4번 염색체의 유전적 결함 때문에 장년기에 발병하는 사례가 많다. 헌팅턴병의 증상은 뇌 세포가 점차 파괴되면서 처음에는 무의식적이고 조정할 수 없는 움직임(그래서 '무도병'이라는 이름이 붙음)이 시작되고 이후 치매로 이어지며 결국 사망에 이르게 된다.

또 다른 단일 유전자 질환으로 낭포성 섬유증이 있는데, 이 병은 빠르면 어린 시절에 발병한다. 7번 염색체에 있는 유전자의 결함으로 발생하는 낭포성 섬유증은 체내에 점액질이 과다 생성되어 기도와 소화 기관 등이 막힌다. 낭포성 섬유증 환자는 상당히 복잡하고 비용도 많이 드는 치료를 받아야만 이 대사성 질환을 극복하고 생존할 수 있다.

이 외에도 다른 여러 가지 단일 유전자 질환이 있지만, 매우 드물게 나타나므로 일반 의사는 관련 병증을 직접 치료할 일이 거의 없다. 이런 단일 유전자 질환에는 총 1만 가지가 넘는 다양한 병증이 나타나는 걸로 집계된다. 이 질환 중 상당수는 관련 의료 지식을 보유한 특수 센터에서만 치료할 수 있다.

인간을 대상으로 한 의료 분야에서 CRISPR/Cas 기술이 최초로 적용된 것이 바로 이러한 단일 유전자 질환이다. 그리고 성공을 거둔 첫 사례도 있다. 2021년 런던의 한 병원에서는 CRISPR/Cas 기술을 통해 유전성 트랜스티레틴 아밀로이드증hATTR 환자를 처음으로 성공적으로 완치시킨다.[43] 독일의 레겐스부르크대학에서는 베타 지중해 빈혈과 겸상 적혈구 빈혈증 환자를 최초로 치료한다.[44] 베타 지중해 빈혈과 겸상 적혈구 빈혈증은 모두 유전적 변이로 인해 혈액 내 산소와 탄소 운반을 담당하는 적혈구 색소 헤모글로빈의 형성이 손상되어 발병한다. 이렇게 CRISPR/Cas 기술은 서서히 임상 의학에 적용되고 있다.

그러나 유전자 치료는 원칙적으로 두 가지 영역을 구분해야 한다. 런던 및 레겐스부르크에서 시행한 것과 같은 체세포 치료는 해당 조직의 유전적 결함을 치료한다. 이 치료 방식은 기술적으로 쉽진 않지만 윤리적으로는 문제가 없다. 치료 과정이 환자 개인에게만 영향을 미치기 때문이다. 생식 계열 유전자 치료는 체세포 치료와 다르다. 게놈 편집은 생식세포(난자 세포나 정자 세포) 또는 방금 수정된 난자 세포(접합체) 단계부터 이미 시작된다. 즉 생식 계열 유전자 치료는 개인에게 영향을 끼치는 데서 끝나지 않고 생식세포를 통해 후세대에 전달된다. 그러므로 윤리적 관점에서 생식세포부터 개입하는 치료법이 체세포 치료보다 훨씬 문제가 많다는 점은 이해할 수 있다. 그렇지만 의학적으로는 생식 계열 유전자 치료가 더 가치 있다. 게놈을 편집하면 질병을 예방할 가능성이 있는데, 왜 막대한 돈과 기술을 들여 장기만 치료하고 유전 질환은 발병하도록 내버려둬야 하는가?

특히 착상 전 유전 진단PGD, Preimplantation Genetic Diagnosis은 배아 단계에서 유전 질환을 인지하고, 필요한 경우 치료할 가능성을 열어준다. 이는 주로 체외 수정, 즉 인공 수정 과정에서 진행하며, 1978년 최초의 시험관 아기가 탄생한 이후 전 세계적으로 성공리에 자리 잡은 진단 방식이다. 체외 수정에서는 난자와 정자가 체외, 즉 시험관 안에서 서로 결합한다. 여러 번의 세포 분열이 완료된 후 이른바 접합체(초기 배아)가 자궁에 이식(착상)된다. 이처럼 복잡한 과정을 거쳐 태어나는 아이가 건강한지 알고 싶어 하는 것은 당연하다. 착상 전 유전 진단은 이러한 궁금증을 해결해 준다. 게놈 편집은 이제 착상 전 유전 진단과 함께 착상 전 치료의 가능성까지 제시한다. 원하지 않는 유전자는 제거하고, 필요하다면 원하는 유전자를 추가할 수도 있다. 맞춤 아기를 만들어내는 길을 연 것이다.

늦었지만 이제야 윤리를 논하는 분위기가 달아오르고 있다. 사실 게놈 편집이 과학계에 혁명을 일으키기 전에도 인간의 유전질을 개선하려는 계획은 이미 존재했다. 이렇게 격론이 오가는 분야에서 누가 어떻게 생각하는지 알려면 그가 어떤 단어를 선택하는지 봐야 한다. 트랜스휴머니스트는 '유전자 강화', 즉 유전질의 개선이라는 뜻을 선호하는 반면, 유전자 편집에 반대하는 사람들은 일반적으로 '우생학'이라는 용어를 사용한다. 우생학이란 말 역시 '유전자 개선'이라는 좋은 의미를 가졌지만 제3제국(나치) 시대에 우생학 정책 탓에 본래 의미가 퇴색되고 만다. 나치의 인종 정책과 '공중 보건' 관점에서 행해진, '살 가치가 없는 생명'을 솎아내는 동시에 '지배자 계급'을 길러내려는 발상은 두말할 필요 없이 잘못된 우생학의 가장 혐오스러운 사례다.

하지만 이런 우생학 접근법이 나치 시대에만 있던 건 아니었다. 그리스 철학자 플라톤은 자신의 저서에서 '국민 신체'를 건강하게 유지하려면 허약한 아이를 버릴 것을 권장한다. '다른 인종 간의 결혼' 금지, 지적 장애인의 강제 불임 시술, 기타 바람직하지 않은 결혼에 대한 금지는 독일 밖에서도 시행됐으며, 심지어 제2차 세계대전이 끝난 후에도 오랫동안 지속되었다. 일본, 소련, 영국, 캐나다, 미국뿐만 아니라 스칸디나비아 국가에서도 이런 우생학 선호 현상이 특히 두드러졌다. 스웨덴은 1975년까지, 핀란드에서는 1979년까지 강제 불임 수술을 시행했다. 독일의 이웃 국가인 스위스에서는 1985년까지 시행되었다.

'우생학'이란 용어와 관련된 이 불명예스러운 역사는 유전자 개선에 대한 모든 논의를 도덕 투쟁의 장으로 만든다. 1999년 철학자 페터 슬로터다이크가 독일의 엘마우 성에서 열린 학술 대회에서 '인간 농장을 위한 규칙'이란 논문(이는 동명의 책으로도 출간되었으며 한국어판도 있음-옮긴이)을 발표하면서 '품종 개량'이라는 단어를 언급했을 때, 독일에서는 전후 가장 열띤 철학 논쟁이 촉발했다.[45] 슬로터다이크는 나치 우생학 정책의 명예 회복을 꿈꾸는 자에 불과하다는 비난까지 받았다. 이 논쟁에 대한 자세한 내용은 4장의 '트랜스휴머니즘에 대한 오해'에서 다루겠다. 물론 슬로터다이크 같은 철학자를 정신적으로 나치에 가깝다고 비난하는 일은 터무니없다. 이 같은 논란은 유전자 진단과 치료가 지뢰밭이나 다름없는 현실에서 이뤄지고 있다는 사실을 상기시킨다. 단어 하나만 잘못 써도 격노의 파도가 밀려온다.

당연히 윤리적 논의도 중요하다. 그리고 맞춤 아기와 유전적으로 최적화된 인간이 등장하는 상상의 미래만 얘기할 필요도 없다. 현재 진행 중인 유전자 진단 및 진단 결과조차 이미 논란의 여지가 있는 질문을 제기하고 있다. 수년 전부터 착상 전 유전 진단에서 태아의 유전적 변화를 감지하는 일이 가능해졌다. 이 진단은 이제 일반 임신 상태에서도 가능하다. 액체 생검은 산모의 혈액에서 아이의 염색체를 검출하는 방법이다. 이 검사는 빠르면 임신 10~12주 차, 즉 낙태가 아직 합법적으로 가능한 시기에 할 수 있다. 현재 거의 일상적으로 사용되는 간단한 혈액 검사를 통해 염색체 변화를 조기에 발견한다. 이는 주로 21번 삼염색체성(과거에는 몽고증, 현재는 다운증후군으로 알려져 있음)과 관련 있지만, 13번 또는 18번 삼염색체성과 같은 드문 염색체 이상과도 관련이 있다. 태아가 해당 염색체에 이상이 있다는 진단을 받은 임신부 90퍼센트 이상이 낙태를 결정한다. 이제 21번 삼염색체성 장애가 있는 아이는 거의 태어나지 않는다.

삼염색체성 외에 성염색체도 확인할 수 있다. 임신 10주 차가 되면 '남자아이인지 여자아이인지' 확실하게 알 수 있다. 이조차 문제가 아예 없는 건 아니다. 남아, 여아를 가리지 않고 낳으려는 풍조가 전 세계에 걸쳐 나타나지 않기 때문이다. 예를 들어 인도에서 여자아이가 태어나면 나중에 결혼할 때 꽤 많은 지참금을 내야 한다. 따라서 연속으로 여자아이만 서넛을 낳으면 가정 경제가 파탄에 내몰린다. 지금까지 이에 대한 '해결책'은 대개 초음파로 태아의 성별을 감별해 여아는 낙태하는 것이었다. 그러나 임신 초기의 성별 감별은 종종 부정확하기도 하며, 최신 고해상도 초음파 장비는 인도 어디에서든 사용할 수 있는 게 아니다.

중국에서도 오랫동안 국가 차원에서 '한 자녀 정책'을 시행할 때 유일하게 키울 아이는 '왕자'여야 한다는 바람이 컸다. 이때도 초음파 진단과 그 진단에 따른 표적 성별 낙태가 일어났다. 그 결과 결혼 적령기에 이른

한 세대 남성 전체가 더는 중국 내에서 공주를 찾지 못해 이웃 나라에서 아내가 될 여인을 찾아야 하는 '외로운 왕자'가 되었다. 여성이 부족해지면서 이제 중국에서는 여자아이를 낳길 바라는 가정이 늘고 있다. 남성은 미래의 신부 가족에게 많은 돈을 지불하고 값비싼 선물을 '혼수'로 가져와야 한다. 유전자 진단이 점점 더 정확해지고 있다는 점은 확실히 환영받을 일이다. 그러나 유전자 진단 관련 '시장'을 규제하는 문제에 관해서는 의심스러운 부분이 있다.

그동안 액체 생검 기술은 더욱 발전했다. 삼염색체성뿐만 아니라 앞서 언급한 낭포성 섬유증, 겸상 적혈구 빈혈증 또는 특정 형태의 근육 위축(예를 들어 근위축성 측삭 경화증)과 같은 유전 질환도 액체 생검으로 진단할 수 있다.[46] 이런 질환을 앓는 환자들은 장애가 뚜렷하게 나타나지만 오랜 기간 치료를 받으면 만족스러운 삶을 살 수 있다.

이런 질병에 관해 의미 있는 통계는 아직 없으나, 유전자 검사 과정에서 태아의 질환 사실을 알게 된 임신부 대부분은 낙태를 결정한다고 가정할 수 있다. 하지만 근위축성 측삭 경화증, 일명 루게릭병을 앓은 유명한 영국의 천체 물리학자 스티븐 호킹의 경우, 그의 어머니가 21세기 진단 기술의 혜택을 누렸더라면 호킹 같은 천재는 아마도 세상의 빛을 보지 못했을 것이다.

아직 더 알아야 할 부분이 많다. 질병으로 직접 이어지는 않으나 특정 질병의 위험을 증가시키는 여러 유전적 변화(소위 다형성)가 있다. 가장 잘 알려진 예는 치매에 걸릴 위험을 다소 높인다는 Apo E4 대립 유전인자다. 배아의 다형성은 산모의 혈액에서도 검출할 수 있다. 그렇다면 다음과 같은 집요한 의문이 생긴다. 아이가 60세가 되어 알츠하이머병에 걸릴 위험이 30퍼센트 증가한다고 해서 임신 12주 차에 아이를 낙태해야 하는가? 60년 후에는 치매가 치료 가능한 질병이 되리란 소망에 힘을 싣는 사실이 있어도 말이다. 현재 유전자 진단 관련 사례만 봐도 문제가 얼마나 복잡한지 알 수 있다.

이제 트랜스휴머니스트는 원치 않는 유전자, 유전자 변이 또는 변형 유전자를 없애는 일을 우선 목표로 삼지 않는다. 이들은 무엇보다 진정한 유전적 개선을 달성하기 위해 유전 물질에 우수한 형질을 삽입하길 바란다. 하지만 이런 일이 과연 효과가 있을까? 대답은 '효과가 있다'고 할 수 있으며, 트랜스휴머니스트의 바람은 이미 실현되는 중이다.

2018년 11월, 세계 언론은 중국에서 CRISPR/Cas 기술을 이용한 첫 번째 아기가 태어났다고 보도했다. 이는 선전남방과학기술대학의 허젠쿠이 교수의 발표에 따른 것으로, 그는 CRISPR/Cas 기술로 유전자를 편집(CCR5 돌연변이)한 여자아이 둘이 이미 태어났다고 국제 언론에 알렸다. 당시 허젠쿠이는 만 33세로 국제 사회에 전혀 알려지지 않았다. 그는 쌍둥이인 루루와 나나에게 에이즈에 면역력을 지닌 유전자를 삽입했는데, 이것이 아이들에게 유익한 이유는 아이들의 아버지가 HIV 양성 판정을 받았기 때문이다. 이로 인해 쌍둥이는 에이즈에 걸리지 않는 삶을 살 수 있게 되었다.

의학계에는 획기적인 돌파구와 같았던 이 일은 과학계에는 커다란 공포를 불러온다. CRISPR/Cas 시스템을 공동 개발한 다우드나는 "충격적이고 미친 짓"이라고 논평한다. 홍콩에서 열린 한 학술 발표회에서 허젠쿠이가 20분에 걸쳐 아주 산만한 태도로 자신이 진행한 프로젝트를 발표하자, 과학자들은 서로 약속이라도 한 듯 그와 거리를 둔다. 현재까지도 허젠쿠이는 자기 연구를 과학 저널에 공개하지 않았다.

이 중국 과학자가 이토록 외면받는 이유는, 그가 배아에 손을 대 윤리적 경계선을 넘었기 때문만은 아니다. 허젠쿠이의 연구는 너무 서툴기까지 했다. 쌍둥이 중에 적어도 한 명은 일부만 교정이 되고 일부는 교정되지 않는 세포가 섞여 있는 소위 모자이크 현상이 나타났다. 이 말은 아이의 원래 유전자와 인위로 삽입된 유전자 조각이 나란히 존재한다는 의미다. 어떤 유전자가 우세하고, 이런 현상이 아이의 전반적인 건강에 어떤 영향을 미칠지는 아직 아무것도 확실하지 않다. 여기에 또 다른 견해도 있다. 유전자와 유전자 변이는 한 가지 기능만 담당하는 경우가 거의 없다. 유전자와 유전자 변이는 여러 형질에 빈번하게 영향을 미친다. CCR5 돌연변이가 대표적인 예다. 이 돌연변이는 HIV에 대해 특정한 면역력이 있지만, 다른 기타 질병의 발생 위험을 증가시킨다. 선천성 CCR5 돌연변이가 있는 사람은 돌연변이가 없는 사람보다 기대 수명이 현저히 낮다.[47]

어쨌든 야심 차지만 자격이 없는 젊은 과학자가 아무런 협의나 관련 경험 없이 유전자 구성을 무계획적으로 실험하려고 손쉬운 CRISPR/Cas 방식을 악용했다는 사실은 금세 밝혀진다. 심지어 연구자에게 거의 윤리적 제약을 가하지 않던 중국 정부도 신속하고 단호하게 대응한다. 중국 정부는 허젠쿠이의 연구실을 폐쇄하고, 허젠쿠이에게 징역 3년 형을 선고한다.

홀로 앞질러 나가 '중국의 프랑켄슈타인'을 만들려던 시도는 국제 사회의 반발에 부딪혔지만 한 가지 사실만큼은 보여준다. 바로 CRISPR/Cas 기술을 이용해 아기를 만들 수 있다는 것이다. 이는 인간이 근본적으로 매번 언급되고 있는 맞춤 아기를 향한 길을 가고 있다는 사실을 알려 준다. 하지만 맞춤 아기는 현재 일부 트랜스휴머니스트가 꿈꾸는 것과는 다른 모습일 것이다. 실제 단일 유전자를 통해 결정되는 여러 가지 형질이 있다. 예를 들어 HIV에 대한 면역은 CCR5 유전자의 돌연변이 때문이다. 유전자 몇 개만 수정해도 눈 색깔이나 신체 크기까지도 영향을 받는다. 하지만 유전자 개선 분야에서 최우선 과제로 삼는 지능이나 음악 감수성 같은 특성은 상황이 다르다.

지능은 결코 단일 유전자에 의해 형성되지 않는다. 지능은 다양한 유전자의 조화 및 유전자와 환경의 상호작용에서 형성된다. 유전학자들은 아직 높은 지능과 관련된 개별 유전자 변이를 식별하는 데도 성공하지 못했다. 따라서 CRISPR/Cas 기술을 이용해 '지능 유전자'를 이식하는 일은 그림의 떡이자 순전히 희망 섞인 바람일 뿐이다.

음악 얘기가 나온 김에 말하자면, 유전공학으로 어린 모차르트를 만들려는 소망은 실현 가능성이 적다. 음악 감수성 유전자는 지능 유전자만큼이나 드물게 발견된다. 그리고 전문 음악인이던 아버지가 모차르트를 어릴 때부터 의도적으로 지원하지 않았다면 그는 세계적으로 유명한 음악 신동이 되지 못했을 것이다.

그렇지만 비교적 간단한 유전자 조작으로 영향을 줄 수 있는 부분이 있다. 앞서 눈 색깔을 언급했다. 눈 색깔은 대개 머리카락 색과도 관련이 있다. 특히 아시아 지역에는 지극히 상업적 이윤을 추구하며 '소원을 들어주는 의학'으로 고객을 유치하는 사설 시험관 수정 연구소가 많다. 이에 따라 얼마 안 가서 금발에 파란 눈을 가진 아시아계 어린이가 많아질 것으로 예상한다.

그렇다면 이미 유전자 강화가 이루어진 것인가? 트랜스휴머니스트에게 매우 중요한 '형태적 자유'라는 개념에서 보면 두말할 것도 없이 그렇다. 이와 더불어 다른 신체 기능도 유전적 영향을 받을 수 있다. 신장은 비만 관련 특정 체질만큼 중요한 부분이다. 키 크고 날씬한 몸은 여전히 전 세계 많은 사람이 이상적으로 생각하는 신체 조건이다. 유전자 강화를 통한 변화가 유전적으로 영향을 끼칠 때가 되면 일명 '가타카 문제'가 발생한다. 1997년에 개봉한 〈가타카〉는 앤드루 니콜이 감독한 영화로, 오프닝 크레디트에 따르면 '그리 머지않은 미래'를 배경으로 한다. 유전적으로 강해진 인간이 표준이 되어버린 사회에 관한 이야기로, '가타카 Gattaca'는 인간 DNA의 염기쌍(구아닌, 아데닌, 티민, 사이토신)을 가리킨다. 영화 속 세계에서, 자연적으로 잉태되고 최적화 과정을 거치지 않은 인간을 에둘러 '신의 아이'라고 칭하지만, 실생활에서 이런 인간은 많은 전문 분야에 접근 불가능한 2등 시민으로 분류된다.

이 영화는 트랜스휴머니즘에서 가장 논란이 되는 주제 중 하나를 다루고 있다. 인간을 유전적으로 최적화하는 일이 실제로 가능하다면 사회가 전례 없는 분열의 위협에 놓이게 되는 건 아닌가? 그러면 새로운 엘리트층은 돈과 권력으로만 결정되는 게 아니라 최적화된 정신적, 육체적 능력으로 결정되는 것인가? 최적화를 거치지 않은 인간은 새로운 하층민 계급을 형성하게 되는가? 여기서 '신의 아이'가 탄생한 이유는, 부모 측에서 최적화 절차에 반대해 최적화를 포기했기 때문인지, 아니면 돈이 없었거나 최적화 기술에 접근하기 힘든 상황이었는지와 관련이 있다.

이런 논의에 관한 결과를 내기까지는 확실히 오랜 시간이 걸릴 것이다. 결론을 내는 과정이 얼마나 복잡한지는 주목할 만한 예시를 통해 보여주겠다. CRISPR/Cas 기술이 완전히 새로운 가능성을 열기 이전부터 태어날 아이의 유전자 구성을 입맛대로 바꾸려는 시도는 있었다. 그중 한 가지가 인공 수정에 적절한 기증자를 선택하는 것이다.

2001년 미국에서는 레즈비언 커플 샤론 듀세스노Sharon Duchesneau와 캔디스 맥컬로프Candy McCullough의 사례가 화제가 된다. 유전적으로 모두 청각장애가 있던 두 사람은 아이를 갖기를 원했다. 아이 역시 청각장애가 있어야 한다고 주장한 이 커플은 결국 유전적으로 청각장애를 앓고 있는 남성을 일부러 정자 기증자로 선택한다. 오랜 법적 다툼과 미국 언론의 열띤 토론 끝에 이 커플은 마침내 소원을 이룬다. 2001년 11월 22일 메릴랜드주 베데스다에서 청각장애를 갖고 태어난 아기 고빈 듀세스노 Gauvin Duchesneau는 어머니들에게 큰 기쁨을 안겨준다.

최초의 '맞춤 아기' 중 한 명은 부모의 요청에 따라 의도적으로 장애를 유발한 채 태어났다. 이들은 레즈비언의 사랑이 애정의 또 다른 형태이듯 아이의 청각장애도 '또 다른 삶의 방식'일 뿐이라고 주장한다. 유전자 강화라는 아름답고 새로운 세상은 명백히 많은 가능성을 열어두고 있다. 유전자 강화를 둘러싼 논쟁은 이제 막 시작되었다.

대 · 담

최적화는 비윤리적인가?

조르그너 ◇ 유전자 강화를 말할 때면, 특히 독일에서는 감정적으로 반응을 하곤 해요. 제가 15년 전에 '우생학과 미래'라는 주제로 행사를 주최한 적이 있는데요. 당시에 시위대가 행사장에 난입할 것을 대비해 경찰에 보호를 요청했어요. 다행히 우려한 일은 일어나지 않았지요. 그런데 행사명에 '우생학'이 들어가니 행사 시작도 전에 이메일이 쇄도하더군요. 이 주제가 격렬한 감정을 불러온다는 것을 확실히 알았죠. 저는 지금도 용어 선택에 주의를 기울여야 한다고 생각합니다. 유전자 강화냐, 자유주의 우생학이냐. 어떻게 말하느냐에 따라 분명 차이가 있거든요. 이에 대해 교수님은 어떻게 생각하십니까? '우생학'이란 말을 절대 사용하지 않으실 건지요?

클라이네궁크 ◇ 나치의 무자비한 정책 탓에 원래 의미가 퇴색되었으므로 저역시 우생학이란 말은 사용하지 않을 겁니다. 그리고 우생학과 유전자 강화, 두 말이 같은 것을 의미한다고 생각지도 않고요. 우생학은 나치의 고유 단어로 '살 가치 없는 생명'을 파괴하는 행위입니다. 유전자 강화는 인간의 유전적 잠재력을 향상하는 일에 더 가깝지요. 우생학은 인간을 선별하는 것이고, 유전자 강화는 인간을 최적화하는 것입니다. 둘은 달라요.

하지만 짚고 넘어갈 부분이 있습니다. 모든 산부인과 의사는 이미 가벼운 의미에서의 우생학을 시행하고 있습니다. 산부인과 진료 과정에서 자리 잡은 산전 진단 검사는 궁극적으로 응용 우생학에 지나지 않습니다. 현재 거의 모든 임신부는 임신 11주 차에 태아의 건강 상태나 21번 염색체 이상(삼염색체성) 여부를 확인하는 산전 검사를 받습니다. 통상적으로 간단한 혈액 검사만 하면 알 수 있지요. 검사 결과 염색체 이상이 발견되면 전체 임신부의 95퍼센트 이상이 낙태 결정을 내리고요. 그러니 21번 삼염색체성(다운증후군)은 이제 거의 사멸되다시피 한 질환입니다. 물론 많은 사람이 장애는 장애일 뿐이라고 말하겠죠. 하지만 장애를 겪는 당사자는 다르게 생각합니다. 장애를 피하고 싶은 사람에게는 현대적 방식으로 우생학이 계속되어야 합니다. 이에 대한 비판은 진지하게 받아들여야 하고요. 임신 18주 차 및 20주 차에는 태아의 신체 기형을 확인하기 위해 장기 초음파 검사를 하는데요. 일례로 제 친구는 등이 열린 채로 태어났습니다. 친구는 보행 장애가 있지만, 정신적으로는 완전히 건강합니다. 예술사 박사 학위 소유자이자 박물관장이에요. 친구가 제게 이렇게 말한 적이 있어요. "우리 어머니가 날 임신했을 때 네게 상담 받았더라면 나는 지금 여기 없었을 거야." 이런 말을 들으면 등골이 오싹해지지요.

조르그너 ◇ 현재 산부인과의 진단 절차를 나치에서 시행한 우생학과 같은 수준에 놓을 수는 없죠. 나치 시대에는 사회적, 정치적으로 '살 가치 없는 생명'을 정의하여 없애야 할 존재를 특징지었으니까요. 그 기준은 정치인이 결정하고, 법적인 구속력까지 있었습니다. 그런데 산부인과 진단 검사를 받을지의 여부는 부모가 결정하잖아요. 부모는 아이가 앓을지도 모를 심각한 질환에 관해 결정을 내릴 권한이 있어야 합니다. 그런데 하나 의문점은 있어요. 임신 중의 태아가 얼마나 보호받을 가치가 있는지, 그 기준이 아주 모호해요. 원칙적으로 이에 대한 종교적 정당성이 있어야 하는데, 그게 없다면, 특히 임신 초기의 태아를 보호할 가치가 없다고 가정할 만한 타당한 이유가 있거든요. 저는 수정란은 아직 사람이 아니라고 생각합니다.

클라이네궁크 ◇ 많아야 세포 몇 개짜리 수정란과 임신 12주 차의 태아에 대해 이야기하는 것은 차이가 있습니다. 12주 차에 접어든 태아는 중추 신경계를 포함해 모든 장기가 완전히 형성된 작은 인간이거든요. 물론 태아가 무엇을 생각하는지 정확히 말할 수는 없습니다. 그러나 우리는 이 태아가 빛을 인식하고, 소리를 들으며, 신경계를 통해 어쩌면 고통과 감정까지 느낀다고 알고 있습니다.

이런 태아의 권리를 부정하는 것은 다소 문제가 있다고 생각합니다. 독일에서는 고속도로 예정지에 있는 연못에서 도롱뇽 떼라도 발견하면, 그 즉시 시민운동이 일어나 도로 건설에 반대하곤 하잖아요. 그런데 태아가 10만 번 넘게 낙태될 때는 어떤 논쟁도 없었어요. 소수의 사람이 낙태에 반대하는 의사라도 내비치면, 그 즉시 보수주의자 취급을 받습니다. 하지만 그렇다고 해서 이 논쟁이 여기서 끝나진 않을 겁니다.

조르그너 ◇ 그러면 이제 유전자 강화 주제로 넘어가 볼까요. 교수님은

CRISPR/Cas 기술이 완전히 새로운 가능성을 열어준다는 내용의 글을 쓰셨습니다. 유전공학에서 이 기술은 진정한 게임 체인저죠. 하지만 여기에도 상당한 반발이 있는 걸로 압니다. 비평가들은 유전자를 바꾸려는 사람이 신이 된 듯 놀이를 하거나 인간 자체를 조작하고 있다고 합니다. 인간의 DNA는 과연 신성한 존재일까요?

클라이네궁크 ◇ 실제로 DNA가 신성하다고 표현하는 경우가 많습니다. 유전자를 생물학계의 성서와 같이 취급하는 과학자들도 있고요. 때때로 신이 손수 DNA에 인간의 생명 체계를 기록해 놓은 듯 표현하며 건드리면 안되는 존재로 보기도 합니다. 그런데 인간의 유전자는 수십만 년에 걸쳐 축적된 매우 다양한 정보의 집합체거든요. 단백질에는 구체적인 구성 지침이 있기도 하지만, 인간이 끌어안고 사는 유전자 쓰레기와 같은 '정크 DNA'도 많아요. 어느 시점에 인간을 한번 감염시킨 바이러스는 인간의 DNA에 흔적을 남깁니다. 과거 인간의 조상들이 서로 교합을 한 탓에 인간은 모두 1~2퍼센트 정도는 네안데르탈인 유전 인자를 지니게 되었지요. 인간의 유전질에는 단세포 생물부터 파충류, 식물계에 이르기까지 모든 진화 생물학적 유전 성분이 포함되어 있습니다. 순전히 유전적인 관점에서 보면 모든 인간은 반쪽짜리 바나나에 불과합니다. 그러므로 인체 구조에 손대는 일과 마찬가지로 당연히 DNA는 신성하지도 않고, 딱히 바꾸지 못하는 것도 아닙니다. DNA를 변경하려면 적절한 기술 말고도 타당한 윤리가 필요하다는 점은 두말할 필요도 없겠죠.

조르그너 ◇ 하지만 DNA 기술은 사실상 맞춤 아기, 즉 유전적으로 최적화된 인간을 만드는 길을 열어주지 않습니까. 독일의 경우, 엄격하게 시행 중인 태아 보호법 등이 DNA 관련 기술 발전에 걸림돌이 되고 있습니다.

클라이네궁크 ◇ 의심할 여지 없이 맞춤 아기는 태어날 겁니다. HIV에 면역력을 가진 중국의 쌍둥이 탄생은 유전자 편집이 기술적으로 얼마나 쉬운지 보여주는 사례입니다. 비록 너무 빠르고 끔찍한 방식으로 유전자 기술을 적용한 특수 사례지만 말이죠. 이런 점에서 저는 앞으로 몇 년 안에 전 세계적으로 생식 의학 분야에서 의료 관광이 유행처럼 번지리라고 예상합니다. 현재도 자녀를 낳길 바라는 부부가 더 발전한 체외 수정 기술을 보유했거나 '대리모' 고용이 허용되는 나라로 떠나는 실정입니다. 여기에 곧 '맞춤 아기' 관련 내용이 추가되겠죠. 그런데 여기서 반드시 짚고 넘어가야 할 점이 하나 있는데요. 이런 방식으로 아기를 낳는 데 드는 비용이 어마어마합니다. 그러므로 신기술은 계속해서 사회에 분열을 초래할 겁니다.

조르그너 ◇ 그러나 유전자 강화 조치로 인간이 장차 더 오랫동안 더 건강하게 살 수 있다면, 그것은 일반적인 이익에 부합하는 것일 테죠. 그렇다면 이는 의료 보험사가 합법화할 수 있는 부분이라고 생각합니다.

클라이네궁크 ◇ 제가 보기에 교수님은 독일 의료 보험사에 대해 지나치게 이상주의적인 시각을 가지신 것 같아요. 저는 의사다 보니, 특히 항노화 의사로서 항상 보험사를 상대하고 있거든요. 보험사는 건강하게 나이 드는 사람들에겐 전혀 관심이 없다고 말할 수 있습니다. 보험사의 주장에 따르면, 인간은 건강하게 나이가 들어도 치료 비용이 많이 드는 질병에 걸리게 되어 있으며, 건강한 노인은 질병에 걸리는 시기가 조금 뒤로 미뤄질 뿐이라는 거예요. 이런 사례가 많아지면 보험사에는 사람이 일찍 사망할 때보다 더 부담이 되거든요. 건강 및 연금 보험에서 가장 수익성이 높은 옵션은, 속된 말로 '사회가 용인하는 조기 사망'이에요. 은퇴

후 1년 뒤에 심장마비로 사망하는 것이 사회 시스템의 부담을 가장 효과적으로 덜어주지요.

조르그너 ◇ 트랜스휴머니즘에서도 이러한 논의가 이루어지고 있습니다. 수명이나 건강 수명을 연장하는 일은 트랜스휴머니즘의 가장 중요한 관심사 중 하나니까요. 그리고 수명이 연장되면서 은퇴 나이와 의료 시스템의 자금 조달 문제를 완전히 새로 논의해야 하는 시점임은 분명합니다. 수명 문제는 엄청난 사회적 과제란 사실에는 의심의 여지가 없어요. 그러니 우리는 건강보험 재정을 어떻게 마련할지도 생각해야 합니다. 저는 이미 제 책《우리는 언제나 사이보그였다We Have Always Been Cyborgs》에서 이에 대해 자세히 다루었습니다. 한 가지 방법은 보험사를 디지털 발전 분야에 참여시켜 사람의 건강 정보를 제공하는 등 보험 재정 부담을 덜어주는 겁니다. 정보 데이터는 새로운 비즈니스 모델입니다. 보험사라고 해서 이 혜택을 받지 말라는 법은 없으니까요. 모두가 이득을 볼 수 있어야 트랜스휴머니즘의 발전이 의의가 있다고 봅니다.

딥러닝으로 창의성 강화

— 베른트 클라이네궁크

인간은 생명 연장과 나노 기술, 유전자 강화 분야의 획기적 발전을 고대한다. 하지만 인공지능(이하 AI 혼용)의 발전은 이미 곳곳에 존재한다. 구글, 애플, 페이스북, 아마존 같은 기업들은 정보기술을 일상생활에 적합하게 만들어 인간의 삶 자체를 근본적으로 변화시킨다. 과거 시대를 주로 활용한 기술과 재료에 따라 석기 시대나 청동기 시대로 정의했듯 21세기 초는 사실상 '규소(실리콘) 시대'라고 해야 한다. 최소한 지난 20~30년간 결정적인 발전이 일어난 곳에선 거의 이런 명칭을 사용 중이다.

100년 전 전원 속 평화로운 과수원 밭으로 유명했던 샌프란시스코 남쪽 산타클라라 밸리는 현재 전 세계에 실리콘 밸리로 알려져 있다. 실리콘 밸리에는 거대 IT 기업과 첨단 기술 스타트업의 본사가 있다. 아마 세계 어디에도 이렇게 작은 공간에 이토록 많은 트랜스휴머니스트가 있는 곳은 없을 것이다. 그러므로 이런 환경에서 발전하는 AI는 '트랜스휴머니즘 혁명'이 가장 먼저 성공을 거둘 수 있는 분야다.

그러나 실리콘 밸리 및 정보기술 산업이 전반적으로 상승세에 오르게 한 기반은 훨씬 전부터 마련되었으며, 미국 이외의 지역까지 살펴봐야 한다. 17세기 초 프랑스의 블레즈 파스칼과 독일의 고트프리트 빌헬름 라이프니츠는 독자적으로 기계식 계산기를 개발한다. 파스칼과 라이프니츠는 모두 수학자이자 철학자였다. 19세기 초 영국의 찰스 배비지(Charles Babbage, 1791~1871)는 '해석 기관Analytical Engine'이라고 하는 계산기를 개발하는데, 이는 현대 컴퓨터의 전신으로 여겨진다.[48] 하지만 배비지의 해석 기관이 실제로 제작된 적은 없다.

그런데도 이 해석 기관은 발전을 거듭한다. 알다시피 순수한 계산 기계만으로는 컴퓨터를 만들 수 없기 때문이다. 컴퓨터는 하드웨어뿐만 아니라 소프트웨어, 즉 무엇을 실행해야 할지 알려주는 지침이 필요하다. 영국 낭만주의 문학의 거장 바이런 경의 딸이자 뛰어난 재능을 지닌 수학자였던 에이다 러브레이스(Ada Lovelace, 1815~1852)는 바로 이 소프트웨어 개발에 집중한다. 러브레이스는 배비지의 계산기가 단순한 수식 계산을 넘어서는 큰 잠재력을 지니고 있음을 알아챘다.

최초로 작동 가능한 컴퓨터 역시 미국이 아닌 베를린의 한 임대 주택에서 만들어진다. 1941년 독일의 건축 기사이자 발명을 즐기는 콘라트 추제(Konrad Zuse, 1910~1995)는 프로그램 제어 및 자유 프로그래밍이 가능한 완전 자동 컴퓨터 Z3를 선보인다. 추제는 Z3 컴퓨터가 '이진 부동 소수점' 연산을 할 수 있다고 주장한다. 다시 말해 추제는 디지털 컴퓨터를 개발하여 오늘날 모든 정보기술이 구축되는 기술적 기반을 만들었다.[49]

'디지털digital'이란 단어는 손가락을 뜻하는 라틴어 단어 디기투스digitus

에서 유래되었다. 디지털 세계 이면에는 세상을 0과 1로 나누는 이진법 원리가 숨어 있다. 컴퓨터는 '이산형 개체'라고도 하는 두 개의 숫자 0과 1로 전 세계를 설명하고 다양한 기능을 실행하기에 충분하다.

반면에 아날로그 데이터는 단계가 없이 계속 이어진다. 많은 트랜스휴머니스트에게 이 사실은 대단히 중요한 관심사다. 특히 철학에서는 '존재란 무엇인가?'라는 질문이 항상 대두된다. 정말 0과 1이 연속으로 나타나면 존재에 관해 표현할 수 있을까? 마인드 업로딩과 같은 트랜스휴머니즘 비전이 실현된다면 어떤 일이 벌어질까? 인간의 의식이나 인격처럼 복잡한 부분을 디지털 데이터로 변환할 수 있을까? 이 질문에 대한 답은 나중에 다시 언급하겠다.

일단 콘라트 추제에게로 다시 돌아가 보자. 세계 최초로 작동하는 컴퓨터를 만들었다는 추제의 공로는 반박의 여지 없이 인정해야 한다. 그러나 그가 컴퓨터 분야의 선구자로서 세계적 명성을 얻었다고 주장하긴 힘들다. 사실상 추제의 이름은 소수의 전문가 사이에만 알려져 있다. 이는 누군가 잘못된 시간과 잘못된 장소에 있을 때 생기는 단점이다. 1941년에는 독일이 일으킨 제2차 세계대전이 한창 격렬하게 벌어지고 있었다. 나치 독일 출신의 엔지니어가 신식 컴퓨터를 개발했다고 해서 이를 축하해 줄 만한 분위기가 아니었다.

반면에 정보기술의 또 다른 선구자는 세계적 명성을 얻는다. 영국 수학자 앨런 튜링(Alan Turing, 1912~1954)이다. 그는 오늘날 가장 영향력 있는 컴퓨터 공학자이자 인공지능 연구의 정신적 아버지로 평가받는다. 튜링은 1936년에 이미 튜링 기계를 고안했는데, 이것은 물리적 컴퓨터가 아니라 추상적인 수학적 자동기계에 불과했다. 이때 최초로 특정 문제를 해결하는 알고리즘에 명확하게 정의된 일련의 지침이 사용되었다.

튜링은 제2차 세계대전 당시 영국 비밀 정보국에서 일하게 되는데, 이때 실행한 작업은 튜링이 계속 발전하는 요인이 된다. 영국 정보국 소속 사람들은 독일군이 보내는 암호화된 무선 메시지를 해독하는 난제에 마주한다. 당시 독일군은 에니그마라는 정교한 암호 체계를 사용하고 있었다. 잠수함 전쟁은 물론이고, 전쟁 전반에 걸쳐 독일군의 무선 암호를 해독하여 그들의 작전을 미리 알아내는 일이 매우 중요했다. 튜링 같은 수학 천재는 이 일을 해낼 적합한 인재였다. 실제로 튜링과 그가 속한 소규모 팀은 바로 이 사명을 완수한다.

튜링이 전쟁에 얼마나 결정적인 역할을 했는지는 영국 한 고위직 장군의 발언을 보면 알 수 있다. "튜링 덕에 전쟁에서 이겼다고 주장하고 싶지는 않다. 하지만 그가 없었다면 우리는 아마 졌을 것이다." [50] 그러나 국가의 고마움은 곧 부끄러운 일이 된다. 튜링은 동성애자였다. 당시 동성애는 범죄로 여겨졌기에 튜링은 강제로 화학적 거세를 당한다. 이 때문에 튜링은 심각한 우울증에 걸려 1954년 스스로 목숨을 끊는다.

AI 연구와 관련하여 튜링의 업적은 자신의 이름을 딴, 알고리즘으로 표현할 수 있는 한 가장 세분화된 문제까지 해결 가능한 튜링 기계만 남긴 것이 아니다. 그는 기계의 '지능'을 표현할 수 있는 표준 테스트도 만들었다. '튜링 테스트'는 기계가 인공지능을 갖췄는지 판별하는 실험으로, 컴퓨터와의 질의응답 과정에서 컴퓨터의 반응이 인간의 반응과 다를 바가 없을 때 테스트를 통과한 걸로 간주한다. 현재 수많은 인공지능 프로그램이 튜링 테스트 기준을 충족한다고 주장한다.

이런 인공지능 프로그램을 활용해 비즈니스 모델을 만든 회사들도 있다. 대다수 성인 대화방 업체는 이제 인간이 아닌 챗봇이 전화를 받는다. 하지만 통화 상대가 챗봇이란 사실을 아는 이용자는 거의 없다. 인간과 챗봇의 대화는 딱히 깊이 있는 내용이 아니다. 챗봇은 다른 생활 영역에도 자리 잡았다. 학생들은 이제 챗GPT의 인공지능 프로그램을 사용해 숙제하는 데 거리낌이 없다. 많은 사람이 아마존의 '알렉사'나 아이폰의 '시리'와 가족처럼 친근하게 대화한다.

AI 연구가 본격적으로 시작된 시기는 1956년 뉴햄프셔의 다트머스대학에서 학술회의(일명 다트머스 회의)가 열렸을 때로 본다. 존 매카시가 주최한 이 8주간의 회의에는 당대의 저명한 발명가와 컴퓨터 공학자 및 개발자 등이 참석했다. 참석자들은 이내 기계가 지능적인 사고를 할 수 있다는 결론에 다다랐고, AI란 용어가 처음 등장했다. 회의에 참석한 전문가들은 1~2년 이내에 범용 인공지능AGI, Artificial General Intelligence이 등장하리라 예측했다. [51]

하지만 시간은 그보다 더 걸렸고, 좌절도 있었다. 1980년대에는 자동 번역 프로그램에 큰 기대를 걸었다. 그러나 AI 연구자들은 문맥에 따라 같은 단어도 다른 의미로 읽힌다는 점을 간과해 버린다. AI 번역물은 도저히 이해할 수 없는 경우가 많았고, 의도와 다르게 우스꽝스러울 때도 있었다. 실망감은 컸고 투자자들은 투자를 철회한다. 이후 'AI의 겨울'로 불리는 시기가 이어진다.

이후 AI 연구는 인터넷이 전 세계적으로 보급되면서 부흥기를 맞이한다. 인터넷의 역사는 1960년대 초 미국 국방성과 MIT가 아르파넷ARPAnet, Advanced Research Project Agency Network을 개발하면서 시작되었다. 관련 기관 정보 공유를 위한 이 네트워크는 1990년 2월에 미 국방성 결정에 따라 폐쇄되었다. 이는 인터넷의 상업적 사용 시작을 알리는 신호였다.

제네바 인근의 유럽입자물리연구소CERN에서 근무하던 팀 버너스 리는 월드와이드 웹 전용 소프트웨어를 만든다. 더불어 전자 문서 구성에 필요한 마크업 및 홈페이지 설명 언어인 HTML도 만든다. 이렇게 폭발력 있는 매체를 통해 AI는 새로운 응용 방안과 발전 가능성을 발견한다.

1997년 IBM의 슈퍼컴퓨터 '딥 블루'가 세계 체스 챔피언 게리 카스파로프를 이기면서 발전한 AI 연구가 대중 앞에 화려하게 등장한다. 트랜스휴머니즘의 선구자 커즈와일은 이미 1990년에 이러한 광경을 예측한 바 있다.[52] 체스는 까다로운 심리 스포츠 중 하나다. 체스를 잘 두는 사람은 천재라는 명성을 얻는다. 그러면 기계가 세계 체스 챔피언을 이기려면 얼마나 똑똑해야 할까?

흥미롭게도 인공지능 연구자들은 '딥 블루'의 승리를 인공지능의 위대한 승리로 보지 않는다. 딥 블루는 연산 능력이 뛰어나다는 강점이 있다. 빠른 계산 능력은 컴퓨터의 품질을 좌우한다. 그러나 이 계산 능력과 지능의 관련성은 제한적이다. 2016년 구글의 '알파고'가 세계 최고의 바둑기사 이세돌을 이겼을 때 상황은 급변한다. 바둑은 체스보다 훨씬 더 복잡한 게임이다. 바둑은 체스보다 더 넓은 공간에서 더 많은 경우의 수를 사용할 수 있다. '딥 블루'가 카스파로프와 대결할 당시 사용한 '무차별 대입Brute-force 알고리즘'으로는 바둑을 두지 못한다.

그래서 구글은 알파고에 완전히 다른 프로그램을 적용한다. 바로 기계학습과 인공 신경망(딥러닝)을 결합한 것이다. 알고리즘 훈련을 위해 연구원들은 먼저 공개 데이터베이스에서 액세스할 수 있는 아마추어 대국 10만 개를 알파고에 입력한다. 이후 알파고는 수백만 번의 대국을 거쳐 스스로 학습한다. 이 과정에서 알파고는 능력을 점차 발전시켜 나간다. 이세돌은 패배 후 "부담감을 느꼈다"고 말하며 예상치 못한 기계의 '창의성'에 놀란 모습을 보인다. 다른 유명 바둑 기사들도 이세돌과 비슷한 반응을 보였다. '알파고'는 초반부터 전문가들을 고심하게 만드는 수를 두었고, 결국 이것이 전략적으로 맞아떨어졌다는 사실을 입증해 낸다.

그 사이 알파고의 새로운 버전 '알파고 제로'가 등장한다. 알파고 제로는 인간이 미리 입력한 자료 없이 스스로 학습하면서 끊임없이 자신을 완성해 가고 있으며, 모든 부분에서 이전 '알파고'를 능가한다. 구글 프로그래머들은 '알파고 제로'가 작동하는 알고리즘을 자신들도 더는 이해할 수 없다고 인정한다. 인간은 계산에 빠르기만 하던 컴퓨터 '딥 블루'와는 완전히 다른 차원의 인공지능 세계에 점차 진입하고 있다. 최신 번역 프로그램도 이런 원리에 따라 작동한다. 현재 가장 정밀한 인공지능 번역기인 딥엘DeepL은 그 이름에 이미 딥러닝 원리가 보인다. 딥엘 번역기 역시 지속해서 스스로 학습한다.

여기서 확실하게 말할 수 있는 부분은, '알파고'와 '알파고 제로'가 뛰어난 바둑 실력을 자랑한다는 점과, 딥엘 번역기는 훌륭한 번역물을 제공한다는 점이다. 하지만 이런 프로그램은 특정 목적 이외의 일은 아무것도 하지 못한다. 냉장고가 비었을 때 장 보러 갈 생각을 아예 못하는 것이다. 이것이 바로 전형적인 '약한 AI'의 사례다.

인공지능은 매우 전문화된 작업을 수행할 수 있으며, 특정 작업만큼은 이미 인간보다 훨씬 더 잘하는 수준에 이르렀다. 그러나 인공지능은 그저 자기가 할 수 있는 일에만 전문화된 바보다. 문제는 인간이 미래에 '강한 AI'를 만날지다. 강한 AI는 인간의 인지 기능을 가능한 한 광범위하게 대체할 것이다. 그리고 이런 AI는 우리가 이미 약한 AI를 통해 봤듯이 외부의 영향에 취약한 인간보다 더 우수하고 정확할 것이다. 그러면 호모 사피엔스 종은 심각한 경쟁에 내몰릴 수 있다.

하지만 트랜스휴머니스트는 여기에서 한 발짝 더 나아간다. 이들은 일반적으로 강한 AI뿐만 아니라 인간에게 없는 능력을 갖춘 초지능을 예견한다.[53] 초음파 내지는 적외선을 감지하는 능력이 여기에 속할지 모른다. 비교적 금방 떠오르는 예시를 들자면 그렇다는 뜻이다. 초지능이 등장하면 현재와 같은 인간은 단종 모델 취급을 받을 것이다. 그러면 인간은 최소한 과거의 '만물의 영장' 정도로만 남을지도 모른다.

인공지능의 시작과 현재

클라이네궁크 ◇ 유전자 강화보다는 인공지능이 덜 감정적인 주제인 것은 분명합니다. 이러한 경향은 우리 모두가 이미 인공지능과 함께 살고 있고, 언론에서도 이 인공지능이 얼마나 중요한지 매일 보도하는 것과 관련이 있을까요?

조르그너 ◇ 정말 인공지능이 감정적인 주제가 아니라고 생각하시는지요? 일반 대중은 아직 그렇게 두려워하지 않을 수도 있지만, 스티븐 호킹이나 일론 머스크 같은 사람들의 말에 따르면 인간은 이미 몰락의 시나리오를 향해 가고 있거든요. 이들은 AI로 인해 인간이 가장 큰 도전에 직면할 것이라고 계속 강조하면서, 언젠가 AI가 인간에게 등을 돌려 인류를 파괴할지 모른다는 불안감을 조성하고 있습니다. 하지만 이런 우려는 일반 대중보다는 AI 기술 개발의 선두에 서 있는 기업가들이 하는 게 맞습니다.

클라이네궁크 ◇ 인간이 현재 체험하고 있는, 일반적으로 널리 퍼진 AI는 약한 AI입니다. 이 약한 AI는 사실 '전문화된 바보'나 다름없습니다. 한 가지는 월등히 잘하지만, 다른 모든 것들은 인간의 능력에 미치지 못하거든요. 제가 운전할 때 사용하는 내비게이션은 당연히 저보다 길을 잘 찾습니다. 그렇다고 내비게이션이 제 인생 전체를 빼앗아갈까 봐 두렵거나 하진 않아요. 내비게이션은 길을 안내하는 일만 할 뿐 그 외 일은 못 하니까요. 진정한 위험은, 인공지능이 자기 전문 분야를 뛰어넘어 전반적으로 인간 능력을 능가하는 강한 AI가 나타날 때 찾아올 겁니다. 그렇게 된다면 언젠가 인간이 불필요한 존재가 될지 모른다는 두려움이 생길 수밖에 없겠죠.

조르그너 ◇ 하지만 일부 약한 AI도 인간에게 등을 돌리거나, 적어도 큰 피해를 줄 수 있어요. 예를 들어 월스트리트에서 사용하는 AI를 생각해 보죠. 실제로 월스트리트에서는 이미 그곳의 중개인보다 더 빠르고 신뢰할 수 있는 약한 AI를 사용하고 있습니다. 현재 에티오피아의 옥수수가 아주 저렴하다면, 그 정보를 바탕으로 AI가 옥수수를 대량 구매하는 결정을 내릴 수 있습니다. 이 결정은 에티오피아의 옥수수 공급에 차질을 주겠지요. 그러면 현지 옥수수 가격이 상승하고, 정작 에티오피아 주민은 옥수수를 사지 못해 기근이 번지는 결과로 나타날 테고요. 이런 관점에서 보면 알고리즘 중개인이 내린 결정이 이미 인간의 생명을 위협하는 수준에 다다랐다고 볼 수 있습니다.

클라이네궁크 ◇ 물론 AI는 도덕이란 걸 모릅니다. 그렇다고 전형적인 월스트리트 중개인들에게 반드시 윤리의식이 있다는 말은 아니지만요.

조르그너 ◇ 당연히 AI는 돈을 벌고 수익을 극대화하는 데 가장 큰 관심이 있겠죠. 그래도 여전히 알고리즘은 인간 중개인보다 더 많은 문제를 일으킬 수 있습니다. 아니면 새로운 발전이라고 할 만한 중요한 점이 있을지요?

클라이네궁크 ◇ 사실 전 발전이랄 게 아직 없다고 생각합니다. 현재의 컴퓨터는 지금까지 인간이 해왔던 일을 보다 많이 보다 효율적으로 할 뿐이지요. 이런 일은 도덕과는 거의 상관이 없습니다. 마침 도덕성 얘기가 나와서 말이지만, 트랜스휴머니스트는 이 점에서 앞서 나가고 있죠. 트랜스휴머니스트에게 로봇과 AI는 단순히 계산하는 기계가 아닙니다. 인권과 마찬가지로 권리를 논할 대상이지요. 그러니 미래의 로봇과 AI는 현재로선 아직 갖추지 못한 일종의 도덕성을 개발해야 할 겁니다. 그런 다음에야 언젠가 때가 됐을 때 로봇과 AI가 인간과 동등한 위치에서 그에 상응하는 권리를 누릴 수 있지 않을까요?

조르그너 ◇ 기본적으로 서양 역사에서 개인의 권리와 존엄성, 지위는 인간에게만 부여된 것이었습니다. 시간이 흐르면서 도덕적 속성을 지닌 모든 생명체와 존재를 배려해야 한다는 견해가 점차 우세해졌지요. 이때 특히 고통을 인지하는 요소가 도덕적 속성과 관련 있는 것으로 보입니다. 고통받을 수 없는 존재에게 도덕적인 배려를 해주어야 할까요? 오랑우탄이 고통을 느낀다면 오랑우탄 역시 인간만큼 존중받아야 합니다. 아르헨티나의 경우, 대법원이 이를 인정하고 오랑우탄에게 인간과 동등한 지위를 부여했습니다. 그 결과 동물원에 갇힌 오랑우탄을 야생으로 풀어줘야 했지요. 오랑우탄뿐만 아니라 인격화된 AI에게도 이러한 도덕적 속성이 존재한다면, 원칙상 그에 맞는 배려를 하는 게 맞지 않겠느냐 하는 의문을 제기할 수 있겠죠.

인지적 고통이 가능하다는 생각은 적어도 제 눈엔 그럴듯해 보입니다. 칼로 손가락을 자르면 신체적으로 고통이 느껴지잖아요. 누군가가 저를 모욕하면 몸이 아니라 마음이 아플 테고요. 인식의 자각이 먼저 이뤄집니다. 저를 모욕한 사람이 제가 마땅히 존중받아야 한다고 생각하는 만큼 절 존중하지 않는다는 사실은 제게 상처가 됩니다. 그러나 이것은 아물지 않은 상처로 생기는 신체적 고통과는 크게 다른 인지적 고통입니다. 미래의 충분히 발달한 AI라면 이런 인지적 고통을 경험하겠지요. 그렇다면 발달한 AI도 하나의 인격체로 간주하고 존중해야겠죠. 혹시 제 생각이 너무 지나친가요?

클라이네궁크 ◇ 저는 컴퓨터가 다운되거나 제가 원하는 대로 작동하지 않으면 종종 욕을 하곤 하는데요. 컴퓨터가 감정이 상하지 않았으면 좋겠네요. 컴퓨터가 감정을 느낀다면 앞으로는 제 행동을 고쳐야죠(웃음). 솔직히 저는 장차 컴퓨터를 정중하게 다루는 일보다 인공지능이 제게 어떤 행동을 취할지에 관심이 더 많습니다. 앞으로 AI가 점점 더 성능이 좋아진다면 위험하지 않을까요?

조르그너 ◇ 매우 구체적인 사례를 들어보죠. 바로 자율주행 자동차에 사용되는 AI입니다. 이는 계속 논의 중인 사항으로, 앞으로 도덕적 평가가 필요합니다. 이미 자율주행 자동차는 인간이 운전하는 것보다 신뢰할 만한 수준입니다. 하지만 자율주행 자동차도 브레이크 고장 같은 사고가 언제든지 발생할 수 있지요. 그런데 이러한 사고가 발생했을 시 AI가 개입할 가능성도 있고, 알고리즘이 어떻게 반응해야 하는지 의문점도 생깁니다. 도덕적 알고리즘은 어떤 논리를 따라야 할까요? 도로 위에 사람이 서 있다는 사실을 AI가 인식했을 때, 도덕적 알고리즘은 분명 어떤 영향을 미칠 가능성이 있습니다.

MIT의 '모럴 머신 테스트Moral Machine Test'를 보죠. 이는 자율주행 차량이 사람이 길 위에 있을 때 어떤 반응을 보이는지 알아보는 프로그램으로 온라인에 공개되어 있습니다. 이때 AI는 선택을 해야 합니다. 도로에 노인 둘이 있다면 계속 차량을 직진시켜 노인들을 칠 것인지, 또는 도로에 젊은 임신부가 있다면 왼쪽으로 방향을 틀 것인지와 같은. 이때 도덕적으로 올바른 선택이 무엇인지 의문이 생깁니다. 만약 제게 의사결정권이 있다면, 저는 이렇게 프로그래밍할 의무가 있지 않을까요? 한쪽에는 사람이 한 명 있고 다른 쪽에는 열 명이 있을 땐 한 사람보다 열 명을 구하는 것으로요. 물론 여기서 저는 심각한 도덕적 결정을 내려야 하는 고민에 빠집니다.

클라이네궁크 ◇ 하지만 그 결정도 결국 기계에 프로그래밍된 알고리즘에 불과합니다. AI가 결정한다고 해서 기계가 윤리적으로나 도덕적으로 행동하는 존재가 되지는 않아요.

조르그너 ◇ 알고리즘상에 도덕성이 존재한다면 당연히 딥러닝을 통해 가치와 규범을 스스로 진화시킬 가능성도 있습니다. 단 인간이 먼저 도덕 개념을 프로그래밍하고 디지털 데이터로 전환해야겠죠. 이것이 현재 깊이 있게 논의 중인 기계 윤리 영역의 한 부분입니다. 이 개념을 더 발전시킬 수도 있습니다. 수많은 정치적 의사결정 과정의 문제점은 정치인 스스로도 생각하기를 좋아한다는 부분일 겁니다. 정적에 대한 정보를 입수라도 한다면 그 정보를 본인에게 유리하게 사용하려 하죠. 그들은 공급을 배분할 기회가 생긴다면 관련 비용을 더 높게 부르려고 안간힘을 쓸걸요. 그리고 정치인이 대개 자신의 권한을 넓혀 친구나 지인을 위해 어떤 일을 해줄 수 있다면, 이를 이용하는 사람도 반드시 있습니다. 반면에 우리가 정치 영역에서 알고리즘을 사용할 수 있다면 인격화된 알고리즘이 더 좋은 정치인이 되거나, 요즘 정치인보다 더 나은 의사결정을 할 수도 있을 겁니다.

클라이네궁크 ◇ 현재 정치권 인사들의 행태를 보면 더 똑똑하면서 더 나은 대안을 제시하는 일이 그리 어려운 일만은 아니라고 생각되네요(웃음).

마인드 업로딩, 디지털 영생은 가능할까

— 베른트 클라이네궁크

트랜스휴머니즘에는 확실히 수없이 멋진 아이디어가 담겨 있다. 그중에서도 마인드 업로딩보다 더 기상천외한 아이디어는 없을 것이다. 인간의 뇌를 실제로 디지털 저장 매체에 옮기는 일이 가능할까? 인간의 의식을 클라우드에 업로드할 수 있을까? 탄소 기반의 생물체인 인간 존재를 새로운 형태인 규소에 기반한 존재로 바꿀 수 있을까?

일단 두뇌의 백업 사본을 만든다는 발상은 의학적인 관점에서도 나쁘지 않다. 전 세계적으로 신경 퇴행성 질환이 증가하는 추세다. 《독일 의학 저널》은 한때 치매를 가리켜 '21세기 전염병'이라고 칭했다. 충분히 공감할 수 있는 표현이다. 본래 치매는 노년기에 발생하는 질병이다. 기대 수명이 늘어나면서 치매를 앓는 사람이 늘고 있다. 독일에서는 현재 170만 명이 치매를 앓고 있다. 그리고 매년 새로운 30만 명 이상의 치매 환자가 발생하고 있다.

치매에 민감하게 구는 이유는 효과적인 치료법이 현재로선 존재하지 않기 때문이다. 심도 있는 연구에도 불구하고 제약 업계는 아직 치매에 효과를 보이는 약물을 개발하는 데 성공하지 못했다. 그러므로 기억을 완전히 잃기 전에 뇌의 '백업 사본'을 만드는 것은 충분히 의미 있는 일이 될 것이다.

문제는 단 하나, 이것이 가능하냐는 점이다. 많은 전문가가 뇌의 백업 사본을 만드는 일은 불가능하다고 말한다. 인간의 뇌는 사본 작업을 하기엔 너무 복잡한 구조로 만들어져 있다. 하지만 1990년대 초 인간 유전자 전체를 해독하기 위한 '인간 게놈 프로젝트'가 시작되었을 때 많은 유전학자와 생물학자들도 이와 비슷한 주장을 했다. 염기쌍 30억 개를 올바른 순서로 해독할 수 있을까? 불가능해 보였다. 당시에는 해독에 필요한 컴퓨터 용량도 충분하지 않았다. 그런데 이로부터 10년이 지나자 유전자 염기쌍 해독은 거의 완료 단계에 접어들었다. 이 대규모 과학 프로젝트에 투입된 비용만 30억 달러. 전 세계 수십 개 연구 단체가 이 프로젝트에 참여했다. 그렇다면 지금은 어떤가? 성능 좋은 장비를 갖춘 연구소라면 반나절 만에 인간의 유전자 전체를 분석할 수 있다. 여기에 드는 비용은 고작 1,000유로로도 되지 않는다.

유전자 코드를 해독하고 난 후 남은 건 결국 신경 암호를 해독하는 일 말고 뭐가 있겠는가? '인간 게놈 프로젝트'에 이어 '인간 두뇌 프로젝트 Human Brain Project'가 이어진다. '인간 두뇌 프로젝트'는 트랜스휴머니즘 속 환상이 아니라 명확한 목표가 설정된 세계적 과학 컨소시엄이다. 이 컨소시엄에서는 인간의 뇌를 컴퓨터와 1대 1로 매치시켜 재현한다. 이 작업을 아직 마인드 업로딩이라고 할 수는 없지만, 마인드 업로딩의 기반이 되는 것은 확실하다. 자기 뇌를 다른 매체에 전송하려면 먼저 뇌를 전체적으로 이해하고 분석해야 한다. 그것도 분자 단위로 말이다.

이 '인간 두뇌 프로젝트'는 '인간 게놈 프로젝트'와는 완전히 다른 차원의 이야기다. 게놈 프로젝트에서는 DNA에 염기쌍 30억 개가 '단지' 일렬로 늘어서 있기만 했다. 두뇌의 경우 3차원 공간 속 870억 개 신경 세포 각각에 연결된 1,000여 개의 결합 부위를 다룬다. 현재 컴퓨터로는 두뇌 시뮬레이션을 실행하지 못한다. 그러나 이미 말했듯 '인간 게놈 프로젝트'를 시작할 때도 컴퓨터 용량이 부족했다. 양자 컴퓨터를 앞으로 수년 내에 사용할 수 있게 된다면, 최소한 컴퓨터 용량이 부족해서 프로젝트가 실패하는 일은 없을 것이다.

오히려 어려움은 다른 영역에 있다. 인간 유전자는 신체 각 세포에 온전한 형태로 존재한다. 신체 표면을 문지르거나 혈액 검사를 하면 세포 표본을 통해 쉽게 얻을 수 있다. 이렇게 얻은 세포를 모든 기능 및 실험 분석 원칙에 따라 차례로 배열하면 된다.

하지만 두뇌는 세포와 다르다. 뇌는 머리 속 공간 안에 뼈로 둘러싸여 있다. 생쥐를 이용한 실험에서는 뇌를 적출해 아주 얇은 조각으로 잘라 전자 현미경으로 신경 구조를 분석한다. 하지만 살아 있는 인간에게는 이런 방법을 쓰기가 요원하다. 이것이 바로 마인드 업로딩을 주목하는 이유다.

현재 우리는 MRI나 양전자방출단층촬영PET과 같은 영상 장비에 의존하여 뇌를 관찰한다. 이런 장비를 활용한 영상의 이미지는 점점 더 정확해질 테지만, 지금은 개별 세포 내지는 세포의 결합 부위를 나타내는 데 사용할 정도로 정밀하지는 않다. 이 같은 상황은 당분간 변하지 않을 것이다. 하지만 트랜스휴머니스트는 바로 이런 시점에서 문제를 해결할 고수를 떠올린다. 또다시 레이 커즈와일이다. 커즈와일은 자주 언급하는 나노봇을 이용해 뇌 속을 수백만 번 관찰하고 뇌 구조 관련 데이터를 외부로 전송하고자 한다.

또 다른 문제는 인간 유전자는 대체로 안정적이라는 것이다. 때때로 돌연변이로 인해 변할 가능성은 있다. 그러나 본래 유전자 코드를 구성하는 DNA의 염기쌍 서열은 태어날 때부터 죽을 때까지 똑같이 유지된다. 신체의 모든 세포가 마찬가지다. 하지만 두뇌는 완전히 다르다. 뇌는 끊임없이 변한다. 인간은 오랜 세월 다음과 같은 질문을 던져왔다. 실제 지식은 뇌의 어느 곳에 저장되는가? 인간이 무언가를 배우거나 경험할 때 뇌에서는 어떤 일이 일어나는가? 오늘날 우리는 지식 저장과 학습 및 경험 활동이 새로운 시냅스, 즉 신경 세포 사이의 연결 지점이 새롭게 형성될 때 일어난다는 사실을 알고 있다. 새로운 것을 배우면 새로운 시냅스가 만들어진다. 배운 것을 반복하면 시냅스가 강해진다. 그러나 그 반대의 일도 가능하다. 시냅스를 오랫동안 사용하지 않으면 퇴행한다. 다시 말해 망각하는 것이다.

따라서 인간의 뇌는 끝없는 개조 과정에 있다. 이 책을 다 읽고 나면 여러분의 뇌는 예전과 다른 구조가 형성될 것이다. 이러한 맥락에서 신경과학자들은 뇌가 '가소성'이 있다고 말한다. 바로 두뇌가 끊임없이 변형된다는 뜻이다. 마인드 업로딩은 '의식'이나 '자기 기억'을 업로드할 수 있다는 말이다. 이런 업로드는 고작해야 아주 구체적인 순간의 두뇌 상태를 반영하는 데서 그친다. 업로드 다음 날만 되어도 뇌 구조는 완전히 달라진다. 예를 들어 내가 트랜스휴머니즘에 관한 흥미진진한 책을 읽기 시작하고 난 다음 날에는 나의 뇌가 전날과 완전히 다른 모습일 수 있다.

여기서 문제는 더 복잡해진다. 많은 IT 과학자에게 뇌는 머릿속에 들어 있는 일종의 컴퓨터와 같다. 신경 세포는 서로 연결되어 정보를 전달한다. 인간은 이런 사실을 소프트웨어 개발을 통해 깨닫게 되었다고 할 수 있다. 우리는 이런 식으로 뇌에서 일어난 일을 재현할 수 있다. 많은 트랜스휴머니스트가 IT 분야에 종사하는 것은 다 이유가 있다.

하지만 뇌는 컴퓨터보다도 복잡하다. 앞서 언급한 시냅스 연결은 정보를 현재 컴퓨터의 경직된 이진법 형식으로 전송하지 않는다. 컴퓨터는 0과 1만 알고 있다. 하지만 인간의 뇌는 시냅스 간에 정보를 전달하기 위해 일명 신경 전달 물질을 사용한다. 신경 전달 물질은 두뇌의 호르몬과 같다. 이런 물질에는 수십 종류가 있다. 어떤 전달 물질이 우세한지에 따라 전달되는 정보는 완전히 다른 '감정적 색채'를 띤다. 예를 들어 우리가 잘 아는, '행복 호르몬'으로 불리는 세로토닌은 정보를 전달할 때 가장 자주 사용되는 전달 물질 중 하나다. 세로토닌이 없거나 충분하지 않으면 우울해진다. 이는 우울증으로 이어질 수 있으며, 현재 많은 신경과 전문의가 세로토닌 결핍을 질병으로 취급한다. 도파민 같은 다른 신경 전달 물질은 성공을 거둔 이후에 일종의 보상 쾌감을 느끼게 만든다. 이는 좋기도 하지만 문제가 되기도 한다. 많은 약물이 도파민 시스템에 직접적으로 작용하기 때문이다. 이렇게 약물의 힘을 빌리면 노력하지 않아도 원하는 대로 기분 좋은 상태를 만들 수 있으므로 중독될 위험이 있다.

컴퓨터는 신경 전달 물질과 연관된 모든 것을 전혀 알지 못한다. 컴퓨터는 우울증에 빠지는 경향도 없고, 특별히 즐겁게 일을 처리한다는 인상도 주지 않는다. 그리고 컴퓨터가 '다운'되더라도 그것은 알코올이나 약물 사용과는 거의 관련이 없다.

이런 컴퓨터의 특성은 마인드 업로딩 분야에 시사하는 바가 있다. 870억 개 신경 세포 및 모든 결합 부위를 정확하게 재구성하는 일만으로는 충분하지 않다. 두뇌는 뉴런으로 구성된 단순한 생체 컴퓨터 이상의 존재다. 뇌는 수많은 신경 전달 물질에 의해 형성된다. 이 신경 전달 물질은 종종 외부의 영향을 받기도 한다. 화창한 봄날, 맛있는 식사, 사랑하는 사람을 바라보는 일이나 라디오에서 좋아하는 유행 음악을 듣는 것만으로도 생각이 완전히 다른 방향으로 바뀐다는 사실은 누구나 경험으로 알고 있다. USB 스틱에 저장하거나 클라우드에 업로드된 뇌도 이와 비슷한 감정을 느낄까? 일부 트랜스휴머니스트는 그렇다고 확신한다. 그러나 많은 신경과학자는 이에 대해 회의적이다.

마인드 업로딩의 기술 문제는 잠시 제쳐두고, 미래 세대가 모든 사람이 만족할 만한 해결책을 제시한다고 가정해 보자. 그러면 몇 가지 철학적 질문이 떠오른다. '나'는 정말 머릿속의 의식으로만 존재하는가? 아니면 아무리 늙고 허약한 신체라도 나에 포함되는 것인가? 나의 뇌를 그대로 복제한 것은 정말 내 것인가? 아니면 그저 복사본에 불과한가?

다른 맥락에서 고대 그리스인들은 다음과 같은 문제에 몰두한다. 플루타르코스(Plutarch, 45~120년경)는 테세우스의 생애를 다룬 자신의 저서에서 다음과 같은 사고 실험을 제안한다. 기원전 13세기에 살았던 전설적인 테세우스 왕을 존경하는 마음에서 그리스인은 테세우스의 배를 항구에 보관한다. 이 배는 원래 목재 및 기타 유기 물질로 만들어졌기에 계속적으로 배의 부품을 복구하고 교체해야 했다. 그렇게 200년이 흐르고 나니 배의 원래 부속품은 아무것도 남지 않았다. 배를 구성하는 부품은 전부 원본을 정밀하게 복제하여 배의 외관에는 아무런 변화가 없었다. 이 시점에서 플루타르코스는 정체성과 연속성이라는 주제를 놓고 끝없이 펼쳐지는 철학 논쟁의 시발점이 된 질문을 던진다. 원래 존재하던 부품을 전부 교체한 이 배는 실제로 테세우스의 배라고 할 수 있는가?

플루타르코스의 질문을 현대에 적용해 보자. 신경 전달 물질 문제가 해결되었다고 가정하고, 컴퓨터가 인간의 뇌를 1대1로 복사했다면, 이 뇌는 실제로 인간의 의식을 대표한다고 볼 수 있는가? 아니면 또 다른 별개의 존재인가? 복제된 나는 그래도 여전히 나 자신인가?

마인드 업로딩이 성공한다면 또 다른 흥미로운 의문이 생겨난다. 내 의식이 어떤 저장 매체에 한번 업로드되면, 누가 내게 그 의식을 다시 다운로드하라는 의무를 내릴까? 원칙적으로 업로드한 의식은 여러 생물학적 신체나 기계 및 가상의 신체로 옮길 수 있다. 인간은 나이 들지 않고 살면서 여러 형태로 존재할 것이다. 리하르트 다비트 프레히트의 유명한 저서 《내가 아는 나는 누구인가》를 보면 다시금 완전히 다른 차원의 개념을 깨닫게 된다.

마인드 업로딩에 대한 생각은 자극적이진 않지만 수많은 트랜스휴머니스트를 매료시킨다. 마인드 업로딩은 자기 자아를 최적화하는 데서 그치지 않고 자아를 증대시킨다. 기본 의식이 똑같은 여러 자아는 각자의 길을 가기도 하고 서로 다른 경험을 할 수도 있다. 어쩌면 우주를 여행할지도 모른다. 업로드된 의식이 하는 우주여행은 냉동 보관한 신체가 우주여행을 떠나는 것보다 훨씬 수월하다. 언젠가는 많은 자아가 우주 끝에서 만나 아주 재미있는 대규모 '재통합 파티Reunification Party'를 열게 될지도 모른다. 수많은 트랜스휴머니스트가 상상할 수 있는 모든 것은 실현 가능하다는 원칙을 고수한다.

　과거 공상과학소설에만 등장하던 많은 이야기가 오늘날 이미 과학적 사실이 되었다. 따라서 꼭 수년 내로 마인드 업로딩 실현 계획을 세울 필요는 없지만, 마인드 업로딩을 계속 주시하고 있어야 한다.

대·담

복제된 나는 그대로의 나인가

조르그너 ◇ 트랜스휴머니스트와 트랜스휴머니즘 비평가 모두 마인드 업로딩이 트랜스휴머니즘의 핵심이라고 말하는 것을 여러 행사에서 반복적으로 듣습니다. 그럴 때마다 저는 '트랜스휴머니즘'이란 용어를 만든 줄리안 헉슬리조차 '마인드 업로딩'이라는 표현을 사용하지 않았다고 대답하는데요. 그러나 대부분의 사람들이 마인드 업로딩에 심취한 듯 보입니다. 넷플릭스 시리즈나 할리우드 영화에서도 마인드 업로딩은 인기 있는 주제이지요. 교수님은 마인드 업로딩에 대해 어떻게 생각하십니까?

클라이네궁크 ◇ 극단적인 아이디어일수록 더 매력적으로 보이는 것 같아요. 트랜스휴머니즘도 마찬가지입니다. 사람들에게 트랜스휴머니즘에 관해 물어보면 마인드 업로딩을 떠올리는 거죠. 다른 쪽에서도 이렇게 과장하는 경향이 나타나는 듯 보입니다. 급진적 수명 연장만으로는 충분하지 않으니 영생을 달성해야만 한다, 나노 기술 발전만으로는 부족하니 나노봇이 인간의 뇌 속을 휘젓고 다녀야 한다, 이런 주장들 말이에요. 이렇게 극단적인 생각을 일부 트랜스휴머니스트 말고도 트랜스휴머니즘과 관련 없는 외부 분야에서도 하고 있습니다. 이런 생각은 매력적으로 보일 수 있지만, 자칫하면 미치광이 취급을 받기 쉽습니다. 과학에 대한 이해가 조금이라도 있는 사람이라면 이내 거부 의사를 내비치겠죠. 그런 의미에서 좀 자제하는 것이 좋을 듯싶습니다.

조르그너 ◇ 세계에서 가장 부유한 사람조차 30년 안에 인격을 디지털화할 수 있다고 생각하는걸요. 이런 생각을 하는 사람은 어리석지도 않을뿐더러 인격의 디지털화 문제에 대해 과학 지식을 기반으로 진지하게 임하고 있습니다. 일론 머스크도 물리학을 전공했죠. 인격의 디지털화는 실현하기가 매우 어렵다는 현실을 알아야 합니다. 디지털화 관련 사상을 공개적으로 논의하게 만드는 동기는 무엇일까요?

클라이네궁크 ◇ 많은 트랜스휴머니스트가 IT 분야 출신이다 보니 그런 것 같네요. 트랜스휴머니스트는 IT 전문가의 시선으로 모든 것을 봅니다. IT 전문가인 트랜스휴머니스트에게 뇌는 생물학적 컴퓨터, 뉴런은 프로세서이며, 프로세서가 충분하고 모든 프로세서가 서로 올바르게 연결되는 것은 두뇌의 시냅스에 해당하지요. 저는 우리가 인간 두뇌의 복잡성을 좀 과소평가하고 있다고 생각합니다. 뇌는 머릿속에서 작동하는 단순한 컴퓨터 그 이상의 존재입니다.

예를 들어 신경 전달 물질은 컴퓨터엔 없는 역할을 담당합니다. 일반적으로 신경과학은 이미 충분히 복잡한 뉴런에 집중하는 학문입니다. 신경세포는 두뇌의 15퍼센트에 불과하며, 나머지 85퍼센트는 신경교세포라는 물질로 채워지지요. 오랫동안 신경교세포는 큰 주목을 받지 못했지요. 신경교세포는 신경 세포를 분리해 주는 접합 물질일 뿐이며 고유 기능이 없다고 여겨졌기 때문입니다. 그런데 최근 연구 결과에 따르면 신경교세포에도 고유한 기능이 있어요. 뇌의 모든 것이 더 복잡해지고 있는 거죠. 결국 '컴퓨터에서 작동하는 것은 인간에게서도 재현할 수 있다'는 단순한 세계관은 너무 짧은 생각입니다.

조르그너 ◇ 기본 생각은 마인드 업로딩을 전제로 한 기능주의적 정신에 대한 이해에서 비롯됩니다. 두뇌의 특정 구조는 인격을 결정 짓는 요인과 연관되며, 이는 하드웨어인 신체에서 활성화되는 소프트웨어에 비유할 수 있습니다. 이 기능을 디지털화할 수 있다면 마인드 업로딩을 실현할 수 있을 겁니다. 하지만 실제로 구현하기는 쉽지 않겠죠. 기술적으로 내 두뇌 구조를 재구성한다고 하면 인위적으로 재현한 뇌를 갖게 되겠지만, 그렇다고 해서 나를 구성하는 요소가 자동으로 옮겨진다는 의미는 아니거든요. 인간의 의식을 구성하는 다른 무언가가 더 있는 것 같습니다. 그렇다면 나의 의식과 디지털로 만들어진 구조 사이에 결합점이 있어야 하겠죠.

그리고 이런 결합이 형성될 수만 있다면 이를 실현할 방법은 다양합니다. 마인드 업로딩은 탄소에 기반한 인격이 확장된 것뿐인가요? 그럼 마인드 업로딩을 통해 규소 세계로 옮겨갈 수 있다면 인격을 복제할 가능성이 있다는 의미일까요? 이런 생각은 수없이 많은 근본적 의문을 제기하게 만듭니다. 인간이 여러 의문을 지적으로 명확하게 파악하려면 아직 한참 멀었습니다.

클라이네궁크 ◇ 일단 두뇌를 만드는 고유한 요소에 집중하여 생각해 봅시다. 19세기에 많이 인용되던 신성한 불꽃이나 활력의 개념을 언급할 필요는 없겠지요. 저는 뇌를 순수하게 물질적인 기반으로 설명할 수 있다고 생각합니다. 이 기반은 복잡성이 증가하며 비롯됩니다. 하지만 이 복잡성은 세상을 0과 1로만 나누는 현재 컴퓨터 기술로는 표현하지 못합니다. 그래서 저는 마인드 업로딩이 많은 것을 재현할 수 있다는 부분에는 동의합니다. 하지만 마인드 업로딩을 통해 내가 재현하고 업로드한 것은 나 자신이나 나의 의식이 아닙니다.

조르그너 ◇ 마인드 업로딩이 가진 근본적으로 다른 접근 방식은 애초에 디지털화된 의식을 만드는 일입니다. 인간은 아날로그 세상에 살면서, 이 아날로그 세상을 디지털 세상에서 시뮬레이션합니다. 스티븐 호킹은 인간이 이미 디지털 생명을 창조했다고 가정하지요. 디지털 영역에서 진화를 거듭해 디지털 의식과 같은 개념이 등장한다면, 인간은 그저 의식을 업로드한 게 아니라 새로운 의식을 창조한 겁니다. 호킹이 디지털 생명체의 예시로 든 것은 컴퓨터 바이러스예요. 하지만 컴퓨터 바이러스를 디지털 생명체로 봐야 하는지 의문이 생기는군요. 생물학적으로 바이러스는 생명체로 분류하지 않으니까요. 컴퓨터 바이러스나 생물학적 바이러스는 모두 자체 신진대사를 할 수 없으며 숙주가 필요합니다. 이런 바이러스가 디지털 생명, 디지털 의식, 나아가 디지털 자의식을 생성하는 일은 상상하기 힘듭니다. 제가 볼 때 가까운 미래에 실제로 이런 바이러스가 등장한다는 징후는 없었어요. 그렇다고 해서 바이러스가 등장하지 않는다는 뜻은 아닙니다. 35억 년 전 지구상에 최초의 생명체가 생성됐을 때 생명체는 무기물에서 만들어졌으니까요. 그러니 무기물도 분명 생명체를 탄생시킬 수 있습니다.

클라이네궁크 ◇ 네, 생물학적으로 바이러스는 사실 생명체로 간주하지 않지요. 자체 신진대사를 할 수 없고 독립적인 번식능력이 없기 때문이죠. 따라서 생물학적 바이러스가 생명체가 아니라면 컴퓨터 바이러스도 확실히 생명체는 아닙니다. 물론 언젠가는 완전히 합성된 생명체를 만들어 결국 자주적인 의식을 갖는 방향으로 발전한다고 추측할 수는 있습니다. 하지만 의식을 가진 최초의 디지털 생명체가 탄생하기까지는 아직 갈 길이 멉니다. 그리고 이 같은 디지털 생명체의 탄생은 마인드 업로딩의 원래 목적과는 약간 동떨어져 있고요. 마인드 업로딩은 인간의 뇌와 컴퓨터를 1대1로 재현하여 복사한 후 클라우드에 업로드한다는 아이디어입니다. 지금으로서 이 일은 순수한 유토피아적 발상이라고 말해야만 합니다. 먼 미래에는 실현 가능할지도 모르지만요. 하지만 마인드 업로딩을 현재 트랜스휴머니즘 의제로 삼는 건 잘못되었다고 생각합니다.

조르그너 ◇ 교수님은 인위적으로 만들어진 의식이 존재한다고 생각하십니까? 의식은 고통을 인지하는 능력이나 기쁨 및 색깔을 인식하는 능력과 밀접한 관련이 있지요. 인간은 신체에 다양한 사물에 반응하는 센서를 갖춘 컴퓨터가 내장되어 있습니다. 그런데 컴퓨터가 어떤 형태로든 고통을 인지하는 능력을 실현할 수 있다고 생각하십니까?

클라이네궁크 ◇ 신체 의식과 마찬가지로 고통 인지 능력은 두말할 필요 없이 의식의 일부입니다. 우리는 이미 트랜스휴머니스트가 이 점을 간과하는 사례가 많다는 점을 지적했습니다. 하지만 마인드 업로딩은 신체가 없어도 발생할 수 있지요. 클라우드에 업로드된 뇌에는 신체 의식이 없습니다. 마인드 업로딩을 마친 뇌는 그저 논리적인 결론만을 나타냅니다. 물론 보스트롬이 이미 추측한 대로 업로드된 뇌의 의식이 기쁨이나 슬픔 같은 인간의 성향이 전혀 없이 자기만의 세상에 살고 있는지는 의문이 생기네요. 정말로 그렇다면, 더는 발전 없이, 실제 두뇌와 업로드된 뇌가 각자 평행세계를 형성해 두 평행세계가 평화롭게 공존하며 서로 충돌하지 않기만을 바라야죠. 고통을 모르는 인공지능은 아마 연민도 알지 못할 겁니다.

조르그너 ◇ 의식 없이도 고통을 느끼는 존재도 있습니다. 태아는 의식이 없어도 고통받을 수 있지요. 의식이 필요 없는 일종의 인지적 고통이 있을 수도 있고, 더 발전된 알고리즘이 이를 개발할 수도 있을 겁니다. 현재 우리가 사용하는 컴퓨터는 아마도 그러진 못하겠지만요.

특이점이 온다, 트랜스휴머니즘 그 너머

– 베른트 클라이네궁크

트랜스휴머니즘과 관련하여 매번 등장하는 용어 중 하나가 바로 '특이점(싱귤래리티Singularity)'이다. 트랜스휴머니즘의 선구자 커즈와일의 가장 유명한 저서가 바로 《특이점이 온다》다. 구글과 NASA가 자금을 지원하는 트랜스휴머니즘 싱크 탱크 역시 이 단어가 들어간 '싱귤래리티대학'이다. 게다가 특이점은 다른 맥락에서도 계속해서 등장하는 개념이다.

특이점은 어디에서나 접할 수 있는 용어인 만큼 불분명하기도 하다. 위키피디아에서 이 단어를 검색해 보면 얼마나 다양한 특이점이 존재하는지 놀랄 것이다. 예를 들어 천문학에서의 특이점은 '시공간이 무한히 휘어진 장소'를 의미하고, 시스템 이론에서는 '작은 원인이 큰 결과를 가져온다'라는 맥락에서 사용한다. 지리학에서는 '주변 환경과 확연히 다르지만, 지형에 중요하지 않은 대상'을 가리킨다. 이게 전부가 아니다. 지금 언급한 특이점의 내용은 전체의 절반 정도 분량이다.

커즈와일과 동료들이 특이점을 트랜스휴머니즘의 최후 비전으로 언급할 때 이 모든 의미를 염두에 두진 않았을 것이다. 이들은 사실 '기술적 특이점'을 말하고 있다. 위키피디아는 기술적 특이점을 다음과 같이 설명한다.

인공지능이 인간의 지능을 초월하여 자신을 빠르게 개선하고, 새로운 발명품을 만들어내며, 향후 인류의 미래를 더는 예측하지 못할 정도로 기술 발전에 비가역적으로 가속도가 붙는 가상의 미래 시점을 가리키는 말이다.

이런 설명을 보고 나면, 특이점을 끊임없이 언급하는 사람조차 특이점을 더 정확하게 설명할 땐 이상할 정도로 막연하게 말하는 이유를 알게 된다. 더는 예측할 수 없는 미래는 아무리 저명한 미래학자라 해도 특정하지 못한다. 하지만 기본적으로 앞서 인용한 위키피디아의 특이점에 대한 정의는 AI 개발이 가능한 한 지속된다는 것을 의미한다. 따라서 특이점은 옥스퍼드 출신의 스웨덴 철학자 닉 보스트롬이 베스트셀러《슈퍼인텔리전스》에서 설명한 초지능과 거의 같은 개념일 것이다. 그러나 트랜스휴머니즘 차원에서 보는 특이점은 이 초지능의 개념을 한참 넘어선다.

그렇다고 AI 발전이 중요한 역할을 하지 않는다는 뜻은 아니다. 영국 통계학자 어빙 존(잭) 굿Irving John Good은 컴퓨터 기술이 아직 초기 단계에 머무르던 1965년에 기계 지능이 인간 지능을 초월하는 미래에 대해 다음과 같이 묘사한다. "초지능 기계는 인간의 지적 능력을 훨씬 뛰어넘는 똑똑한 기계로 정의한다. 이런 초지능 기계를 만드는 일은 우선 지적 능력이 있어야만 가능하므로 초지능 기계가 있으면 더 나은 기계를 만들수 있다. 그러면 당연히 기계 지능이 폭발적으로 발전하여 인간의 지능은 훨씬 뒤처지게 되는 것이다." 그리고 어빙은 다음과 같은 문장으로 끝을 맺는다. "그러므로 최초의 초지능 기계는 인간이 만들게 될 마지막 발명품이다." 이 말은 자주 인용되고 변형된 버전으로 쓰인다.

미래 세대의 지능형 기계가 인간을 쓸데없는 존재로 만들거나, 최악의 경우 인간을 멸종시킬지도 모른다는 두려움은 아주 일찍부터 공식처럼 굳어진 생각이다. 〈터미네이터〉 시리즈와 같은 할리우드 블록버스터 영화 내지는 고도로 전문적인 과학 서적에서 이런 사상은 매번 반복해서 등장해 왔다.

트랜스휴머니스트가 특이점을 그저 최후의 시나리오로 여겼다면 지금처럼 칭송하듯 말하지 않았을 것이다. 수학 교수이자 컴퓨터 전문가, 공상과학 작가이자 트랜스휴머니스트가 우상처럼 존경하는 버너 빈지Vernor Vinge는 특이점이란 개념을 집중적으로 다룬 최초의 인물 중 한 명이다. 그는 1983년에 이렇게 예언한다. "인간은 곧 자기 자신보다 더 뛰어난 지능을 창조할 겁니다. 그렇게 되면 인간은 특이점 상태에 도달할 것이며 (…) 세상은 인간이 이해하는 영역을 벗어날 것입니다."

그리고 빈지는 10년이 지난 1993년에 출간된《다가오는 기술적 특이점: 포스트휴먼 시대에 살아남는 법The Coming Technological Singularity: How to Survive in the Post-Human Era》으로 유명해진다. 이 책에서 빈지는 특이점에 도달한 이후 모습을 묘사하려 한다. 빈지는 인공지능뿐만 아니라 인류 자체가 진화하리라는 데 큰 희망을 품고 있다. 인공지능은 신경 강화, 나노 기술, 유전자 강화 등 이미 설명한 생명공학 기술을 통해 인지 능력을 최적화할 것이다. 이런 발전이 인공지능에 충분히 미치지 못한다면, BCI를 통해 인공지능이 IT 기술과 연결될 것이다. 인간이 노력하면 인공지능의 발전에 보조를 맞출 수 있다. 특이점의 본질은 생물학적 지능과 인공지능의 위대한 공생, 즉 '모든 컴퓨터 네트워크가 상호 교류하는 인간 두뇌와 연결되는 우주의 각성'에 있다. 다시 말해 특이점의 등장은 인류의 종말이 아니라 새로운 포스트휴먼 시대로의 진입을 의미한다. 현재 인간에게 미래에 어떤 일이 가능할지 설명하는 일은, 이제 막 진화를 시작한 개미에게 언젠가 호모 사피엔스가 살게 될 세상을 설명하는 일과 비슷하다.

커즈와일은 의심할 여지 없이 '특이점'이란 용어의 대중화에 가장 크게 기여한 인물이다. 커즈와일은 특이점을 인공지능의 지속적인 발전뿐만 아니라 모든 미래 기술의 발전과 융합이 상승하는 최종 시점으로 보고 있다. 2001년에 발표한 기고문 〈수익 가속의 법칙The Law of Accelerating Returns〉에서 커즈와일은, 원래 마이크로프로세서의 발전을 설명한 무어의 법칙이 거의 모든 학문 및 기술 분야에 적용된다고 주장한다. 여러 분야의 많은 전문가가 커즈와일의 글을 반박한다. 그래도 커즈와일은 지식의 기하급수적 성장만으로도 혁신의 힘을 발휘한다고 생각한다. 심지어 그는 특이점이 오는 정확한 연도를 설정하기까지 한다.

2005년에 출간된 커즈와일의 대표작 《특이점이 온다》는 막연한 미래 비전을 제시하는 데 그치지 않고 구체적인 타임 라인을 담아낸다. 그에 의하면 바로 2045년이 특이점이 오는 때다. 이때가 되면 장수 연구는 마침내 노화를 정복하고, 인간은 유전자 강화를 통해 뛰어난 능력을 갖추게 될 것이다. 두뇌가 인터넷에 연결된 덕에 인간은 세상 모르는 게 없고,

다른 뇌는 물론 모든 컴퓨터와도 결합할 수 있다. 자신의 생물학적 실체에 지친 사람은 마인드 업로딩으로 자기 의식을 클라우드에 업로드한 후 클라우드상에서 다른 의식 수백만 개와 융합하면 된다. 특이점은 기술 시대에 열반에 드는 방식이다! 이런 발상은 저명한 《타임》지에서 표지 기사로 다룰 만한 가치가 있다.

특이점의 개념을 어떻게 정의하든 상관없이 트랜스휴머니즘 지지자 대다수는 특이점을 전적으로 진화가 향하고 있는 종착점으로 본다. 개선된 인간은 이전엔 상상하지 못했던 새로운 가능성이 열리는, 더 나은 세상을 살아간다. 트랜스휴머니스트는 더 높아진 지능이 인간에게 위협이 되리란 시나리오를 느긋한 시각으로 바라본다. 고도로 발달한 지능 덕에 보통의 인간을 배려할 수 있고, 온화한 도덕의식이 존재한다고 생각하기 때문이다.

트랜스휴머니스트가 아닌 사람들은 이런 확신이 없다. 2000년 미국의 컴퓨터 공학자 빌 제이Bill Jay는 〈왜 미래에는 인간이 필요하지 않은가Why the Future Doesn't Need Us〉라는 기고문으로 주목을 받는다. 그는 트랜스휴머니스트가 희망을 걸고 있는 바로 그 기술(인공지능, 나노 기술, 유전공학)이 인간의 종말을 초래할 게 거의 확실하다고 주장한다.

지금까지의 진화 과정을 보면, 우월한 종이 출현하면 거의 항상 기존에 우세하던 종이 멸종되는 순서를 밟았다는 사실이 분명해진다. 호모 에렉투스부터 네안데르탈인까지, 다양한 인류 이전의 종 가운데 호모 사피엔스가 뛰어난 지능을 이용해 지구를 지배한 후 살아남은 종은 아무도 없다. 잘해봐야 미래를 지배하는 지능형 기계 종이 지금껏 우리가 알던 인류의 구성원 일부를 보호구역으로 보내거나 연구 목적으로 우리 안에 보관해 주길 바랄 수 있을 뿐이다. 마치 인간이 현재 동물원에 있는 유인원을 구경하는 것처럼 말이다.

애플의 창업자 스티브 워즈니악도 비슷한 시나리오를 이야기한다. 워즈니악도 인공지능이 지배하는 새로운 미래에는 인간이 '똑똑한 컴퓨터의 반려동물'이 되는 경우 외에 전형적으로 인간이 해오던 역할은 거의 사라지다시피 할 것이라고 본다. 하지만 그때가 되어도 현재 인간의 반려동물은 계속해서 좋은 대우를 받을 것이다. 어딘가 항상 위안이 되는 부분이 있기 마련이다.

첨단 기술계 선구자 보스트롬은 베스트셀러 《슈퍼인텔리전스》에서 호모Homo 종족의 미래를 다소 회의적으로 본다. 그러면서 보스트롬은 인간이 미래 세계를 지배할 AI에 인간의 특성을 너무 많이 부여하는 경향이 있다고 지적한다. AI는 지금까지 인간의 사고와 비교할 수 없는, 완전히 다른 인지 구조를 가질 가능성이 더 크다. 따라서 이런 AI가 사랑, 증오, 두려움, 기쁨 같은 인간의 감정을 느낀다고 할 수는 없다. 그러면 진정한 의미에서 전통적인 인류의 운명은 장차 아무런 소용이 없게 된다. 이 같은 인류의 운명은 인류가 사라지는 데도 일조할 것이다.

그러나 완전히 다른 성향의 비판도 있다. 기술 유토피아적 사고를 하는 사람들은 미래를 회의적으로 보는 시각에 의문을 제기한다. 예를 들어 캐나다계 미국인 인지 심리학자 스티븐 핑커가 그렇다. 그는 하버드, 스탠퍼드, MIT의 교수이자 베스트셀러 작가로 이름을 알렸으며, 대중에게 핵심을 찌르는 논제를 제시하길 즐기는 인물이다. 핑커는 이렇게 말한다.

다가오는 특이점을 믿어야 하는 일말의 이유가 없습니다. 머릿속으로 미래를 상상할 수 있다고 해서, 그것이 실현될 가능성이 크거나 실현 가능하다는 증거가 되지는 않습니다. 돔형 도시, 로켓 배낭으로 출퇴근하는 사람, 수중 도시, 수 킬로미터짜리 건물 내지는 원자력으로 움직이는 자동차 등 제가 어릴 때부터 존재했지만 현실이 되지 않은 상상의 미래에 날개를 달아주던 기본 개념을 떠올려보십시오. 마법 가루처럼 성능이 좋아진 컴퓨터만 있으면 모든 일이 마법을 부린 듯 이루어지는 게 아닙니다.[54]

결국 이 모든 종류의 논쟁은 (확실하게 입증되진 않았으나) 바이에른 출신의 희극배우 칼 발렌틴Karl Valentin의 통찰력 있는 발언으로 결론지어진다. 발렌틴은 거의 100년 전 훌륭한 문장으로 이 문제를 요약했다. "예측은 어렵습니다. 특히 미래에 대한 예측은 더욱 그렇습니다."

특이점이 더 가까이 온다

클라이네궁크 ◇ 트랜스휴머니스트조차 상상하기 힘들다고 말하는 것에 관해 이야기하기란 언제나 어렵습니다. 그래도 어쨌든 노력은 해봅시다. 특이점이 무엇이라고 생각하십니까?

조르그너 ◇ 저는 무엇보다 알고리즘의 발전이 생물학적 인간의 영향력과 점점 분리되고 있는 과정을 목격하고 있습니다. 우리는 이제 약한 AI나 강한 AI에 관해 이야기하지 않고 초지능을 말합니다. 초지능은 실제로 인간 뇌를 훨씬 초월하는 능력과 함께 인간에게 없는 기능까지 갖추게 될 겁니다. 이런 초지능 기계는 자가 수리하고 자체 에너지원을 활용하게 되겠죠. 그렇게 되면 인간이 어떤 임무를 수행할 수 있을지 의문이 생깁니다. 아마도 초지능 등장 이후의 시대는 알고리즘세(지질 시대를 구분하는 단위에 착안해 저자가 창작한 세世-옮긴이)라고 할 수 있을 겁니다.

클라이네궁크 ◇ 사실 트랜스휴머니스트는 이 문제에 대해 여러 의견으로 갈리는 듯합니다. 방금 말씀하신 입장은 현재 인류세, 즉 인간 시대의 종말로 이어지는 시나리오를 보여줍니다. 기계는 점점 더 똑똑해지고 있으며, 결국에는 인간을 대신하게 될 겁니다. 인간의 관점에서 보면 이는 디스토피아에 가깝죠. 하지만 반대의 측면도 있습니다. 늘 낙관적인 관점으로 행복한 미래를 바라보는 커즈와일은, 특이점의 시대가 인간이 불멸을 넘어 모르는 게 없는 존재가 되는 때라고 설명합니다. 커즈와일은 자기 두뇌가 다른 모든 인간 및 인공지능과 결합하게 된다고 말하지요. 그러면 호모 엑스 마키나(기계가 된 인간-옮긴이)는 호모 데우스(신이 된 인간-옮긴이)가 됩니다. 이쯤에서 그리 달갑게 여기지 않는 종교 이야기가 나오는군요.

조르그너 ◇ 일부 트랜스휴머니스트 사이에 종교를 과학으로 대체하려는 경향이 분명 존재한다는 점은 인정할 수밖에 없습니다. 현재로서는 커즈와일이 이런 경향을 가장 함축적으로 보여주는 인물일 겁니다. 하지만 커즈와일은 괴짜가 아니에요. 빌 게이츠는 디지털 개발에 관해 자신이 신뢰하는 사람이 있다면 바로 레이 커즈와일이라고 말한 적이 있지요. 빌 게이츠는 커즈와일이 말하려는 주제를 잘 알고 있습니다. 커즈와일은 구글의 수석 엔지니어이면서 진보적 사상가이기도 합니다. 구글은 아무도 신뢰하지 않는 난해한 인물을 고용하진 않아요. 그렇지만 저도 커즈와일이 때때로 본래 목표에서 벗어나 있다는 인상을 받곤 합니다. 그 이유는 어쩌면 커즈와일의 나이 때문일지도 모르겠어요. 그는 이제 70대 중반이거든요. 커즈와일의 발언을 보면, 어떤 식으로든 수명을 크게 늘릴 수 있다는 희망을 품게 됩니다.

클라이네궁크 ◇ 커즈와일은 특이점을 예언한 데서 그치지 않고 구체적인 연도까지 명시했지요. 바로 2045년입니다. 이때 특이점의 시대가 온다고요. 운이 따른다면 우리 둘 다 그 시점을 경험하겠군요. 대비책은 마련하셨습니까?

조르그너 ◇ 커즈와일이 말한 대로 실제 특이점의 시대가 올 수도 있겠습니다. 그때는 나노봇이 우리 뇌를 복구하는 데 사용될 테고요. 그러면 뇌사가 더는 죽음이라는 끝이 아니라 되돌릴 수 있는 질병이 될 겁니다. 물론 이런 관점에서 보면 인체 냉동 보존술에 대한 평가가 달라집니다. 뇌사를 치료할 수 있다면 뇌를 냉동하는 것도 분명 가치 있는 일일 테니까요. 그래서 많은 트랜스휴머니스트가 특이점이 인간의 상상력을 뛰어넘는다고 강조하는 겁니다. 하지만 오늘날 트랜스휴머니스트의 주장으로 무언가를 반박하기엔 근거가 빈약한 듯싶어요.

클라이네궁크 ◇ 그러면 2045년이 아니라 지금으로부터 10~12년 후를 살펴봅시다. 2035년에 트랜스휴머니즘은 어느 정도로 발전해 있을까요?

조르그너 ◇ 어려운 질문이군요. 저는 미래학자가 아니거든요. 저는 미래학이 사이비 과학이라고 생각합니다. 하지만 현재 발전 상황을 보면, 말씀하신 기간 내에 디지털화 분야 및 합성 생물학 분야 모두 분명히 엄청난 진전이 있을 겁니다. 지금은 상상도 못 하는 일을 겪게 되겠죠. 한 가지 예시는 컴퓨터에서 새로운 생명체를 프로그래밍한 후 3D 프린터를 이용해 유기체처럼 찍어낸다는 발상입니다. 현재 발전 상황을 고려해 보면 아주 그럴듯한 생각이긴 해요. 과학계 종사자로서 제가 말한 내용이 현실적이라고 생각하십니까?

클라이네궁크 ◇ 이쯤에서 저는 회의론자의 태도를 보여야겠군요. 최근 몇 년 동안 인간이 엄청난 발전을 이룬 데는 의심할 여지가 없으며, 앞으로도 그럴 겁니다. 하지만 무엇이 실현되지 않았는지 되돌아볼 필요도 있습니다. 제가 몸담고 있는 의학을 예로 들어보겠습니다. 이미 1970년대에 과학자들은 암을 20~30년 안에 정복할 것이라고 예측했습니다. 지금으로부터 50년 전의 일이지요. 물론 암 치료법이 발전하긴 했지만, 암을 정복했다고 말하는 건 부적절합니다. 새천년에 접어들면서 '인간 게놈 프로젝트'가 시작되었습니다. 의학계에서는 이 프로젝트가 완료되면 이제 '유전자의 시대'가 열릴 것이라는 환희가 가득했습니다. 하지만 적어도 진료 병원 쪽에서는 그런 낌새가 느껴지지 않습니다.

그리고 피해 갈 수 없는 비극적인 사례가 있지요. 현재의 질병 가운데 가장 위중하고 공포를 불러오는 병이 바로 치매입니다. 치매는 1907년 알로이스 알츠하이머가 처음으로 발견했습니다. 벌써 100년도 더 된 일입니다. 수십 년 동안 제약사들은 치매 치료법을 집중적으로 연구했습니다. 그렇지만 현재까지도 치매를 치료할 방법은 없습니다. 여기서 우리는 아주 확실하게 말해야 합니다. 알츠하이머가 담당했던 유명한 치매 환자 아우구스테 데테르(Auguste Deter, 최초의 치매 환자로 기록된 여성-옮긴이)가 1905년이 아니라 2023년에 입원했어도 1905년에 받았던 치료 이상은 받지 못했을 거라고요. 그러니 진보에 대한 믿음에 의문을 제기하지 않고 말하겠습니다. 기하급수적으로 증가하는 지속적인 과학적 진보 관련 서사를 모든 영역에 적용할 수는 없습니다. 특히 생명 과학 분야에는 더욱 그렇습니다.

.

4장

트랜스휴머니즘과
미래를 위한 논의

트랜스휴머니즘에 대한 오해

— 슈테판 로렌츠 조르그너

트랜스휴머니즘은 여러 오해와 선입견을 받는다. 트랜스휴머니즘은 다소 순진한 사고방식이라는 견해가 바로 대표적이다. 이에 관해 더 자세히 살펴보자.

불멸의 서막이다

불멸을 말하는 트랜스휴머니스트가 있지만, 문자 그대로의 불멸을 의미하는 진지한 트랜스휴머니스트는 없다. 불멸을 논하는 건 터무니없는 일이다. 트랜스휴머니스트 대다수는 회의론자, 자연주의자, 무신론자다. 이들은 세상이 빅뱅과 함께 생겨났다고 여긴다. 또한 우주의 점진적 팽창이 언젠가 멈추거나 궁극적으로 우주 특이점, 즉 무한한 우주 밀도가 한 점으로 이어지는 반전이 일어난다고 생각한다. 덧붙이자면 우주 특이점을 많은 트랜스휴머니스트가 말하는 기술적 특이점과 혼동해서는 안 된다. 우주의 발전 가능성에 빗대 불멸을 논하고, 심지어 불멸을 실현 가능하다고 이해해버리는 일은 허무맹랑하다. 하드 드라이브에 업로드한 인격조차도 우주 특이점 상태에서는 살아남을 수 없다. 하지만 죽지 않는 사람은 우주 특이점 상태에서도 살아남아야 한다.

그렇다고 해서 수명 연장, 더 정확하게는 건강 수명 연장이 트랜스휴머니스트와 관련이 없다는 의미는 아니다. 여기서 '불멸'이란 단어는 건강 수명 연장과 관련하여 이목을 끌기 위한 수사적 장치 내지는 표어에 지나지 않는다. 대다수 사람은 건강하게 오래 산다면 어떤 식으로든 삶의 질이 높아진다고 인식한다. 누군가에게는 건강 수명을 연장하는 것 자체가 삶의 질을 향상하는 일이다. 또 다른 사람은 여행을 많이 하거나 새로운 경험을 하기 위해 건강하게 오래 살기를 바란다. 어떤 형태든 간에 건강 수명을 연장하는 일은 대부분 인간에게 중요한 문제다.

오래 살기만 하면 된다

"나는 절대 아흔 살까지 살고 싶지 않아요." 이렇게 말하는 사람은 대개 아직 젊다. 그래서 쇠약해진 신체 상태를 경험하지 않았을 때 이런 생각을 한다. 그러나 많은 노인이 삶의 마지막에 다가갈수록 엄청난 두려움을 느낀다. 그들은 진저브레드 한 조각, 아드벡 위스키 한 잔을 더 즐기거나 자손이 커가는 모습을 보고 싶어 한다. 하지만 노년기에 오는 고통이 종종 개인의 삶의 질을 너무 크게 떨어뜨린다. 여기서 다시 한번 분명히 강조하겠다. 트랜스휴머니스트는 수명 연장이 아니라 건강 수명을 연장하는 일에 더 관심이 많고 확고하게 이야기한다. 대부분의 사람이 수십 년간 고통받으며 병석에 누운 채로 살아가길 원하지 않는다. 이 시점에서 중요한 것은 완전히 새로운 방식으로 노화를 생각하는 일이다. 트랜스휴머니스트는 90세까지 사는 사람의 수를 늘리거나 평균 수명이 100세가 되도록 만드는 일을 말하지 않는다. 그보다는 현재까지 명확하게 입증된 최고령자, 프랑스 여성 잔느 칼망이 달성한 122세를 넘어서는 건강 수명을 실현하는 데 관심을 두고 있다.

다른 동물들도 오래 사는 일이 가능하다. 북극고래의 수명은 200년이 넘는다. 비단잉어도 200년 이상 살 수 있다. 알다브라코끼리거북은 250년 이상 산다고 알려져 있다. 심지어 백합 조개 밍Ming은 500년 넘게 산다. 해파리 종의 하나인 홍해파리는 끊임없이 변화한다. 홍해파리는 성적으로 성숙한 상태에 도달하면 미성숙한 상태로 돌아갈 수 있다.[55] 잠재적으로 영원히 살 수 있는 것이다.

중요한 점은 이렇게 긴 수명을 달성하는 일이 가능하다는 사실을 깨닫는 것이다. 일부 동물이 이렇게 오래 살 수 있다면 인간이라고 그러지 못할 이유는 전혀 없다. 수많은 심리학 연구에서 밝혀진 바와 같이 대개 인간은 건강해지고, 또 건강하게 오래 사는 것을 삶의 질 향상과 연관 짓는다. 특히 최신 기술의 도움으로 건강하게 오래 사는 목표를 달성하는 것은 트랜스휴머니즘의 핵심 목표 중 하나다.

자연은 선하고 기술은 악하다

유감스럽게도 인간이 돌아가야 할 좋은 자연에 대한 낭만적인 태도가 널리 퍼져 있다. 하지만 이런 태도는 바람직하지 않다. 소위 좋았던 옛날로 불리던, 인간과 자연이 조화를 이루며 살던 시대에는 평균 수명이 40년 정도였으며, 전 세계 절대 빈곤율이 90퍼센트가 넘었다. 여기서 말하는 시기는 그나마 200년 전의 좋은 옛날을 가리킨다. 약 2,000년 전이나 그 이전의 상황은 훨씬 더 심각했다. 자연을 이상화하고 기술을 매도하는 일은 근본적으로 바람직한 태도는 아니다. 건강식품 판매점에서 쇼핑을 하고, 동종요법 치료를 받으며, 인지학 교육을 받는 게 영양제를 복용하고, 기존 의학을 신뢰하며, 기존 교육 기관에 다니는 것보다 반드시 더 나은 삶의 질을 보장하지는 않는다.

자연과 기술은 서로 반대되는 개념이 아니다. 자연, 문화, 기술이 서로 분리될 수 없다는 사실은 과거부터 전해 내려온 정신적 유산이다. 인간은 자연의 일부라는 사실과 더불어 기술도 언제나 자연에 속해 있었다는 점을 깨달아야 한다. 기술과 자연은 상반되지 않는다. 기술과 자연은 항상 함께 존재한다.

트랜스휴머니스트는 자연으로 돌아가길 바라지 않는다. 심각한 정신 장애를 가지고 태어나는 것은 자연스러운 일이다. 암에 걸리는 것은 자연스러운 일이다. 알츠하이머 환자가 되는 것도 자연스러운 일이다. 과거 지구에는 생명체의 대규모 멸종이 다섯 번 일어났고, 그럴 때마다 당시 존재하던 종의 4분의 3 이상이 사라졌다. 이 역시 자연스러운 현상이었다. 이런 재앙은 모두 지구에 인간이 등장하기 전에 발생했다. 2억

5,300만 년 전 페름기에서 트라이아스기에 발생한 최악의 대량 절멸 사태로 당시 살던 종의 90퍼센트 이상이 멸종된다. 가장 최근에 일어난 전 지구적 재앙은 6,600만 년 전 현재 멕시코 유카탄반도에 소행성이 충돌한 사건일 것이다. 이 소행성 충돌로 공룡을 포함한 모든 생물 종의 70퍼센트 이상이 멸종되었다. 이 대규모 멸종은 공룡 때문에 세계적으로 가장 널리 알려졌다. 역사의 특별한 변증법에 따르면, 이 소행성 충돌 때문에 호모 사피엔스가 존재하게 되었다고 한다. 그러므로 인간은 과거에 일어난 대규모 멸종에 대한 책임이 없다.

다섯 차례의 대규모 멸종에 인간이 관여한 바 없다고 해서 인간이 현재 기후 변화에 결정적인 연관성이 없다는 의미는 아니다. 그 반대의 경우도 마찬가지다. 공룡은 인간이 영향을 끼치지 않은 환경 재앙이나 우주 현상 때문에 멸종되었다. 다른 네 번의 대규모 멸종도 인간과 관련 없는 사건이란 사실을 명심해야 한다. 이 사실을 깨닫는 것만으로도 자연은 근본적으로 선하지 않고, 기술은 근본적으로 악하지 않으며, 단순히 '자연으로 돌아가는' 일은 너무 근시안적 사고임을 분명히 알 수 있다. 인간과 자연이 조화롭게 살아가는 상태로 돌아가 안전한 환경 속에서 인간이 다른 동물과 건강하고 평화롭게 산다는 소망은 비현실적이다. 애초에 그렇게 조화로운 상태였던 적이 없기 때문이다.

자연과 환경, 지구의 건강한 상태를 촉진하려 할 때 문제는 더 커진다. 자연이나 환경, 지구는 단일 유기체를 구성하지 않는다. 게다가 복잡하고 어려운 건강이란 개념은 유기체에만 유의미하다. 지구가 '건강'해진다는 것은 문학적 은유로만 존재할 뿐 정치적, 과학적, 심지어 철학적으로 의미 있는 개념이 아니다. 인간의 건강에 관해 논할 때, 인간에게 건강이 어떤 의미가 있는지 철학적으로 명확한 관념조차 없다. 세상의 건강이나 자연의 건강은 어떤 의미 있는 내용으로 채우지 못하는 아름답지만 공허한 표현이다. 인간은 렌페닝 증후군, 암, 파킨슨병이나 알츠하이머병에 걸린다. 질병이 사람에게 치명적인 영향을 끼치는 건 자연스러운 일이다. 그렇다고 이 같은 질병에 걸리는 게 좋은 일이고 인간에게 이득이 된다는 뜻인가? 물론 그건 아닐 것이다.

지난 수 세기 동안 인간은 항생제, 백신, 마취제를 개발했다. 이 기술 개발이 나쁜가? 300년 전 마취 없이 이를 뽑아야 했던 사람들은 어떤 일을 겪었을까? 당시의 치과 기술은 그리 정교하지 않았다. 이가 썩거나 구멍이 생기고, 곪거나 부러지고 빠지기도 했다. 오래 가는 아말감 충전재나 크라운은 사용할 수도 없었다. 300년 전, 500년 전, 심지어 1,000년 전의 구강 위생을 생각해 보면 당시에는 키스가 지금처럼 달콤하지 않았으리란 사실도 알게 될 것이다. 심한 치통에 마취제를 쓰지 못하고 세균성 질병에 항생제를 복용할 수 없었던 상황을 그려보면, 과거 인류의 삶에 장밋빛 미래는 없었다는 사실을 알 수 있다.

1928년 영국 의학자 알렉산더 플레밍이 페니실린을 발견한다. 항생제가 개발된 덕에 1950년대 독일 남성의 평균 수명은 80세를 살짝 넘었다. 1900년대에는 약 65세로 50년간 15세 넘게 증가한 것이다. 개인적 관점에서 평균 수명 증가는 상당한 차이를 만든다. 1889년에는 최소 30년 이상 연금을 내면 70세에 노령 연금을 받을 수 있었다. 1913년부터는 65세부터 노령 연금을 받게 되었다. 2014년 연금 개혁 이후 장기간 보험 가입자는 63세부터 공제 없는 연금을 받을 수 있다. 공제 없는 연금을 받는 나이는 적어졌지만 기대 수명은 꾸준히 증가했다. 이는 기술 혁신 덕분이다. 그러니 오히려 부정적인 이미지는 기술이 아니라 자연으로 향해야 하는 것이 마땅하다.

인간은 자연에 대해 가지고 있는 일반적인 이미지를 수정해야만 한다. 기본적으로 자연을 선하고 기술을 악하게 여기는 일은 현실과 동떨어진 자세다. 그러나 인간이 자연과 균형을 이룬 적이 있다며 이상적인 과거를 미화하는 행위는 지식인들 사이에서뿐만 아니라 일반 대중 사이에도 널리 퍼져 있다.

루소는 원시시대 자연으로 돌아가고자 했다. 요한 요하임 빈켈만(Johann Joachim Winckelmann, 독일의 미술 고고학자-옮긴이)은 고대 그리스 로마 시대를 그리워했다. 노발리스(Novalis, 독일 초기 낭만파의 대표적 시인이자 철학자-옮긴이)는 중세를 칭송했다. 그런데 대체 과거 시대로 돌아가고 싶다는 것은 어떤 의미일까? 당시의 평균 수명은 30~40세고, 전 세계 절대 빈곤율은 90퍼센트를 넘었다. 매일 생존을 위해 싸울 필요가 없던 사람은 10명 중 1명에 불과했다. 예전이라면 이 책을 쓰고 있는 우리 저자 둘도 지금 나이에 살아 있을 확률이 그리 높지 않았다. 이 책을 읽는 독자들도 200년 전에 살았다면 마찬가지일 것이다.

그렇다면 미래 시대는 어떨까? 과거처럼 기술 발전이 계속된다면, 앞으로 건강 수준이 상당히 높아질 수 있다고 볼 수 있다. 수많은 기술 성능의 기하급수적 성장을 예상하는 데는 많은 이유가 있다. 기술의 성장은 미래에 삶의 질이 크게 높아진다는 의미도 있다.

하지만 모든 사람이 기술에 긍정적인 태도를 보이진 않는다. 독일어권 국가에서는 기본적으로 기술에 비판적인 태도가 널리 퍼져 있다. 동아시아 국가는 아주 다르다. 한국은 불과 70년 전만 해도 북한보다 가난

했지만, 지금은 유럽 선진국들과 대등한 수준에 올라섰다. 중국의 발전 속도는 훨씬 더 가팔랐다. 문제는 중국이 세계에서 가장 경제적으로 성공한 국가로 발돋움하는지가 아니라 언제쯤 발전에 성공한 국가가 되느냐 하는 것이다. 한국과 중국이 발전하게 된 결정적인 계기는 최신 기술에 초점을 맞추면서부터다. 이러한 기술의 힘을 인정하고 활용하는 것이 현명한 선택이 아닐까?

이에 반해 독일은 지금까지 익숙하고 손에 익은 과거 방식에 오랫동안 의존하고 있다. 독일인은 새로운 것에 딱히 개방적인 태도를 보이지 않는다. 독일에서 최초의 컴퓨터가 개발되었지만, 독일은 아직 디지털 중세시대에도 도달하지 못했다. 2018년에 이미 중국에서는 유전자에 HIV 면역 인자를 가진 아이들이 태어났다(물론 중국이 문제가 없거나 혹은 이 일이 일상적인 일이라는 의미는 아니다). 하지만 유럽사법재판소가 유전자 가위를 이용해 생산한 동식물의 승인, 표기, 안전성 평가에 관련하여 유전자 변형 생물체와 같은 규칙을 적용하도록 판결하면서 이와 관련된 혁신이 한층 힘들어졌다. 독일은 유전자 변형 관련 규정이 다른 유럽 국가보다 엄격하다. 근본적으로 이런 태도를 고수하는 한 독일에 심각한 경제 문제가 일어날 게 분명하다. 어쨌든 모든 사항을 고려할 때 '자연은 선하고 기술은 악하다'라는 단순한 대립은 상당히 미심쩍은 부분이 있다.

인간에만 초점을 맞춘다

트랜스휴머니즘에 대한 선입견 중 오직 인간에만 초점을 맞춘다는 것만큼 부정확한 것도 없다. 트랜스휴머니즘은 인간의 능력과 삶의 질을 향상시키기 위해 과학과 기술을 활용하는 철학적 운동이다. 대다수 트랜스휴머니스트는 인간이 아닌 생명체에도 인간과 같은 지위를 부여해야 한다고 주장한다. 그래서 트랜스휴머니스트는 오늘날 독일 헌법 저변에 깔린 인간 중심주의에 도덕적으로 큰 문제가 있다고 생각한다. 그리고 이 인간 중심주의에서 벗어나고자 한다.

유전공학과 관련된 수많은 기술 개발에 인간이 아닌 생명체가 참여하지 못하도록 막는 것은 인간 중심적 세계관이다. 독일 헌법에 내포된 세계관은 대부분의 트랜스휴머니스트가 동의하지 않는다. 이에 따르면, 세포 수정부터 죽음까지 실제 특성과 상관없이 존엄할 권리가 있는 존재는 인간뿐이다. 인간이 다른 동물보다 도덕적으로 우월해지려면 수정란만 되어도 충분하다. 헌법은 인간이 아닌 모든 생명체는 물건이 아니라고 명시하고 있으나, 법적으로 인간이 아닌 모든 생명체는 물건으로 취급되어야 한다. 이런 분류 기준은 수정란에는 적용되지 않는다. 따라서 인간의 수정란은 법적 물건으로 취급되는 성체 침팬지보다 더 윤리적으로 존중받을 자격이 있다. 그렇지 않으면 수정란을 매매할 수 있기 때문이다. 수정란에는 신경계나 두뇌가 없으므로 고통을 느끼지 않는다는 것과는 별개의 문제다. 수정란이 된 시점에는 두뇌 형성이 아직 시작되지 않는다.

독일에서 인간 존엄성에 대한 법적 및 문화적 중요성은 특히 태아 보호법에서 분명히 드러난다. 태아 보호법은 세포가 수정되는 순간 인간의 몸에서 신성한 불꽃이 일어나 인간이 신의 형상을 한 존재가 된다고 암시한다. 그러므로 수정란은 이미 생성 초기부터 성인이 된 인간과 똑같이 보호받을 자격이 있다. 수정란은 이미 완전한 인간의 존엄성을 지닌다. 이는 수정란이 독자인 여러분과 이 글을 쓰고 있는 우리 저자 둘, 그리고 독일 헌법학자 에른스트볼프강 뵈켄피르데Ernst-Wolfgang Böckenförde와 다를 바 없이 귀하다는 뜻이다. 이것이 독일에서 낙태가 일반적으로 불법인 이유다. 예외인 경우는 강간으로 임신했거나 임신으로 인해 예비 엄마의 생명이 위험해졌을 때다. 낙태 금지 규정은 낙태를 원하는 여성과 낙태 시술을 하는 의료진 모두에게 도덕적인 문제를 유발할 소지가 있다. 2017년 기센 지역의 한 산부인과 의사는 자신의 웹사이트에 낙태에 관한 정보를 제공했다는 이유로 벌금형을 선고받았다. 인간 태아에 대한 이 같은 법적 조치는 배아 줄기세포 연구에도 영향을 끼친다.

미래 기술에서 더 흥미로운 점은 인간과 동물의 교잡종 탄생 관련 가능성이다. 하지만 이 역시 독일에서는 쉽지 않다. 2022년 초, 미국에서는 유전자 변형 돼지의 심장을 인체에 이식하는 이종 기관 이식이 성공적으로 이루어진다. 참고로 유전자 변형 돼지 심장은 성전환 트랜스휴머니스트인 마르티느 로스블랫의 회사에서 개발한 것이다. 독일 헌법에서 인간의 존엄성을 중요하게 생각하는 만큼 유전공학 관련 분야에서 결정적인 발전을 이룰 기회가 말살되어버린다.

그리고 현재 일부 국가에서는 더는 인간에게만 독점적으로 특별한 지위를 부여하지 않는다. 예를 들어 2015년 아르헨티나에서는 오랑우탄 산드라가 인간이 아닌 개체이며, 따라서 물건 취급을 해선 안 된다는 법원 판결이 나왔다. 이에 따라 동물원은 산드라를 야생으로 풀어주어야 했다. 유인원도 사람으로 인정해야 하는 이유는 다음과 같은 논리에 기반한다. 성체가 된 많은 유인원은 거울에 비친 자신의 모습을 알아볼 수 있다. 이는 유인원에게 자의식이 있다는 의미다. 거울에 비친 자기 모습을 알아보지 못하는 경우가 있더라도, 적절한 크기의 두뇌와 복잡한 뇌 구조를 가졌다는 점에서 유인원은 최소한 의식이 있다고 볼 수 있다.

자의식과 의식의 차이는 이렇다. 자의식이 있는 존재는 자기 자신과 순간의 자아를 분리할 수 있어 과거, 현재, 미래에 대한 통찰력을 가진다. 자의식이 없는 존재는 본질에서 현재에만 머무르며 살아간다. 과거의 고통을 기억하고 미래의 고통을 예측할 수 있는 사람은 현재만 사는 사람보다 고통에 빠질 가능성이 더 크다. 그래서 자의식이 있는 생명체는 단순한 의식만 가진 생명체보다 더 높은 도덕적 지위를 부여받아야 한다. 성체 침팬지나 오랑우탄은 대개 거울을 보며 자신을 인지한다. 이는 결국 이들에게 자의식이 있다는 것이므로 침팬지와 오랑우탄에게도 인간의 지위를 부여해야 한다. 트랜스휴머니스트 대다수가 이런 입장을 지지한다.

이에 반해 수정란은 거울 테스트를 통과하지 못한다. 수정란이 성체 오랑우탄보다 더 존중받는 이유에 대해서는 유럽 문화사의 배경과 역사 속 기독교의 역할을 살펴봐야만 이해할 수 있다. 독일 헌법에 명시된 인간 존엄성의 의미는 기독교 문화사에서 비롯된 문화적 잔해를 명확하게 보여준다. 이 문화 잔존물은 여전히 아주 강력한 힘을 발휘한다. 헌법 속 기독교의 흔적이 가진 원칙적 견해는 도덕적으로 문제가 되는 인간 중심주의를 동반한다. 인간 중심주의는 인간이 신성한 불꽃을 지니고 있어서 다른 모든 동물보다 절대적 우위에 있다는 개념이다. 트랜스휴머니스트는 이런 인간상이 오만하다고 생각한다. 대개 트랜스휴머니스트는 인간이 다른 생명체와 약간의 차이만 있을 뿐 결정적으로 특수한 도덕적 지위가 있다고 볼 수 없다는 진화론적 세계관을 가진다. 신경계나 뇌가 없어 고통을 느끼지 못하는 수정란이 거울을 보며 자기를 인지하는 성체 침팬지보다 더 나은 보호를 받아야 할 이유가 없다.

인간과 유인원의 마지막 공통 조상(종 분화 이전의 생물 집단)은 약 600만 년 전에 살았다. 호모 사피엔스는 약 30만 년 전 아프리카에서 나타났다. 호모 사피엔스는 유럽에서 약 4만 5,000년 전 크로마뇽인으로 등장했다. 곧 호모 사피엔스는 전 세계로 퍼져나갔다.

20세기 후반부터 유전자 및 정보기술 연구는 급속하게 발전한다. 이를 대변하는 몇 가지 획기적인 사건이 있다. 한번 살펴보자. 1953년에는 DNA 구조가 해독되고, 1973년에는 박테리아 유전자가 최초로 변형된다. 1988년에는 유전자가 조작된 실험실 생쥐가 미국에서 특허를 받는다. 1983년에는 유전자 변형 식물이 탄생하고, 2000년에는 식물 유전 인자가 처음으로 완전히 해독된다. 2012년에는 CRISPR/Cas 시스템이 개발된다. 또한 2012년에는 유전자 변형 침팬지가 유럽 특허청에서 특허를 받는다. 1935년 콘라트 추제는 세계 최초로 정상 작동하는 디지털 컴퓨터 Z3 개발에 착수해 1941년에 완성한다. 1970년 텍사스 인스트루먼트는 보다 성능 좋은 컴퓨터를 만들어내는 마이크로프로세서를 개발한다. 1990년 미국 국방성과 MIT가 공동 개발한, 인터넷의 전신인 아르파넷이 폐쇄되면서 인터넷의 민간 및 상업적 활용이 시작되고, 2007년부터는 스마트폰이 널리 보급되기 시작한다. 지금은 AI 기술이 상용화되고 있다. 유전자 및 정보기술의 발전은 결코 여기서 끝이 아니다.

30만 년 후에도 여전히 인간이 존재할까? 그때쯤이면 인간은 멸종되거나 진화했을 가능성이 크다. 그러므로 인간이 진화에 적극적으로 개입하는 일은 매우 중요하다고 트랜스휴머니스트는 주장한다. 인간 중심주의와 거리를 둔다고 해서 산이나 나무에 더 관심을 두고 이것들에 인간보다 더 높은 가치를 부여해야 한다는 뜻은 아니다.

지속 가능한 발전을 위한 생태학적 사고와 기술적 사고가 반드시 서로 상충할 필요가 없다는 근거는 수없이 많다. 오히려 반대로 생태학적 사고와 기술적 사고는 협력해야 하는 게 현실이다. 지속 가능한 삶은 최신 기술의 도움을 받아야만 실현된다. 이어지는 예시는 이 같은 현실을 알기 쉽게 보여준다.

2016년 대만에서 열린 글로벌 이니셔티브 심포지엄에 한 학생이 강연자로 등장한다. 바로 스탠퍼드대학에서 컴퓨터 공학과 생물학을 전공하는 15세의 어드베이트 파틸Advait Patil이다. 파틸은 샌프란시스코 실리콘밸리 지역에서 자란 인도계 미국인으로 친구들과 축구를 하는 대신 유전자를 가지고 놀았다. 그는 생명공학 해커이자 '리얼 비건 치즈 프로젝트Real Vegan Cheese Project'의 공동 창립자다.

캘리포니아, 버클리와 같은 주요 대학의 연구자들도 참여하는 리얼 비건 치즈 프로젝트에서 파틸은 유전자 가위를 이용해 효모 유전자를 수정하여 유당을 만들어낸다. 유당은 우유를 구성하는 주성분이다. 비건 치즈 연구팀은 유전자 변형을 통해 진짜 비건 우유를 생산해 낸다. 젖소를 키우거나 젖을 짜지 않아도 우유를 만들 수 있게 된 것이다. 비건 우유를 만드는 데는 유전자 변형이 필요한 효모만 있으면 된다. 효모에서 유당을 추출해 우유와 진짜 비건 치즈 같은 유제품을 만들 수 있다. 일반적으로 비건 치즈는 유당이 없으므로 동물성 우유로 만든 치즈 맛이 나지 않는다. 비건 치즈에는 동물성 우유 대신 완두, 콩, 팥 등의 콩과 식물에서 추출한 아몬드 우유나 헤이즐넛 우유 추출물을 사용한다. 그러나 파틸이 만든 비건 치즈 제품에는 동물성 우유에 들어 있는 유당과 화학적으로 똑같은 비건 유당이 함유되어 있다. 파틸은 여러 청년이 참여한 팀과 함께 이 같은 혁신을 실현한다. 이들은 지금도 다양한 종류의 치즈를 만들기 위해 노력하고 있다.

리얼 비건 치즈 프로젝트를 통해 파틸은 생태학적 사고와 유전공학 사용이 반드시 상충되지 않고 어우러질 수 있음을 보여준다. 오히려 파틸의 개발 성과는 환경 보호와 지속 가능한 삶이 실현 가능하려면 생명공학 기술뿐만 아니라 디지털 기술도 적절하게 사용해야 한다는 사실을 강하게 일깨워준다.

이 같은 견해는 독일 녹색당이 대체로 취하고 있는 기본 입장과 대조적이다. 더불어 독일 녹색당은 프랑스 녹색당과도 분명히 다르다. 프랑스에는 많은 트랜스휴머니스트가 활동하고 있다. 이들은 적절한 유전공학 사용을 지지한다. 반면에 다수의 독일 녹색당 구성원은 기본적으로 유전공학이 악하고 인간은 '자연과 조화를 이뤄' 살아야 한다는 태도를 견지한다. '리얼 비건 치즈 프로젝트'는 비건 생활이 유전공학과 온전히 조화를 이룬다는 사실을 보여준다. 그리고 엄격한 채식주의자(소위 '비건'으로 동물성 식품을 섭취하지 않음)는 동물성 유당으로 만든 치즈의 대안으로 일반 치즈와 같은 맛을 내는 비건 치즈를 섭취할 수 있다.

심포지엄에서 파틸의 강연이 끝난 후 많은 대학생이 파틸과 함께 사진을 찍거나 사인을 받고 싶어 했다. 학생들이 보이는 일반적인 반응은 다음과 같았다. "우와! 정말 감동적이었어요. 덕분에 좋은 영감을 받았습니다. 나 역시 당신이 성취한 것을 이루고 싶네요." 또한 학생들은 프로젝트가 품고 있는 사업성에도 찬사를 보냈다. "이건 백만 달러짜리 사업이에요! 빨리 자기 사업을 차려요! 유제품 및 치즈 산업에 혁명을 가져올 거라고요! 지속 가능한 삶에 놀라운 영향을 끼칠 거예요!"

사람들의 기대대로 이 혁신을 대규모로 구현한다면 우유 생산을 위해 젖소를 공장식 농장에 가둘 필요가 없다. 공장식 농장에서 사육하는 동물은 병에 걸리기 쉬워 항생제를 과다 투여하므로 윤리적으로나 건강적으로나 큰 문제가 된다. 항생제 과다 사용으로 많은 박테리아가 항생제에 내성을 갖게 되면, 약이 듣지 않아 동물들도 고통받고, 그걸 섭취하는 인간에게도 세균 감염 등 심각한 영향을 끼치기 때문이다. 또한 가축 사육은 배설물로 인한 토양 오염 및 메탄가스 배출로 지구 온난화를 심화시킨다. 항생제 대신 유전자 변형 효모를 사용하면 공장식 농장에서 동물이 고통받지 않으면서도 인체에 한결 좋은 비건 우유를 만들 수 있으며, 환경에도 도움이 된다. 동물 복지와 인간 복지는 물론 환경 복지도 이룰 수 있다. 비건 치즈 사례는 유기농 기술이 자연 보호, 동물 생육 환경, 인간의 삶의 질 향상에 얼마나 유익한지 잘 보여주는 훌륭한 사례다.

하지만 이 비건 사례를 소개할 때마다 보이는 반응은 국가 혹은 대륙마다 다르다. 이는 시사하는 바가 많다. 일단 대만은 물론이고 다른 동아시아 국가에서는 대개 열광적인 반응을 보인다. 인간은 생명공학 혁신을 통해 지속 가능성을 실현할 수 있다, 지속 가능성을 위해 굳이 산악 지역에 소규모 농장을 많이 만들 필요도 없다, 이것이 바로 우리가 나아가야 할 방향이다. 파틸의 혁신은 증가하는 세계 인구를 고려할 때 현실화할 수 있는 목표다. 많은 미국인 역시 이와 같은 이유로 파틸에게 열광하며, 그를 지지한다.

독일과 유럽은 다르다. 이런 사례를 언급할 때마다 회의적인 반응이 돌아온다. "가여워라!" 하며 파틸에겐 아마 어린 시절이 없었을 것이다, 부모는 그에게 생물학과 화학을 공부하라고 다그쳤을 것이다, 아이는 유전공학을 다루는 대신 밖에서 뛰어다니며 친구들과 축구를 해야 한다, 지금 그는 인류에게 위험한 기술을 건드리고 있다, 일이 뭔가 잘못된다면 파틸은 자기 분야에서 인류의 종말을 초래할 수도 있다, 그는 인간의 삶과 건강, 자연의 상태를 가지고 도박하고 있다는 등의 반응이 줄을 이었다. 파틸이 진행하는 것과 같은 프로젝트의 실현 유무에 따라 유럽의 미래가 달라진다는 사실을 많은 사람이 깨닫지 못하는 것이다.

스위스와 실리콘 밸리에서만 가능하다

기술의 도움으로 수명을 연장하는 일은 선진국에서만 일어나는 현상이 아니다. 지난 200년 동안 전 세계 절대 빈곤율은 90퍼센트 이상에서 10퍼센트로 떨어졌다.[56] 그렇지만 이 10퍼센트조차도 빈곤을 겪는 사람들에겐 엄청난 고통을 의미한다. 그래서 이 비율을 더 낮추기 위한 노력이 필요하다. 최신 기술에 이에 대한 희망을 걸어볼 수 있다. 교육, 깨끗한 물을 사용하는 일, 제대로 된 보건 시스템과 같은 목표는 모두 혁신적인 기술을 활용하는 것이 필요하다. 언어와 수학도 일종의 기술이다. 기술은 전 세계 모든 지역의 사람들이 삶의 질을 향상하는 데 도움이 되었다.

신기술과 소셜 미디어의 잠재력을 잘 보여주는 몇 가지 사례가 있다.

시얀다 모후츠와Siyanda Mohutsiwa는 보츠와나에서 수학을 전공하는 학생이었다. 어느 날 모후츠와는 트위터를 사용하기 시작한다. 그는 트위터(현 X)를 이용해 자기 세대를 대변하는 인물이 된다. 모후츠와는 언어에 대한 감각이 뛰어나며, 이미 10대에 트위터 팔로워가 2만, 3만으로 시작하더니 마침내 4만 명이 넘는 팔로워를 모았다. 그의 트위터 계정은 2015년에 다음과 같은 질문으로 인기를 끈다. '아프리카가 술집이라면 여러분의 나라는 무엇을 마시거나 무엇을 하고 있을까요If Africa was a bar, what would your country be drinking/doing?' 같은 해 암스테르담에서 열린 TEDx 강연을 성공적으로 마친 모후츠와는 2016년 밴쿠버에서 열린 TED 글로벌 강연을 하는 기회까지 얻었다. 이 강연 영상의 조회 수는 100만이 넘었다. 언어와 트위터에 대한 엄청난 재능을 바탕으로 보츠와나의 수학과 학생이던 그는 범아프리카주의와 젊은 세대를 대표하는 사회 인물이 된다.

신기술이 꼭 스위스 같은 국가나 실리콘 밸리 같은 지역의 부유층을 위한 권력 강화 도구로만 사용되는 건 아니다. 적절하게 잘 사용만 한다면 전 세계 모든 지역에서 삶의 질을 크게 개선할 잠재력이 있다.

신의 영역에 도전한다

유전자 변형을 둘러싸고 많은 논란이 있지만, 사실 많은 트랜스휴머니스트가 인간의 생식세포 유전자를 변형하는 것이 도덕적으로 비난받을 일이 아니라고 주장한다. 그렇다고 기독교와 트랜스휴머니즘 사이에 반드시 긴장감이 흐른다는 의미는 아니다. 가톨릭, 모르몬교, 불교계에도 트랜스휴머니스트가 있다. 트랜스휴머니즘은 다양한 형태로 존재한다.

　모든 트랜스휴머니스트가 자기 인격이 하드 드라이브에 옮겨지거나 자신이 초지능이 되거나 미래에 디지털화된 존재로 진화하길 바라는 건 아니다. 하드 드라이브에 업로드되어 불멸의 존재로 살아가는 것이 진지한 트랜스휴머니스트가 바라는 일은 아니지만, 이런 불멸이 트랜스휴머니스트의 소망처럼 그려지는 경우가 종종 있다. 트랜스휴머니즘에서 널리 알려진 목표는 건강 수명을 연장하는 일이다. 불멸은 일관되게 실현 가능한 일이 아니라고 생각한다. 디지털 개체가 된 인간이 우주가 붕괴하고 이에 따라 생긴 우주 특이점 상태에서 어떻게 생존할 수 있을 것인가? 이제 우리는 불멸이 트랜스휴머니즘의 목표라고 말하는 것을 그만 멈춰야 한다. 20년 또는 30년 후 인격을 하드 드라이브에 저장할 수 있어야 한다는 발상은 많은 공상과학소설에서 트랜스휴머니즘에 속한 걸로 보지만, 결코 트랜스휴머니즘의 현실적인 목표는 아니다.

　진지한 논의를 통해 트랜스휴머니즘의 다양성은 물론 트랜스휴머니즘적 목표의 중요성과 파괴력을 명확하게 정의 내려야 한다. 2007년에는 최초의 스마트폰 개발이 있었고, 2012년에는 유전자 가위가 개발되었다. 2016년에는 영국에서 부모가 세 명인 아이의 출생이 허가가 됐으며, 2022년에는 로스블랫의 회사 유나이티드 테라퓨틱스가 유전자 변형 돼지 심장을 인간에게 이식(이종 이식)하는 데 성공했다. 2023년에는 머스크의 뉴럴링크가 인간을 대상으로 첫 연구를 진행했다.[57] 이렇게 우리 시대의 중요한 발전은 인간의 삶의 방식을 급격히 바꿀 수 있고, 그래 왔다. 따라서 정치적, 문화적 그리고 법적으로 심각하게 받아들여야 한다. 트랜스휴머니즘이 직면한 도전은 바로 이런 심각한 논쟁이다. 로스블랫이나 머스크는 모두 자신을 트랜스휴머니스트라고 생각한다.

최신 유전자 기술을 지지하고 사용하는 일이 비기독교적인 행위인가? 물론 아니다. 성경에는 120세까지 산 노인이 여럿 등장한다. 현재 인간의 평균 기대 수명은 80세다. 최신 기술의 도움을 받아 평균 기대 수명이 120세에 이른다 해도 성경과 모순되지는 않을 것이다. 성경에 등장하는 므두셀라는 이보다 훨씬 더 오래 살아 969세에 죽었다고 알려져 있다. 더불어 성경 속 재능에 대한 비유를 잊어서는 안 된다. 신은 재능을 숨긴 사람에게 상을 주지 않는다. 재능을 발휘한 사람에게 상을 준다. 신기술을 사용하는 일은 분명 엄청난 재능이다. 이런 관점에서 보면 흔히 주장하듯 기독교적 사고와 트랜스휴머니즘적 사고가 상충한다는 건 분명 맞지 않는 말이다. 그렇지만 트랜스휴머니스트 대부분이 회의론자, 자연주의자, 불가지론자, 무신론자라는 점은 밝혀두어야 한다.

파시즘의 새로운 변종이다

트랜스휴머니즘에 대한 가장 오래된 비난 중 하나는 트랜스휴머니즘이 파시즘이 변이된 형태이거나 최소한 정신적으로 파시즘에 가깝다는 것이다. 트랜스휴머니즘이 독일 언론에 처음 특집 기사로 다뤄졌을 때도 이런 비난이 주를 이뤘다. 이 같은 비난의 기원은 20여 년 전 일명 '슬로터다이크와 하버마스 논쟁'으로 거슬러 올라간다. 1999년 여름, 페터 슬로터다이크는 엘마우 성에서 '인간 농장을 위한 규칙'이라는 논문 발표를 통해 하이데거, 니체, 플라톤을 언급하며 현재 생명공학의 가능성을 성찰한다. 하지만 흠결 없는 민주주의자가 아닌 철학자들을 인용하면서 유전공학에 대한 격렬한 논쟁을 촉발하게 된다. 이 논쟁은 위르겐 하버마스의 제자가 독일의 시사주간지 《디 차이트》에 기고한 글에서 시작된다. 이 기고문 이후 하버마스 본인은 물론이고 다른 주요 지식인들도 논쟁에 참여한다.

슬로터다이크는 이미 하이데거가 '유럽식 휴머니즘의 조건'을 밝혔다고 말한다. 그러면서 '하이데거 이후 인간에 대한 철학적 사고에 주요 부분'이 된 '트랜스휴머니스트' 내지는 '포스트휴머니스트'처럼 생각하는 행위를 이야기한다.[58] 하버마스는 슬로터다이크와의 논쟁에서 슬로터다이크의 연설을 그대로 인용하며 슬로터다이크를 '자연주의화된 포스트휴머니즘의 커피를 걸러내고 남은 찌꺼기에서 미래를 읽어내려고' 시도하는 '소수의 정신 나간 지식인'으로 평가한다(튀르키예에는 커피를 다 마시고 나서 잔 밑에 진득하게 남은 가루를 섞어 점을 치는 풍습이 있음-옮긴이).[59] 이때 하버마스는 슬로터다이크의 연설을 그대로 인용하고 표기도 했으나 인용문의 저자가 슬로터다이크라는 언급은 하지 않는다. 여기서 하버마스는 슬로터다이크를 트랜스휴머니스트로 지칭하는 모습을 보인다. 하지만 2005년 12월 6일 튀빙겐대학에서 열린 '인간 최적화에 관하여'라는 강연에서 슬로터다이크는 인간을 개량하기 위해 유전공학을 사용하는 일을 확실히 반대했다. 따라서 하버마스의 생각은 분명 잘못되었다. 또한 비판적 포스트휴머니즘은 트랜스휴머니즘과는 확실히 구분해야 하는 문화 운동이기에 트랜스휴머니즘을 자연주의화된 '포스트휴머니즘'으로 언급한 것은 오해의 소지가 있다. 중요한 부분은 하버마스가 니체주의적 품종 개량에 대한 환상이 현재 '흥미 위주로 만들어진 미디어 보도'에만 적합하다고 강조했다는 점이다. 이는 트랜스휴머니스트가 파시스트적 우생학 방식을 지지하고, 그러한 방식으로 인간을 번식시키는 환상을 옹호한다는 비난과도 관련이 있다.

그러나 정치적으로 트랜스휴머니스트는 자유주의자, 즉 급진적 자유주의자이거나 자유주의의 변형인 사회민주주의를 대표한다. 진정한 트랜스휴머니스트는 권위주의적 정치 구조를 지지하지 않는다. '우생학'이라는 말은 '제3제국' 시대에 독재 정치 의사결정을 우생학을 기반으로 한 구조 탓에 의미상 도덕적으로 문제가 있다. 이러한 독재적 구조는 진정한 트랜스휴머니스트라면 누구나 반대한다. 따라서 파시즘과 전체주의를 근거로 트랜스휴머니즘을 비난하는 것은 너무 단순하면서도 적절하지 않다.

'우생학eugenics'이란 말은 고대 그리스어로 '좋은eu'과 '태생genos'을 의미하는 단어가 합쳐진 것이다. 즉 우생학은 인간의 후손을 개선하는 과정을 뜻한다. 이 우생학이란 단어를 쓴다고 해서 반드시 특정한 정치적 견해를 가지는 건 아니다. 오늘날에는 국가가 주도하는 우생학과 달리 부모가 후손의 유전 인자를 수정할 권리가 있다는 자유 우생학에 관한 논의가 이루어지고 있다. 이 과정을 도덕적으로 어떻게 평가할지는 아직 답이 정해지지 않은 질문으로 남아 있다. 유전공학에 반대하는 사람들은 역사적 공감을 얻으려고 '자유 우생학'이란 용어를 사용하는 경향이 있다. 이것이 아마 하버마스 또한 '자유 우생학'을 말한 이유일 것이다. 반면에 유전공학의 개입을 찬성하는 사람들은 유전자 개선에 대해 거의 반대하지 않으므로 '유전자 강화'라는 용어를 선호한다.

트랜스휴머니스트에게 자유는 중요하다. 자유에는 생식의 자유, 즉 생식 목적을 달성하기 위해 상대방을 자유롭게 선택할 수 있는 권리도 포함된다. 또한 교육의 자유, 즉 자기 후손을 양육할 권리도 포함된다. 이런 자유에는, 추후 논의가 필요한 부분이지만, 자신의 후손을 유전적으로 수정할 권리까지 포함될 수 있다. 트랜스휴머니스트에게 가장 중요한 것은 형태적 자유다. 그래서 트랜스휴머니스트가 정치적으로 전체주의 구조를 분명히 반대하는 쪽에 있는 것이다. 인간은 좋은 삶을 바라보는 자신만의 특별한 생각에 따라 본인 인생을 살아가고, 만들어가며, 실현할 수 있어야 한다. 트랜스휴머니스트가 옹호하는 형태적 자유에 대한 권리는 모든 형태의 전체주의, 파시즘, 권위주의를 명백히 거부한다.

트랜스휴머니즘이 전체주의 정치와 명확히 구분되는데도 불구하고 트랜스휴머니즘이 파시즘을 내포하고 있다는 비난은 반복되곤 한다. 때때로 인간의 자유주의적 자본주의 구조가 전체주의로 이어질 것이라는 주장도 나온다. 종종 개인을 개인으로만 보지 않고, 인간의 관계적 얽힘을 고려한 관계주의 정치 모델을 제안하기도 한다. 그러나 관계주의 정치는 처음에는 그럴듯하게 들려도 실제로는 가부장적 의미가 있는 아주 위험한 제안이므로 관계주의 정치는 무조건 거부해야 한다.

다음의 사례는 관계주의 정치가 무엇인지 잘 보여준다. 중국은 꽌시, 즉 관계를 중심으로 돌아가는 사회다. 개인을 평가하는 데 관계가 중요하다. 개인이 아니라 개인이 속한 관계망이 중요하고, 개인 평가의 중심이 되는 게 바로 이 관계망이다.

중국의 한 소년이 대학에 지원하는 데 필요한 모든 자격시험과 입학시험을 통과했다. 그런데도 소년은 대학에 합격하지 못했다. 그 이유는 아버지의 대출금이 소년의 대입 평가(신용 점수)에 영향을 끼쳤기 때문이다.

물론 원론적으로 소년은 아버지의 부채에 대한 책임이 없다. 이때 가부장적 함의는 관계주의 정치 구조에서 도덕적으로 문제가 됨이 분명해진다. 개인의 행동은 중요하지 않다. 개인의 가치는 그 개인이 속한 관계망에 의해 결정된다. 이는 도덕적으로 문제가 상당히 많은 구조를 만들어낸다. 이것이 바로 관계주의 정치를 거부해야 하는 이유다.

그렇다고 자유주의 정치 구조가 도전에 직면하지 않는다는 뜻은 아니다. 개인이 어떤 선의 개념에 따라 살아야 하는지 타인이 지시할 수 없다는 자유주의의 성취는 파시즘과 전체주의에 대한 방화벽으로서 충분하게 높은 평가를 받지 못했다. 그리고 이러한 반성은 트랜스휴머니즘을 파시즘으로 비난하는 일이 정당화될 수 없음을 분명히 보여준다.

생명의 책을 다시 써내려 가는 유전공학

– 슈테판 로렌츠 조르그너

2012년 CRISPR/Cas9 시스템 연구가 발표된다. 이 유전자 편집 방식을 통해 21세기는 본격적인 생명공학의 시대로 접어든다. 한때 공상과학소설의 내용으로만 치부되던 유전자 가위 기술은 이제 인간에게 유익하고 정확하며 신뢰할 만한 선택지가 된다. 이러한 유전공학의 잠재력은 아무리 과대평가해도 지나치지 않다. 유전자 편집 외에도 인공 수정 후 수정란 선별과 착상 전 진단, 바이오프린팅, 합성생물학(Synthetic biology, 자연에 존재하지 않는 생물적 요소와 시스템을 설계 및 제작하는 학문 분야-옮긴이)은 유전공학 분야에서 실용적으로 쓰이는 아주 중요한 기술이다. 이 모든 유전공학 기술로 질병을 치료하고 예방 유전자를 사전에 주입하는 일이 가능해지며, 변화를 통해 개선할 수 있다. 유전자를 변형하는 일을 반대할 사람이 있을까?

우생학과 유전자 개선

이제 유전자 개선 대신 우생학에 관해 말하기 시작하면 앞선 질문에 대한 반응은 다소 부정적일 것이다. 그러나 내용 면에서는 우생학 관련 질문에서도 근본적으로 바뀐 부분은 없다. 앞서 유전학의 영문 eu는 고대 그리스어로 '좋은'이라는 의미가 있다고 설명했다. 따라서 '우생학'은 '유전 인자 개선 이론'이라고도 할 수 있다. 에우다이모니아(eudaemonia, 행복), 성찬식eucharist 또는 안락사euthanasia에 붙는 eu도 같은 의미다.

오늘날 말하는 유전자 강화 또는 유전자 개선의 의미는 '우생학'이라는 용어와 크게 다르지 않다. 유전자 강화나 유전자 개선 모두 같은 의미를 갖고 있다. 다만 유전자의 보강 및 개선에 동조하는 사람들은 '유전자 강화'라고 말하는 경향이 있고, 비평가들은 '우생학'이란 단어를 쓰곤 한다는 점이 눈에 띈다. 이렇게 단어 선택에 신중한 이유는 단어 하나하나가 수많은 의미를 내포하고 있기 때문이다. 인간은 끊임없이 자신을 '강화'하거나 개선하고 있다. 악화되길 바라는 사람이 있는가? 하지만 우생학이란 말을 내뱉는 순간 독일 역사상 가장 암울했던 시대와 연결된다.

많은 사람이 '우생학'이란 단어에서 '제3제국' 시대에 자행된 잔혹한 행위를 떠올린다. 장애인을 대상으로 한 강제 불임 수술, 동성애자의 사회 격리, 소위 '살 가치가 없는 생명'을 대량 학살하는 행위는 모두 우생학적 성찰의 결과라는 이유로 정당화되었다. 당시 국가는 어떤 인종과 능력 및 특성을 장려하고, 무엇을 가려내야 할지 지시한다. 참고로 '가려내다(독일어로 ausmerzen)'라는 말은 16세기로 거슬러 올라가며 매년 3월(독일어로 März) 번식에 부적합한 양을 무리에서 제거하던 일을 가리킨다. 이는 제3제국에서 인간을 양처럼 색출하여 죽이는 행위로 나타난다. 과거 우생학에 대한 평가와 관련하여 어떤 특징을 장려하고 무엇을 장려하지 말아야 할지 결정을 내리는 주체는 개인이 아니라 국가였다. 이것이 과거 우생학과 오늘날 과학 분야에서 논의 중인 우생학이 가진 중요한 차이다.

무엇이 바람직한 특징인지 아닌지는 누가 결정하는가? 이때 국가가 기준을 결정한다면 국가 우생학이 된다. 부모에게 후손의 유전적 특성을 수정할 결정권을 준다면 이는 자유 우생학이다. 지금 우리가 유전자 강화를 논할 때는 자유 우생학에 대한 문제를 다루는 것이다.

그렇다고 해서 오늘날 국가 우생학이 더는 존재하지 않는다는 의미는 아니다. 현재 폐지된 중국의 한 자녀 정책, 2004년부터 사우디아라비아에서 법적으로 의무화된 결혼 전 유전자 및 건강 검진, 2013년까지 캘리포니아 교도소에서 불법적으로 시행한 강제 불임 수술은 모두 국가가 주도한 우생학적 관행이다. 유전공학 분야가 더 발전하면 다른 도덕적 문제가 발생할 수 있다. 예를 들어 유전자 편집으로 인간의 평균 수명을 30년이나 늘릴 수 있다면, 자기 후손의 유전자를 확실하게 개선하지 않는 것은 부모로서 직무를 유기하는 일이 아닌가? 그렇다면 자기 후손의 유전자를 편집하지 않는 사람들의 보험료를 인상해야 하는 건 아닐까? 건강보험이 유전자 편집 행위에 개입하여 많은 사람에게 이익이 되고 삶의 질을 향상하는 데 상당한 경쟁 우위를 차지하도록 비용을 부담해야 하지 않나?

참고로 여기서는 의도적으로 기대 수명이 아닌 건강 수명을 언급한다. 트랜스휴머니스트가 말하는 수명이란 대개 건강 수명을 가리킨다.

단순히 수명만 연장하는 것은 인간의 이익에 부합하지 않는다고 인식하기 때문이다. 이런 생각은 아주 간단하고 명확하게 설명할 수 있다.

현재 노화가 어떻게 일어나는지 살펴보자. 대부분 80세, 늦어도 90세부터는 질병이 점점 더 많은 신체 부위와 장기에 영향을 끼쳐 삶의 질이 크게 떨어진다. 누군가는 몸져 눕고, 또 다른 누군가는 중증 장애인이 된다. 휠체어에 의지해 생활하는 사람도 있다. 이런 상태로 100년을 더 사는 것이 자기 이익에 부합하는 삶이라 볼 수 있을까? 꼭 그렇지는 않다. 하지만 나이가 들어도 여전히 건강하다면 상황은 달라진다. 40세처럼 보이는 90세 노인이 건강하고 활발하게 활동하며 100년을 더 산다면 삶의 질도 함께 높아진다고 예상할 수 있다. 따라서 대부분의 사람에게 단순하게 수명만 연장하는 일은 반드시 삶의 질 향상을 의미하진 않는다. 이에 반해 많은 사람이 건강 수명을 연장하면 즐거운 인생을 살아갈 확률이 높아진다고 생각한다.

따라서 우리가 강화를 논할 때마다 더 좋고 더 나쁜 것에 대한 기준과 그 기준을 결정할 사람이 필요하다. 자유 우생학에서는 부모가, 국가 우생학에서는 통치자와 행정부의 역할을 하는 국가가 이 기준을 정한다. 이때 다음과 같은 의문이 생긴다. 종의 특성, 기질 내지는 집단의 특성을 개선해야 하는가, 아니면 개인의 특성을 개선해야 하는가? 개선의 목표는 무엇인가? 생존 가능성이 목표인가, 아니면 좋은 삶을 영위할 확률이 목표인가? 새로운 세계를 계속 발견할 가능성이나 주어진 환경 조건에 적응하고, 그 적응상태를 유지해 나갈 뚝심이 목표인가?

'우생학'이란 말은 1883년 찰스 다윈의 사촌 프랜시스 골턴이 만들었다. 그런데 우생학적 관념은 이미 플라톤의 저서 《국가》에서도 등장한다. 이 책에서 플라톤은 장애인을 버려야 한다고 주장한다. 독일 의사 에른스트 헤켈(Ernst Haeckel, 1834~1919)은 영웅의 미덕을 이야기하면서 스파르타인도 이런 일을 자행했다고 설명한다. '공중 보건', '순수 아리아 혈통' 내지는 '인종 위생학'이란 용어는 우생학적 배경에서 비롯된 것들이다. 특히 히틀러가 정신적, 신체적 또는 지적 장애가 있는 사람들을 대량 학살한 'T4 작전'은 이후 유럽 지역 유대인 말살 정책인 홀로코스트로 이어진다. 하지만 우생학은 독일에만 국한되지 않는다. 우생학은 일본, 소련, 영국, 미국, 캐나다, 스위스, 스칸디나비아반도에서도 통한 개념이다. 스위스에서는 1985년까지, 핀란드에서는 1979년까지, 스웨덴에서는 1975년까지 강제 불임 수술을 시행한다. 이는 몇 가지 예시에 불과하다. 우생학이 적용된 사례는 얼마든지 있다.

이 같은 결과물은 역사적 관점에서 우생학이 언급되면 일반적으로 국가 우생학을 말한다는 점이 분명해진다. 반면에 자유 우생학을 두고 벌어진 논쟁은 최근의 일이다. 유네스코 초대 사무총장 줄리안 헉슬리 역시 우생학에 찬성했다. 그는 영국 우생학 협회의 회장을 역임하기도 했다. 앞서 언급했듯 줄리안 헉슬리는 특히 진화론적 사고와 밀접한 관련이 있는 가문 출신이다.

트랜스휴머니스트 사이에서 중점을 두고 논의하는 부분은, 자유 우생학 또는 유전자 강화 절차의 실행을 도덕적으로 어떻게 평가하고 한계점을 어디에 설정해야 하느냐는 점이다. 치료법은 종종 강화 조치와 명확하게 구분되지만, 이런 구분을 철학적으로 규정하기란 쉽지 않다. 백신 접종이 예방 조치라는 점을 강조하는 경우가 많다. 하지만 백신을 개선 기술이라고 할 수도 있다. 개선과 강화를 실현하려면 좋은 것과 좋은 삶에 대한 개념이 항시 필요하다.

트랜스휴머니즘에서 도덕 평가나 한계 설정에 관한 질문에 대한 답은 하나만 있지 않다. 흔히 르네상스 시대의 이상과 트랜스휴머니즘을 동일 선상에 두기도 한다. 그러나 특히 형태적 자유에 대한 권리를 강조할 때 급진적으로 다양한 긍정적 요소를 전제하는 데에는 타당한 이유가 있다. 모든 사람에게 반드시 좋은 삶과 관련된 특성이 존재하는지도 논란이 많다. 대다수 트랜스휴머니스트는 건강 수명을 연장하면 일반적으로 좋은 삶에도 유익하다는 점에는 동의한다. 그러나 이런 건강 수명 연장이 도구로서의 본질적인 선인지는 미해결 과제로 남아 있다.

더불어 아주 다양한 유전 기술이 있으므로 이를 모두 똑같은 도덕 논리에 따라 취급할 수 없다는 점이 중요하다. 특히 유전자 변형, 수정란 선별, 생명을 창조하는 일은 서로 구별해야 한다. 갖가지 유전공학에 어떤 도덕적 문제가 있는지는 오직 특정 유전공학에 해당하는 사례에 비추어 분석할 수 있다. 다양한 유전 기술이 얼마나 현실적이고 믿을만하며 유익한지 아닌지는 또 다른 문제다. 이런 사회 문제에 대한 도덕 논쟁에서 분석적 접근은 꼭 필요하다.

생식의 자유를 위한 유전자 기술

이미 신뢰 할 수 있는 수많은 유전자 기술이 있다. 그렇지만 기술 사용이 금지된 경우가 많다. 이는 기술적인 문제보다는 윤리적인 문제 때문이다. 특히 수정란을 선별해 내는 기술이 가장 크게 발전했는데, 한번 알아보자.

IVF는 체외 수정In Vitro Fertilization, 즉 인공 수정을 의미한다. 인공 수정은 1978년도에 최초로 성공한다. 오늘날 체외 수정 절차는 일반적으로 다음과 같이 진행된다. 아이를 가지려는 여성에게 난자 성숙을 촉진하는 호르몬을 투여한다. 그런 다음 난자를 채취할 수 있도록 약물을 이용해 배란을 유도한다. 이 난자는 자위행위를 통해 얻은 정자와 시험관에서 수정되고, 수정란은 인큐베이터에서 하루가 지난 뒤 자궁에 다시 주입된다. 수정 과정에서 성공 가능성을 크게 하려고 호르몬을 투여한다. 그러나 수정란이 자궁벽에 착상할 가능성은 그리 크지 않다. 확률상 수정란 세 개 중 하나만 착상한다. 그렇다면 이 과정에서 발생하는 문제는 무엇일까?

체외 수정을 할 때 난자를 몇 개나 채취하여 수정할까? 체외 수정 시술을 받는 여성이 어디에 거주하느냐에 따라 다르다. 미국이나 영국이라면 일반적으로 10~20개 정도의 난자를 채취하고 이 난자를 모두 수정한다.[60] 그러면 난자와 똑같은 개수의 수정란이 만들어진다. 문제는 어떤 수정란을 몇 개나 착상시킬까 하는 것이다. 산모는 보통 한 명의 아이를 원하니까 수정란을 하나만 착상시킨다고 생각할 수 있다. 하지만 그래서는 여성이 임신할 가능성이 충분히 크지 않아서 수정란을 하나만 착상시키는 사례는 없다. 앞서 언급했듯 착상률이 낮아서(3분의 1) 수정란은 대개 심한 월경혈처럼 몸 밖으로 배출되어 버린다.

하지만 전통적인 방식으로 수정이 되더라도 착상률이 더 높은 건 아니다. 우리 모두 자궁에 착상하기 이전에 수정란 두 개 정도는 착상에 실패했을 것이다. 그렇다면 모든 사람에게는 세상을 떠난 혈육이 둘이나 있는 걸까? 이 질문에 어떻게 답할 수 있을까? 1869년 교황 비오 9세가 수정과 동시에 이미 영혼이 생겨난다고 상정한 이후, 가톨릭에서는 이제 영혼이 있는 태아와 영혼이 없는 태아를 구분하지 않는다. 비오 9세의 발언 이전에는 단계에 따라 영혼이 생겨난다고 가정했었다. 토마스 아퀴나스에 따르면, 남자아이가 영혼이 생기는 시기(수정 40일 후)는 여자아이가 영혼이 생기는 시기(수정 80일 후)보다 빠르다.[61] 오직 이성적 영혼이 육체와 연결될 때 생명체는 인간의 존엄성을 갖추고 인격체로서 자격을 얻는다. 이때부터 태아는 사물이 아니라 신의 형상을 한 생명체이며 성인 인간과 동등한 존중을 받을 자격이 있다. 이성은 인간 안에 있는 신성한 것이며, 이성적 영혼이 육체에 불어넣어지면 인간은 신과 같은 형상의 생명체가 된다. 그러면 신이 인간 안에 존재하는 것이다. 이에 따라 인간은 도덕적으로 존중받을 자격이 있다.

인간이 어떻게 행동하든 개인에게는 모두 존엄성이 있다. 존엄성은 가치와 명확히 다르다. 존엄성을 가진 모든 존재는 거의 무한한 가치를 지니며, 존엄성이 없는 모든 존재는 유한한 가치를 지닌다. 유한한 가치만 있는 것은 무엇이든 사고팔 수 있다. 이성의 영혼을 내재한 무한한 가치가 있는 생명체와는 대조적이다.

가톨릭의 관점에서 이러한 가치 판단은 1869년부터 모든 수정란에 적용된다. 따라서 수정되는 순간부터 수정란은 이미 존엄성을 지닌다. 수정란이 착상되지 않거나, 특정 조건에서만 착상하거나, 심지어 수정란을 갖고 연구를 한다면, 이는 수정란이 마땅히 존중받아야 할 존재로 다뤄지지 않음을 의미한다. 이때 수정란은 그저 도구로 전락해 하나의 물건으로 취급받는다. 인간을 물건처럼 대하는 행위는 도덕적으로 잘못된 일이다. 이 같은 가치 판단 방식은 앞서 설명한 인공 수정 과정에 심각한 영향을 끼친다.

이미 말했듯 영국에서는 체외 수정 때 10~20개의 수정란이 만들어진다. 그러나 착상률은 약 3분의 1에 불과하므로 10개를 시도하면 착상되는 수정란은 3개 이내에 불과하다. 그렇게 되면 한 명의 아이를 가질 확률이 높더라도 다태아 임신 가능성도 커진다. 남은 수정란은 폐기하거나 나중에 사용하기 위해 냉동 보관한다. 연구 목적으로 사용하기도 한다. 사용한다는 말은 수정란 자체를 물건처럼 여긴다는 뜻이다. 가톨릭의 관점에서 이는 부도덕한 행위다. 가톨릭은 수정란의 사용을 무고한 인간을 살해하는 일과 똑같이 본다.

왜 영국에서는 이런 식으로 인공 수정을 진행할까? 그 이유 중 하나는 10~20개의 수정란을 사용하면 선택의 폭이 넓어지기 때문이다. 우선 수정란을 현미경으로 검사하여 정상적인 착상이 불가능한 요소가 있는지 확인한다. 착상 전 진단 방식을 활용해 수정란 세포의 특성을 효율적으로 평가하여 검사하는 방법도 있다. 이런 변형된 검사 기법에는 여러 가지가 있다. 먼저 전능성(Totipotency, 하나의 세포가 분열하여 완전한 개체를 형성하는 능력-옮긴이) 수정란을 사용하는 방법이 있다. 전능성 수정란은 수정 직후부터 8~10세포기까지 분화된 수정란으로, 3일째에 8~10세포기까지 분화하며 이때까지만 전능성을 갖는다. 다능성(Pluripotency, 첫 번째는 배胚가 발생하는 도중에 그 일부가 다른 몇 개의 발생 과정을 거쳐 다른 형태를 형성하는 능력, 두 번째는 세포나 조직이 현재 가지고 있는 정해진 형태나 기능을 내적·외적 조건이 변함에 따라 다른 몇 개의 형태나 기능으로 바꾸어 나타내는 능력-옮긴이) 수정란을 사용하는 방식도 있다.

여기에는 도덕적으로 중요한 차이가 있다. 모든 전능성 수정란은 완전한 인간이 될 수 있지만, 다능성 수정란은 그렇지 않다. 다능성 수정란은 더 분화되어 특정 기관으로만 발달할 수 있다. 그러나 분화 3일 차에 모든 수정란은 여전히 전능성을 유지한다. 이 말은 원칙적으로 이 수정란 8~10개를 각기 다른 자궁에 착상시켜 각각의 자궁에서 각각의 인간을 만들어낼 수 있다는 뜻이다. 이 과정에서 탄생한 인간들은 일란성 쌍둥이처럼 유전적으로 똑같은 특성을 보인다는 뜻이다. 놀랍지 않은가! 참고로 일란성 쌍둥이는 난자 수정 이후 첫 2주 동안만 형성 가능하다. 2주가 지난 후 쌍둥이가 형성된다면 샴쌍둥이가 되는 경우가 많다. 생물학적 과정은 여기까지다.

착상 전 진단 과정 내에서 무슨 일이 일어나는가? 변형된 검사 방식 중 하나는 8~10세포기에 이른 수정란 가운데 한두 개를 추출하여 유전자 검사를 하는 것이다. 이 유전자 검사는 전능성 수정란을 분해, 즉 파괴하여 진행한다. 검사를 통해 어떤 유전자가 있고 무슨 특성이 있는지, 특정 약제에 어떻게 반응하는지, 나중에 어떤 질병을 앓을지 확인할 수 있다. 유전자 빅데이터 분석으로 새로운 정보가 계속 추가되고 있다.

가톨릭의 관점에서 이 과정은 여러 가지 면에서 도덕적으로 문제가 있다. 기본적으로 가톨릭의 성 윤리는 아리스토텔레스까지 거슬러 올라간다. 아리스토텔레스는 신체의 모든 부위에는 특정 기능이 있다고 주장했다. 눈이 사물을 보고 코가 냄새를 맡는 것처럼 인간의 생식기는 생식을 위해 존재한다. 인간은 목적에 따라 신체 부위를 사용할 때만 자연스러운 방식으로 신체를 사용할 수 있다. 자위행위에서는 번식 가능성이 없으므로 자연스러운 생식이 일어나지 않는다. 이는 피임약을 사용하는 성

관계는 물론 인공 수정 역시 마찬가지다. 따라서 체외 수정은 자연법칙에 따르는 행위가 아닌, 즉 부자연스럽고 부도덕한 절차다. 결국 생식기가 부자연스러운 방식으로 사용되는 것이다. 이런 논리에서 착상 전 유전 진단은 훨씬 더 나쁘다. 이미 언급한 바와 같이 특정 착상 전 유전 진단 방식에서는 전능성 수정란을 한두 개가량 파괴하고, 착상되지 않은 수정란은 연구 목적을 갖고 일종의 물건처럼 활용한다. 착상된 수정란은 원하는 특별한 특성이 있어서 착상시킨 것이다. 그러니 착상된 수정란 역시 도구 취급을 받는다. 신의 형상을 닮았으므로 존중받아야 할 수정란을 물건으로 다룬다. 이는 가톨릭의 관점에서 도덕적으로 거센 비난을 퍼부을 만한 행위다. 가톨릭교회에서는 이미 인공 수정을 도덕적으로 문제 삼고 있다. 착상 전 유전 진단 후 수정란을 선별하는 문제는 더 말할 것도 없다.

그런데 여기서 또 다른 문제가 발생한다. 앞서 우리는 착상률이 약 3분의 1이라는 사실을 이미 확인했다. 이는 곧 출산에 한 번 성공했을 때 일반적으로 수정란 착상 실패가 두 번 있었음을 의미한다. 이것이 사실이라면 인간 두 명이 죽었다는 뜻이기도 하다. 가톨릭교회에 따르면, 인간은 이성적 영혼이 부여되는 즉시 존엄성을 갖고 존재하는데, 이러한 상황은 수정 순간부터 생겨난다. 그렇다면 모든 인간을 매장해야 하지 않을까? 착상에 실패할 때마다 장례식을 치러야 하지 않을까? 이런 해석은 궤변처럼 보이기도 하지만, 매장될 권리를 결정짓는 조건 중 하나가 무게이므로 실질적 관련이 있다. 가톨릭이 중요한 비중을 차지하는 노르트라인베스트팔렌주에서는 시신의 무게에 따라 매장될 권리를 준다. 이 연방 주에서는 일반적으로 시신 무게가 최소 0.5킬로그램 이상부터 매장이 가능하다.

이를 통해 진화론적 사고의 영향을 강하게 받는 트랜스휴머니즘을 많은 사람이 위험한 사상으로 생각하는 이유를 알 수 있다. 트랜스휴머니즘은 결정적으로 서양 기독교가 지닌 기본 태도를 산산조각 내버린다. 트랜스휴머니스트는 보통 무형의 이성적 영혼 대신 진화론에 기반한 이성을 전제로 생각한다. 언어는 진화 과정에서 발달한 신체 특성일 뿐, 신성한 불꽃의 선물을 통해 인간이 받은 능력이 아니다. 그러나 이런 트랜스휴머니스트의 생각은 인간 존엄성의 개념은 물론 인간과 사물을 구분하는 근거가 무엇인지 수많은 의문점을 제기하도록 만든다. 이는 다시 체외 수정 및 착상 전 유전 진단 후 선별에 대한 도덕 평가에 있어서 아주 중대한 문제가 된다.

많은 트랜스휴머니스트가 프린스턴대학의 저명한 생명 윤리학자 피터 싱어가 존엄성에 대한 가톨릭의 전통적 견해에 반해 제기한 종 차별주의 비난에 공감한다. 가톨릭교회에 따르면 이 세상에서는 동물이 아닌 인간만이 신의 불꽃을 품고 있다. 저승 세계 같은 다른 세계에서는 천사까지 해당한다. 싱어는 이런 기본 태도가 인종 차별주의자나 성 차별주의자와 아주 유사하다고 지적한다. 왜냐하면 도덕 관련 특성에 의해 정당화되는 일 없이 언제나 특정 집단을 도덕적으로 선호하기 때문이다. 수정란은 신경계나 뇌가 없으므로 고통을 겪을 수 없지만, 성체 침팬지보다 더 존중받을 자격이 주어진다. 두 살이 된 인간 중 절반만이 거울에 비친 자기 모습을 알아볼 수 있지만, 성체가 된 침팬지가 거울로 자신을 인지하는 일은 보통이다. 이런 능력은 고통을 인지하는 능력과 중요한 상관관계가 있다. 거울 속의 나를 알아볼 수 있다면 현재의 나로부터 자기 자신을 개념화할 수 있다. 나는 과거, 현재, 미래에 살고 있기에 과거의 고통을 기억하고 미래의 고통을 예측할 수 있다. 그러므로 나의 고통 인지 능력은 거울에 비친 자신을 적대시하여 짖어대는 개보다 더 높다. 신경계와 뇌가 없는 생명체처럼 고통받을 능력도 없는 생명체보다 고통을 인지할 능력이 있는 생명체가 도덕적으로 더 존경받을 자격이 있지 않을까?

생명체에 대한 도덕적 성찰에 관한 패러다임의 변화는 많은 트랜스휴머니스트에게 매우 중요한 의미가 있다. 그러나 이 변화는 한편으로는 존엄성이 없는 인간도 있지만, 다른 한편으로는 지금까지 약 아홉 종에 이르는 비인간 종(침팬지, 보노보, 고릴라, 오랑우탄, 돌고래, 코끼리, 까치, 범고래, 개미, 어쩌면 청줄청소놀래기, 붉은털원숭이까지)[62]이 거울을 보며 자신을 인식할 수 있으므로 사람의 지위를 부여받을 수 있다는 말이 된다. 이로써 여러 비인간 종이 고통을 인지하는 능력이 높다고 증명되었기 때문이다.

생명체의 도덕성을 재평가하는 패러다임 변화는 미국 정치학자 프랜시스 후쿠야마가 트랜스휴머니즘을 세계에서 가장 위험한 사상이라고 칭하게 만든다. 더불어 후쿠야마는 트랜스휴머니즘이, 특히 독일 헌법에도 간결하고도 명확하게 실려 있는, 서양 기독 인본주의 전통과 단절을 불러온다고 주장한다. 이는 독일의 인공 수정 시행 방식에도 영향을 끼친다. 독일에서는 인공 수정을 할 때 오직 난자 세 개만 추출하며, 이 난자를 모두 수정한 다음 착상해야 한다. 결국 독일의 모든 수정란은 법적으로 높은 수준의 보호를 받고 있다.

이는 전도유망한 배아 줄기세포 연구 분야에도 영향을 미친다. 착상되지 않은 수정란이나 낙태 과정에서 생성된 난자를 사용하도록 하기 때문이다. 배아 줄기세포 연구를 보장하려고 독일은 배아 줄기세포 연구 시행 일자 규정[63]을 만든다. 수입한 배아 줄기세포가 특정 기한 이전에 생성된 경우에만 배아 줄기세포 연구를 허용한다. 줄기세포가 너무 오래 되어 효과가 떨어지지 않게 하려고 주기적으로 유효기한을 재설정한다. 이는 사실상 배아 줄기세포가 상당한 보호를 받을 가치가 있음을 보여준 다. 그러나 해외에서 유효 기한 이전에 생성된 배아 줄기세포에는 이 규 정이 적용되지 않는다. 오래된 외국의 줄기세포는 존엄성이 없으나 독일 수정란 세포는 존엄성이 있다. 이 부분이 큰 문제가 된다는 데에 다른 근 거는 더 필요 없다. 여기서는 배아 줄기세포만 언급하지만 다른 유형의 줄기세포도 있다는 점을 강조하고 싶다.

인공 수정과 착상 전 유전 진단 이후 선별 절차에 관해서도 독일은 실 용적인 이유로 대단히 미심쩍은 규정을 마련한다. 몇 번 설명했듯 이 과 정에서 인간을 물건 취급한다는 비난이 있다. 그런데도 독일은 심각한 장애가 있는 아이가 태어날 확률이 높을 때 착상 전 유전 진단 및 이에 알 맞은 후속 조처를 할 수 있도록 규정을 두고 있다. 사실 수정란을 선별하 는 전 과정은 도덕적으로 비난받을 소지가 있다. 하지만 심각한 장애가 있는 인간이 만들어지는 일은 이런 비난을 넘어설 정도로 곤란한 상황이 라 다른 경우라면 금지하고도 남을 절차를 허용해 버린다. 그렇다고 인 공 수정과 착상 전 유전 진단 이후 선별 과정을 무제한 허용하진 않는다. 그 이유는 장애인에게 하자가 있다는 낙인을 찍는 행위를 막기 위해서 다. 여기서 규제의 신뢰도 자체가 낮아져 버린다. 장애인이란 낙인을 방 지하기 위해 애쓰지만, 그와 동시에 인간에게 장애가 생길 가능성을 줄 이려고 금지된 절차를 허용하는 규제를 만들었기 때문이다.

이때 구조적으로 인공 수정 및 착상 전 유전 진단 이후 선별은 생식을 염두에 둔 일반적인 배우자 선택에 지나지 않는다는 점을 고려해야 한다. 국가가 개인의 생식의 자유와 배우자 선택에 끼어들 필요가 없는 것처럼 수정란 선택 문제도 마찬가지다. 부모의 성향, 희망, 가치관은 다양하므로 인공 수정과 착상 전 유전 진단은 생명이 다양한 형태로 존재하게 만들고, 현재 법으로 규정된 장애인에 대한 낙인을 방지할 수 있다.

선택에 자유가 있다는 것은 큰 성취다. 사우디아라비아에서는 혼인 전 배우자가 유전자 분석을 받아야만 한다. 자유주의 사회에서는 이런 행위가 도덕적으로 심각한 문제가 있다고 본다. 따라서 도덕적인 문제를 유발하는, 우생학에 기반한 조치를 방지하려면 생식의 자유를 반드시 보장해야 한다. 참고로 독일에서 생식의 자유에 관한 규정은 스페인만큼 포괄적이지 않다. 판단력과 분별력이 있는 두 성인 간에 일어난 근친상간 관계를 살펴보자. 독일에서는 판단력 있는 성인의 근친상간이 금지되어 있다.[64] 이런 규제에 대한 즉각적인 반응으로 근친상간은 또 그것대로 좋은 일이라는 감정이 생길 수 있다.

그러나 근친상간 사례를 더 면밀하게 분석하면 우생학적 조치에 다다르게 된다. 근친상간 금지의 근거는 근친 관계가 장애인이 발생할 확률을 높인다는 것이다. 따라서 근친상간이 초래할 결과는 근친상간에 대한 도덕적 평가에서 결정적인 역할을 한다. 이런 주장은 특정 이성애 관계에만 적용 가능하다는 점에 유의해야 한다. 게다가 근친상간 금지와 같은 논리를 사용해 모든 생식 행위 전에 강제 유전자 검사를 도입할 수도 있다. 유전 장애가 있는 인간의 생식 행위를 금지하는 일 역시 이 논리를 통해 정당화할 수 있게 된다. 그런 식으로 규제가 시작된다면 도덕적으로 비난받는 우생학적 절차를 밟는 일이다. 근친상간의 발단을 지극히 객관적으로 살펴보자. 서로 성관계를 원하는 판단력과 분별력 있는 성인이 둘 있다. 당사자들이 근친상간하도록 강요받지 않았다면 국가가 무슨 근거로 이들의 결정에 간섭할 권리가 있는가? 당연히 이 부분은 이미 말했듯 자유에 대한 권리를 존중받아야 할 성인에게만 해당한다. 자유의 보장은 너무도 중요해서 국가는 이에 대해 어떤 말도 보태선 안 된다.

성인이라면 누구와 생식 활동을 할지 선택할 자유가 있는 것처럼 착상할 수정란도 선택할 자유가 있어야 한다. 이 선택의 자유에 대한 명확한 한계 설정 문제는 트랜스휴머니즘에서 격렬한 논쟁 사항이다. 여기에는 고려해야 할 수많은 도덕적 도전 과제가 있다. 도덕적으로 부적절한 현실적 선택 기준이 존재하는지는 확실한 결론이 나오지 않았다. 부모가 자녀의 성별을 선택할 권리를 가져야 하는가? 미국에서는 이미 네 명의 남자아이를 둔 부모가 딸을 가질 수 있도록 성별 선택 권리를 부여했다. 물론 이 권리는 인도처럼 성차별이 심한 국가에서는 중대한 결과를 초래할 수도 있다.

인공 수정과 착상 전 유전 진단을 사용해 '구조자' 역할을 할 아이를 갖는 일은 어떤가? 이 말은 관련 질환을 앓는 기존 아이를 위해 신장 또는 골수 기증자가 되기에 적합한 특성을 가진 형제자매를 만드는 행위를 가리킨다. 이런 시나리오가 가능하다. 빈혈을 앓는 아이가 골수가 필요한데, 적합한 기증자를 찾지 못하고 있다. 그렇다면 인공 수정과 착상 전 유전 진단을 통해 적합한 수정란을 선별하고 착상시킨 다음 태어난 아이가 기증자가 되도록 하는 것이다. 물론 이것은 여러 블록버스터 영화에 나오는 것처럼 아이를 만든 후 장기만 적출하고 죽이는 행위를 의미하지 않는다. 오히려 골수 기증으로 형제자매의 생명을 구하는 영웅이 될 아이를 만드는 일이다.

어떤 유전자가 있으면 특정 성적 취향을 가질 확률이 증가한다는 게 사실이라면, 특정 성적 취향이 나타날 확률을 증가시키기 위해 특정 유전자를 활용하는 일은 어떤가? 특정 유전자 배열이 건강 수명을 30년 연장할 확률을 증가시킨다면, 건강 수명을 늘리기 위해 수정란을 선택하는 행위는 어떻게 평가해야 하는가?

극단적인 사례는 청각장애 아동을 선택하는 일을 어떻게 평가하느냐다. 그렇다고 아이에게 직접 해를 가해 청각을 훼손한다는 의미는 아니다. 부모가 모두 청각장애인이라서 가족 구성원에 대한 이해를 높이려고 일부러 청각장애 특성이 있는 수정란을 선택한다는 의미인데, 이것이 문제다. 앞서 본 바와 같이 2001년 미국에서 이런 일이 실제로 발생한다. 한 청각장애 레즈비언 커플이 청각장애가 있는 남성을 정자 기증자로 선택했고, 진짜 청각장애가 있는 아이가 태어났다. 청각장애를 장애가 아닌 다름으로 이해한 사례다. 청각장애 커뮤니티에서는 장애와 다름에 대한 견해가 맞서고 있다. 기본적으로 양쪽 모두 타당한 근거가 있다. 그런데 청각장애를 다름으로 인식한다면 장애를 치료하는 데 드는 비용을 건강보험, 즉 일반 대중이 부담하리라 기대하는 것은 도덕적으로 정당하지 않다. 반면에 청각장애를 장애로 간주하면 예상 추가 비용을 보험사에 청구할 근거가 있다. 수정란 선택에서도 이와 유사한 사례가 발생할 수 있다. 이런 경우에는 어떻게 대처해야 하는가?

유전자와 특성의 상관관계를 잘 연구할수록 인간은 더 많은 선택권을 갖게 될 것이다. 이와 관련하여 디지털 데이터와 생체 데이터의 융합은 인간의 지식 폭을 넓혀주고 있다. 유전자 분석 결과를 제공하는 '23앤드미23andme'와 같은 회사는 디지털 및 생체 데이터 분야에서 끊임없이 새로운 통찰력과 지식을 창출하고 있다. 따라서 유전자 분석 기술은 이제 공상과학소설 속 이야기가 아니라 이미 실재하는 과학적 사실이다.

영화 〈가타카〉는 유전자 분석 기술을 주제로 다루면서 예상 가능한 결과를 보여주는 암울한 상황을 묘사한다. 앤드루 니콜 감독은 유전 특성에 기반하여 도덕적으로 정당하지 않은 차별 행위를 가리키는 유전체 차별genoism이란 용어를 만든다. 영화는 오직 유전자 분석으로, 즉 자연 임신이 아닌 방식으로 태어난 인간만이 사회적으로 좋은 일자리를 얻을 수 있는 사회를 보여준다. 영화에서는 유전 인자를 바꾸는 일보다 체외 수정란을 선택하는 문제가 중점적으로 다뤄진다. 좋은 수정란을 선택하면 좋은 삶을 살 가능성이 커진다. 이런 유전자 분석 기술을 사용할 수 있고 신뢰할 만하다면, 이 기술을 사용하는 게 도덕적인 부모의 의무가 아닐까? 이런 식의 주장을 펼치는 수많은 생물 자유주의자와 트랜스휴머니스트가 있다.

이 영화와 관련된 트랜스휴머니즘적 질문을 가타카 논쟁이라고 한다. 유전자 분석 기술 사용이 반드시 사회의 분열로 이어질 것인가? 필연적으로 사회 정의를 파괴하진 않을까? 이런 질문에 대한 답은 정치 주변 조건에 따라 다르다는 것이다. 강력한 사회적 안전장치가 없는 자유주의 체제에서 개인의 자산만으로 기술 접근성이 결정된다면, 공공 의료 보험 덕에 모두가 기본적으로 기술 관련 혜택을 누릴 수 있는 사회보다 자유주의 체제 사회가 분열할 확률이 더 높다.

이러한 사회 윤리적 질문은 분명 유전자 분석 기술과 연관이 있는 핵심 과제다. 다른 중요한 문제는 수정란의 도덕적 지위에 관한 부분이다. 수정란은 존중받을 가치가 있는 존재인가? 유전자 기술 응용 분야에 더는 인간 배반포(Blastocyst, 착상 전 배아-옮긴이)를 사용하지 않고 블라스토이드(Blastoid, 시험관에서 만들어낸 배반포와 유사한 형태의 세포-옮긴이)를 사용하는 또 다른 신기술이 흥미로운 접근법이 될 수 있다. 배반포란 수정 후 5~6일이 지난 수정란을 뜻한다. 블라스토이드는 배반포와 비슷하지만, 실험실에서 인위적으로 만든 것이다. 이제 과학자는 재프로그래밍 된 결합 조직, 배아 줄기세포 및 성체 세포에서 유도된 블라스토이드를 만들 수 있다.[65] 이 방식을 이용해 생명체 전체를 인위적으로 만드는 일도 가능하다. 하지만 이렇게 만든 세포를 도덕적으로 어떻게 평가할지는 아직 미지수다.

여기서 소개한 선택지를 바탕으로 트랜스휴머니즘의 주요 발전 노선이 자연에서 시작해 문화로 이어진다는 점이 분명해진다. 가톨릭의 자연법에서 성은 분명히 생식 활동과 연관된다. 트랜스휴머니즘은 성과 생식을 분리한다. 콘돔과 경구 피임약, 대리모, 인공 수정, 착상 전 유전 진단, 산전 진단, 미수정 난자 동결 등을 통해 성과 생식 활동은 점점 분리되고 있다. 한편 인간의 외부 인공 자궁(바이오 백Bio-Bag) 개발은 상당히 진척된 상태다. 과학자들은 이미 양을 이용해 인공 자궁을 만드는 데 성공했다.

이런 식으로 전반적인 생식 과정을 전문화할 수 있다. 여성은 외부 장치를 통해 임신할 수 있으며, 임신한 다음에도 일을 계속할 수 있다. 술을 마시고 외출하고 파티에 참석하는 데 아무런 지장을 받지 않는다. 아이는 인공 자궁의 이상적인 환경에서 안전하고 건강하게 자라고, 원하는 만큼 비틀스, 모차르트, 바그너의 음악을 들으면서 각 신체 부위에 가장 적합한 비타민과 영양소를 공급받을 수 있다. 생식 과정은 개선되고, 더 안전해지며, 전문화된다. 성생활은 주로 즐거운 여가 활동이 될 것이다. 이것이 신기술 혁신이 추구하는 방향이다. 여성이 아이를 낳고 싶다면 형태적 자유를 기반으로 어떤 생식의 방법을 취할지 결정할 수 있다. 이 생식 과정은 전통적이어야 하는가, 아니면 최신 기술을 기반으로 전문화해야 하는가? 이와 같은 도덕적 도전 과제는 생식 분야에만 있는 것이 아니다.

유전자 변형을 통한 유전자 강화

선별을 거치는 유전자 개량과 명확하게 구분되는 것이 게놈의 유전자 변형이다. 이중나선, 즉 나선형으로 감긴 DNA 이중 가닥은 세포의 게놈을 나타낸다. DNA 대부분은 세포핵에 있지만, 세포의 발전소인 미토콘드리아에도 극히 일부 존재한다.

1953년 제임스 왓슨과 프랜시스 크릭이 DNA의 나선형 사다리 구조를 규명한다. 이들의 발견은 유전학 발전에서 그 중요성을 아무리 강조해도 지나치지 않다. 1981년에는 최초의 유전형질 전환 동물, 즉 게놈에 외부 유기체의 유전자가 내포된 동물이 탄생한다. 토끼의 유전자가 생쥐의 게놈에 이식된 것이다. 1982년, 인간을 위한 최초의 유전자 변형 약물인 합성 인슐린이 개발된다. 1996년에는 복제 양 '돌리'가 태어난다. 새 천년 직후에도 유전 기술 개발은 계속해서 속도를 올린다. 2003년부터 어둠 속에서 빛을 내는 유전자 변형 물고기 글로피시가 미국에서 애완용으로 판매되기 시작한다. 2006년에는 유도만능줄기세포가 최초로 만들어진다. 결합 조직 세포의 일종인 섬유아세포(섬유성 결합 조직의 중요한 성분을 이루는 세포-옮긴이)를 재프로그래밍하여 다양한 세포로 분화할 수 있는 만능 줄기세포로 전환시키는 데 성공한 것이다. 2010년 크레이그 벤터는 자기 회사 셀레라를 통해 '인간 게놈 프로젝트'보다 몇 년 일찍, 거의 같은 시점에 인간 게놈을 광범위하게 시퀀싱하는 데 성공한다. 심지어 벤터는 최초의 합성 생명체까지 만든다.

그리고 마침내 2012년 제니퍼 다우드나와 에마뉘엘 샤르팡티에가 이끄는 팀의 CRISPR/Cas9 시스템 발견 및 개발은 유전학계의 이정표가 된다. 다우드나와 샤르팡티에는 2020년 획기적인 개발에 대한 공로를 인정받아 노벨 화학상을 받는다. 유전자 가위 기술은 식물, 동물은 물론 인간에게도 사용될 수 있는 엄청난 잠재력이 있다. 이 기술은 21세기를 생명공학의 시대로 만들어줄 것이다. 2014년에 개발된 또 다른 신기술인 유전자 드라이브와 결합하면 종 전체에 변화가 빠르게 확산될 가능성도 있다.

실제로 유전자 드라이브 기술을 적용하면 말라리아 퇴치에 도움이 된다. 이를 통해 매년 말라리아로 사망하는 50만 명의 생명을 구할 수 있다. 말라리아의 매개체인 학질모기는 이미 실험실에서 유전자 변형이 완료되어 더는 말라리아를 퍼뜨리지 않는다. 원칙적으로 유전자 드라이브 기술을 이용하면 유전자 변형 모기를 전 세계로 확산하는 일이 가능하다. 이렇게 되면 학질모기는 사라지고 말라리아를 전염시키지 않는 새로운 모기 종이 출현할 수 있다. 이런 유전자 변형 행위가 수많은 사람을 심각한 고통에서 해방시켜줄 것이다. 반면에 이런 기술 행위로 지구 생태계에 인위적으로 개입한다면 가늠하기 힘든 결과를 초래할 가능성도 있다. 이는 새로운 유전자 기술과 관련된 엄청난 잠재력을 보여주는 부분이다. 유전자 변형에 대한 특정 응용 방안은 이미 법적 허가를 받았다. 2015년부터 캐나다에서는 유전자가 변형된 연어가 판매되고 있다.

유전자 변형 역사에서 획기적인 사건은 중국의 생물물리학자 허젠쿠이가 쌍둥이 여아를 대상으로 수행한 생식세포 변형으로, 이는 사실상 HIV에 대한 유전자 백신을 만들어낸 것이나 다름없다. 체세포 변형은 후손에게 전달되지 않지만, 생식 세포 변형은 후손에게 전해진다. 생식세포, 즉 난자와 정자는 반수체(haploid, 체세포 염색체가 2배성의 반수로 일배체라고도 함-옮긴이) 세포다. 난자와 정자는 염색체를 한 세트만 갖고 있다. 난자와 정자의 세포핵융합 후에만 발달하는 이중 염색체 세트를 가진 정상 체세포인 이배체diploid 세포와는 다르다. CCR5 유전자에 드물게 발생하는 돌연변이는 HIV에 대한 면역성이 있다. CCR5 유전자에 돌연변이가 발생하는 상황은 극소수의 인간에게서만 관찰된다. 앞서 언급한 쌍둥이의 생식세포 변형은 모친과 HIV 양성인 부친의 수정란으로 진행했다. 수정 과정에서 '정자를 세척'했으므로 수정 당시 HIV가 아이에게 전염될 확률은 이미 매우 낮았다. 정자를 씻어내는 일이 중요한 이유는 중합 효소 연쇄 반응PCR, Polymerase Chain Reaction을 이용해 후손에게 HIV 바이러스가 없는지 확인한 다음 수정하면 성공 확률이 높아지기 때문이다. 따라서 어차피 생식세포 변형 여부와 상관없이 수정란이 HIV 양성이 아닐 확률이 높다.

생식세포 변형을 비판하는 사람들은 인위적으로 발생한 변형이 자연적으로 HIV에 면역이 있는 인간에게서 나타나는 변형과 같지 않다고 지적한다. 게다가 편집된 CCR5 유전자 사본 두 개로 만든 배아 중에 한쪽 배아에만 이 유전자 사본이 두 개 존재하는데, 이는 부모에게서 하나씩 물려받은 부분이다. 다른 배아에는 사본이 하나만 있으므로 HIV에 대해 부분적인 면역만 가능하다. 이 외에도 표적 외 돌연변이Off-Target-Mutation, 즉 의도하지 않았지만 구현되어 버린 유전 변화의 위험성을 언급한다. 이런 돌연변이의 존재 여부는 불분명하다. 생식세포가 변형된 쌍둥이 루루와 나나는 2018년 10월이나 11월에 중국에서 태어난 걸로 추정된다. 앞서 언급한 위험성 때문에 이 유전자 변형 시술은 전 세계적으로 거센 비난을 받는다. 그러나 저명한 하버드대 유전학자 조지 처치와 같이 이 문제에 덜 비판적인 과학자도 있다.[66]

과학의 비약적인 발전과 함께 유전자 변형이 지닌 잠재력에 대한 비전은 사회에 중요한 의미가 있다. 식물 쪽에서는 이미 정확하고 신뢰도 높으며 저렴한 유전자 가위를 사용해 수많은 유전자 변형 식물을 성공리에 생산하고 있다. 인간은 더 오래 신선함을 유지하는 감자, 비타민 함량을 증가시킨 양상추, 글루텐이 적은 밀을 만들었다. 이렇게 유전자 변형은 원치 않는 위험한 부작용을 확실하게 물리칠 수 있다.

이 매력적인 기술은 이미 동물 쪽에서도 수많은 성과를 거두었다. 예를 들어 2021년 말에 식품으로 승인받은 도미 종의 경우 근육 성장을 억제하기 위해 특정 유전자를 차단한다. 미국에서는 유전자 변형 기술을 활용하여 새끼 돼지가 특수 바이러스에 면역력을 갖도록 했다. 이 기술은 양식 연어를 불임 상태로 만드는 데도 성공적으로 사용됐다. 동식물에서 유전자 변형의 성공 사례가 이어지면서 인간에게도 이 기술을 안정적으로 적용할 수 있을지에 대한 문제가 점차 시급해지고 있다.

허젠쿠이가 시행한 실험에서 특별하다고 말할 수 있는 점은 그가 HIV 에 대한 유전자 백신을 연구했다는 것이다. 그는 겸상 적혈구 빈혈, 낭포 성 섬유증 또는 헌팅턴병 환자에게 자신이 변형한 백신을 사용하지 않았 다. 허젠쿠이는 질병 치료가 아니라 환자에게 이전에 없던 특수한 성질 을 생성하고자 했다.

교육이 개선 과정인 것처럼 예방접종도 개선의 한 과정이다. 출생 직 후 신생아는 아직 말을 할 수 없다. 그러다 결국 "엄마", "아빠", "배고파" 라고 말하게 된다. 언어를 통해 인간을 업그레이드하는 것은 상당히 흥 미로운 과정이다. 아이가 성장하는 동안 이러한 개선은 계속 이어진다. 원래 모든 교육 과정은 일종의 업그레이드 단계다. 수학, 물리, 화학을 익 히고 악기를 연주하거나 외국어를 배울 수 있는 이유는 전부 교육과 관 련된 다양한 과정이 궁극적으로 신체에 새로운 능력을 부여하는 과정이 라는 사실을 보여준다. 이 과정은 인간의 체질을 변화시킨다. 이로 인해 일어난 변화는 어떤 식으로든 개인의 삶의 질을 향상하는 데 도움이 될 만한 목표를 달성하도록 만들어준다. 따라서 교육은 수많은 목표를 추구 하는 데 활용하는 기술 촉진과 연계하여 신체를 형성해 나가는 하나의 방식이다. 개별 기술은 창조적 효과를 보임과 동시에 중요한 고유 목표 를 실현하는 수단이기도 하다. 색소폰으로 어떤 곡을 능숙하게 연주하는 일은 내게 즐거움을 안겨다준다. 그런가 하면 뛰어난 음악적 재능을 통 해 직업을 얻는 일은 자기 생존을 보장하는 유일한 방법일 수 있으므로 실존적 의미로서 중요할 수 있다.

교육 과정이나 후손의 유전자 변형이 모두 개선 과정에 속한다면, 두 과정 모두 같은 도덕 기준을 적용해야 하지 않나? 유전적 개선이나 교육을 통한 개선 과정은 구조적으로 유사한가? 부모가 자녀의 유전자를 변형할 권리는 교육의 자유에 속하는가? 이런 의문은 논의가 필요한 주요 도덕적 질문이다. 이 같은 질문을 던진다는 것 자체가 트랜스휴머니즘이 근본적인 패러다임의 변화를 일으키고 있음을 확연하게 보여준다.

인간은 언제부터 인격체인가

트랜스휴머니스트에게는 개인의 자유가 핵심 주제다. 이들에겐 특히 세 가지 자유가 중요하다. 형태적 자유, 생식의 자유, 교육의 자유다.

1. 인간은 형태적 자유를 가져야 한다. 형태적 자유를 누리는 과정에서 제3자에게 해를 끼치지 않는 한 자신의 자아상에 따라 변화할 권리가 있어야 한다. 간접 피해가 발생할 수도 있다. 누군가 청각장애인의 삶이 어떤지 알고 싶다면 청각장애가 있는 사람으로 변화할 수 있다. 하지만 예전에 음악가로 활동하다가 청각장애인이 된 사람이 더는 음악 활동을 못해 인공 와우를 이식받길 원한다고 하자. 만약 공공 의료 보험이 인공 와우 이식 비용을 지급한다면 이는 제3자, 즉 일반 대중에게 손해를 끼치는 행위라고 주장할 수 있다.

2. 생식의 자유에는 누구와 아이를 낳을지 자유롭게 선택할 권리가 포함된다. 이 자유권은 또한 여성 둘에 남성 하나가 같이 번식 기술을 선택하는 권리를 의미할 수도 있다. 기본적으로 이 방법은 몇몇 국가에서 특별한 상황, 예를 들어 영국의 경우, 미토콘드리아 질환을 앓고 있는 여성(미토콘드

리아 유전자는 모계로만 전승됨 – 옮긴이)이 생물학적으로 친자 관계에 있는 아이를 원할 때 특수한 조건에서 합법적인 적용이 가능하다. 이런 선택지는 몇 년 안에 남자 동성 커플에게도 허가될 수 있다. 최근 일본에서는 남성의 세포만 사용하여 쥐를 만드는 데 성공했다.[67]

3. 교육의 자유에는 자기 자녀를 교육할 권리와 의무까지 포함된다. 자녀에게 언어를 가르치지 않는 행위는 두말할 필요 없이 심각한 방임이다. 그렇다면 유전자 변형을 통해 건강 수명을 30년 정도 늘릴 수 있고, 이를 원한다면 공공 의료 보험이 비용을 부담한다고 가정해 보자. 유전자 변형을 택하지 않는 부모는 자녀를 방치하는 것이라고 볼 수 있는가?

내 아이가 진짜 도덕적으로 독립된 인격체가 되는 시점은 언제인가? 이 인격체가 지닌 지위의 한계는 어디까지인가? 이와 관련해 트랜스휴머니즘 차원의 성찰을 바탕으로 지적 측면에서 약간 수정이 필요하다. 기독교 전통에서 인간의 본질은 불변의 존재, 비물질적 이성, 자유 의지, 신의 형상, 자주성, 신과의 특별한 관계에 기반한다. 이 모든 자질과 관계는 경험으로 얻을 수 없다. 이러한 관점에서 볼 때 인간은 본질적인 것, 변하지 않는 것, 경험적으로 접근할 수 없는 것을 가지고 있다. 이 같은 깨달음에 도달하는 동안 인격체의 지위에 대한 근거를 마련하는 방식에 관한 급진적인 개념 변화가 일어난다.

트랜스휴머니즘에서는 대체로 다음과 같은 인류학 개념을 공유한다. 일단 인간의 정신이 물리적 존재가 되었다는 것이다. 정신은 진화하여 신체의 일부가 되었다. 정신은 이제 더는 비물질적이지도 않고 하나로 통일되지도 않는다. 정신은 모든 인간에게 똑같은 방식으로 존재하지 않고, 오히려 인간마다 고유한 방식으로 뚜렷하게 나타난다. 다시 말해 인간의 정신mind은 체화된 정신embodied mind이 되었고, 인간의 몸은 끊임없이 변화하는 실체이자 지속적인 존재가 되었다. 참고로 우리는 신체가 혼성체란 사실을 알고 있다. 신체는 30조 개의 인간 세포와 약 39조 개의 비인간 세포(장내 박테리아)로 구성되어 있다. 결정적으로 인간에겐 인간 세포보다 비인간 세포가 더 많고, 이런 비인간 세포 없이 인간은 생존할 수 없다. 인간은 이미 혼성체이며, 인간의 생존 가능성은 혼성체라는 존재로 계속 살아갈 수 있느냐에 달려 있다. 비인간 세포가 인격 일부에 해당하는지는 흥미로운 질문이다. 인간은 비인간 세포 없이는 생존할 수 없기 때문이다.

시간이 흐르면서 인격의 정확한 경계가 점차 불분명해지는 중이다. 인공호흡기에 연결된 채로 살거나 스마트폰으로 제어되는 인공 심장박동기 및 인공 와우를 착용한 사람은 자신이 착용한 기술 장치가 자기 인격에 속한다고 여길 수도 있다. 경찰이 기술 장치를 착용한 사람의 스마트폰을 빼앗는다면, 경찰관이 그에게 해를 끼치고 신체적으로 완전할 수 있는 권리를 침해한다고 주장할 수 있다. 이때 스마트폰은 인간의 체화된 정신으로 간주된다.

이에 빗대어 메타버스 아바타에도 유사한 생각을 해볼 수 있다. 다른 아바타가 디지털 강간을 목적으로 내 아바타에 접근한다고 가정해 보자. 디지털 강간은 신체적 완전성을 침해하는 행위인가? 몇몇 사례만 생각해 봐도 트랜스휴머니즘 패러다임의 변화로 수많은 도덕적 질문에 새로운 해답이 필요하다는 사실을 알게 된다.

어떤 존재를 도덕적 관점에서 언제 인간으로 봐야 하는지 그 시점도 새로 정의해야 한다. 일부 교회 관계자들은 영혼이 깃듦과 동시에 정체성도 존재한다고 주장한다. 그러나 이는 난자가 수정된 후 2주가 지나 일란성 쌍둥이의 형성이 더는 불가능할 때만 명확해진다. 하지만 수정 후 2주가 지나도 삼쌍둥이는 여전히 형성될 가능성이 있고, 이 경우 삼쌍둥이는 각각 다른 인격체로 보는 게 적절하다. 이는 삼쌍둥이의 서로 붙어 있는 신체 부위를 성공적으로 분리하게 되면 특히 분명해진다. 어떤 윤리학자들은 장기가 완전히 발달한 후, 즉 태아가 3개월이 되었을 때 인격체가 된다고 생각한다. 이 단계에서는 이제 배아가 아닌 태아에 관해 이야기한다. 그런가 하면 또 다른 윤리학자들은 출생 시점을 독립 정체성이 존재하는 시기로 본다. 출생 이후 아기는 엄마와 직접적인 연결고리가 없다. 그런데 조산으로 태어난 아이와 자궁에서 10개월을 채운 후 태어난 아이 사이의 존재로서 보이는 능력은 뚜렷하게 다르다. 인큐베이터에서 성장하는 아이는 어떻게 치료하고 평가할 것인가? 출생 직후 아이는 성체 침팬지가 일반적으로 그러는 것처럼 거울 속 자신을 아직 인지하지 못한다. 거울 속 자신을 인지하는 행위를 인격체의 기준으로 삼아야 하지 않을까? 이 행위는 고통을 인지하는 능력을 나타내는 척도이기도 하다. 아이들 가운데 절반은 두 살 정도가 되어도 거울에 비친 자신을 인식할 수 없다.

생명이 시작하는 시점에서 도덕적 지위를 숙고하다 보면, 우리는 틀림없이 팽팽한 긴장감이 감도는 윤리적 도전에 직면하게 된다. 트랜스휴머니스트 대부분이 종 차별주의를 심각하게 문제 삼는 것처럼 트랜스휴머니즘은 바로 종족 윤리 문제를 중점적으로 다룬다. 어떤 존재가 존중받을 자격이 있는 까닭은 특정 종에 속해서가 아니라 도덕적으로 적합한 특성이 있기 때문이다. 이 특성이 무엇이고 언제부터 존재하는지는 트랜스휴머니스트 간에 깊이 있는 논의가 필요하다.

트랜스휴머니즘에서 대개 이 같은 성찰은 인간 존엄성 윤리에서 방향을 틀어 모든 인격체를 도덕적으로 배려하도록 근본적인 전향을 동반한다. 인간 존엄성 윤리와 모든 인격체를 도덕적으로 배려하는 윤리 개념 사이에는 커다란 차이가 있다. 기존의 인간 존엄성 윤리에서는 인간이란 종에 속하면 당연히 도덕적으로 존중받을 만하다고 전제한다. 성체 침팬지는 괴롭힘을 당하면 고통을 느끼지만, 신경계나 뇌가 없는 수정란은 고통을 느끼지 않는다. 그렇다고 고통을 감지할 줄 아는 침팬지에게 존엄성을 부여해야 하는지 평가하는 일과는 아무 상관 없다. 하지만 인간의 수정란은 생물학적으로 이미 하나의 생명이며, 이 수정란은 도덕적 가치를 충분히 인정받아야 한다.

대다수 트랜스휴머니스트는 고통을 겪을 수 없는 존재는 도덕적 존중을 받을 자격이 없다고 생각하기에 이런 평가가 터무니없다고 생각한다. 반면에 인격체 중심 윤리는 도덕적으로 적합한 특성에 의문을 제기한다. 따라서 도덕적 특성을 가진 모든 존재는 도덕적으로 존중받을 자격이 있으며 인격체로 분류될 자격이 있다. 이와 관련해 비교적 대중적인 제안은 특히 높은 고통 인지 능력을 지닌 존재가 도덕적 존중을 받기에 적절한 자질이 있다는 것이다. 따라서 이런 고통 인지 능력을 갖춘 모든 존재는 인격체로 분류될 자격이 있다.

인간이란 존재에 인격체의 지위를 부여하는 시점을 두고 트랜스휴머니스트 사이에서는 다양한 관점이 존재한다. 그러나 대부분의 트랜스휴머니스트가 수정란에 반드시 인격체의 지위를 부여할 필요가 없다고 생각한다. 같은 맥락상 트랜스휴머니즘에서는 수정란을 어떻게 법적으로 다뤄야 할지 많은 논쟁이 있다. 다원주의적 자유민주주의 국가에서는 존엄성이나 인격체 지위처럼 형이상학적인 논제에 대해 주어진 사회적 다원성을 참작하는 일이 타당할 수 있다. 하지만 다원성을 인정한다는 것은, 헌법에 명시된 모든 인간은 수정되는 순간부터 높은 수준의 보호를 받아야 한다는 입장을 철회한다는 의미다.

유전자 강화에 대한 평가

인격체의 지위에 관한 내용만 봐도 트랜스휴머니즘이 보는 인간상이 현재 법적으로 인정받는 인간상과 얼마나 큰 차이를 보이는지 알 수 있다. 인격체에 대한 재평가가 중요한 이유는 유전자 변형의 도덕적 평가가 이 재평가 결과를 토대로 이루어져야 하기 때문이다. 이때 본인에게 영향을 끼치는 유전자 변형을 결정하는 일과 후손의 유전자 변형을 결정하는 일은 당연히 구분해야 한다. 본인에게 영향을 끼치는 유전자 변형은 형태적 자유에 해당하고, 후손의 유전자 변형은 교육의 자유에 해당한다. 인공 수정 후 착상 전 유전 진단 및 그다음으로 이어지는 선별은 생식의 자유와 관련이 있다. 모든 신기술은 그것에 맞게 특정한 도덕적 평가를 받을 권리가 있다. 이미 알려진 기술과 구조적 유사성이 있는지 항상 신중하게 분석하여, 이미 확립된 도덕적 평가가 있는지, 그 평가를 활용할 수 있는지 살펴봐야 한다. 그러면 기존의 복잡한 아이디어 네트워크를 적용하고, 더 발전시킬 수 있다.

예를 들어 교육 문제는 2,500년 이상 거슬러 올라가 성찰 중심의 철학 전통을 참고하면 된다. 플라톤의 《국가》는 주로 교육 문제를 중심으로 다룬다. 플라톤 이후 수많은 사상가가 교육의 의미에 대해 성찰해 왔다. 따라서 교육과 구조적으로 유사한 신기술 관련 도덕적 성찰은 처음부터 완전히 새로 개발할 필요가 없다. 전통적인 교육 방식과 부모가 후손의 유전자 변형을 결정하는 의사 방식의 구조적 유사성이 아주 유용한 이유는, 결국 유전자 변형의 도덕적 평가에 큰 도움이 되는 수많은 교육 관련 지적 성찰과 수천 년에 걸친 문화사를 활용할 수 있기 때문이다. 전통적인 교육 방식이든 부모의 후손 유전자 변형 결정이든 결국 모두 부모가 자손이 만족스러운 인생을 살 가능성을 높이려고 하는 행위다. 자녀를 사랑하는 부모는 자녀를 카스파르 하우저(Kaspar Hauser, 1828년 5월 독일에 나타난 정체불명의 괴소년으로 자신이 어린 시절에 어두운 골방에서 고립된 채로 성장했다고 주장하던 인물-옮긴이)처럼 방임하지 않고 자녀의 삶을 설계하는 데 적극적이다. 이런 부모는 요행으로 좋은 유전자를 바라는 대신 정밀한 유전자 가위를 사용해 능동적인 설계 가능성에 기대를 건다. 그러나 트랜스휴머니스트는 막강한 군대나 여러 문제를 내포한 우생학적 목표에는 관심을 두지 않는다. 트랜스휴머니스트는 오히려 불행하게도 수많은 인생의 역경을 마주하는 자신이나 후손의 삶을 조금 더 편하게 만드는 데 관심이 있다.

그렇다면 유전자 변형에서 핵심적인 도덕 문제는 무엇인가? 한 가지 중심 측면은 가역성이다. 교육과 유전자 변형으로 인한 변화는 과연 되돌릴 수 있을 것인가? 돌이킬 수 없는 유전자 변형은 후손을 물건 취급하여 인간의 존엄성에 어긋난다는 반론이 있다. 부모는 유전자 변형으로 만들어진 아이를 예술 작품처럼 대할 것이다. 아이의 관심사를 고려하지 않고 아이의 인생을 부모 뜻대로 주물러 댈 것이다. 이렇게까지 장황한 반론은 정당한가? 부모가 아이를 되돌릴 수 없는 방식으로 변화시킬 때 아이에게 해를 끼치거나 아이의 존엄을 파괴하는가? 후손의 인생을 만들어가는 일은 교육 환경에서도 이루어진다. 교육을 통한 변화는 결코 돌이키지 못하는 유전자 변형과 달리 언제나 되돌릴 수 있다고 잘못 이해하는 경우가 많다.

이론적으로 성인이 되면 유전적 변화를 되돌릴 수 있다. 하지만 유전자 변형으로 인해 HIV에 면역이 생긴 사람이라면 이 변화를 되돌릴 필요성을 느낄까? 그러나 다른 사례에서는 상황이 다를 수 있다. 예를 들어 성인이 되어 부모에게서 물려받은 눈 색깔을 다시 바꾸려고 할 때처럼 원칙적으로 다시 수정하는 것에 대해 반대할 근거는 없다. 물론 유전자 변형을 신뢰할 만한 방식으로 수행한다고 가정한다면 말이다.

이미 미국에서 일어난 일처럼, 부모가 자녀의 청각장애 형질을 선택하였을 때 자녀는 인공 와우 이식을 통해 특정 조건에서 자신의 유전 변화를 재수정할 기회가 있다. 부모가 자녀의 청각장애 형질을 선택한 첫 번째 경우에는 유전자형이, 자녀가 인공 와우 이식을 하는 두 번째 경우에는 표현형(Phenotype, 유전자와 환경의 영향에 의해 형성된 생물의 형질-옮긴이)이 변경된다. 결국 유전자 변형은 되돌리지 못하는 게 아니다. 되돌리지 못할 수도 있지만, 반드시 그렇진 않다.

교육을 통한 변화에도 이와 같은 신중함이 필요하다. 모든 교육적 변화는 되돌리지 못한다. 특정 행동이 충분히 자주 반복되면 제2의 본성이 돼버린다. 그러면 이 본성이 인격에 너무 확고하게 자리 잡아서 사실상 변화가 불가하다. 예를 들어 모국어를 완전히 잊어버리는 일은 불가능하다. 환경 조건으로 인한 요소들도 변하지 않는 걸로 나타난다. 끔찍한 경험 때문에 생긴 불안장애나 외상 후 스트레스 장애는 완치가 안 될 수 있다. 연구에 따르면 끊임없이 지속되는 성격 장애는 그리 드문 사례가 아니다. 따라서 교육적 변화 및 환경 변화는 바꾸지 못할 가능성도 있다. 하지만 그렇다고 절대 바꿀 수 없다는 뜻은 아니다.

이러한 주장에 결정적으로 중요한 점은 교육적 변화와 유전자 변형 모두 비가역적 특성뿐만 아니라 가역적 특성도 있다는 부분이다. 이는 또한 교육적 변화와 유전자 변형의 구조적 유사성을 강조한다. 그렇다고 모든 유전자 변형이 정당화되는 건 아니다. 또한 모든 교육 방식이 도덕적으로 정당화되지도 않는다. 일부 교육 방식은 오히려 아동 복지에 대한 위협이나 방임으로 분류된다. 이는 도덕적으로도 거부해야 한다. 이같은 기준은 유전자 변형에도 비슷하게 적용된다. 다시 말해 개선을 목적으로 하는 유전자 변형이더라도 반드시 도덕적으로 비난받을 필요는 없다. 오히려 유전자 변형은 부모가 아이를 자유롭게 교육할 권리에 속하기도 한다. 특정 유전자 변형은 특히 신뢰할 만하고 후손에게 전반적인 이익이 되는 경우가 있다. 예를 들어 유전자 변형을 통해 수학 지능을 30 정도 높일 수 있다면 유전자 변형을 하는 게 부모의 도덕적 의무가 아니냐는 의문이 생길 수 있다.

유전자 변형과 교육적 변화를 병행하는 것에 대해 여러 주장이 제기되고 있다. 유전자 변형이 자주성에 미치는 영향은 무엇인가? 유전자 변형으로 자주성이 훼손되는가? 유전자가 변형된 사람은 물건처럼 변형되었으니 자연 임신으로 태어난 사람보다 꼭 자주성이 떨어질까? 그리 설득력 있어 보이진 않는다. 배우자를 선택하는 것만으로 이미 본인의 유전자 풀Gene Pool이 결정되기에 배우자 선택은 이미 자기 후손에 대해 능동적으로 사전 결정을 내린 것이다. 특히 신앙심 깊은 환경에서 자란 아이는 연옥과 지옥을 평생 두려워할 수 있다. 우리는 이런 식으로 자녀의 특성을 결정한다. 이성적 주체가 있다면 특성을 논할 때도 여전히 찬반을 결정할 수 있다고 반박할 것이다. 이런 이성적 주체의 존재는 유전자 변형을 해도 사라지지 않을 것이다. 유전자 변형은 육체만 바꿀 뿐 비물질적인 정신은 바꿀 수 없기 때문이다. 그래서 이 비물질적인 정신이 존재하는지는 중요한 질문이다. 대부분의 트랜스휴머니스트는 비물질적 정신의 존재를 의심한다. 트랜스휴머니스트는 진화를 통해 생겨난 육체적 정신이 있다고 생각한다. 이 생각이 맞다면 유전자 변형은 교육적 변화와 다르지 않다.

하지만 자주성은 다른 방식으로도 훼손될 수 있지 않은가? 예를 들어 영화 〈가타카〉에서 나오듯 인류를 유전자 변형 인간과 자연 임신으로 태어난 인간으로 나누는 행위는 인간의 자주성을 훼손하는 일이다. 이런 차별이 유전자 변형에 근거하여 이루어진다면 교육적 변화도 마찬가지일 것이다. 필즈상 수상자의 수학 능력과 학교 교육을 받지 않은 사람의 수학 능력에는 엄청난 차이가 있다. 유전자 변형이 자주성을 훼손한다는 반론에는 설득력이 없다.

그런데 아이 앞에 펼쳐진 미래에 대한 권리는 어떤가? 유전자 변형으로 이 권리가 파괴되지는 않는가? 모든 아이에게는 특정한 유전자 세트가 있다. 이 세트는 어떻게 생겨나는가? 유전적 우연성이나 부모의 의식적인 결정을 통해 만들어진다. 우연이든 의도적 결정이든 상관없이 아이의 운명은 미리 결정되지 않는다. 정해진 유전적 전제 조건이 있다. 유전적 전제 조건이 없는 아이는 상상하기 힘들다. 아이가 어떻게 전제 조건을 다루거나 이 전제 조건으로 무엇을 할지는 꼭 정해진 부분이 없다. 유전자 변형은 후손이 살아갈 미래를 훼손하지 않는다. 유전자 변형으로 바뀌는 것은 기껏해야 전제 조건뿐이다. 유전자 변형이 아이의 자주성을 길러준다는 증거가 있을 수도 있다. 인지 능력, 기억력, 지능이 개선되면 판단력과 의사 결정력도 향상된다. 그러면 후손의 자주성도 높아지지 않을까? 자주성은 바꾸는 게 가능한 특성인가? 교육을 통해 자주성을 기를 수 있다면 유전자 변형을 통해서도 자주성을 기르는 게 가능할 것이다.

유전자 변형을 두고 다른 반대 의견도 많다. 인간의 존엄성은 절대 다른 사람을 물건 취급하지 말아야 한다는 의무를 진다. 인간은 언제나 이성적인 존재로서 존중받아야 한다. 존중받지 못하면 도덕적 지위가 훼손되고, 마땅히 받아야 할 존중에 걸맞는 대우를 받지 못한다. 부모가 유전자 변형을 반대하는 일이 자녀를 존중하지 않는다는 타당한 주장이 될까? 그럴 수도 있다. 일부 부모는 자녀를 때리거나 학대하며 자녀를 물건 취급한다. 유전자 변형을 반대하거나 학대하는 행위 모두 부도덕한 행동이며, 도덕적으로나 법적으로나 금지된 범죄와도 연루될 가능성이 있다. 유전자 변형 절차에서 후손을 존중하지 않는다면 도덕적으로 문제가 된다. 하지만 자손을 어떻게 존중할지는 별개의 문제다. 후손의 인격체 여부에 따라 대답이 달라진다. 후손이 인격체라면 분명하게 교육적 변화의 맥락과 같은 도덕 기준을 적용해야 한다. 후손을 학대하거나 방임해선 안 된다.

다른 사람이 누군가를 비가역적으로 수정하는 행위가 자유롭고 평등한 인간의 균형 잡힌 관계를 파괴한다는 이유로 유전자 변형을 반대하는 의견도 있다. 그러나 이 반대 의견도 무의미하다. 인간 평등이라는 규범은 표준이 되는 설정이지 인간을 설명하는 개념이 아니다. 인간은 각기 다른 특성과 능력이 있고, 다양한 영향을 받으면서 살아간다. 인간을 설명하는 영역에는 평등이 존재할 수 없다. 게다가 유전자 변형을 하지 않은 부모와 자녀 사이에는 이미 비대칭 관계가 만들어진다. 표준이 되는 평등은 다만 어떤 것이 어떻게 되어야 하는지에 대한 설정이며, 이 설정은 능력이나 주어진 상황과는 무관하다. 따라서 이 유전자 변형 반대 의견도 타당하지 않다.

유전자 변형에 대한 추가 고려 사항은, 유전자 변형이 치료를 목적으로는 법적 허용이 돼야 하지만 개선을 목적으로 해서는 안 된다는 것이다. 이렇게 치료와 개선의 철저한 구분이 가능한지는 알 수 없다. 마찬가지로 개선이 반드시 도덕적으로 문제가 되는지도 불분명하다. 백신 접종 사례만 봐도 이전에 존재하지 않던 특성을 만들어냈으니 개선 조치에 해당한다. 건강 수명을 연장하는 일도 개선에 해당하지 않는가? 지능 향상은 원칙적으로 개선된 건강 관리에 따른 계획 능력의 향상과 관련 있지 않은가? 역사적으로 질병 분류 기준은 계속해서 크게 변화해 오지 않았는가? 한 가지 예시로 동성애를 질병으로 보던 과거를 언급할 수 있다. 이런 부분을 고려하면 치료와 개선의 명확한 구분이 불가능한 걸로 보인다.

교육을 통한 개선과 유전적 개선의 구조적 유사성을 뒷받침하는 주요 논거는, 환경이 인간 유전자에 어떤 영향을 끼치고, 환경 영향으로 인한 변화가 유전될 수 있는지 연구하는 후성유전학이다. 20세기에는 오랫동안 환경이 유전자에 영향을 끼치거나 환경 변화로 인한 변화가 유전되는 것은 모두 불가능하다고 생각했다. 후성유전학 연구가 시작되면서 다양한 생물체에서 이 두 가지 측면이 모두 입증되었고, 스트레스와 영양 섭취 및 환경으로 인한 영향이 유전자를 활성 및 차단하거나 유전자 간의 관계에 영향을 끼칠 수 있다는 사실이 밝혀졌다.

이 연구 결과는 유전자와 환경이 삶의 영역에서 완전히 분리되지 않고, 교육은 결국 언제나 유전자에 대한 교육이었다는 점을 확실하게 드러낸다. 환경은 항상 인간 유전자에 영향을 끼쳤으므로 현재 체계를 갖춰가고 있는 유전자 편집 과정은 사실상 교육의 맥락에서 으레 일어났던 전통적 현상이나 다름없다. 변화는 항상 후손에게 변하지 않는 특성과 변화 가능한 특성을 모두 생성하고, 실제 능력과 유전적 구성 모두에 영향을 끼칠 만한 변화를 실현해 왔다. 그러므로 최신 유전자 편집 기술은 교육의 틀 안에서 후손이 좋은 인생을 살아갈 가능성을 높이는 특성을 촉진하는 새로운 기회다. 그래서 많은 트랜스휴머니스트는 부모가 행하는 전통 교육의 연장선에서 유전자 변형을 더 정밀해진 교육법이라고 본다.

유전자 편집의 축복과 우려

트랜스휴머니즘에서 유전자 편집 분야의 중요성은 아무리 강조해도 지나치지 않다. 이 판단은 유전자에 대한 효율적인 빅데이터 분석으로 얻은 결과와 연계하면 더 확실해진다. '23앤드미'라는 회사는 전 세계적으로 이미 1,200만 명 이상의 고객을 보유하고 있다. 중국 정부가 전 국민을 대상으로 유전자 분석 및 빅데이터 분석을 의무적으로 실시한다면, 능력과 유전자 내지는 능력과 유전자 배열의 상관관계를 연구한 결과물은 기하급수적으로 늘어날 것이다.

AI로 새로운 생명체를 구현한 다음 바이오프린터로 출력하는 일도 가능할 수 있다. 이는 유전자 변형을 넘어서는 트랜스휴머니즘의 가능성을 시사한다. 인쇄 장기, 배양육, 합성생물학은 디지털로 만들어진 생명체가 실현될 가능성이 특히 큰 분야다. 1976년 프랑스 영화 〈맛있게 드십시오L'aile ou la cuisse〉는 이러한 예상을 담아냈는데, 두려운 시각으로 묘사되었다. 싱가포르에서는 이미 배양육으로 만든 햄버거를 살 수 있다. 고기를 먹는 즐거움을 포기하지 않고도 어쩌면 이 같은 방법을 통해서 지속 가능한 미래를 실현할 수 있을 것이다. 한때 혐오스럽다며 비웃음을 사던 인공 사육 고기는 이제 동물을 고통스럽게 만들지 않고 인간의 생활 방식을 지속할 수 있다는 즐거운 희망을 준다. 그렇지만 (인공) 육류 소비를 완전히 지양할 필요는 없다.

그리고 이제 AI가 대단히 위험한 생물학적 물질 개발에 사용될 수 있다는 사실이 밝혀진다. 이런 물질을 널리 보급된 바이오프린터로 인쇄할 수 있다면, 이는 미래에 있을지 모를 전쟁에 치명적이다.[68] 특히 테러리스트가 바이오프린터를 사용해 공기 중에 퍼지는 치명적인 신종 바이러스를 생산해 낸다면, 첫 증상이 나타나기까지 오랜 시간이 걸리기 때문에 원인을 밝히기 어려울 것이다. 일단 바이러스 감염증상이 나타난 이후엔 빠르게 사망에 이르는 끔찍한 결과를 초래할 수 있다. 이런 바이러스는 유전자 편집이나 바이오프린팅을 이용하면 만들어낼 수 있다. 이에 필요한 지식은 이미 널리 퍼져 있으며, 기술적으로 갖춰야 할 조건도 상대적으로 까다롭지 않다.

짧게 언급했지만, 최신 유전자 기술과 관련된 가능성에 엄청난 위험
이 따른다는 점은 분명하다. 그렇지만 동시에 삶의 질을 높이는 데 이런
유전자 변형 기술이 얼마나 장점이 있는지는 아무리 강조해도 지나치지
않다.

기계는 인간의 일부가 될 것인가

– 슈테판 로렌츠 조르그너

트랜스휴머니스트에게 특히 중요한 분야는 기계 인간의 영역이다. 기계 인간이란 말은 1978년 독일 일렉트로닉 음악의 선구자인 밴드 '크라프트베르크Kraftwerk'가 일곱 번째 정규 앨범 이름을 〈기계 인간Die Mensch-Maschine〉으로 하면서 널리 알려지게 되었다.

'기계 인간'에는 일명 뇌심박조율기를 착용한 사람도 포함된다. 트랜스휴머니즘을 주제로 《디 차이트》지와 2013년 진행한 인터뷰에서 나는 '모두에게 필요한 뇌심박조율기'에 찬성하는 견해를 밝힌 바 있다. 머스크의 뉴럴링크사는 관련 프로젝트를 통해 사실상 이런 뇌심박조율기와 같은 장치 이식 기술을 개발하는 방향으로 나아가고 있다. 뇌심박조율기나 BCI는 청각장애인이 들을 수 있게 해주는 인공 와우나 민감한 데이터 저장 및 결제 또는 신체 분석에 사용하는 이식 장치처럼 고유의 특징이 있다. 여기서는 유전적으로 설계가 가능한 유기체, 즉 디지털 존재로서의 인간뿐만 아니라 인체에 대한 전통적 관념의 해체가 특히 명확하게 두드러진다.

이런 사례 외에도 인간은 점차 디지털 세계를 향해 이동하고 있다. 메타버스에는 아바타를 통해 NFT(Non-Fungible Token, 대체 불가 토큰) 의류를 얻는 방법이 있고, 크립토 아트Crypto-Art 작품을 걸어둘 수 있는 디지털 부동산도 있다. 아바타와 인간은 무슨 관계인가? 내가 원치 않는데도 다른 아바타가 내 아바타를 만지거나 다른 아바타가 내가 하기 싫어하는 행동을 강요하는 상황을 어떻게 평가해야 하는가? 어떤 디지털 주택, NFT 의류, 크립토 아트 가격은 아날로그 제품보다 더 비싸다. 인간의 주요 관심사는 메타버스 세상에서 다른 사람에게 멋져 보이고 그곳에서 인정받는 것이므로 이런 디지털 개체에 돈 쓰길 주저하지 않는다. 그렇다면 아바타도 인격의 일부라는 의미인가? 아바타도 존중받아야 하는가? 아바타는 그 자체로 도덕적 지위가 있고 그 가치를 인정받을 자격이 있는가?

이런 숙고 과정을 거치며 지난 수 세기 동안 신체를 이해하는 인간의 견해가 결정적으로 변화했음을 알 수 있다. 신성한 불꽃이 인간을 만든다는 생각에서 인간 및 비인간 세포, 기계나 디지털 구성 요소로도 인간이 만들어지며 인간은 계속 변하고 있는 존재라는 생각으로 바뀐 것이다. 이는 인체에 대한 급진적인 재개념화 과정이다. 신경 링크와 RFID(전자태그) 칩을 인체 속으로 옮겨 두뇌 및 다른 신체 부위와 직접 연결하려는 개발이 진행 중이다. 여기에는 인간의 형태를 변화시키는 더 놀라운 가능성이 존재한다.

BCI가 가진 잠재력은 이미 100여 년 전에 암시된 바 있다. 신경학자 한스 베르거Hans Berger는 1924년 예나대학에서 인간의 뇌에서 발생하는 전기 활동을 입증하고 최초로 인간 뇌파도를 그려내면서 '뇌파 검사'라는 것을 탄생시킨다. 그리고 1973년에 자크 J. 비달Jacques J. Vidal이 BCI, 즉 '두뇌와 컴퓨터 간의 인터페이스Brain-Computer-Interface'를 고안해 낸다.

뇌심부자극술을 위한 뇌심박조율기는 인간과 기계의 인터페이스에 관한 엄청난 잠재력을 보여준다. 뇌심부자극술은 1997년부터는 파킨슨병, 2018년부터는 뇌전증에 사용하는 것이 허용된 치료법이다. 뇌심박조율기는 심한 우울증에도 대단히 좋은 효과를 보이는 걸로 나타났다. 이 시술은 배터리를 어깨에 삽입해 주기적으로 전기 자극을 주는 형식으로, 두개골 상단에 구멍을 내어 전선을 통해 뇌로 직접 전기 신호를 전달한다. 치료 목적에 따라 전선은 뇌의 각기 다른 부위로 이어진다. 이런 치료법이 성공을 거뒀다는 사실은 아주 인상적이다.

머스크가 이끄는 뉴럴링크는 2021년 원숭이에게 침습성 BCI를 이식하는 데 성공해 원숭이가 컴퓨터 게임을 할 수 있게 되었다고 발표한다. 같은 해에 한 지체 장애 남성도 같은 인터페이스를 통해 자기 생각을 언어로 표현할 수 있게 된다.

하지만 기계와 성공적으로 연결될 수 있는 것은 두뇌만이 아니다. 계속 언급한 인공 와우도 아주 유용하다는 사실이 입증되었다. 이미 2019년을 기준으로 전 세계에 7만 개가 넘는 인공 와우 이식 사례가 있다. 많은 청각장애인이 들을 수 있게 된 것이다. 또 다른 흥미로운 기계 인간 기술은 바로 RFID 칩이다. RFID 칩 관련 기술은 1980년대 중반부터 개에게 사용된다. 2021년까지 스웨덴인 6,000여 명이 이미 RFID 칩을 이식받았는데, 이 칩에는 코로나 백신 접종 등의 정보를 저장할 수 있다. 2018년 보스턴의 텁츠대학교 연구팀은 식습관을 기록하고 생성된 데이터를 스마트폰으로 전송하기 위해 인간의 앞니에 RFID 칩을 이식한다. 이렇게 생성된 데이터를 분석하여 피자와 맥주만 먹는 사람에게는 앱을 통해 경고 표시를 할 수 있다.

이런 RFID 칩은 결국 사물 인터넷을 신체적 사물 인터넷으로 보완하는 역할을 한다. 이는 생체 측정 데이터가 효율적이고 유용하게 디지털화되고 있음을 의미한다. 디지털화는 앞서 말한 생각의 디지털화 및 음성 변환 관련 예시에까지 적용될 수 있다. 비록 기술이 아직 널리 사용될 정도로 발전하지 않았지만, 이미 언급한 여러 사례를 보면 이러한 기술이 사회적으로 통용되는 데의 관건은 기술의 효율성이 얼마나 되느냐 하는 것뿐이다.

결과적으로 뇌심박조율기를 더 발전시킨다면 뇌의 내용을 디지털화하고 인격까지도 디지털화할 수 있을 것이다. 하지만 그렇게 되기까지는 긴 시간이 걸릴 것이다. 현재로서 훨씬 더 흥미로운 부분은 뇌심박조율기로 생성한 맞춤형 디지털 데이터가 가진 의미다. 이 디지털 데이터를 어떻게 처리해야 하는가? 이 데이터는 사회적으로 어떤 중요성이 있는가? 이 데이터의 소유자는 누구인가? 이 데이터는 어떻게 사용해야 하는가?

2006년 영국 수학자 클라이브 험비는 데이터가 새로운 석유라고 말한다. 이 같은 평가의 중요성은 아무리 강조해도 지나치지 않다. 물론 석유는 천연 물질이고 데이터는 지적 재산의 한 형태지만, 험비의 말에서 중요한 점은 석유와 데이터가 모두 돈, 권력, 영향력과 관련이 있다는 부분이다. 데이터가 아주 중요한 가장 확실한 이유는 이것을 광고에 활용하기 때문이다. 미국 주요 소셜 미디어 기업의 디지털 데이터는 개인화된 마케팅을 구현하여 제품을 더 성공리에 판매하고, 판매량에 상응하는 광고 수익을 창출하는 데 자주 이용된다. 데이터의 또 다른 용도는 보안을 강화하는 것이다. 범죄자, 테러리스트, 기타 범죄자에 대한 정보는 이들을 추적하는 데 필요하다. 더 많은 디지털 데이터를 수집하고 분석할수록 범죄자가 들키지 않고 범행을 준비하기가 더 어려워진다. 하지만 마케팅과 보안 분야 외에도 모든 생활 영역이 빅데이터 수집 영향권 안에 있다. 빅데이터 활용 범위가 엄청난데도 빅데이터 관련 교육을 받은 사람조차 아직 데이터의 중요성을 상당히 과소평가하고 있다.

　우리는 이미 전 세계적으로 디지털 데이터 쟁탈전이 벌어지는 상황에 놓여 있다. 전 세계에서 디지털 데이터를 둘러싼 전쟁이 치열한 가운데 특히 사생활을 중시하는 유럽연합EU만 이 디지털 쟁탈전에 가담하길 원하지 않는다. 2018년 EU가 발효한 일반 개인정보 보호법GDPR, General Data Protection Regulation으로 인해 디지털 데이터의 포괄적인 수집이 훨씬 더 어려워진 상태다. 이 법안이 유럽의 이익에 부합하는지는 아직 알 수 없다. 사생활권, 맞춤형 디지털 데이터 수집, 저장된 데이터에 접근하는 문제에 대해 여러 주장이 상반되면서 끊임없이 발전하는 디지털화에 논란을 가중시키고 있다. 여기에 파놉티콘 개념은 사생활의 윤리적, 사회적, 정치적 과제를 명확히 하는 데 특히 유용하다.

　파놉티콘은 영국의 법학자이자 공리주의 철학의 창시자인 제러미 벤담(Jeremy Bentham, 1748~1832)이 죄수들을 최대한 효율적이고 저렴하며 강력하게 감시하려고 개발한 감옥 건축물이다. 이 건축 구조는 벤담 생전에는 실현되지 않았지만, 결국 그의 설계를 바탕으로 감옥, 병원, 정신병동이 만들어진다. 파놉티콘의 기본 구조는 중앙에 탑이 있는 원형 건물이다. 탑을 마주 보는 원형 건물의 방 앞뒤로는 창문이 설치되어 있어 탑에서 방이 훤히 들여다보인다. 따라서 원 중앙에 있는 탑의 감시인은 아침부터 밤까지 모든 방의 거주자가 하는 일을 전부 볼 수 있다. 반면에 수용자들은 자기 방에선 탑의 감시인이 보이지 않으므로 언제, 어디서 자신이 감시당하는지 모른다. 탑에는 작은 틈새 아니면 반투명 거울만 설치되어 있어 외부에서는 감시인이 언제 탑에 있고 언제 누구를 감시하는지 알 수 없다. 수용자는 자신이 항상 감시당하고 있으며 잘못된 행동을 하면 처벌받을 수 있다는 사실만 안다.

이런 파놉티콘 구조는 교도소 수감자의 태도와 행동에 영향을 끼친다. 교도소 규칙을 준수하지 않는 행위가 발견되면 처벌받는다. 재소자는 늘 감시당하는 위치에 있으므로 규칙 위반이 발견될 확률이 매우 높다. 이 공간 구조는 대개 자기 검열로 이어진다. 수감자는 자신이 추가 처벌을 받지 않는 게 이득이니 규칙을 준수할 가능성이 커진다. 규칙 위반자는 적발되어 처벌받을 확률이 높아지니 이 같은 감시 구조는 규칙 준수를 촉진하는 데 도움이 된다. 미셸 푸코는 철학적 성찰을 통해 이 사실을 명확하게 설명한다. 게다가 중앙 탑에서 모든 방을 볼 수 있으므로 소수의 교도관만 있어도 충분하고 비용도 적게 든다. 이미 말했듯 탑에 교도관이 없어도 수감자들은 그 사실을 알지 못하기에 언제나 감시당하고 있다는 느낌을 받는다.

200년 전에 개발된 건축 구조를 여기서 다루는 이유는 무엇일까? 이 감옥 구조가 기계 인간과 관련된 질문에 어떤 의미가 있을까? 디지털 데이터와 감옥이 무슨 연관이 있을까? 이 질문에 답하려면 인터넷을 디지털 파놉티콘으로 보면 된다. 인터넷과 파놉티콘 사이에는 수많은 유사점이 있다. 인터넷 사용자의 개인 데이터에 접근할 수 있는 사람은 누구든 파놉티콘 감옥의 교도관과 비슷한 통제력을 갖는다. 하지만 이와 동시에 인터넷과 파놉티콘 사이에는 절대 무시해선 안 되는 중요한 차이가 있다. 첫째, 모든 인터넷 교도관은 감시하는 위치에 있음과 동시에 인터넷 파놉티콘의 수감자이기도 하다. 하지만 실제 파놉티콘에서는 교도관이 수감자가 되는 일은 없다. 따라서 둘째, 현재 디지털 구조에서는 사실상 교도관도 인터넷 파놉티콘의 수감자가 되지 않을 순 없다. 셋째, 적절한 기술이 있다면 모든 인터넷 파놉티콘 수감자는 교도관이 될 수 있다. 파놉티콘 감옥에서는 그렇지 않다. 사생활의 실질적인 논리 관계 및 디지털 데이터가 지닌 의미에 대한 인간의 철학적 성찰을 특히 자극하는 것은 기존 구조가 지닌 이러한 복잡성이다.

각각의 인간에게는 어떤 데이터가 있는가? 우선 심리 데이터를 고려해야 한다. 인간은 인터넷에서 어떤 식으로든 관심 있고 중요한 주제를 검색한다. 이 주제가 어떻게 그리고 왜 중요한지는 대개 제공된 정보를 모두 살펴보면 파악할 수 있다. 우리가 보내는 이메일의 내용과 첨부 파일도 중요한 정보를 전달한다. 어떤 홈페이지에 접속하는지, 그곳에 얼마나 머무르는지, 다른 사이트에 접속하는지 안 하는지 등은 개인의 인격 구조를 나타내는 중요한 정보다. 소셜 네트워크에서 누구와 친구 관계인지, 어떤 생각과 정보를 주고받는지, 어떤 이모티콘을 사용하는지, 어떤 페이지와 게시물과 사진을 좋아하는지, '좋아요'를 의미하는 하트를 누르는지 아니면 '싫어요'를 누르는지 등은 개인의 심리적 인격 구조를 알려준다. 이 모든 데이터에 접근하여 데이터를 서로 연결한다면 한 사람의 인격 구조에 대해 믿을 만한 정보를 많이 얻을 수 있다. 그러나 이 정보는 사람의 특정 영역, 즉 심리 구조에만 한정된다.

　다른 많은 정보 역시 디지털 형태로 제공된다. 수많은 도로, 광장, 심지어 건물에도 감시 카메라가 설치되어 있고, 개인 스마트폰은 GPS 및 기타 위치 데이터를 수집한다. 차량 내에도 여러 가지 칩이 많다. 예방접종 앱을 사용하고, 상점과 박물관 또는 콘서트홀에서 입장 등록을 할 때 맞춤 위치 데이터도 함께 전달된다. 로컬 데이터, 즉 개인의 위치를 알리는 데이터는 개인의 행동을 예상할 수 있도록 해준다. 언제 누구와 어디에 있었는지도 로컬 데이터와 같은 방식으로 수집한다. 스마트폰 두 개가 주기적으로 같은 장소에 있거나 같은 호텔에 체크인하거나 같은 레스토랑에 위치하는가? 누구에게 얼마나 자주 편지를 보내는가? 이때 교환하는 감정과 그 감정의 강도까지 분석할 수 있다. 대화의 내용을 고려해 보면, 누구와 어떤 관계에 있는지 그리고 각 사람이 당사자에게 얼마나 중요한지 명확해진다. 로컬 데이터는 개인의 인간관계를 보여주는 자료다.

　최근에는 인간의 심리적, 지역적, 관계적 데이터 외에도 신체, 생체, 유전 데이터도 점차 디지털화되고 있다. 이런 디지털 데이터를 얻는 데엔 다양한 방법이 있다. 구글 공동 창업자 세르게이 브린의 전처 앤 워치츠키가 설립한 유전자 분석 전문 기업 '23앤드미(인간 염색체 23쌍에서 따온 이름)'는 현재 전 세계 1,200만 명 이상의 고객을 보유하고 있다. 이에 따라 '23앤드미'는 고객들의 유전병 소인과 출생지의 지리적 특성에 대한 정보를 제공한다. 쿠웨이트에서는 법적으로 한동안 모든 국민과 관광객이 타액 샘플을 남기도록 했다. 에스토니아는 국민이 자신의 유전자 검사 결과를 국가 유전자 데이터베이스와 공유하는 데 동의하면 유전자 검사 비용을 전부 부담한다. 아이슬란드에서도 비슷한 프로젝트를 진행했는데, 아이슬란드 정부는 유전자 데이터를 미국 회사인 암젠과 그 자회사인 디코드 제네틱스에 제공했다. 이는 인간의 디지털 유전자 분석에 얼마나 관심이 높은지 보여주는 부분이다.

지문이나 얼굴 인식으로 스마트폰 잠금을 해제하는 일도 맞춤형 생체 데이터를 수집하는 또 다른 방법이다. 신체 안팎으로 더 많은 칩을 추가하여 대규모 생체 분석이 가능해지면 이런 생체 데이터 개수는 더 늘어날 것이다. 많은 데이터를 사용하게 될수록 상세한 의학적 치료가 가능해진다. 특히 건강 예방 관리 분야는 앞으로 그 중요성을 아무리 강조해도 지나치지 않다.

예측 의료 또는 예측 유지 관리는 디지털 생체 데이터와 건강의 상호작용을 논할 때 중요한 개념이다. 예측 유지 관리는 오늘날 주로 기계에 적용된다. 이 분야에서 예측 유지보수는 엄청난 성공을 거두고 있다. 그덕에 그 어느 때보다 안전한 비행이 가능하다. 최근 수십 년 동안 여객기의 모든 부품에 점점 더 많은 센서를 설치하고 있다. 항공 엔지니어는 과거 측정 경험을 바탕으로 어떤 측정 데이터가 특정 부품의 기능 장애를 예고하는지 정보를 얻을 수 있다. 측정 데이터를 통해 예측 가능한 첫 번째 기능 장애 징조가 나타날 때 경고 신호가 뜨도록 지정할 수 있다. 그래서 항공기 승무원과 승객의 생명이 위험에 처하기 전에 미리 부품을 교체하게 되는 것이다.

신체 건강 관리에도 이와 유사한 접근 방식을 적용할 수 있다. 패시브 RFID 칩, 즉 자체 배터리가 없고 가격이 몇 센트에 불과한 칩을 신체의 여러 부위에 삽입해 신체 기능과 장기를 분석하면 된다. 데이터를 수집하고 나면 누구에게 어떤 건강상 위험이 존재하는지 확인할 수 있다. 아직 당뇨병이나 고혈압 진단을 받지 않았어도 측정 데이터를 보면, 생활 방식을 되도록 빨리 바꾸고 식단을 조절하지 않으면 당뇨와 고혈압을 앓을 위험이 크다는 점을 알게 된다. 이런 식으로 신체를 예측 관리하면 당뇨와 고혈압을 예방할 수 있다. 측정 데이터가 더 광범위해지고 정확할수록 이 방법을 통해 예측하여 치료 가능한 부분이 늘어난다. 건강 예측 관리는 삶의 질을 높여줄 엄청난 잠재력을 지녔음을 확실히 보여준다. 식단, 생활 방식이나 기타 외부 영향 요인 관련 데이터를 이러한 방식으로 수집하고, 여러 데이터의 상호 작용을 분석할 수 있다면 완전히 새로운 방식으로 건강을 관리하게 될 것이다.

예를 들어 뉴럴링크를 통해 뇌 기능 관련 새로운 데이터가 생성되면, 외부에서 인지 과정, 기억력 내지는 지능에 대해 훨씬 더 정밀하게 개입하여 현재 뇌 기능의 한계를 초월하는 능력을 촉진하고 개선할 수 있다. 참고로 신체 예측 유지 관리는 이미 의료 분야에서 시행되고 있다. 고혈압 수치를 예로 들 수 있는데, 고혈압에 해당하는 수치가 뜨는 즉시 혈액 희석제를 처방한다. 최근 몇 년간 고혈압의 정의가 변경되고 기준치가 낮아졌다. 따라서 예전에는 고혈압 진단을 받지 않았을 사람도 이젠 고혈압 환자로 분류되어 혈액 희석제를 복용해야 한다. 이 또한 예방관리 차원에서 하는 조치다. 물론 고혈압에는 다른 치료 약제도 있다. 혈액을 희석하는 약 대신 막힌 혈관을 깨끗하게 뚫어주는 약을 처방하기도 한다. 특정 연령대가 되면 누구나 심장마비 내지는 뇌졸중을 예방하기 위해 매일 약을 먹게 된다.

건강 예측 관리는 의료 서비스 분야에서 디지털 생체 데이터와의 관련성을 보여주는 흥미로운 예시다. 맞춤형 데이터는 특히 의학 연구와 아주 깊은 연관이 있다. 정치적 의사결정, 사회 및 과학 연구 내지는 일반 기술 혁신 영역에서도 디지털 데이터가 가진 중요성은 아무리 강조해도 지나치지 않다. 그러나 앞서 언급한 맞춤형 데이터 수집의 이점을 실현하지 못하면 과학적, 경제적, 정치적으로 심각한 결과를 초래할 수 있다. 우리가 그 장점을 활용하지 못한다면 자신이 걸터앉은 나뭇가지를 스스로 잘라내고 있는 것이나 다름없지 않은가? 독일과 유럽은 항상 혁신과 연구를 통해 경제적 성공을 거두었다. 그러나 필요한 데이터에 접근하지 못해 중요한 혁신을 이룰 수 없다면, 이는 GDPR로 경제적, 과학적, 정치적 자살을 저지르는 게 아닌가? GDPR 발효가 가져올 경제 효과를 가장 먼저 체감하는 집단은 아마 독일 중산층이 될 것이다. 이들은 얼마 안 가 계속 성장하는 중국 중산층만큼 잘살지 못하게 될 것이다. 중국이 데이터 수집 영역 및 데이터 기반 정책에서 이미 확보한 우위 체제는 이른 시일 내에 따라잡기 어렵다.

이런 변화는 개인 복지 외에 국가 구조와 정치 분야에도 영향을 끼친다. 중국이 디지털 데이터를 효율적으로 수집하면 중국은 번영할 것이다. 게다가 외교 정책 목표를 달성하기 위해 디지털 데이터 수집을 이용하여 군대를 늘릴 더 많은 재원을 확보할 수 있다. 이는 특히 효율적인 방식으로 맞춤형 데이터 수집을 정치계에서 장려하는 다른 국가에도 적용된다. 이에 따라 확실한 계급 구조 체계라든가 권위주의적인 정치 질서가 데이터 수집 절차에 영향력을 행사할 것으로 예상된다. 오늘날 이미 아프리카 일부 국가에서 중국의 영향력이 나타나는 현실을 볼 때, 데이터 수집이 더 확대될수록 아프리카에도 정치적 결과를 가져올 것이 분명하다. 당연히 중국이 사실상 중화인민공화국에 속한다고 주장하는 모든 지역에도 똑같은 영향을 끼칠 것이다.

디지털 데이터를 수집하지 않기로 한 결정도 심각한 결과를 초래한다는 점을 분명히 알아야 한다. 극단적으로 보면 EU가 GDPR을 통과시킨 탓에 번영 기회를 상실하고 내전과 비슷한 상황이 발생할 수 있다. 또한 EU 외부에서는 권위주의적 정치 구조가 너무 강력해져 사회적 자유민주주의에 심각한 위협이 될 가능성이 커지고 있다. 이는 디지털화와 동반되는 도전 과제이며, 정치적 차원에서 그 의미를 시급히 따져봐야 한다. 그런데도 EU는 사생활권에 대해 재고하길 거부하고 있다.

자유민주주의에서 그토록 소중하게 여기는 자유는 실제로 사생활과 관련이 있는 개념인가? 아니면 사생활을 소중히 여기지 않고도 자유로울 수 있는가? 이는 중요한 질문이다. 자유주의 또는 사회적 자유민주주의 국가는 가부장적 구조의 위험성과 개인의 부패 가능성을 잘 알고 있다. 권력은 부패한다. 누군가 자기 이익을 위해 정보를 사용할 기회가 있다면 부패할 위험이 매우 크다. 정치인과 통치자는 국가가 수집한 맞춤형 데이터에 접근해 본인에게 유리하도록 사용하고픈 유혹을 받을 것이다. 최악의 경우 정치인의 최종 목표가 세계 패권을 차지하는 데 있을 수 있다.

맞춤형 디지털 데이터가 존재하는 한 디지털 데이터에 접근 권한을 가진 사람들의 입맛대로 디지털 데이터가 사용될 위험이 있다. 많은 EU 정치인은 이런 상황을 큰 위험 요소로 보고 GDPR을 선택했다. 데이터 수집 관련 문제를 해결할 방안을 찾는 대신, 데이터가 다른 국가에는 있고 자국에는 없을 때 생기는 상당한 경제적, 과학적, 군사적 위험을 기꺼이 받아들이기로 한 것이다. 사생활을 확실히 완전하게 보장하는 대안은 없는 걸까? 사회적 자유민주주의 체제에서 다른 자유권을 보장할 돈이 갑자기 부족해지면 사생활 자체가 파괴되진 않을까? 여기서 우리는 논쟁의 중요한 지점에 봉착한다.

사생활을 부적절한 방식으로 장려하면 사생활 자체가 훼손된다. 자유민주주의 국가는 사생활에만 신경 쓰지 말고, 다른 자유권 유지와 재정 안정성에도 관심을 기울여야 한다. 동시에 권위주의적 구조를 가진 국가가 자유민주주의 국가보다 디지털 데이터를 더 효율적으로 수집할 수 있으며, 이는 경제, 과학, 군사 발전에 중요한 요소라고 말할 수 있다.

그렇다면 국가가 개인의 자유를 침해하거나 데이터를 오용할 위험 없이 맞춤형 디지털 데이터를 수집하는 일도 가능하지 않을까? 이는 사실 아주 중요한 질문이다. 맞춤형 데이터가 사용 가능해진 시점부터 데이터가 오용될 위험을 완전히 배제할 수는 없다. 하지만 인생은 항상 부딪혀 나가야 하는 위험으로 가득하다. 이런 위험을 적절하게 관리하는 방법은 무엇인가? 인간이 애초에 사생활을 중요하게 여기는 이유는 무엇인가? 사생활을 포기하고 자유만 지키는 일이 가능한가? 디지털 데이터를 민주적인 방식으로, 즉 사회적 자유민주주의 틀 안에서 적절하게 수집하는 방식으로 할 수 있는가?

인간이 사생활을 중요하게 여기는 데에는 크게 두 가지 이유가 있다. 이 두 가지 이유는 상호 배타적이지 않다. 첫 번째는 사생활 보호 해제로 발생하게 될 제재가 두려워서다. 두 번째는 개인 재산의 안전한 보호를 원해서다. 두 번째 문제를 먼저 살펴보자. 결국 디지털 데이터는 인간의 지적 재산이다. 이것이 사생활 보호를 주장하는 두 가지 핵심 근거다. 그렇다면 전 세계 다른 지역의 디지털 데이터는 어떻게 처리되고 있을까?

EU에서는 디지털 데이터를 GDPR에 따라 철저하게 보호한다. 하지만 미국과 중국은 다르다.

미국에서는 디지털 데이터를 수집한 대기업이 이를 재판매하고, 이 데이터는 주로 마케팅에 이용된다. 지메일 사용은 무료가 아니다. 오히려 우리는 데이터를 제공하는 것으로 메일 이용 대금을 치르고 있다. 다른 관점에서는 인간을 인터넷에서 활동하며 빅데이터 괴물을 위해 무급 노동을 하는 노동자들이라고 볼 수도 있다. 어쩌면 인간은 자진해서 기업의 자금 조달 수단이 되었는지도 모른다. 이 모든 시각에는 이해할 만한 요소가 있다. 자유주의 트랜스휴머니스트인 피터 틸이 공동 설립한 미국 기업 팰런티어 테크놀로지스Palantir Technologies가 데이터 거래 업무에 집중하고, 수집한 데이터를 대기업과 국가 기관에 판매하는 방식도 시사하는 바가 크다. 중국의 데이터 수집 및 처리 절차는 미국과 또 다르다. 중국에서는 모든 대기업이 국가에 데이터를 제공해야 할 의무가 있다. 이와 동시에 중국에는 디지털 방화벽이 있어서 외국 기업이 중화인민공화국의 법적 요건을 준수하지 않으면 중국에서 데이터를 수집할 수 없다. 그러나 반대로 중국 이외 지역에서는 화웨이, 알리바바, 틱톡 같은 중국 기업이 데이터를 수집할 수 있다. 따라서 중국은 국가 차원에서 미국 기업보다 훨씬 더 효율적인 방식으로 데이터를 수집하는 중이다.

철학자 존 로크에 따르면, 인간은 원래 누구의 소유도 아닌 어떤 사물을 처리할 때 그 사물에 대한 소유권을 얻는다. 이런 식으로 인간은 사물과 자신을 섞어 사물을 자기 재산으로 만든다. 디지털 데이터가 인간의 지적 재산이라서 인간이 디지털 데이터를 소중히 여기는 것이라면, 타인이 내 의지에 반하여 디지털 데이터를 사용하는 행위는 내 소유권을 박탈하는 행위로 볼 수 있다. 인간이 소유한 무언가가 인간의 의지와 어긋나게 사용되는 것이다. 그래서 EU에서는 사생활과 연계하여 인간의 디지털 데이터까지도 보호한다. 이는 개인의 지적 재산이 몰수되는 일을 막으려는 조치다.

사생활을 중요하게 생각하는 또 다른 이유는 사생활이 사라지면서 받게 될 제재를 두려워하기 때문이다. 이런 제재는 도덕적, 제도적, 심지어 정치적으로까지 다양한 방식으로 이루어질 수 있다. 어떤 사람이 비독점적 다자연애Polyamory 관계를 맺고 있는데 이것이 사회적으로 부도덕한 행위로 인식되는 경우, 이 관계에 도덕적 제재가 가해질 수 있다. 이는 사회 환경상 비독점적 다자연애 관계를 맺는 사람과는 얽히고 싶지 않다는 의미다. 법적으로 의무가 아니어도 공공시설 내에선 마스크 착용이 의무화되어 있고, 이를 위반하면 기관에서 제재를 가한다. 누군가 인터넷으로 불법 약물을 구매하고 경찰이 이에 관한 정보를 파악하면, 해당자는 법에 따른 제재를 받는다.

광범위한 디지털 데이터 수집은 범죄 행위를 더 잘 예방하는 데 사용될 수 있으니 특히 유용하다고 주장할 수도 있다. 하지만 광범위한 디지털 데이터 수집은 제재해선 안 되는 행위까지도 제재할 수 있다. 제재가 어떤 가치와 규범에 근거해야 하는지 상관없이 문제는 언제든 발생할 수 있다. 온전히 완벽한 가치와 규범은 개념화할 수 없다. 따라서 광범위한 디지털 데이터 남용의 위험은 엄청나게 크다. 맞춤형 디지털 데이터에 접근 가능한 사람은 이 데이터 정보를 자신에게 유리하도록 사용할 수 있다. 그러나 많은 사람이 자기 데이터를 구글, 아마존, 메타에 맡기면서도 데이터가 오용되는 걸 그다지 두려워하지 않는 것 같다. 기본적으로 이는 다소 순진한 태도다. 예를 들어 화상 전화 앱 회사 직원들이 표면적으로는 보안상의 이유로 고객 간의 성적인 대화를 감시한다면서 실제로는 그 대화를 안주 삼아 관음적 목적으로 이용했다는 사실은 잘 알려져 있다. 대체 누구에게 맞춤형 디지털 데이터를 맡길 수 있겠는가? 사기업과 사회적 자유민주주의 가운데 어떤 체제를 더 신뢰해야 하는가? 정치적 상황은 빠르게 변하고, 원래 신뢰가 가던 개인도 부패할 수 있지만, 나는 EU의 사회적 자유민주주의 구조를 더 신뢰한다.

하지만 디지털 데이터에 대한 접근 권한을 주로 알고리즘에 부여한다면 데이터 오용의 위험을 크게 줄일 수 있다. 따라서 맞춤형 데이터는 주로 알고리즘이 모니터링해야 한다. 인간에게는 예외적인 사례만 접근 권한을 부여해야 한다. 그런 다음 비맞춤형 데이터를 추가 분석에 사용하면 데이터 오용의 위험을 더 줄일 수 있다.

제재에 대한 두려움 외에도 사생활과 관련된 두 번째 문제인 지적 재산 박탈에 대한 문제는 여전히 남아 있다. 사생활 디지털 데이터가 인간의 지적 재산에 해당한다면, 국가가 사생활 디지털 데이터 수집을 법적 의무로 선언할 때 국민은 국가로부터 지적 재산을 박탈당하지 않을까? 반드시 그렇지는 않다. 국가는 공공 업무를 수행하는 데 돈이 필요하고, 이에 세금 납부는 국민의 법적 의무 사항이다. 인프라, 군사, 교육, 건강 보험…… 이 모든 시스템을 운영하려면 막대한 비용이 든다. 신기술이 계속 발전하면서 특히 공공 의료 보험 지출이 점점 커지고 있다. 하지만 우리에게 공공 의료 보험이 있다는 사실은 큰 성과다. 나는 이탈리아에 공공 의료 보험이 있어서 로마에서 공부하기로 마음먹은 미국 학생들을 알고 있다. 미국에서는 사전 병력이 있으면 의료 보험에 가입하는 데 상당한 어려움이 있다. 유럽 국가 어디든 공공 의료 보험이 있지만, 그 혜택의 범위는 천차만별이다. 합법적인 보험사가 제공하는 보험 혜택은 결국 사용할 수 있는 돈이 얼마인가에 따라 달라진다. 미국에서만 제공되는 아주 특수한 치료법도 있다. 의료 서비스에서 돈은 굉장히 중요한 역할을 한다. 어쩌면 경제적 이유를 들어 거의 모든 의료 윤리 문제도 없는 것처럼 만들 수 있을지도 모른다.

EU 국가가 맞춤형 데이터를 수집하고, 이를 우선 알고리즘을 통해 분석한 다음 활용하도록 제공한다면, 지적 재산 박탈 문제는 여전히 해결되지 않을 것이다. 박탈 행위는 일반적으로 민주적인 절차가 아니다. 그러나 재정 수익을 국민에게 이익이 되는 방식으로 사용한다면, 맞춤형 디지털 데이터를 수집하는 일은 민주주의 측면에서 활용도가 높다. 예를 들어 디지털 데이터 사용으로 발생한 수익을 공공 의료 보험의 질을 높이는 데 사용하거나, 적어도 부분적으로나마 보험료를 부담하는 데 사용할 수 있을 것이다. 대부분 사람에게 건강 수명 연장은 삶의 질이 높아진다는 것을 의미한다. 따라서 사람들은 대체로 공공 의료 보험을 가능한 한 효과적으로 사용하는 일에 관심이 있다. 디지털 데이터를 의무적으로 수집하여 얻은 정보를 바탕으로 보험의 질을 높일 수 있다. 미국에서는 디지털 데이터가 대기업의 주 수입원이다. 중국에서는 디지털 데이터가 국가 정치 시스템을 강화한다. 인간이 수집한 디지털 데이터를 사용하여 공공 의료 보험의 질을 높이거나 최소한 일부 비용을 부담하게 한다면 디지털 데이터가 가진 민주주의적 혜택은 실제로 존재하는 것이다.

그러나 이런 발상은, 자유라는 놀라운 성취를 더 훼손시키기만 할 것이라는 반박에 마주할 수 있다. 따라서 개인이 직접 보험료를 내거나 데이터를 제공해 보험료를 부담하도록 만드는 선택권이 있어야 하지 않을까? 이 방법이 자유를 지키는 데 더 도움이 되지 않을까? 일단은 도움이 될 수도 있다. 하지만 이런 접근법이 가져올 결과는 무엇일까? 의료 보험 비용이 저렴하면 많은 사람이 자기 정보 제공에 동의하지 않을 것이다. 이는 EU 당국이 디지털 데이터를 수집하지 않도록 한다는 뜻이다. 그러나 이 선택은 가능한 한 많은 사람의 디지털 데이터 분석이라는 데이터 수집이 가진 상당한 유용성을 훼손하는 일이다. 보험 혜택을 유지하기 위해 보험사가 들이는 비용도 증가한다. 그렇게 되면 데이터 수집을 거부할 수 있는 사람은 극소수의 부유층에 불과할 것이다. 이들은 데이터 수집과 연관된 위험에서 자유롭지만, 대다수 사람에게는 불가능한 일이므로 모두가 공평하게 누려야 할 자유가 침해당한다. 중대한 위험으로부터 자유로워지는 것은 자유의 핵심 요소다. 게다가 이 자유는 디지털 데이터 판매로 발생한 수익이 사용되는 공공 의료 보험에 관한 문제다. 따라서 보험료 지급 방식도 공정성 확보 차원에서 모두에게 똑같이 적용해야 한다. 그래서 디지털 데이터를 대가로 치르는 보편적 데이터 수집에 반대하는 것이다.

이런 방식이 모든 문제를 해결할 수 있을까? 물론 아니다. 맞춤형 데이터의 광범위한 수집에 관한 위험은 상당히 많다. 하지만 광범위한 데이터를 수집하지 않을 때의 위험 또한 막대하다는 사실이 이 논쟁으로 분명해졌기를 바란다.

앞서 설명한 데이터를 통한 의료 보험 재원 조달 방식은 트랜스휴머니즘 모델에서 이보다 더 좋을 수 없는 방법이다. 사생활 문제, 디지털 데이터의 관련성, 인터넷 파놉티콘 문제를 어떻게 처리할지는 앞으로 인간

삶을 디지털화하는 과정에서 맞닥뜨릴 주요 도전 과제다. 우리는 인간이 근미래에 디지털 초지능에 의해 동물원으로 쫓겨날까 걱정할 필요가 없으며, 인간이 컴퓨터 시뮬레이션 속에 사는 건 아닌지 반추할 필요도 없다. 거대 기술 기업들이 메타버스를 연구한다는 사실은 대단히 흥미롭다. 메타버스가 가까운 시일 내에 근본적으로 현실과 구분이 힘든 컴퓨터 시뮬레이션으로 발전할 가능성은 거의 없다. 반면에 정치 권력 측면에서 디지털 데이터 및 메타버스와 관련된 도전은 엄청나므로 디지털 데이터의 의미를 반드시 다시 생각해 봐야 한다.

대 · 담
사이보그로 가는 길

클라이네궁크 ◇ 트랜스휴머니즘에서 기계 인간이란 주제는 아주 큰 비중을 차지합니다. 언론에도 자주 등장하죠. 하지만 실제로 인간이 사이보그가 되는 시점은 언제일까요? 인공 고관절이나 심장박동기를 장착한 것만으로 인간을 사이보그라고 할 수 있나요? 아니면 신경 보철물을 착용해야 할까요?

조르그너 ◇ 사실 우리는 인간이 되면서부터 사이보그가 되었다고 할 수 있습니다. 말하는 능력을 갖추게 만든 유전 돌연변이는 결정적인 업그레이드를 의미합니다. 우리의 부모 또한 우리에게 언어를 가르치면서 기술적으로 우리를 끊임없이 업그레이드했지요. 물론 이런 표현을 두고 많은 사람이 너무 지나치다고 생각하겠지만, 저는 이것이 전적으로 올바른 표현이라고 생각합니다. 그리고 인간은 언어와 교육을 넘어, 인류 역사를 통틀어 항상 자신을 최적화하기 위해 도구와 기술을 사용해 왔으니 꼭 신경 보철물을 장착할 필요는 없습니다.

클라이네궁크 ◇ 그러면 돋보기를 착용한 사람도 사이보그가 되겠군요?

조르그너 ◇ 맞습니다. 돋보기는 인간 유기체를 제어하는 부분이 변형된 한 예시입니다. 기술적으로 설계가 가능한 부분인 거죠.

클라이네궁크 ◇ 그렇게 생각할 수도 있겠네요. 교수님은《우리는 언제나 사이보그였다We Have Always Been Cyborgs》라는 책도 쓰셨는데요. 두말할 것 없이 없이 흥미로운 주제입니다만, 어쩐지 전체적인 긴장감을 떨어뜨린다는 느낌도 받았습니다. 우리가 모두 이미 사이보그라면, 우리가 생각해야 할 미래지향적 관점이 사라진다는 뜻이니까요.

조르그너 ◇ 저는 사실 인간과 사이보그 사이에 질적인 단절이 있다고 보지 않습니다. 인간은 항상 기술을 활용해 자신을 스스로 최적화해 왔고 앞으로도 그럴 거예요. 물론 기술은 시간이 흐르면서 발달했고 계속해서 새로운 가능성을 개발해 나가고 있습니다. 언젠가는 인간을 기술과 완전히 융합되게 만드는 것이 기술이 추구하는 일관된 발전 방향이지요. 신경 보철물은 과거로부터 이어진 개발의 연장선상에 있을 뿐입니다.

클라이네궁크 ◇ 인간이 언제나 기술의 도움을 받아 발전해 온 것은 두말할 필요도 없는 사실이지요. 그렇지만 저는 기술과의 물리적 융합을 새로운 차원의 강화라고 봅니다. 저는 이런 의문이 들어요. 미래에 인간과 기계가 하나의 유기체가 된다면 인간의 중요성이 점차 줄어들지 않을까요?

조르그너 ◇ 인간이 덜 중요해지더라도, 기계가 인간이 더 만족스럽고 더 행복하게 인생의 기쁨을 더 많이 누리도록 도와준다면 정말 멋진 일이 되겠죠.

클라이네궁크 ◇ 사실 저는 일부 트랜스휴머니스트가 인간으로 존재하는 것에서 빨리 벗어날 수 없다는 인상을 받는데요. 이건 저만의 주관적인 느낌일까요, 아니면 실제로 이런 경향이 있나요?

조르그너 ◇ 확실히 그런 경향이 있습니다. 제가 몸담고 있는 대학에도 이런 경향을 보이는 학생들이 있는데요. 이들이 자신을 '트랜스'라고 부를 때는 성전환자라는 의미가 아니라, '내 몸을 벗어나 컴퓨터에 나를 업로드하고 싶다'는 의미예요. 이것은 완전히 새로운 형태의 커밍아웃이지요. 이는 관습에 과감하게 도전하는 행위로, 현재로선 우리가 가진 그 어떤 것보다 훨씬 더 급진적이기 때문에 몇몇 노년층은 아주 골치가 아플 겁니다.

클라이네궁크 ◇ 그렇다면 이런 사람들을 위해 새로운 문법상 성별을 고안하고, 따로 화장실이라도 만들어줘야 할까요?(웃음)

조르그너 ◇ 그럴 필요까진 없겠지요. 다만 진지하게 생각해 보자면, 대학교수인 저로서도 학생들의 사이보그화 같은 일에 엄청난 기회가 있다고 봅니다. 사이보그화 과정에서 엄청나게 많은 양의 생체 데이터가 생성되고, 이는 완전히 새로운 가능성을 열어주니까요. 예를 들어 제가 강의를 할 때, 어떤 그룹은 집중해 수업을 듣지만, 다른 그룹은 잠이 들어버려요. 바이오센서를 이용하면 전반적으로 정보가 어떻게 흡수되는지 분석하는 훌륭한 방법이 될 겁니다. 더 많은 정보를 기록하기 위해 카메라를 추가로 설치할 수도 있겠죠. 학생들이 어디를 보고 있는지, 무엇에 집중하는지 등 더 많은 정보를 기록한다면 어떨까요? 그러면 이런 정보를 이용해 철저한 개인 맞춤형 교육이 가능해질 겁니다.

클라이네궁크 ◇ 교수에게 있어 흥미로운 방식이란 부분은 이해합니다. 그런데 내가 학생이라면 누군가 계속 내 머릿속을 들여다보고 내 생각을 분석하길 바라진 않을 것 같군요.

조르그너 ◇ 이런 분석은 교육 분야에만 중요한 게 아닙니다. 의학계에도 완전히 새로운 관점을 제시하죠. 교수님은 의사로서 데이터와 정보를 수집할 새로운 기회가 생기는 걸 기뻐해야 합니다. 신체가 기계와 융합되고, 센서가 지속적인 데이터 흐름을 생성하면, 의료계 종사자는 환자를 훨씬 더 정확하게 치료할 수 있습니다.

클라이네궁크 ◇ 뭐, 좋습니다. 우리는 이미 모든 신체 기능 정보를 등록하고, 환자 동의하에 의료 목적으로 정보 사용이 가능한 웨어러블 기기가 있기도 하니까요. 하지만 기기 사용자에게는 웨어러블 기기를 벗고 사생활을 지킬 선택권이 있습니다. 센서가 사실상 신체에 영구적으로 흡수된다면 상황은 달라질 테고요. 그래도 사이보그란 존재 그 이상을 갈망하는 사람들이 분명 있거든요. 제가 어느 학회에서 만난 한 사람은 자기 피부 밑에 칩이 있다는 사실을 자랑스레 내보이더군요. 그는 자신의 칩을 스마트폰 잠금을 해제하는 데 사용할 수 있다고 말했습니다. 저는 스마트폰에 얼굴을 갖다 대기만 해도 잠금 해제는 가능하다고 대답했지요. 저는 스마트폰을 잠금 해제 하자고 피부에 이물질을 이식할 필요가 없습니다. 하지만 단순 안면 인식 기술은 그 사람에게 별다른 인상을 주지 못한 듯 보이더군요. 그 사람에게 가장 중요한 부분은 자신이 칩을 가졌다는 사실만으로 스스로 기계 인간이 된 듯 느낀다는 점이겠죠. 이쯤에서 저는 의문이 생깁니다. 간단한 애플리케이션만 사용하면 되는데, 왜 어떤 사람들은 사이보그 노릇을 하려는 걸까요?

조르그너 ◇ 효과적으로 관심을 끌 수 있기 때문에 그런 것 같네요. 2010년에 비슷한 사건이 있었습니다. 당시 자신이 컴퓨터 바이러스에 감염된 최초의 인간이라고 주장한 영국 과학자가 있었어요. 언론이 즉시 반응해 관련 기사를 쏟아냈습니다. 하지만 기사에는 과학자가 자기 몸에 칩을 이식하고, 이 칩을 문을 여는 데 사용했다는 내용만 있었습니다. 그리고 그 과학자는 칩에 컴퓨터 바이러스를 업로드했습니다. 그 결과 그의 주변에 있는 모든 블루투스 기기에 자동으로 이 바이러스가 옮겨졌습니다. 물론 과학자의 몸 자체는 아무렇지도 않았지요. 하지만 기자들은 이것이 대단한 일이라고 생각했고, 언론은 이 사실을 앞다퉈 전 세계에 보도했습니다.

클라이네궁크 ◇ 앞으로 또 어떤 것이 나올지 지켜봐야겠군요. 머잖아 인스타그램에서 최초의 사이보그 인플루언서를 보게 되리란 확신이 듭니다. 인스타그램은 분명히 아주 세련된 사이보그를 선전하겠죠. 이왕 우리가 언론을 언급한 김에 이미 오래전부터 사이보그의 매력을 묘사해 온 영화에 관해 얘기해 볼까요. 많은 사람이 기계 인간을 생각할 때 아널드 슈워제네거가 연기한 '터미네이터'를 떠올립니다. 하지만 엄밀히 말하면 터미네이터는 진짜 사이보그가 아닙니다. 사이보그는 기계와 융합된 인간으로 정의되지요. 하지만 영화에 등장하는 터미네이터는 겉모습만 인간을 닮은 순수한 기계일 뿐입니다.

조르그너 ◇ 맞습니다. 영화 〈터미네이터〉의 캐릭터는 사이보그가 아니라 휴머노이드 로봇이나 안드로이드라고 해야지요.

클라이네궁크 ◇ 확실하게 마무리 지으니 좋군요. 그럼 이만 감사 인사를 전하며 '잘 가라, 애송이(〈터미네이터2〉에 나온 명대사-옮긴이)'라고 말해야겠습니다.

인공지능과 자유 의지

– 슈테판 로렌츠 조르그너

인공지능과 관련해 가장 먼저 떠오르는 질문은 다음과 같다. 실제 인간의 지능을 구성하는 것은 무엇인가? 인공지능은 결국 인간 지능을 기반으로 한다. 지능 지수IQ는 수리, 어휘 및 시공간 능력을 테스트하는 표준화된 과제에 대한 해답을 기반으로 계산한 수치다. 이 지능 지수와 관련하여 심리학자 제임스 플린James Flynn은 20세기에 평균 지능이 세대가 지날수록 증가한다는 사실을 발견한다. 이런 그의 조사 결과를 일컬어 플린 효과라고 한다. 20세기 초부터 지능 테스트가 표준화되어 서로 다른 테스트 결과의 비교가 가능해진다. 오늘날 지능 검사의 시초가 된 스탠퍼드-비네Stanford-Binet 지능 척도는 1916년에 처음 발표된다. 그런데 이런 지능 지수 테스트가 모든 형태의 지능을 포괄하여 나타내는지는 아직 미지수다. 감성 지능, 사회 지능, 신체 지능 같은 것이 있다면 이런 지능 유형은 전통 IQ 테스트에 포함되지 않는다. 인간이 아닌 존재가 가진 지능을 논하는 것이 타당한지에 관한 질문 역시 아직 단정을 지어 답할 수 없다.

자주성과 지능의 관계를 더욱 정확하게 설명하려면 문제는 한층 더 어려워진다. 자율주행 자동차는 약한 AI를 보여주는 명백한 예시다. 그런데 '자율'이란 단어에는 '자주적'이란 의미도 있다. 대체로 이런 자동차를 '자율주행 자동차'라고 한다. 그러면 테슬라 자동차가 자주적이라는 뜻인가? 자동차 분야에서 말하는 자율은 어떤 종류의 자주성인가? 자동차도 인간과 똑같은 자주성을 가지는가? 아니면 인간이 자율주행 자동차보다 더 자주적인가? 그도 아니면 자동차가 우리 인간보다 더 자주적인가? 다양한 평가에는 분명한 이유가 있다.

자율주행 자동차는 가능한 한 에너지를 적게 쓰면서 원하는 목적지에 최대한 일찍 도착하거나, 인기 있는 관광 명소를 가장 많이 경유할 수 있는 경로로 이동하도록 설정할 수 있다. 자율주행 자동차는 각각의 목표를 최대한 달성하기 위한 계획을 세운다. 그렇다면 자율주행 자동차가 항상 인간보다 과제를 잘 수행한다는 뜻인가? 도중에 예상치 못한 일은 언제든 발생할 수 있으므로 꼭 그렇지만은 않다. 중간에 사고가 나면 평소 가장 빠른 경로가 갑작스레 우회한 경로보다 더 오래 걸릴 수 있다. 그렇다 해도 자율주행 자동차는 사용 가능한 데이터를 기반으로 하여 원칙적으로 필요한 매개변수를 훌륭하게 충족할 수 있다. 그것도 대다수 인간보다 훨씬 잘한다. 인간은 피곤하거나 지루해지기라도 하면 감정 상태가 변해 갑자기 계획을 변경하는 경우가 있다. 그러나 자율주행 자동차는 그럴 일이 없다. 자율주행 자동차는 이미 인간이 운전하는 자동차보다 더 안전하다.[69]

이런 결론은 자율주행 차량이 항상 주어진 요구 사항을 따르고, 욕망이나 감정, 신체 문제로 주의가 흐트러지지 않기에 인간이 운전하는 차량보다 더 자주적이라는 점을 시사할 가능성도 있다. 그러나 자주성을 정의하는 또 다른 방법도 있다. 특정 기능을 수행하는 능력에 따라 자주성 여부가 결정된다면, 자주성에 대한 계층 개념이 생긴다. 예를 들어 체스 게임에서는 AI 시스템이 인간보다 더 자주적일 수 있다. 하지만 이런 체스 게임 사례는 모든 활동 영역에 해당하진 않는다. 자주성은 자기에게 이익이 되는 일이 무엇인지 깨닫는 능력으로도 파악할 수 있다. 소셜미디어에 의존도가 높은 사람은 주기적으로 명상을 하면서 자기 관심사에 주의를 기울이는 사람보다 자주성이 떨어질 수 있다. 인공지능이 인간의 이런 자주성을 따라 할 수 있는가? 이에 대해서는 여러 논쟁이 있을 수 있다. AI는 항상 기본 기능을 따르게 되어 있으므로 AI의 작동 알고리즘은 항상 자주적이다. 자기 이익을 실현하는 과정엔 의도가 있어야만 가능하다. 하지만 AI는 의도가 없으니, 이익 실현 과정에 현재의 AI에 아직 없는 의식이 있어야 한다고 가정할 수도 있다.

그러나 이걸로는 자주성의 개념을 완전하게 설명하지 못한다. 어쩌면 자주성은 스스로 원하는 일을 결정하는 능력과 연관 있을 것이다. 만약 이것이 자주성에 걸맞은 특성이라면 인공지능은 자주성을 가질 수 없다. AI는 알고리즘에 의해 미리 결정된 기본 기능을 수행한다. 인간은 어떤가? 인간에게 자유 의지가 있다면 자신이 어떤 사람이 되고 싶은지 결정할 수 있다. 하지만 자유 의지가 실제로 존재하는지는 의문이다. 이렇게 자주성의 개념만 정의하다 보면 무한한 후퇴가 일어날 수 있기에 문제가 많다. 인간은 자신이 어떤 사람이 되고 싶은지 결정할 수 있어야 한다.

만약 아무것도 없는 자아를 전제로 하면 어떤 결정을 내릴 근거가 없을 것이다. 중요한 존재인 자기 자신에게 이미 결정을 내릴 만한 기준이 있다면, 그 기준은 어디에 기반하는지 의문이 생겨난다. 그러면 이는 무한한 후퇴로 초기화하는 과정에 들어간다. 개성이나 그 개성에 따른 선호도가 없으면 개성에는 선택의 여지조차 없다.

그렇다면 인간의 특성과 선호도는 어디에서 비롯되는 걸까? 한편으로는 생물학적 부모로부터, 다른 한편으로는 환경 및 양육, 기타 모든 외부 요인으로부터 비롯된다. 그러나 인간 자신은 부모든 외부 요인이든 어느 쪽에도 책임이 없다. 만약 인간에게 비물질적인 영혼이 있다면 어떨까? 그러면 영혼에도 창조자가 있어야 한다. 신이 창조자라면 신은 자기 특성에 대한 책임을 져야 하지 않을까? 자기 특성에 책임이 있다는 생각은 철학적으로 근거를 대기가 쉽지 않다.

그러나 자유 의지 같은 것이 있다면, 이 자유 의지와 함께 자주성도 주어질 수 있다. AI에 비물질적인 영혼이 없다면 자주성도 없을 것이다. 따라서 AI가 자주적인지 묻는 말은 '자주성'이 무엇을 의미하는지와 밀접한 관련이 있다. 자주성이 단순히 특정 목표를 달성하는 능력을 뜻한다면 자율주행 차량에 탑재된 AI는 인간보다 더 자주적일 수 있다.

그렇다면 여기서 어떤 상황에서는 인간의 자동차 운전을 금지해야 하는 게 아니냐는 의문이 생긴다. 자율주행 자동차가 사고를 훨씬 덜 일으킨다면 인간의 운전을 금하는 일을 아주 당연시 여길 것이다. 아니면 최소한 인간이 운전하는 차량에 더 높은 보험료를 부과할 수도 있다. 과거 승강기 운전원 사례를 보자. 이미 구조적으로 유사한 일이 벌어졌음을 알 수 있다. 엘리베이터가 자동화되면서 엘리베이터 보이 내지는 엘리베이터 걸이 필요 없어졌다. 이 사례는, 지금은 상상하기 어렵지만, 언젠간 믿을 수 있고 안전한 자율주행 자동차가 인간에게 익숙한 교통수단으로 자리 잡을 게 확실하다는 사실을 보여준다.

인간과 대화하는 영역에 들어선 챗봇 역시 약한 AI에 속한다. 챗봇은 인간과 기술 시스템이 소통하게 해주는 대화 프로그램이다. 튜링이 1950년에 발표한 논문 〈계산 기계와 지능Computing Machinery and Intelligence〉에서 언급한 튜링 테스트도 이런 대화 시스템을 위한 것이었다. 실험 참가자들에게는 5분간 디지털 대화에 참여할 기회가 주어진다. 전체 참가자 중 최소 30퍼센트가 대화 상대를 인간으로 착각하면 챗봇이 튜링 테스트를 통과한 것으로 간주된다. 이는 곧 인공지능이 존재한다는 증거가 된다. 트랜스휴머니스트 사이보그 엔지니어 케빈 워릭Kevin Warwick에 따르면, 러시아계 우크라이나산 챗봇 유진 구스트만Eugene Goostman은 튜링 서거 60주년인 2014년 6월 7일에 튜링 테스트를 통과했다. 유진 구스트만은 오데사 출신의 열세 살 우크라이나 소년으로 설정되어 있다. 이 설정 조건은 챗봇의 제한된 지식과 때때로 발생하는 문법적 오류도 이해하게 만든다. 유진 구스트만의 튜링 테스트에 참여한 전체 참가자의 33퍼센트는 2014년 6월 7일에 자신이 인간과 대화하고 있다고 생각했다.

이 테스트는 디지털 텍스트를 전송하는 것으로만 이뤄졌기 때문에 아직은 약한 AI에 불과하다는 점을 명심해야 한다. 대화 알고리즘이 튜링 테스트를 통과했다는 사실은 언론에서 계속해서 언급하는 부분이다. 2022년 여름, 구글 AI 챗봇 람다와의 특별한 대화가 진행된다. 람다가 뇌와 신경계가 있는 존재만이 가진 특성을 보인다는 전직 구글 엔지니어의 주장이 있었지만, 실제 자의식이 있고 감수성이 풍부한 알고리즘이 등장했는지는 의심스럽다. 지금까지 뇌와 신경계가 있으면서 살아 있지 않고 탄소에 기반을 두지 않은 존재는 알려진 바가 없다. 탄소에 기반을 두는 것은 생명체의 필수 조건일지 모른다. 그러나 생명체가 자의식과 풍부한 감수성을 전제로 한다는 부분에서 생겨난 의문은 아직 해결되지 않았다. 또한 감수성과 자의식의 관계도 깊이 분석하여 더 선명하게 개념화할 필요가 있다. 존재가 고통을 감지하는 데 어떤 종류의 의식이 없어도 가능한가? 이와 관련하여 인간은 중대한 철학적 질문에 맞닥뜨린다.

인공지능의 자의식과 관련한 맥락에서 철학적으로 흥미로운 부분은, 원칙상 생명이 없는 물질로부터 생명체가 출현될 수 있다는 생각이다. 그 이유는 약 35억 년 전 지구에 최초의 생명체가 출현했을 때 정확하게 이런 일이 일어났기 때문이다. 물론 생명체 등장 과정의 세부 사항은 아직 수수께끼로 남아 있다. 따라서 본질을 따져보면, 규소에 기반해서도 생명체나 의식, 감성이 발달할 수 있다. 하지만 이 같은 일이 람다에게서 이미 나타났다는 확실한 증거는 아직 없다.

참고로 확대된 튜링 테스트에는 시각과 청각 요소가 포함될 것이다. 앞으로는 메타버스에서 범위가 확대된 튜링 테스트 관련 대회가 열릴 수도 있다. 메타버스는 아바타, 즉 인공 인물이 상호 작용하는 3차원 가상 사이버 공간이다. 2021년 7월, 마크 저커버그는 메타버스 개발에 중점을 두겠다고 발표한 바 있다.

2013년 중국에서는 밝은 10대 소녀의 목소리를 가진 중국어 챗봇 서비스가 시작된다. 챗봇 서비스에 등록한 사용자는 이 챗봇과 대화를 할 수 있다. 샤오이스Xiaoice라는 이름의 이 앱은 중국 휴대전화 번호가 있어야만 사용할 수 있다. 현재 중국과 일본에서 4,000만 명 이상이 사용하고 있다. 많은 사용자가 처음에는 자신이 인간과 대화하는 게 아니란 사실을 오랫동안 몰랐다고 한다. 이 사례는 챗봇에게 정신세계나 감정, 의식이 없어도 챗봇이 가진 매력이 얼마나 큰지 잘 보여준다.

미국의 철학자 존 설John Searle은 1980년에 출간한 《마음, 두뇌, 그리고 프로그램Minds, Brains, and Programs》에서 '중국어 방Chinese room'이란 사고 실험을 개발한다. 튜링 테스트를 반박하기 위한 이 사고 실험은 복잡한 프로그램이 있다고 해서 의식이 있다고 말하기엔 충분하지 않다는 점을 지적한다. 정말 강한 AI는 의식이 있어야 한다. 그래야만 의미를 이해하고 파악할 수 있기 때문이다. 이 중국어 방 실험은 다음과 같이 진행된다. 중국어를 사용하는 참가자가 밀폐된 방 안에 중국어로 질문을 써서 넣는다. 방 안에는 복잡한 규칙 목록을 참고로 해서 각 질문에 응답하는 또 다른 사람이 있다. 이 사람은 중국어를 할 줄 모른다. 준비된 지침을 따라서 적절한 응답을 전달할 수 있을 뿐이다. 중국어를 전혀 몰라도 규칙에 따라 주어진 질문에 대답할 수 있는 중국어 방 실험은 튜링 테스트가 인공지능을 시험하는 데 적절한 검사인지 의문을 제기한다. 인공지능이라면 의미를 파악하는 수준에 이르러야 하지 않겠는가?

언어 소통보다 더 쉬운 분야는 기계 학습을 이용한 자동 번역이다. 번역기가 처음 등장했을 때는 단어 하나하나를 번역했다. 구글 번역기도 오랫동안 이 방식을 유지했다. 최근에는 딥러닝을 사용하여 자동 번역을 개선하고 있다. 특히 쾰른에 본사를 둔 기업 딥엘은 인공 신경망을 활용해 번역 분야에서 성공을 거두고 있다. 딥엘은 원래 문장의 다양한 의미와 뉘앙스를 고려하도록 어구의 다양한 표준 번역, 즉 구문 단위 번역을 사용한다. 이는 딥엘의 번역이 언제나 맥락을 반영할 수 있음을 의미한다. 딥엘은 또한 어떤 단어가 어떤 문장에 적합한지 고려한다. 인간이 딥엘을 사용할 때마다 시스템은 학습을 거듭하여 끊임없이 개선되고 있다. 블라인드 테스트 결과에 따르면, 딥엘을 출시했을 때 번역 품질이 경쟁사보다 더 신뢰할 만했다고 한다.

하지만 여기서도 중국어 방에서 언급한 문제가 생긴다. 뉘앙스를 이해하는 일과 의식의 관련 여부는 여전히 남겨진 숙제다. 애초에 의식이 무엇이냐 하는 문제는 철학적으로도 대단히 심오한 도전 과제다. 의식이 나타나는 데 필요한 조건 또한 결코 덜 복잡하다고 보기 힘들다. 인공 신경망이 충분히 크고 복잡하면 의식이 발현할 수 있을 것이다. 이때껏 우리는 유기 탄소 화합물, 특히 뉴런과 결합한 의식의 발현만 알았으므로 규소에 기반한 의식이 가능한지는 알 수 없다.

2015년, 스웨덴의 세포 과학자 요나스 프리센Jonas Frisen은 인간이 10년이 지나면 거의 새로운 신체를 갖게 된다는 사실을 발견한다. 여기서 '거의'라는 표현이 중요하다.[70] 신체 세포마다 재생되는 속도가 다르다. 하지만 재생하지 않는 신체 세포도 많다. 성숙한 신경 세포는 분열하거나 증식하지 않는다. 최근 연구에 따르면 성숙한 신경 조직 형성이 일어난다고 한다. 이는 성인이 되어도 뉴런이 재생산될 수 있다는 의미다. 포유류에서 뉴런 생산 과정은 정신 및 신체 활동과 관련이 있다. 인간에게도 포유류와 비슷한 뉴런 생산 과정이 작용하는 것은 분명해 보인다. 새로 생성된 뉴런은 어떤 식으로든 인간의 의식 구조에 통합되거나, 최소한 인간의 의식에서 뉴런을 활용한다는 게 밝혀진다. 의식은 수면 중에 잠시 차단되는 일을 제외하고는 계속해서 유지된다. 인간의 의식은 소프트웨어처럼 새로 형성된 뉴런에 옮겨지는 것인가? 아니면 의식은 그저 인간의 뇌가 가진 하나의 기능에 불과한가?

인지와 의식의 관계를 더 자세하게 살펴보는 데 중요한 부분이 또 있다. 이 관계를 살펴보는 데는 앤디 클라크Andy Clark와 데이비드 차머스 David Chalmers가 주장한 확장된 마음 이론Extended Mind Theory도 의미가 있다. 클라크와 차머스는 인간 정신의 인지 능력은 표면화될 수 있고, 이 인지 능력은 의식과는 별개의 것이라고 가정한다. 그렇다면 인공 와우는 인간의 정신이 표면적으로 나타난 한 형태인가? 그렇다면 인지는 의식과 분리될 수 있다. 이것이 정확한 평가인지는 아직 더 자세한 분석이 필요하다.

인지와 의식을 분리할 수 있다면, 로봇의 도덕성 평가에도 영향이 있을 수 있다. 형체가 있는 로봇, 즉 센서가 있는 로봇을 포함한 모든 로봇은 물건이며 재산법에 따라 가치를 평가받는다. 그러나 인지 기능이 있는 일부 로봇은 고통을 느낄 수 있다는 말도 그럴듯하게 들린다. 고통을 느끼는 존재는 도덕적 지위를 가져야 하지 않겠는가? 그러면 고통을 감내하는 능력은 꼭 의식이 아니라 인지 능력과도 연계시킬 수 있는 것 아닌가? 이때 먼저 고통을 어떻게 개념화할지 명확히 해야 한다.

당연히 고통에는 여러 종류가 있다. 종이로 손가락을 베었을 때 느끼는 고통과 굴욕을 당했을 때 느끼는 고통은 다르다. 손가락을 베었을 때의 고통은 강렬한 육체적 내지는 생리적 아픔이다. 굴욕을 당했을 때도 육체적 통증이 있을 수 있지만 꼭 그렇지는 않다. 굴욕감에는 인지적 깨달음이 필요하다. 타인이 내 생각만큼 나를 소중하게 여기지 않는다는 사실을 깨달을 때 굴욕감이 생긴다. 굴욕감은 남에게 기대하는 평가와 실제 (그렇지 않은) 평가 사이의 긴장감에서 비롯된다. 이것은 주로 인지적 통찰의 한 형태로서 자신의 기대만큼 자기 가치를 인정받지 못한다는 통찰과 관련이 있다. 굴욕감에 뒤따르는 육체적 괴로움은 부수적인 문제이며, 이 괴로움은 반드시 굴욕감과 연결되지 않는다.

이런 인지적 고통에 대한 분석이 그럴듯하다면, 언젠가 형체가 있는 로봇도 인지적 고통을 느끼게 될 것이다. 오늘날 로봇은 이런 인지적 통찰력이 없을지 모르나, 진화한 로봇은 자기가 받아 마땅한 대우를 받지 못한다고 생각하게 될 수도 있다. 이런 인지적 통찰에는 굴욕감 및 인지적 고통을 자각하는 일이 포함된다. 그렇다면 로봇에게 의식이 없더라도 도덕적 지위를 부여해야 하는지는 재검토되어야 한다.

인지와 의식이 반드시 서로 결합할 필요가 없는 데엔 다른 이유도 있다. 이에 관한 직관적인 사례는 '보이지 않는 고릴라 테스트'용으로 만들어진 영상이다. 이 테스트는 2010년 크리스토퍼 차브리스와 대니얼 사이먼스의 저서《보이지 않는 고릴라》에 등장한 실험으로, 한 가지에 집중하는 사람은 다른 중요한 사건을 놓칠 수 있다는 연구 결과를 보여준다.

피험자들은 영상을 보기 전에 선수들끼리 패스하는 횟수를 세라는 지시를 받는다. 패스 횟수를 세는 것이 주요 과제다. 특정 팀의 유니폼을 입은 선수가 같은 팀의 선수에게 공을 패스할 때마다 이를 패스 한 번으로 계산한다. 관찰하는 처지에 있는 피험자들은 이 패스 행위에 집중해 영상을 본다. 영상 중간에 고릴라 복장을 한 사람이 경기장을 걸어 다니며 피험자들을 향해 손을 흔들어도 이들은 패스 횟수를 세는 데만 집중한다. 영상이 끝나고, 곧이어 실험자가 피험자들에게 뭔가가 눈에 띄었는지 묻는다. 고릴라는 명확하게 피험자들이 인지하는 영역에 있었지만, 이들은 고릴라를 알아채지 못한다. 이는 의식에서 인지를 분리할 수 있다는 근거가 된다.

인지 영역에 있는 것은 의식적으로 인식할 필요가 없다. 형체가 있는 로봇은 센서가 있으므로 인지 영역은 있지만, 아직 의식이 없다. 그런데도 인지는 할 수 있다. 의식이 없다면 의식과 결합한 감각이나 정서를 통한 고통을 느낄 수 없다. 그러나 인격체로 분류되는 존재가 가진 도덕적 능력으로 인지적 고통을 충분히 느낄 수 있다.

전 세계적으로 약 30명의 사람에게만 있는 SCN11A 유전자 돌연변이를 이용해 통증에서 완전히 벗어나겠다는 발상은 '인지적 고통이 가능하다'는 데 힘을 실어준다. SCN11A 유전자 돌연변이 소유자는 통증을 느끼지 못한다. 그래서 이 돌연변이를 활용해 고통 없는 세상을 만들려는 노력이 진행 중이다. SCN11A 유전자 돌연변이를 지닌 사람들은 우선 자기 생명이 위험에 처한 순간을 인식하고, 이에 대처하는 법을 힘겹게 학습해야만 한다. 도덕적으로 존중받기 위해 지각 능력이 필요하다면, SCN11A 유전자 돌연변이를 가진 사람들은 인간의 지위를 누릴 자격이 없고, 그들을 사물로 봐야 한다는 의미일 것이다. 이런 생각은 오로지 신체적 및 정서적 고통만 존재할 때 가능하다.

그러나 인지적 고통 역시 존재한다. 이 고통에 관해서는 이미 앞서 굴욕감의 사례에서 설명한 바 있다. 돌연변이 탓에 고통을 느끼지 못하는 사람들은 실제로 그렇진 않더라도 불이 고통을 유발한다고 간주하여 행동한다. 이들은 신체적 고통을 느끼지 않지만, 불이 자기 피부와 신체에 좋지 않다는 사실을 안다. 따라서 이는 굴욕과 유사하게 인지적 고통을 깨닫는 과정이다. 인지적 고통도 고통의 한 종류에 속한다. 만약 인지적 고통이 실재하고, 인지가 의식과 독립적으로 존재한다면, 인지적 고통을 느끼는 형체 있는 로봇을 충분히 상상할 수 있다. 현재는 없더라도 말이다. 만약 로봇이 의식 없이 인지적 고통을 느낀다면 원칙적으로 로봇도 인격체가 될 수 있어야 한다.

'로봇'이란 단어는 1920년 체코 작가 카렐 차페크의 연극 〈R.U.R. 로숨의 유니버설 로봇〉에서 처음 등장한다. 이 단어를 만든 장본인은 카렐 차페크의 형 요제프 차페크였다. 체코어로 로보타robota는 노동자, 노예를 의미한다. 로봇은 사이보그와 분명한 차이가 있다. 사이보그란 단어는 1960년 맨프레드 클라인스Manfred Clynes와 네이선 클라인Nathan S. Kline의 공저 《사이보그와 우주Cyborgs and Space》에서 처음 등장한다. 로봇은 기술 기계장치지만 사이보그는 제어 유기체, 즉 사이버네틱(Cybernetic, 인공두뇌학) 기반 유기체다. 사이버네틱이란 말은 고대 그리스어에서 유래되었으며 조타수를 의미한다. 따라서 제어 가능한 모든 유기체는 사이보그다. 사이보그의 의미에 관해서는 따로 다룬 바 있다.

우리는 이미 체스 로봇과 같이 약한 AI 형태의 수많은 로봇을 알고 있다. 약한 AI의 스펙트럼은 시리, 알렉사부터 챗봇, 검색 엔진, 자율주행 자동차에 이르기까지 다양하다. 인공지능이 무엇인지 아직 명확하지 않으므로 강한 AI가 어떤 일을 해야 하는지도 정확하게 알 수 없다. 강한 AI는 인간이 할 수 있는 모든 일을 인간보다 더 잘 수행할 수 있는 다양한 기능을 실현해야 한다. 강한 AI는 인간이 하는 모든 일을 하는 데서 그치지 않고, 인간의 능력을 훨씬 뛰어넘을 뿐만 아니라 초음파와 적외선을 감지하는 등 인간에겐 없는 능력까지 지닌 인공 초지능을 구현할 것이다. 이는 구체적으로 무엇을 의미할까? 강력한 AI에는 의식이 필요할까, 필요하지 않을까? 이는 주요 질문 중 하나로 꼽힌다. 디지털 의식을 실현

했다고 볼 때만 강한 AI를 말할 수 있다. 현재 의식이 있는 모든 개체는 살아 있는 존재이기도 하다. 적어도 현재로서는 생명 없이 의식만 있는 존재는 없다. 그러면 유기적 생명체만이 의식을 가질 수 있다는 의미인가? 그렇다면 디지털 생명체는 어떻게 봐야 하는가?

스티븐 호킹은 디지털 생명체가 이미 존재한다고 가정한다. 여기서 호킹은 스스로 복제 가능한 컴퓨터 바이러스를 염두에 두고 있다.[71] 물론 그는 이 견해에 대한 반론이 즉시 제기되리란 사실도 알고 있었다. 바이러스는 에너지 생산에 필요한 자체 신진대사가 없으므로 살아 있는 세포를 숙주로 삼아야 한다. 생명체는 독립적으로 물질의 화학적 전환을 수행하여 에너지를 얻고, 이러한 방식으로 질서를 유지해 나간다. 바이러스에는 이런 능력이 없다. 이는 생물 바이러스뿐만 아니라 디지털 바이러스에도 적용되는 사항이다. 생물 바이러스는 숙주 세포에서 복제를 제어하는 유전 정보, 즉 DNA와 RNA를 포함한 하나 이상의 분자로 구성된다. 생명체는 유전자와 신진대사로 구성되어 있으므로 바이러스는 생명체에 가깝긴 하지만, 바이러스 자체는 아직 생명체가 아니라고 보는 견해가 지배적이다. 호킹은 이러한 견해에 동의하지 않았다. 컴퓨터 바이러스도 생물 바이러스처럼 숙주가 필요하다. 독립적인 에너지 생산 수단을 가진 디지털 생명체는 아직 없다. 그런데 디지털 의식을 실현하려면 에너지 생산이 필요한가? 독자적으로 에너지를 생산하는 디지털 생명체는 강한 AI가 될 수 있는가?

이 외에도 몇몇 트랜스휴머니스트는 디지털 초지능까지 언급한다. 초지능이란 특성은 강한 AI의 능력을 훨씬 뛰어넘는다. 킴 픽은 영화 〈레인맨〉의 자폐 스펙트럼 장애가 있는 캐릭터 레이몬드 배빗의 실제 모델이다. 픽은 서번트 증후군 환자였다. 그의 좌뇌와 우뇌는 연결에 결함이 있었고, 두뇌 크기는 남달리 컸다. 대신 기억력이 뛰어났다. 1만 2,000권에 달하는 책 속 단어를 하나하나 외울 정도로 뛰어난 능력이었다. 강한 AI는 수많은 서번트 능력을 합쳐야만 가능할 것이다. 초지능은 인간에게 없는 더 많은 능력을 포괄해야 한다. 1965년 영국의 수학자이자 암호학자인 어빙 존 굿은 초지능과 지능의 폭발을 이야기하면서 초지능은 인간이 실현하게 될 마지막 발명품이 될 것이라고 말했다. 최근 초지능을 논하는 다양한 의견을 들어보면, 등장한 지 50년이 넘은 초지능이란 아이디어에 현재의 기술 지식을 결합하여 이를 토대로 더욱 발전시키고 있다.

지능의 폭발적인 증가와 디지털 초지능의 출현은 어떻게 일어날 수 있을까? 이에 관해 수많은 시나리오가 논의 중이다. 먼저 자가 학습을 구현한 알고리즘이 스스로 진화하도록 프로그래밍할 수 있다. 우리는 이미 수개월 동안 스스로 대국을 거치면서 인간이 더는 이길 수 없는 수준까지 자기 실력을 발전시켜 나간 바둑 알고리즘의 딥러닝을 잘 알고 있다. 하지만 이 알고리즘의 예측 능력은 너무 복잡해서 인간이 학습하지 못할 수준이라 뛰어난 바둑 기사라 해도 이 알고리즘에서 아무것도 배울 수 없다. 구현된 초지능 알고리즘도 이와 유사하게 발전할 것이다. 하지만 초지능 알고리즘은 바둑 알고리즘과는 달리 다양한 능력을 아울러 갖춰야 한다. 어떤 능력을 포함할지는 아직 불분명하다. 예를 들어 인간은 테니스를 치면서 다른 사람과 공감할 수 있다. 이런 공감 능력도 초지능이 지녀야만 하는 걸까? 앞서 언급했듯 스포츠 지능, 음악 지능, 감정 지능도 있다. 초지능이라면 이런 모든 형태의 지능까지 전부 갖춰야 하지 않을까?

특별한 알고리즘 개발을 통해 초지능이 등장할 수도 있다. 두뇌의 뉴런 네트워킹에 해당하는 컴퓨터 네트워킹이 있다면 가능할 것이다. 뇌 스캔은 초지능과 관련해 논의되고 있는 또 다른 방식이다. 여기서는 뇌 구조를 스캔한 후 이를 디지털로 재구성한다. 이 시뮬레이션을 통해 모든 기억과 능력을 지닌 자아는 궁극적으로 생물학적 탄소 기반의 두뇌로부터 다른 매체, 즉 규소에 기반한 컴퓨터 칩으로 옮겨질 것이다. 하지만 이 과정에서 자의식을 지닌 자아가 어떻게 옮겨질지는 여전히 수수께끼다. 스캔한 두뇌가 시뮬레이션하는 두뇌와 연결되어 시뮬레이션하는 두뇌가 자아의 확장된 정신이 되는 걸까?

더 전도유망한 분야는 두뇌 칩으로 이루게 될 기회다. 뇌심부자극술은 파킨슨병을 잘 치료할 수 있게 해준다. 인공 와우는 청각장애인이 듣게 해준다. BCI를 이용해 인공지능이 탑재된 클라우드와 침습성 뇌 보철물을 연결하여 뛰어난 능력을 뇌에 장착하는 일도 가능하다. 이런 식으로 두뇌는 특별한 능력을 갖출 수 있다. 그러나 다른 한편으로는 클라우드 관리자가 두뇌 속에 있는 개인 정보에 접근할 가능성도 있다.

인간의 성격이 특정 세포와 반드시 연결되지 않는다는 사실은, 인간의 의식이 성인기에 새로 형성된 뉴런을 사용한다는 점을 보면 알 수 있다. 과학자들은 이식을 통해 어떤 달팽이의 기억이 다른 달팽이로 옮겨질 수 있음을 보여준다.[72] 그렇다면 기억이나 기타 두뇌 내용물이 오로지 탄소 기반의 뇌에만 묶여 있어야만 하는 이유는 무엇인가? 페이스북 또한 생각만으로 텍스트 입력이 가능한 독심술을 연구 중이다.[73]

이 같은 발전은 언젠가 두뇌 내지는 성격 전체가 디지털화될 가능성을 보여준다. 그리고 BCI를 통해 마인드 업로딩이 실현될 수 있음을 시사한다. 이 시점에서 자아의식이 어디에 위치하는지 의문이 생긴다. 자아는 생물학적 두뇌에 남아 있고, 디지털 업로드란 일종의 확장된 두뇌일 뿐인 건가? 자아를 복제해 알베르트 아인슈타인 한 명에서 제1, 제2, 제3의 알베르트 아인슈타인이 나올 가능성이 있는 건가? 다른 대안을 생각해보면, 특정 뇌 구조가 이식 조직으로 옮겨지면서 자아의식도 옮겨지는 것이다. 이와 관련하여 아주 근본적인 의문이 생긴다. 인간의 두뇌 내용물은 불연속적인가, 아니면 연속적으로 구조화되어 있는가? 잘 알려져 있듯 디지털 데이터는 0과 1로 구성된다. 인간의 두뇌 데이터도 디지털 데이터와 같은 방식으로 구조화되어 있을까? 만약 두뇌 데이터가 연속적이라면 데이터 전송 과정에서 정보가 손실될 것이다. 그러면 이는 마인드 업로딩이 아니라 오히려 뇌의 축소와 관련된다.

마인드 업로딩을 바라보는 이런 생각은, 인간의 성격을 디지털 매체로 옮기는 데 다양한 변형이 존재한다는 사실을 명확하게 보여준다. 그러나 각 변형 단계에는 지적으로 상당히 문제가 많고 얼토당토않은 부분도 있다. 그런데도 이런 단계를 거쳐 초지능이 등장한다면, 이는 초지능의 개념뿐만 아니라 지능 폭발의 개념을 발전시킨 어빙이 이미 지적한 것처럼 인간의 마지막 발명품이 될 것이다. 더불어 어빙은 초지능이란 주제를 훌륭하게 묘사한 영화 중 하나인 스탠리 큐브릭의 〈2001 스페이스 오디세이〉를 언급한다. 초지능은 조니 뎁이 출연한 영화 〈트랜센던스〉에서도 생생하게 나오는데, 일론 머스크 또한 이 영화에 직접 출연해 영화와 현실이 서로 뒤섞이는 모습을 보여주기도 한다. 머스크는 주기적으로 대중 앞에서 시뮬레이션 논쟁을 주제로 토론하는 걸로 유명하다. 이에 관해 세계 최초로 작동 가능한 컴퓨터를 개발한 콘라트 추제가 이미 1945년과 1946년에 근본적으로 디지털화한 현실에 대한 가설을 구상했다는 사실을 언급하지 않고 넘어갈 수 없다.

머스크가 주장한 전제 하나는 인격의 디지털화가 가능하며 아마도 곧 실현되리라는 점이다. 머스크의 시뮬레이션 논쟁에 관한 생각은 컴퓨터 게임 분석에서 시작된다. 50년 전에 '퐁Pong'이라는 컴퓨터 게임이 있었다. 이 게임은 탁구 시뮬레이션 게임이다. 점은 공을, 두 개의 직선은 탁구채를 나타낸다. 이 단순한 그래픽은 50년 전 컴퓨터 게임의 일반적인 품질을 보여준다. 그 사이 상황은 크게 바뀐다. 오늘날 인간은 오큘러스 리프트Oculus Rift와 가상 현실VR, Virtual Reality 헤드셋을 착용하고 3차원 가상 공간에서 움직일 수 있다. 하지만 가상 현실은 여전히 인간이 접하는 일상과는 거리가 멀다. 시뮬레이션에 나타나는 현실을 실제 현실로 착각할 위험은 아직 없다. 그러나 지금까지와 거의 같은 속도로 기술이 발전한다면, 50년 후에는 질적인 면에서 인간이 일상적으로 접하는 인식과 크게 다르지 않은 컴퓨터 시뮬레이션을 체험하게 될 것이다. 이 말은 곧 VR 안경을 벗는 걸로는 시뮬레이션 세상에서 벗어날 수 없다는 뜻이다. 컴퓨터 시뮬레이션을 근본 현실과 구분하지 못한다는 것은 인간 역시 컴퓨터 시뮬레이션의 일부가 된다는 의미다. 인격을 디지털화해 테니스를 치고 증오를 느끼는 등 자의식과 능력이 있는 디지털 개체로서 하드 디스크에 저장해야 한다. 인간이 현재 생존 상태의 디지털 개체를 모른다는 점에서 보면 이는 특히 대담한 발상이다.

그래도 머스크의 생각에는 끝이 없다. 머스크는 오히려 인간이 오늘날 이미 컴퓨터 시뮬레이션 세상 속에 살고 있을 가능성이 크다고 여긴다. 그는 대체 왜 이런 생각을 하게 되었을까? 머스크의 기본 개념은 확률을 고려하는 데 있다. 인간이 컴퓨터 시뮬레이션을 행하는 이유는 무엇일까? 진화와 같은 특정 절차를 더욱 잘 이해하고, 기후 변화를 읽어내며, 인구 변화 추이를 예측하기 위해서다. 컴퓨터 시뮬레이션을 실행하는 데는 수많은 이유가 있다. 지금도 이런 이유와 또 다른 이유로 컴퓨터 시뮬레이션을 사용한다. 그런데 머스크의 생각처럼 컴퓨터가 실제 엄청나게 성능이 뛰어나다면, 시뮬레이션을 기반으로 신빙성 있는 결과를 내놓을 확률도 높아질 것이다. 더불어 이런 고성능 컴퓨터가 존재한다면, 인간이 근본적으로 현실과 구별하기 힘든 시뮬레이션 세상을 만들어낼 것이다.

이 같은 이유에서 앞으로도 수십억 개의 컴퓨터 시뮬레이션이 시행될 것이다. 이런 시뮬레이션을 시행할 때마다 나도 로마에 있는 내 개인용 컴퓨터로 컴퓨터 시뮬레이션에 관한 글을 쓸 것이다. 그런데 이런 컴퓨터 시뮬레이션이 실제로 머스크의 설명만큼 훌륭하다면 다음과 같은 의문이 생긴다. 자신이 현재 컴퓨터 시뮬레이션 속에 있지 않다는 사실을 어떻게 알 수 있을까? 컴퓨터 시뮬레이션이 수십억 개가 있고, 각 시뮬레이션이 현실과 근본적으로 구별되지 않는다면, 이 질문에 대답하기 위한 확률을 고려해야 한다. 십억 번의 컴퓨터 시뮬레이션 각각에 관해 로마에서 내가 컴퓨터 앞에 앉아 이에 대한 내 생각을 정리한다고 가정해 보자. 질적인 면에서 각각의 컴퓨터 시뮬레이션은 서로 구분하기 힘들다. 그렇다면 나는 근본적으로 현실에 있다고 가정할 수 있을까? 결국 현실은 하나만 존재하는데, 현실과 질적으로 구별할 수 없는 컴퓨터 시뮬레이션은 총 10억 개가 있다. 이 설명이 이해할 만하고 또 올바른 것이라면, 내가 지금 현실에 있을 확률은 10억 분의 1에 불과하다. 따라서 내가 이미 컴퓨터 시뮬레이션 속에 있을 확률은 매우 높을 것이다.

이런 식으로 머스크의 생각을 이해할 수 있다. 그의 생각이 그럴듯한지는 우선 자의식을 갖고 인생을 디지털화하는 일이 가능한가에 달려 있다. 현재로서는 자의식을 갖는 일이나 삶을 디지털화하는 일 모두 불가능하다. 그렇다면 원칙적으로 이 두 가지 일이 가능하다고 가정해야 하는 이유는 무엇인가? 자의식을 가진 인간의 자아를 유기체인 신체에서 형체가 있는 로봇으로 옮기는 것은 결코 사소한 일이 아니다. 머스크가 자기 생각이 타당하다는 사실을 입증하려면, 자의식을 신체에서 하드 디스크로 옮기는 일이 가능하다는 근거를 제시해야 하지 않나?

머스크는 이런 근거를 제시하지 못한 채 50년 안에 그래픽의 품질이 확실히 현재보다 훨씬 더 좋아지리란 사실만 주장하는 것 같다. 하지만 그래픽에도 생명과 자의식이 부여된다는 점은 머스크가 타당한 이유를 제시하지 않고 있는 또 다른 범주의 개발 단계다. 이런 모든 석연치 않은 부분에도 불구하고 인격의 디지털화가 가능하다면, 그것은 기술적 특이점을 향한 발걸음이 될 것이다. 그때가 오기까지는 아직 넘어야 할 장애물이 많다.

버너 빈지와 레이 커즈와일은 기술 특이점이라는 개념을 명확하게 언급한다. 1993년 빈지는 〈기술적 특이점Technological Singularity〉이란 기사에서 분명히 30년 이내에 인간의 시대를 끝낼 초인적 디지털 지능이 탄생한다고 주장한 바 있다. 빌 게이츠가 "인공지능의 미래를 예측하는 데 있어 내가 아는 최고의 사람"[74]이라고 말한 커즈와일은 앞서 언급했듯 이미 특이점이 가까워졌다고 가정하고 있다. 커즈와일은 2005년 《특이점이 온다》에서 이에 관해 설명한다. 이 책에서 커즈와일은 수학자이자 컴퓨터 공학자인 존 폰 노이만이 쓴 여러 글에 등장한 특이점 개념의 역사를 설명하기도 한다.

　기술적 특이점, 마인드 업로딩 내지는 초지능이 가능해지더라도 인간은 여전히 제한적으로 팽창하는 우주에 존재하고, 그 우주의 발전 양상을 고려해야 하므로 불멸에 이르긴 어려울 것이다. 그렇다면 우주의 미래는 어떻게 흘러갈까? 어느 시점에서 팽창 과정이 정지 상태에 다다를 때까지 느려지고, 이에 따라 우주는 동사凍死할 것이다. 어쩌면 어느 시점에서 팽창 과정이 역전되어 우주가 수축하고, 결국 엄청나게 높은 밀도 지점에 이르는 우주 특이점 상태에서 끝나버릴지도 모른다.

　둘 중 어느 쪽에 속하든, 그때쯤이면 인간은 전부 이미 오래전에 죽고 없을 것이다. 불멸은 6억 년, 30억 년, 1,000억 년이라는 터무니없는 시간이 아니라 그보다 훨씬 더 오래, 즉 무한히 지속되는 시간을 산다는 의미다. 물론 불멸의 개념에는 완전히 다른 뜻이 있을 수 있다. 불멸은 누군가가 죽지 못한다는 것을 의미한다. 그러나 불멸은 또한 누군가가 죽을 필요는 없지만 주어진 상황에서 확실하게 죽는 것이 가능함을 의미할 수도 있다. 불멸의 개념이 어떤 것이든 간에 기술적 특이점, 마인드 업로딩, 초지능의 출현이 불멸의 기회를 가져오진 않는다는 사실은 분명하다. 나는 여기서 기술적 특이점, 마인드 업로딩, 초지능을 설명하는 맥락에서 자주 언급되는 불멸의 개념이 본질을 호도하진 않아도 오해의 소지가 상당히 있다는 점을 확실하게 밝혀두고자 한다.

　AI가 우리 삶 전반을 변화시키고 있는 것은 사실이지만, AI가 인간을 불멸의 존재로 만든다는 점은 딱히 수긍할 수 없는 견해다. 이 견해가 가진 의미나 시의성, 파괴력, 의미는 아무리 강조해도 지나치지 않은 다른 성찰의 타당성을 계속 파괴하고 있다. 이런 이유로 일부 트랜스휴머니스트가 추구하는 디지털 불멸에 대해 침묵을 지키는 일도 바람직하다. 하지만 AI의 영향이나 AI로 인해 더욱 급속하게 진행 중인 디지털화된 삶에 대해서는 틀림없이 아주 진지하게 고민해야 한다.

AI 분야의 발전이 상당히 인상적이라는 사실은 현재 큰 화제를 불러일으키는 챗봇, 챗GPT에서 특히 명백하게 나타난다. 챗GPT에 직접 챗GPT가 무엇인지 물었다. 그 답변은 다음과 같다.

챗GPT는 'Chat Generative Pretrained Transformer(채팅 생성 사전학습 트랜스포머)'의 약자입니다. 이는 챗봇 및 기타 텍스트 기반 응용 프로그램에 사용하기 위해 개발된 특수한 유형의 인공지능입니다. 챗GPT는 인공지능 연구기관인 오픈AI에서 인터넷상의 많은 양의 텍스트를 처리하여 학습했습니다. 이 훈련 과정을 통해 챗GPT는 특정 질문과 요구에 반응하는 텍스트를 인간이 작성한 것처럼 생성하는 법을 배웠습니다. 이 기술은 챗봇, 가상 비서 및 기타 응용 프로그램에서 자연어 처리 과정을 구현하는 데 자주 사용됩니다.

이 챗봇의 성능이 인상 깊은 건 사실이다. 하지만 바이에른주 아비투어(Abitur, 독일의 대학 입학시험-옮긴이) 시험에서는 챗GPT가 과목별로 성능에 큰 차이를 보였고, 답안의 품질도 별로 뛰어나지 않았다. [75] 챗GPT는 펜실베이니아대학의 최종 MBA 시험에는 합격했을 것이다. [76] 그렇다면 이 글을 쓰는 내게 챗GPT는 어떤 주제를 추천했을까? 다음은 챗GPT의

답변이다.

1. 기술을 통한 인간의 능력 개선 가능성

2. 질병, 노화, 죽음과 같은 인간의 한계를 극복하는 법

3. 인간의 지식과 이해력을 높일 가능성

4. AI가 인간의 업무를 자동화하여 인간에게 더 많은 여가를 창출하는 능력

5. AI 기반 시스템을 더 나은 의사결정에 사용할 기회

6. 기후 변화와 같은 환경 문제에 대처하는 AI의 능력

7. 새로운 발견과 기술을 장려하기 위해 과학 및 연구 분야에 AI 활용

8. 의학 분야에서 더 나은 진단과 치료에 AI 활용

9. 인간의 필요와 바람을 충족하는 가상 현실을 구현할 기회

10. 인간 사이의 상호 작용 및 관계를 개선하는 기회

11. 전쟁이나 분쟁을 피하거나 해결할 수 있는 AI의 능력

12. AI 기반 시스템으로 불평등ungleichheit과 빈곤을 줄일 기회

13. AI를 통해 창의력 및 예술적 능력을 향상할 가능성

14. 맞춤형 학습 환경 조성을 위해 AI를 교육 분야에 활용

15. AI 기반 시스템을 통해 인간의 사고와 윤리적 의사결정을 지원할 기회

16. 의사결정을 개선하기 위해 정부와 정치계에서 AI 사용

17. AI 기반 시스템을 활용하여 인간의 경험을 개선할 기회

18. 성장과 번영 촉진을 위해 경제 분야에서 AI 활용

19. AI 기반 시스템을 사용해 인간의 자유와 자기 결정권을 강화할 기회

20. 기술과 인류가 서로 연결된 포스트휴먼 사회를 만들 가능성 제시

위와 같은 챗GPT의 답변은 인공지능과 트랜스휴머니즘을 다루는 이 책에 실제로 적절한 영감을 줄 만한 꽤 유익한 말이다. 내가 놀란 부분은 '불평등Ungleichheit'이 소문자로 쓰인 12번 답변이다. 이에 관해 챗GPT는 어떻게 답할까?

맞춤법 오류입니다. '불평등Ungleichheit'이라는 단어는 명사로서 대문자로 올바르게 써야 합니다. 제 실수에 사과드립니다.

챗GPT의 답변에는 문법 오류뿐만 아니라, 챗봇이 언급한 연구 분야가 아예 존재하지 않고 챗GPT가 창조해 낸 부분도 있다. 이렇게 창조한 부분은 종종 너무 전문적이기까지 해서 해당 분야의 권위자조차 AI가 창조한 것의 실체를 드러내는 데 어려움을 겪는다. 챗봇이 저지르는 실수는 아직 잦지만, 챗봇이 달성한 성과는 상당히 인상적이다. 그래서 나는 5년, 30년, 100년 후 가능해지는 인공지능의 업적에 관해 각각 다섯 가지 예시를 들어달라고 했다. 챗GPT의 답변은 다음과 같다.

5년 후

1. 고객 서비스 분야에서 챗봇 자동화
2. 설비와 기계의 예측 유지보수
3. 음성 인식 및 번역 기술 발전
4. 금융 분야의 위험 분석이나 포트폴리오 최적화에 AI 활용
5. 의학계에서 질병 진단 및 치료 시 AI 활용

30년 후

1. 우주비행 시 다른 행성에서 필요한 임무 수행에 AI 활용

2. 환경 모니터링 및 개선에 쓰이는 최신 기술

3. 최적화된 건물 및 도시 설계용으로 건축 및 도시 계획에 AI 활용

4. 교육 분야에 AI를 활용하여 맞춤 적응적인 학습 실현

5. 법률 분야에 AI를 활용하여 법률 및 규정의 공정한 결정과 해석 지원

100년 후

1. 과학 분야에서 AI를 활용하여 새로운 깨달음을 얻게 하고 기술을 육성함

2. 사회 과학 분야에서 AI를 활용하여 인간 행동과 사회를 더욱 잘 이해할 수 있음

3. 예술 및 문화 분야에서 AI를 이용해 새로운 형태의 예술품 완성

4. 정부가 AI를 사용해 세계적 수준의 향상된 의사결정 실현

5. 기술과 인류가 서로 연결된 포스트휴먼 사회 조성을 위해 AI 활용

'맞춤 적응적인 학습 실현'이라는 문구를 보면 문법 오류가 있음을 알수 있다(바로잡으면 '맞춤 적응형 학습 실현'이 됨-옮긴이). 여기에 기재된 예시가 얼마나 신뢰할 만한지는 시간이 말해줄 것이다. 개인적으로 나는 5년, 30년, 100년 후 세상을 예측하는 일을 과학적으로 신뢰할 만한 활동이라고 생각하지 않는다. 이런 활동은 오히려 진짜 과학과 상관없는 미래 연구 또는 미래학의 영역에 속한다고 생각한다. 약한 인공지능인 챗GPT를 사용한 간단한 실험 결과, 챗봇은 때때로 문법상 실수를 하곤 한다. 그러나 챗봇을 이용한 성과는 의심할 여지 없이 이미 놀라울 정도라서 근미

래에는 많은 분야에서 챗봇을 사용하지 않고는 일을 진행하기 힘들어질 것이다. 특히 영감의 원천으로 활용되는 챗봇의 중요도는 아무리 강조해도 지나치지 않다.

위 문단을 다시 읽어보니 내 표현이 다소 마음에 들지 않는다. 챗GPT에서 문체를 수정할 수 있을까? 챗GPT는 이렇게 답변한다.

미래는 이런 예측이 얼마나 신뢰할 만한지 보여줄 것이다. 개인적으로 나는 5년, 30년, 100년 후 세상이 어떤 모습일지 예측하는 일을 과학에 기반한 활동이라고 생각하지 않는다. 이 활동은 미래 연구나 미래학에 더 가까우며 진지한 과학과는 관련이 없다고 생각한다. AI 챗봇인 챗GPT를 사용한 실험 결과, 이 챗봇도 가끔 문법상 실수를 하는 걸로 나타났다. 그렇지만 챗봇은 이미 놀라운 성능을 자랑하며 앞으로 많은 분야에 없어선 안 될 존재가 될 것이다. 영감의 원천으로서 이 챗봇은 대단히 귀중한 가치가 있다.

이 예시를 통해 인공지능의 잠재력에 관해 생각해 보는 일은 각자의 몫이다!

한계에 다다른 지구

– 슈테판 로렌츠 조르그너

    롤플레잉 게임 '트랜스휴먼 스페이스Transhuman Space'는 트랜스휴머니 즘이 어떻게 우주까지 확장되고, 우주에 안착할 가능성은 얼마나 되는지 를 다양한 방식으로 보여준다. 게임은 2002년에 만들어졌으나 2100년 우주 식민지화 시대를 배경으로 한다. 게임의 주제는 유전공학을 이용한 생식 활동, 마인드 업로딩, 나노 기술이다. 이런 기술은 삶의 질을 크게 개선하는 데 중요한 역할을 한다. 게임에서 미국과 중국은 화성, 달, 라그 랑주점(공전하는 두 개의 천체 사이에서 중력과 위성의 원심력이 상쇄되어 실질적 으로 중력의 영향을 받지 않게 되는 평형점-옮긴이), 내행성, 소행성 및 토성의 일부 위성을 식민지화하는 데 성공한다. 게임에서 다루는 기술의 다양한 면이나 정치적 배경 묘사는 아주 흥미롭다. 우주 식민지화는 아마도 트 랜스휴머니즘의 관심사 가운데 가장 대중적으로 다뤄지지 않은 주제일 것이다. 하지만 리처드 브랜슨의 버진 갤럭틱, 제프 베이조스의 블루 오리진, 일론 머스크의 스페이스X가 성공적으로 설립되면서 우주 식민지화 가능성에 대한 대중의 관심도 점점 더 높아지고 있다.

트랜스휴머니스트에게 우주 식민지화란 주제는 지구상에서 호모 사피엔스가 멸종할 확률과도 밀접한 관련이 있기에 더욱 중요한 의미가 있다. 과거에도 생명체의 대규모 멸종은 여러 차례 있었다. 이 멸종은 지구에 인류가 존재하지 않던 시기에 일어났다. 그렇다고 인간이 절대로 멸종에 직면하지 않을 것이란 뜻은 아니다.

오르도비스기 대멸종은 4억 4,400만 년 전에 일어났다. 당시 전체 생물 종의 약 85퍼센트가 멸종했다. 이는 거대한 대륙판이 이동하면서 시작된 빙하기와 지구 전체를 뒤덮은 급격한 기온 강하가 원인이었을 것이다. 약 3억 7,000만 년 전 데본기 말 켈바서 사건이 일어났을 때는 모든 종의 최대 75퍼센트가 멸종한다. 이때 일어난 거대 화산 활동이 기후와 해양 성질을 크게 변화시켰을 가능성이 있다. 화산 활동은 2억 5,200만 년 전 페름기와 트라이아스기 경계에서 일어난 대규모 멸종과 약 2억 1,000만 년 전 트라이아스기와 쥐라기 경계에서 발생한 멸종의 원인일 수 있다. 공룡은 약 6,600만 년 전 백악기와 팔레오기 경계에서 멸종한다. 현재 멕시코 지역에 그 흔적이 남아 있는 지름 10킬로미터에 달하는 소행성 충돌이 원인일 가능성이 크다. 소행성 충돌 후 지구 기온이 단기간에 약 250도까지 상승했다가 곧이어 평균 기온이 빙점 이하로 떨어지는 '소행성이 불러온 겨울'이 지속되며 생물 종의 약 4분의 3이 멸종한다. 이 같은 대규모 멸종은 6,000만 년 이전에 발생했으므로 인간을 탓할 수는 없다.

하지만 인류의 출현과 함께 대규모 멸종의 또 다른 잠재적 원인이 등장한다. 소행성, 박테리아, 바이러스나 화산 폭발뿐만 아니라 인간이 유발한 기후 변화, 생태계 붕괴, 핵 도발 내지는 생물학 무기 사용과 같은 인위적 요인도 생명체를 멸종시킬 수 있다. 생명공학 기술, 자기 복제가 가능한 나노 로봇이나 인공지능도 대규모 멸종을 유발할 요인으로 자주 지목된다. 트랜스휴머니즘 분야 과학자들도 인류 문명이 곧 붕괴할 확률이 높다고 본다. 마틴 리스Martin Rees, 토비 오드Toby Ord, 닉 보스트롬이 이런 주장을 펼치는 대표적 과학자들이다. 과학자들의 평가는 인간이 우주 식민지화에 관심을 두어야 할 또 다른 이유가 된다.

최근 논쟁에서 자주 등장하는 기후 변화는 인간뿐만 아니라 다른 수많은 생명체의 멸종을 초래하는 원인이 되고 있다. 실제로 인간이 증가시킨 이산화탄소 발생량은 온실 효과와 결합하여 기후 변화에 주요 원인이 된다. 중요한 점은 이 문제에 얼마나 적절한 방식으로 대응하느냐는 것이다. 지구상의 모든 인간은 이산화탄소를 생성하므로 이산화탄소 배출량 증가에 한몫을 차지한다. 따라서 이산화탄소 배출량 증가 문제를 해결하려는 노력이 시급하다. 더는 번식 활동을 하지 말자고 제안할 수도 있다. 그러나 이 제안을 따르지 않는 사람들이 많을 게 분명하므로 이 방법은 성공 가능성이 적다. 중국에서 수십 년 동안 시행했던 것처럼 출산할 때 세금을 부과하거나 출산을 금지하고, 한 자녀 정책을 시행해 출산 시 불이익을 주도록 할 수도 있다. 이러한 규제는 전 세계적으로 시행되어야만 효과를 발휘하는데, 이를 전 세계적으로 시행하기란 현실적으로 어렵고 바람직하지도 않다. 이 같은 규제를 도입한다면 결과적으로 인간이 바라지 않는 가부장적 사회 내지는 전체주의적 통치 상태가 될 것이다. 세금을 부과하는 방식도 사회적으로 불공평할 것이다. 즉 문제를 가장 확실하게 해결할 듯 보이는 조치는 딱히 유망한 방식이 아니다. 따라서 다른 식으로 접근할 필요가 있다. 트랜스휴머니즘은 바로 이러한 접근법을 제시한다. 더불어 전 세계적으로 적용 가능한 성공적 기술 혁신을 통해 직면한 여러 과제를 해결할 수 있다고 본다.

옥스퍼드대학의 경제학자 맥스 로저Max Roser의 연구에 따르면 교육 시스템이 발달하고, 의약품에 대한 접근성과 의료 서비스가 좋고, 깨끗한 물과 제대로 작동하는 인프라가 있으면 출산율이 감소한다는 사실이 분명하게 드러난다. 따라서 이러한 쪽으로 적절한 조처를 취하면 출산율이 감소해 인구 과잉이란 심각한 문제에 시달릴 필요가 없으며, 세계 인구가 120억 명을 초과하지도 않을 것이다. 최소한 UN의 연구 결과에 따르면 그렇다.[77] 이는 기술 발전을 통해 세계 여러 지역에서 삶의 질이 지금처럼 계속 높아지면 충분히 예상 가능한 결과다.

200년 전만 해도 전 세계의 절대 빈곤율은 90퍼센트가 넘었다. 영국 같은 선진국에서도 빈곤율이 80퍼센트가 넘었다. 이 수치는 생계를 유지하려 고군분투하는 사람들의 비율을 의미한다. 절대 빈곤율은 일반적인 환경 조건에서 측정하는 상대 빈곤율이 아니라는 점을 알아야 한다. 시간이 흐르면서 전 세계의 절대 빈곤율은 10퍼센트까지 떨어진다. 10퍼센트라는 수치는 두말할 필요 없이 엄청나다. 이러한 향상은 인간이 기술의 덕을 보았다는 사실을 명확하게 드러낸다. 떨어진 빈곤율 수치는 트랜스휴머니즘에 활용되는 기술이 지닌 잠재력을 보여주기도 한다.

그러나 기술을 활용한다고 해서 인간이 기후 변화를 일으키는 다른 요인에 대해 아무것도 할 필요가 없다는 건 아니다. 현재 중국에서는 신규 석탄 화력발전소를 수백 개 건설하고 있다. 독일이 지금 당장 모든 석탄 화력발전소를 폐쇄해도 중국이 석탄 발전소 가동을 지속하는 한 전 세계적으로 이산화탄소 배출량은 엄청나게 늘어날 것이다. 중국이 독일을 본보기로 삼으리란 생각은 설득력이 떨어진다. 그래서 트랜스휴머니즘은 기존 에너지원을 더 효율적으로 사용하고, 지속 가능하고 안전한 대체에너지원을 개발하는 데 초점을 두고 있다.

참고로 육류 소비도 마찬가지다. 전 세계 많은 지역에서 육류 소비가 는다는 것은 사회가 발전하고 부유해졌다는 의미다. 전 세계 인구의 약 6분의 1을 차지하는 중국과 같은 거대 신흥국에서는 부를 축적한 개인이 늘면서 육류 소비가 상당히 증가한다. 축산업 분야는 특히 이산화탄소 배출량이 엄청나다. 또한 공장식 축산은 지하수를 오염시킨다. 동물이 고통받는다는 점은 말할 것도 없다. 공장식 축산에서는 동물이 병에 걸리기 쉬워서 이에 대한 예방 조치로 항생제를 투여해야만 한다. 인간은 육류를 소비할 때 항생제를 복용하는 것이나 마찬가지다. 이로 인해 항생제 내성이 생길 위험이 커진다. 붉은 고기 섭취는 대장암 발병률을 높이는 위험도 있다. 따라서 공장식 축산은 지구 온난화 문제뿐만 아니라 동물 복지와 인간의 건강 측면에서도 큰 문제를 일으킨다. 그래도 인간은 고기가 맛있어서 먹고, 또 사회적으로 우월한 지위를 뽐내려고 고기를 먹는다.

하지만 전 세계적으로 육류 소비를 금지하는 일은 정치 구조상 바람직하지도 않고 현실적이지도 않다. 게다가 신흥국의 부가 날로 증대하고 육류 소비는 계속 증가하고 있으므로 독일에서 고기 안 먹는 월요일을 아무리 도입해도 지구 온난화를 막는 데 큰 효과는 없을 것이다. 하지만 이에 대한 기술적 대안도 있다. 트랜스휴머니즘에서는 기후 변화와 같은 전 지구적 문제에서 현실적이고 기술적인 해결 방안을 언제나 중시한다. 싱가포르에서는 이미 배양육으로 만든 햄버거를 판매하고 있다. 배양육의 원료는 동물의 줄기세포에서 얻는다. 동물을 죽이는 일 없이 진짜 고기가 식물성 배양액에서 만들어진다.[78] 배양육은 공장식 축산을 불필요하게 만들어버린다. 이처럼 배양육은 이산화탄소 배출, 지하수 오염, 동물 복지 및 항생제 내성 문제에도 영향을 줄 수 있다. 기후 변화에 대응하는 실용적이고 현실적인 방법은 트랜스휴머니즘 분야에서 발전 가능성이 있는 기술이어야 한다. 이 기술은 곧 에너지 공급과 이산화탄소 배출량의 인위적 감소와 관련이 있다.

물론 지금껏 언급한 사례로 트랜스휴머니즘이 모든 문제를 아우르는 해결책을 제시한다고는 볼 수 없다. 기술적 측면에서 실현하기 어렵거나, 실행하는 데 심각한 사회 문제가 뒤따르는 경우도 상당히 많다. 예를 들어 지구공학Geo-Engineering 관점의 접근 방식은 이산화탄소 배출량을 줄이는 데만 치중하는 대신 이산화탄소를 지하에 저장하는 것이다(탄소 포집 및 저장).

해초를 이용해 이산화탄소를 묶어두는 것도 발전성 있는 접근법이다.[79] 물론 태양 복사열을 감소시켜 지구 온난화를 줄이는 방법도 있다. 그러려면 우주에 거울을 설치하거나 대기 중에 부유 입자를 방출해야 한다. 이 두 가지 방법 모두 효과적일 수 있겠으나 광범위한 분야에서 가늠하기 어려운 또 다른 결과를 초래할 가능성이 있다. 하지만 신속한 해결책이 필요하다면 언젠가 이러한 기후 조절 선택지를 유용하게 사용할지도 모른다.

더욱 장기적인 트랜스휴머니즘 전략은 외부 조건이 아닌 인간의 체질을 변화시키는 데 달려 있다. 태양광이 너무 강해져 피부암 발병 위험이 심각하게 증가하면 새로운 환경 조건에 더 잘 적응하도록 인간의 피부를 변화시켜야 할 수도 있다. 식량 생산 과정에서 이산화탄소 배출량이 문제가 되거나 화성을 여행하는 데 대체 영양 공급원이 필요하면, 인간은 광합성을 통해 스스로 영양분을 만들어내는 식으로 변할 가능성이 있다. 네덜란드 연구진은 제브라피시를 유전적으로 변형하여 광합성을 통해 전체 영양분의 최대 20퍼센트를 생산하게 만드는 데 성공했다. 실험 결과 제브라피시의 몸은 녹색으로 변했다. 인간과 물고기는 유전적으로 크게 다르지 않다. 원칙적으로 이 제브라피시에 적용된 광합성 생성 기술은 인간에게도 적용될 수 있어야 한다. 그렇다면 화성에서 온 작은 녹색 인간은 결국 실현이 가능하고 바람직할뿐더러 필연적으로 다가올 미래의 비전인가?

트랜스휴머니즘에서 주장하는 모든 환상적인 해결책에도 불구하고 지구는 언젠가 더는 인간이 거주할 수 없는 곳이 될 것이다. 늦어도 50억 년 후에는 태양이 눈에 띄게 팽창하여 지구를 집어삼킬 것이다. 그러므로 지구를 떠나 우주에 살 곳을 마련해야 한다는 주장이 언젠가 맹렬하게 퍼질 것이다. 사실 이것이 당장 일어날 일이라고 보기는 힘들지만, 개별 발전 단계를 연속적으로 실현할 수 있어야 대형 개별 프로젝트도 적시에 구현할 수 있다. 수많은 트랜스휴머니스트가 주장하는 우주 식민지화는 여러 단계를 거쳐 진행될 가능성이 크다. 우선 지구와 가까운 우주에 식민지를 건설하는 방안이 있다. 이미 국제우주정거장ISS, International Space Station 건설로 첫 단추를 끼웠다. 또 다른 흥미로운 아이디어는 2만에서 3만 명의 인간이 오래 거주할 수 있는 생활 공간을 제공하는 거대

우주 정거장, 이른바 버널 스피어Bernal Sphere다. 이는 1929년 물리학자 존 데스몬드 버널이 제안한 개념으로 구체의 명칭도 그의 이름에서 유래했다. 버널 스피어는 일반적으로 트랜스휴머니즘 아이디어의 중요한 시조 격으로 여겨진다. 하지만 이런 우주 정거장의 개념을 만들어낸 인물은 버널이 유일하진 않다. 제라드 오닐 박사의 오닐 원통O'Neill Cylinder이나 스탠퍼드대학의 스탠퍼드 원환Stanford Torus도 우주 거주지와 관련된 개념이다. 이다음 단계로 태양계 내부 식민지화와 태양계 외부 식민지화 그리고 태양계 외곽에 식민지 건설을 추진할 수 있다.

트랜스휴머니즘에 관한 여러 가지 의문을 〈스타트렉〉 시리즈에서는 철학적이고 수준 높은 방식으로 제기하고 또 논의한다. 새로운 종의 출현, 신기술 오용 가능성, 환경 보존의 중요성, 안드로이드의 도덕적 지위, 유전공학의 유용 한계는 영화, 소설, 만화 속 가상 세계에서 매번 다루는 철학적 핵심 주제다. 이 〈스타트렉〉 세계관에서는 특별히 우주 윤리와 연관이 있는 철학적 도전 과제를 논한다. 어떻게 새로운 행성의 주인이 될 수 있는가? 지구로 돌아올 가능성이 없는 우주 공간 개척은 정당화가 가능한가? 우주에서 수행하는 과학, 생명공학, 의학 실험은 어떤 의미가 있는가? 우주와 관련된 트랜스휴머니즘 측면에서 제기되는 의문과 문제점을 설명하는 데 이보다 더 적합한 시리즈는 없을 것이다.

우주 윤리와 우주 철학에 내포된 다양한 견해가 수십 년 내에 실질적으로 중요해지긴 어려워 보인다. 하지만 버진 갤럭틱, 블루 오리진, 스페이스X 같은 회사가 발전하는 모습에서 우주 윤리와 우주 철학이 점차 중요해지고 있다는 사실을 확인할 수 있다. 이 기업들의 목표, 관심사나 희망은 철저하게 현실 문제와 연결되며, 온 우주를 당장 식민지화하려는 의도는 없다.

리처드 브랜슨이 설립한 버진 갤럭틱은 우주 관광 분야에서 확고한 위치를 차지하려고 준궤도 우주비행을 성공시키려는 목표를 세운다. 우주여행을 떠날 능력만 있다면, 미래에는 사람들이 외국 여행이 아니라 무중력 상태를 체험한 이야기를 할 것이다. 우주여행을 시작하는 곳에서 로켓 착륙도 함께 이뤄질 것이다. 초반에는 5분간 무중력 상태를 경험하는 비행 비용이 20만 달러였다. 당시에는 이 우주비행 프로젝트 성공 여부가 불투명했다. 2021년 5월 22일, 버진 갤럭틱의 우주선 'VSS 유니티'가 미국 뉴멕시코주에 있는 세계 최초 상업용 우주 정거장 스페이스포트 아메리카에서 시험 비행을 시작하여 약 90킬로미터 고도에 도달한다. 비행 성공 이후 버진 갤럭틱은 비행 경비를 1인당 45만 달러로 인상한다.

제프 베이조스가 세운 블루 오리진도 버진 갤럭틱과 지향점이 유사하다. 블루 오리진은 준궤도 비행 실현에 앞서 비행 시스템을 재활용하는 방안을 먼저 모색한다. 그 이후 달 착륙선을 개발하기로 한다. 제프 베이조스의 첫 유인 비행은 버진 갤럭틱의 첫 비행 직후인 2021년 7월 20일에 성공한다. 제프 베이조스는 동생 마크, 1960년대에 관련 시험을 모두 통과했지만 우주 비행사가 되지 못한 82세의 메리 월리 펑크, 18세의 유료 우주 관광객 올리버 데이먼과 함께 비행에 나선다. 10분간 진행된 비행에서 고도 106킬로미터까지 도달하는 데 성공한다.

일론 머스크의 회사 스페이스X가 추구하는 목표는 브랜슨이나 베이조스가 진행하는 프로젝트와 또 다르다. 스페이스X는 전 세계 두메산골에서까지 인터넷에 접속할 수 있게 해주는 위성 네트워크인 스타링크를 운영한다. 현재 지구 궤도상에는 이미 2,000개가 넘는 스타링크 위성이 있다. 스타링크는 명실공히 세계 최대 위성 사업자다.[80] 2027년까지 스타링크의 위성 개수는 1만 개 이상으로 늘어날 걸로 예상된다. 현재 스타링크는 일주일에 위성 안테나 약 5,000개,[81] 위성은 최대 45개[82]를 만들어내고 있다. 이 장비를 이용해 머스크는 인터넷 접속 및 디지털 데이터 수집 방식을 근본적으로 혁신시킬 것이다. 인간은 이 모든 것을 어디까지 원하는지, 그리고 어느 지점에 제한을 두고 진행해야 할지, 지금 당장 인간이 개입할 수 있는 범위는 어느 정도인지 알아야 한다. 스타링크가 추진 중인 분야에서 너무 많은 부분이 현실화되기 전에 사회적 논의 과정이 필요하다.

스타링크가 지구 궤도로 보내는 위성이 많아지면서 점점 더 많은 공간을 차지하고 있다. 이는 마치 새로 발견한 대륙을 식민지화하는 행위와 똑같다. 인간이 살지 않는 공간을 차지하고 손질해 새로운 소유권을 획득하기 때문이다. 우크라이나에서 인상적인 활약을 펼친 스타링크의 예시가 보여주듯, 지구에서 인터넷을 사용하게 해주는 근지점 공간은 상당히 협소하지만 누구나 탐내는 곳이다. 중국에서는 스타링크의 발전 양상을 아주 심각하게 받아들인다. 중화인민공화국은 과거에 이미 위성을 표적으로 삼아 파괴할 수 있다는 사실을 입증한 바 있다. 그래서 중국은 스타링크 위성이 중국 내 안보에 위협이 됨을 확인하는 즉시 스타링크 위성을 파괴해 버리겠다고 분명히 경고한다.[83] 이는 최근 머스크가 우크라이나에 군사 목적으로 스타링크를 사용하는 일을 금지한 것과 같은 이유일까? 머스크는 스타링크 위성이 파괴되는 게 두려운 걸까? 아니면 우주에서 주도권을 잃을까 우려하는 걸까?

근지점 위성은 군사 분쟁과 관련이 있을 뿐만 아니라 분쟁 그 이상의 정치적인 의미도 지닌다. 스타링크 위성이 효율적이고 저렴하게 인터넷에 접속하게 해준다면 많은 사용자가 스타링크를 선택할 것이다. 국내 인터넷 제공업체가 더는 필요 없고, 사용자가 스타링크를 통해 외국에서나 비행기 안에서나 똑같은 요금으로 인터넷에 접속할 수 있다. 이 말은 곧 모든 데이터가 스타링크 시스템 내에 유통되고, 스타링크에서 이 데이터를 건드리거나 분석할 수 있다는 뜻이다. 데이터가 새로운 석유라면 이 접근 방식은 군사, 정치, 경제적 측면에서 엄청난 결과를 가져올 것이다. 머스크는 이 방식으로 돈을 버는 데서 그치지 않고 정치적 영향력을 넓힐 기회까지 잡을 수 있다. 머스크가 고위 공직을 차지하고 싶다면, 개인 맞춤형 광고를 통해 직접적인 영향력을 행사할 가능성이 있다. 그러므로 스타링크 프로젝트의 중요성은 아무리 강조해도 지나치지 않다.

참고로 트랜스휴머니즘 프로젝트를 꺼리는 나라는 중국만이 아니다. 러시아의 주요 지식인들도 트랜스휴머니즘에 대한 우려를 표한다. 공격적인 이념으로 블라디미르 푸틴에게도 큰 영향을 끼친 유라시아 정교회의 주요 지도자 알렉산드르 겔리예비치 두긴은 트랜스휴머니즘을 콕 집어 "악마의 사상"이라 부른다.[84] 러시아 정교회의 대주교 시릴 1세도 종종 트랜스휴머니즘에 대하여 두긴과 유사한 견해를 내보인다. 물론 시릴 1세나 두긴 같은 인물은 원래 트랜스휴머니즘과 연관된 다원주의를 관심 있게 본다. 중요한 부분은 강력한 지도층이 트랜스휴머니즘을 얼마나 심각하게 받아들이냐 하는 점이다.

특히 우주 정복은 트랜스휴머니즘 프로젝트가 지닌 엄청난 잠재력을 여실히 보여준다. 최신 기술의 도움으로 정치적으로 막대한 영향력을 행사하고, 엄청난 부를 축적하며, 새로운 생활 공간에 정착해 그곳을 발전시킬 수 있다. 이러한 발전은 문화 측면에서도 중대하게 인식하고 받아들여야 한다. 베이조스와 브랜슨의 프로젝트는 전도유망하다. 머스크의 프로젝트는 사회적 명망을 얻는 데서 그치지 않으며 향후 군사, 정치, 경영 계획에 있어 그 중요성을 아무리 강조해도 지나치지 않다.

대규모 멸종, 기후 변화, 우주 식민지화

조르그너 ◇ 여러 기업가와 트랜스휴머니스트가 우주로 눈을 돌리고 있습니다. 버진 갤럭틱의 리처드 브랜슨, 블루 오리진의 제프 베이조스, 그리고 무엇보다 스페이스X의 일론 머스크 같은 사람들이 대형 프로젝트에 뛰어들었죠. 베이조스와 브랜슨은 주로 우주여행을 실현하는 데 관심이 있습니다. 스페이스X, 특히 스타링크 프로젝트는 인공위성의 활용을 중시합니다. 그리고 더 나아가 우주에 완전한 식민지를 건설하려는 계획도 여러 개 진행 중이지요. 교수님은 이 중에 무엇이 가장 중요하다고 생각하십니까?

클라이네궁크 ◇ 일단 우주가 새로운 관광지로서, 실제로 미래에 이목을 끌 만한 사업이라고 생각합니다. 지구에는 이미 세상 곳곳을 여행해 본 갑부들이 많습니다. 이런 사람들에게 우주비행은 새로운 모험 수준을 넘어 선망의 대상이 될 기회죠. 부자들은 그 기회를 잡으려고 기꺼이 수십만 달러를 지불할 겁니다. 제가 의심스러운 부분은 지구 바깥에 온전한 식민지를 실제로 정착시키는 일이 가능하냐는 점이에요. 태양계에서 인간이 머무는 데 적합한 행성으로는 달과 화성 정도만 가망이 있지요. 그 외에 거주 가능한 행성으로 보이는 모든 것은 태양계 밖에 있습니다. 이 말은 곧 몇 광년씩 떨어진 거리에 행성이 있다는 뜻이잖아요. 즉 우주선이 빛의 속도로 이동해도 태양계 밖 행성에 도착하기까지 몇 년이 걸릴 겁니다. 이 일은 먼 미래에도 불가능해 보여요. 아무리 기술이 발전해도 인간에게 큰 도움은 안 된다는 거죠. 발전은 계속되고 있으나 빛의 속도는 변하지 않기 때문입니다.

조르그너 ◇ 아마 사람들은 갑부들이 화성에 정착할 기회를 가장 먼저 얻게 될 테니 사회 분열이 더 심화된다고 거듭 주장할 겁니다. 하지만 갑부들이 이런 우선권에 상응하는 위험을 감수할 준비가 되어 있다는 점도 고려해야죠. 어떤 의미에서 이들은 뒤를 따라오는 모든 사람을 위해 길을 닦는 개척자이기도 하니까요.

클라이네궁크 ◇ 화성 식민지의 첫 거주민이 갑부들이 될 것이라고 생각하지는 않습니다. 확실히 갑부들이 우주 관광에 어느 정도 관심이 있긴 하죠. 하지만 갑부들에게 우주여행이란 대개 비행 궤도에서 며칠을 보낸 후 지구로 돌아와 사치스러운 삶을 영위한다는 의미거든요. 화성에 최초의 식민지가 건설되어도 갑부들이 지구에서처럼 호화롭게 살지는 못할 겁니다. 오히려 그 반대일 가능성이 커요. 그러니 최초 식민지 개척자들은 완전히 다른 유형의 인간일 겁니다.

이 점은 역사를 돌이켜봐도 짐작해 볼 수 있어요. 스페인이 남미를 식민지로 만들 때 그곳에 정착한 거주민이 전부 귀족은 아니었거든요. 오히려 에스트레마두라 출신의 빈털터리 주민들이 행운을 찾아서 떠나간 사례가 많았습니다. 이들은 어차피 가진 게 없으니 잃을 것도 없었기 때문이죠. 호주는 식민지 시대 초기에 주로 지구 반대편에서 건너온 영국 죄수들이 수십 년간 정착해 살았습니다. 개인적인 생각으로 화성에서 벌이는 탐험 활동은 얼마 안 가 한계에 부딪힐 겁니다. 그러면 지루한 일상에서 생존을 위한 투쟁이 시작되겠지요. 제가 아무리 부자라 해도 오페라하우스나 좋은 레스토랑도 없는 화성에서 살고 싶진 않아요. 화성에서는 바닷가에서 보내는 휴가도 가까운 시일 내에 가능할 것 같지 않고요. 그러니 화성 생활이 재밌다고 생각하는 사람들이 그곳으로 가야겠지요. 저는 확고하게 지구에 머무는 쪽을 택하겠습니다.

화성이나 달에 작은 식민지를 건설하고 많은 기술을 투자해 인간이 살 만한 환경을 조성하는 일은 어쩌면 가능할 수도 있겠어요. 하지만 80억 인류를 전부 다른 행성으로 대피시킬 수는 없는 노릇이죠. 기후 변화에 대처하지 못하거나 기타 이유로 지구가 멸망할 경우를 대비해 인류를 이주시키려는 프로젝트는 완전히 터무니없는 일이라고 생각합니다.

조르그너 ◇ 물론 우주 식민지 건설과 같은 일은 향후 50년 이내도 아니고, 훨씬 더 먼 미래에 이루어지겠죠. 지난 1,000년간 일어난 변화를 되돌아보면, 실제 인간의 영향력이 끼치는 범위를 우주로 넓혀 다른 행성을 변화시키고 그곳에서 인류가 살도록 하는 일이 불가능하지만은 않다고 생각합니다. '지구공학'이라는 표어 아래 이미 상당히 구체화된 발상도 있지요. 지구공학 분야에서 연구를 통해 얻는 아이디어는 지구 기후에 긍정적인 영향을 끼치는 데 사용할 수도 있습니다. 이것은 분명 100년 앞을 내다보는 프로젝트이며, 공상과학소설 속 이야기가 아닙니다.

클라이네궁크 ◇ 너무 먼 미래를 예측하는 일은 순전히 억측에 불과하다고 생각합니다. 너무 먼 미래를 얘기하고 있어서 그런지 사실 저는 관심조차 없어요. 하지만 현재 인간이 체험하고 있는 우주여행 2.0 프로젝트는 아주 흥미롭게 주시하고 있습니다. 저는 열 살에 인간이 최초로 달에 착륙하는 장면을 TV 생중계로 시청했습니다. 달 착륙은 그 당시 많은 환상을 불러일으켰죠. 하지만 몇 년이 지나자 김이 빠져버리더군요. 사람들은 달 착륙을 통해 얻을 명성이나 이득이 많지 않다는 사실을 곧 깨닫게 되었습니다. 그런데 요즘 갑자기 우주가 새롭고 큰 관심을 끄는 비즈니스 분야로 떠오르고 있습니다. 이 분야에서는 민간 기업이 국가 기관보다 훨씬 월등하다는 사실이 다시금 분명해졌죠. 우주 관광과 위성 기술 분야 모두 재사용이 가능한 발사체를 필수 전제로 합니다. NASA는 오랫동안 발사체 재사용이 불가능하다고 생각해 왔지요. 하지만 일론 머스크는 재사용 발사체 개발에 투자해 성공을 거뒀습니다.

조르그너 ◇ 머스크는 이미 위성 시장의 3분의 1 이상을 장악하고 있습니다. 위성 개발은 스페이스X의 실제 핵심 사업이고요. 위성을 이용하면, 지금 인터넷에 접속할 수 없는 지역을 포함해 전 세계 어디서든 고속 인터넷을 사용할 수 있게 됩니다. 머지않아 모든 디지털 데이터가 전 세계에 퍼진 위성 시스템을 통해 전달되겠지요. 예를 들어 우크라이나 전쟁에서 우리는 머스크가 위성을 통해 얼마나 빨리 인터넷 접속을 가능하게 했는지를 목격했습니다.

클라이네궁크 ◇ 맞습니다. 미래 위성 시장의 또 다른 강국은 중국과 러시아죠. 유럽은 자꾸만 뒤처지고 있습니다. 지금으로선 소수의 사람만 감지하고 있는 새로운 의존성이 형성되고 있습니다. 현재 모두가 인간이 가스, 석유 같은 화석 에너지에 얼마나 의존하고 있는지를 말합니다. 그리고 이런 의존성을 독재 체제에서 정치적 무기로 어떻게 악용하는지도 알고 있고요. 미래의 의존성은 디지털 데이터에 있을 겁니다. 그 데이터는 위성이 독점 공급하겠죠. 이는 자연스레 위성 운영자에게 새로운 압력 수단이 됩니다. 지구에서 멀리 떨어진 행성에서 가장 좋은 식민지를 놓고 벌이는 분쟁은 아직 일어나지 않았습니다. 하지만 지구 근지점 궤도에 위성을 배치하는 일을 두고 영향 범위를 넓히려는 기 싸움은 이미 벌어지고 있지요.

조르그너 ◇ 또 다른 요인도 있습니다. 우주는 아직 드넓은 무법지대입니다. 위성을 먼저 보내는 사람이 위성이 착륙한 지역을 소유하게 되지요. 그런데 이 지역은 '무한히 넓은 공간'이 아닙니다. 지구 근지점 궤도는 좁은 공간에 제한되어 있어요. 이미 이 궤도에서 사업을 벌이는 사람들은 서로 부딪히는 중입니다. 이런 충돌은 정치적으로나 협상 과정에서나 갈등으로 이어지고 있고요. 2007년, 중국은 오로지 미국에 보여주려는 목적으로 자체 위성을 발사했어요. 중국이 원하기만 하면 우주에서 새로운 질서를 만들어갈 기술적 수단이 있다는 것을 보여주기 위해서였죠. 중국은 최근 스타링크 위성이 국가 안보를 위협하면 격추하겠다고 공언했습니다. 이런 점에서 보면 새로운 갈등의 장은 분명 존재합니다. 강대국과 민간 기업이 벌써 지구 근지점 궤도를 차지하는 문제를 놓고 격한 분쟁을 벌이는 모습을 보자니, 〈스타워즈〉가 언젠가 공상과학 영화로 끝나지 않고 과학적 사실이 되는 건 아닌지 우려스럽군요.

테크노아트의 탄생

HOMO
EX
MACHINA

예술로 확장된 트랜스휴머니즘

– 슈테판 로렌츠 조르그너

말로는 '초월함trasumanar'을 표현할 수 없지만

은총을 경험한 자에게는

이 예시로 충분하리라.[85]

    중세시대 후기 가장 중요한 문학 작품 중 하나인 단테의 《신곡》세 번째 부분 〈천국〉의 첫 줄이다. 문맥을 보면 단테는 인간이 한계를 극복하는 일은 '내세'에서 이루어진다는 점을 분명히 한다. 그러나 오늘날 트랜스휴머니스트는 한계 극복 목표를 '현세'에 두고 있다. 단테는 확실히 트랜스휴머니스트는 아니었다. 트랜스휴머니즘이란 용어가 존재하기도 전에 트랜스휴머니즘을 말하는 건 시대착오적일 것이다. 그렇지만 단테가 '트라수마나trasumanar'라는 용어를 만들었다고 확언할 수 있다.

    그렇다고 오직 단테만이 그 이전의 문학적 맥락에서 트랜스휴머니즘

을 언급하는 유일한 작가는 아니다. 괴테의 문학 창작물에서도 트랜스휴머니즘 요소를 찾아볼 수 있다.

> 나는 여기에 앉아서
> 내 모습 그대로의 인간을 만드노라,
> 나를 닮은 종족을 만드는 것이다.
> 괴로워하고 울고
> 즐거워하고 기뻐하며
> 그리고 그대 따위는 숭상하지 않는
> 나와 같은 인간을 만드노라!

괴테의 시 〈프로메테우스〉에 등장하는 이 구절은 트랜스휴머니즘의 본질을 요약하고 있다. 인간은 신성한 임무를 수행한다. 인간은 다른 인간을 창조한다. 그리스 신화 속 프로메테우스는 이러한 인간의 활동을 보는 시각에서 트랜스휴머니즘에 영감을 불어넣어 주는 주요 원천이 된다. 신화 속 또 다른 이야기는 프로메테우스가 제우스에게서 불을 훔쳐 인간에게 가져다줬다는 것이다. 여기서도 트랜스휴머니즘적 사고의 요소를 찾을 수 있다. 말하자면 불은 제우스가 가졌던 신성한 불꽃, 즉 신성한 비물질 세계에 속한다. 그러나 프로메테우스가 불을 훔쳐 오면서 불은 지상에 있는 인간의 감각 세계로 옮겨진다. 인간의 비물질적인 이성, 신의 형상을 한 모습, 자유 의지는 신성한 불꽃과 동일시할 수 있다.

서양 문화사에서는 이성을 오랫동안 신성한 것으로 여겨왔다. 그러다 찰스 다윈과 프리드리히 니체 이후 이성에 대한 견해가 바뀐다. 이성은 비물질적인 것에서 물질적인 것으로 바뀐다. 이성은 프로메테우스가 신으로부터 훔쳐내어 인간에게 가져다준 것이다. 그래서 트랜스휴머니스트, 자연주의자, 비이원론 사상가들의 내면에는 프로메테우스와 같은 열망이 있다. 칠레 신경과학자 프란시스코 바렐라Francisco J. Varela, 캐나다 철학자 에반 톰슨Evan Thompson, 미국 심리학자 엘리너 로쉬Eleanor Rosch는 '체화된 정신'에 관해 말한다. 이 정신은 진화로 인해 생성된 것으로, 불변하지도 않고 내세의 것도 아니며 의미 면에서 접근할 수 없는 존재도 아니다. 신과 인간이란 완전히 다른 두 세계가 하나로 합쳐진 존재가 바로 이 체화된 정신이다. 이제 정신은 경험을 통해 얻을 수 있고, 창조할 수도 있으며, 끊임없이 변화하는 정신 생리학의 한 부분이 되었다. 인간은 프로메테우스처럼 자신만의 불을 소유한 인간을 만들어내는 자가 된다.

이 같은 요소는 메리 셸리가 1818년에 출간한 소설 《프랑켄슈타인》에도 들어 있다. 빅터 프랑켄슈타인은 젊은 과학자로, 생명 원리의 비밀을 발견하고 특별한 실험을 통해 살아 있는 괴물을 만드는 데 성공한다. 셸리는 1797년생으로 런던에서 책이 출판될 당시 겨우 스무 살에 불과했다. 셸리는 이 소설로 공상과학 문학 장르에 확실한 업적을 남긴다. 그는 자기 소설을 통해 점차 현실화되는 과정을 묘사한다.

《프랑켄슈타인》은 바이런 경이 1816년 제네바 호수에 있는 별장 디오다티에 모인 사람을 대상으로 괴담을 창작해 보자고 제안한 데서 영감을 받아 탄생한 소설이다. 이 일을 계기로 바이런 경은 유전공학 분야가 여러모로 발전하는 데 크게 이바지한다. 크레이그 벤터는 새천년이 시작될 무렵 자신의 회사 셀레라에서 '인간 게놈 프로젝트'와 비슷한 시기에 인간 게놈을 시퀀싱하는 데 성공한다. 벤터는 셸리의 소설 속 내용을 현실로 만들기 위해 노력하고 있다. 벤터는 2010년 인공적으로 생성한 게놈을 박테리아에 주입하여 최초의 인공 세포를 만들어낸다. 이 세포를 아직 완전한 합성 세포로 보긴 힘들지만, 프랑켄슈타인과 같은 업적을 이룬 부분을 혹평할 수는 없다.

소설이 현실에 영향을 끼치고, 비소설 세계와 철학적으로 복잡하게 얽혀 있다는 점은 1932년에 출간된 올더스 헉슬리의 소설 《멋진 신세계》에서도 분명하게 드러난다. 집단 유전학의 창시자 존 버든 샌더슨 홀데인John Burdon Sanderson Haldane과 헉슬리는 친구 사이다. 홀데인은 그의 강연문 〈다이달로스 또는 과학과 미래Daedalus or Science and the Future〉에서 인공 자궁을 구상하고, 헉슬리는 이를 자신의 소설 《멋진 신세계》에 차용한다. 그리고 현재 실제로 양을 키워 분만까지 성공한 인공 자궁이 존재한다. 네덜란드 과학자들은 향후 몇 년 안에 인간을 위한 인공 자궁이 실현된다고 보고, 이 인공 자궁의 실용화 연구에 집중하고 있다. 여기서 우리는 새삼스레 문학과 과학이 서로에게 영감을 주고받는, 공상과학소설과 과학적 사실의 흥미롭고도 정교한 짜임을 보고 있다는 사실을 깨닫게 된다. 올더스 헉슬리의 소설 《멋진 신세계》는 트랜스휴머니즘 사상을 특히 정치적으로 이용하려는 시도에 대하여 경고를 보낸다. 이에 반해 헉슬리가 나중에 쓴 소설 《아일랜드》는 최신 기술을 비판하는 기조가 훨씬 덜하다.

트랜스휴머니즘에 대한 또 다른 관점은 1949년에 조지 오웰이 쓴 소설 《1984》에서 볼 수 있다. 이 소설은 전체주의 시대 감시 국가의 가부장적 문제를 부각한다. 《1984》는 전체주의적 감시 국가에서 개인의 사적 영역을 지키려 고군분투하는 내용을 담고 있다. 《멋진 신세계》가 유전공학에 관한 정치적 도전 과제를 다뤘다면,《1984》는 오늘날 중요성을 더해가고 있는 광범위한 디지털 감시의 위험성을 이야기한다.

《멋진 신세계》와《1984》가 관련 장르에서 가장 중요하고 대표적인 소설로 꾸준히 언급되지만, 러시아 작가 예브게니 자먀찐의 소설《우리들》도 무시할 수 없다. 소설《우리들》의 러시아어 원문은 1920년, 영어 번역본은 1924년에 출간되었다.《우리들》은 두말할 필요 없이 20세기에 가장 중요한 공상과학소설 중 하나로 꼽힌다.《우리들》에 등장하는 인간은 숫자로만 불리며, 사회적 규범과 규칙은 단일 국가 차원에서 철저히 이성과 논리로 규제한다. 모든 벽은 유리로 만들어져 사실상 전체주의적 파놉티콘 구조로 되어 있다. 이 구조가 암시하는 바는 평행 구조의 현대 시스템이 품은 핵심 문제다. 자먀찐의 책이 이제 막 건국된 소련에서 검열을 거쳐 출간되고, 머지않아 오랫동안 전면 금서로 지정된 것은 당연한 수순이었다.

일반적으로 러시아 우주론은 트랜스휴머니즘 사상에 중요한 영감을 주는 원천으로 볼 수 있다. 1951년 '트랜스휴머니즘'이라는 용어가 만들어지기 훨씬 전부터 러시아 우주론은 중요한 문화적 흐름을 만들어온다. 1903년에 사망한 철학자 니콜라이 표도로비치 표도로프는, 일찍이 죽은 자를 기술로써 부활을 유도하고 과학적으로 수명을 연장하는 가능성에 대해 언급했다. 알렉산더 벨리아예프의 공상과학소설도 러시아 우주론의 영향을 받았는데, 특히《양서 인간》과《도웰 교수의 머리Professor DowellsTestament》가 주목할 만하다.《양서 인간》은 기술을 통해 변형된 인간을 묘사하는데, 아버지의 생명공학 개발 덕에 물속과 물 밖에서 모두 호흡할 수 있는 아들의 이야기다. 이 소설은 1962년에 영화화되었다. 고전 명작으로 쿠엔틴 타란티노가 좋아하는 러시아 영화 중 하나이기도 하다. 나 역시 이 영화를 좋아한다.

최신 기술과 마술은 구분할 수 없다

저명한 공상과학 소설가 아서 C. 클라크는 신기술 관련 이론에도 관심이 높다. 그는 이와 관련해서 '아서 클라크의 과학 3법칙'으로 불리는 유명한 법칙을 남겼다. 그 3법칙은 다음과 같다.

1. 저명하고 나이 지긋한 과학자가 어떤 일이 가능하다고 말하면 그는 옳은 말을 할 가능성이 크다. 그러나 그가 만약 어떤 일은 불가능하다고 말하면 그가 틀렸을 가능성이 매우 크다.
2. 가능성의 한계를 알아내는 유일한 방법은 한계를 넘어 불가능한 일을 과감하게 시도해 보는 것뿐이다.
3. 충분히 발전한 기술은 마술과 구분할 수 없다."[86]

특히 세 번째 법칙은 시사하는 바가 크다. 실제로 과거에 마술로 달성하려던 목표가 이제 최신 기술을 통해 실현되는 걸로 보인다. 이 같은 인식은 흥미진진한 마술의 역사를 다룬 책을 다시 보게 한다. 이는 기술 혁신의 기반을 구축하는 데 영감을 줄 수 있다.

회춘에 필요한 피와 성공한 인생과의 관련성을 보여주는 사례가 있다. 오비디우스의 《변신 이야기》7부에서는 피를 통해 회춘할 기회가 있음을 강조한다. 메데이아는 마법의 여신 헤카테와 젊음의 여신 헤베 앞에 제단을 쌓고 이아손의 아버지 아이손을 보살핀다. 메데이아는 아이손의 몸에서 피를 빼낸 후 약초 액을 채워 넣어 아이손이 청년 시절의 힘을 되찾을 수 있도록 해준다. 인간의 영성을 높이는 데 피를 사용한다는 사실은 기독교 미사에서도 잘 나타난다. 로마 가톨릭 교리에서는 영성체 중에 빵은 그리스도의 몸으로, 포도주는 그리스도의 피로 변한다. 그리스도의 피를 마심으로써 인간은 신과 하나가 된다.

회춘하려고 피를 마시는 행위는 또한 마녀와 연관이 있다. 르네상스 철학자 마르실리오 피치노^{Marsilio Ficino}는 마녀가 젊음을 되찾으려고 아이들의 피를 마셨다고 확고하게 주장한다. 헝가리 백작 부인 바토리 에르제베트는 특히 잘 알려진 인물로, 바토리의 삶을 둘러싼 여러 가지 전설이 생겨난다. 예를 들어 바토리는 어린 소녀들을 성으로 유인해 알몸 상태로 고문했다고 한다. 회춘하려고 소녀의 피로 목욕을 했다는 이야기도 있다. '마조히즘'이라는 용어의 유래가 된 레오폴트 폰 자허마조흐는 소설 《영원한 젊음^{Ewige Jugend}》에서 바토리의 이야기를 언급한다.

1732년 영국의 한 언론 기사에서 이미 죽은 자를 가리키는 '흡혈귀'라는 단어가 만들어진다. 흡혈귀는 살아 있는 마녀와는 다른 존재다. 흡혈귀는 신체 부패를 멈춰 삶과 죽음의 경계선상에서 계속 살아가려고 산 자의 피를 마신다. 중남미 지역에는 실제로 피를 빨아먹으며 사는 흡혈박쥐가 있다. 흡혈박쥐는 1897년에 출간된 브램 스토커의 소설 《드라큘라》에 명확하게 등장한다. 드라큘라 백작 자신도 때때로 박쥐로 변신한다.

이것이 바로 현대에 피를 이용해 회춘 가능성을 모색하는 연구의 문화적 배경이다. 앞서 언급한 트랜스휴머니스트 억만장자 피터 틸은 자신은 흡혈귀가 아니라고 분명히 선을 그었지만, 혈액 관련 기술에 관심을 표명한 일은 있다. 수많은 언론은 틸이 머스크를 비롯한 기타 유명인들과 2022년 트란실바니아의 브란성, 이른바 드라큘라성에서 핼러윈 파티를 열었다고 보도했다.

또한 2022년에 중국 연구진은 젊은 쥐의 혈액에서 추출한 혈장을 주입한 늙은 쥐가 다시 활발해지고 더 오래 산다는 사실을 발견한다. 현상을 설명하는 데 그쳤던 과거 연구와 달리 중국 연구진은 효력이 있는 메커니즘을 더 상세하게 설명하는 데 성공한 것이다. 독일 예나의 라이프니츠 노화연구소와 스탠퍼드대학도 이 같은 회춘 기술을 연구하고 있다. 그러니 피로써 회춘하는 수천 년 전 신화는 실제로 번득이는 진실을 내포하고 있던 게 아닌가 싶다. 한때 마술과 연관되어 묻혀 있던 과정이 이제 최신 기술을 통해 의학계에서 구현되고 있다. 따라서 클라크의 세 번째 법칙은 옳았다.

1968년 클라크의 소설 《2001 스페이스 오디세이》가 출간되고, 같은 해에 스탠리 큐브릭이 감독한 동명의 영화도 개봉한다. 영화는 진화에 관한 생각을 흥미롭게 그려내는데, 영상으로는 시각을 자극하며 내용 면에서 다양한 지적 방식으로 이야기를 전개해 나간다. 이를 통해 영화 〈스페이스 오디세이〉는 가장 중요한 트랜스휴머니즘 영화의 하나가 된다. 영화 속 주요 장면은 리하르트 슈트라우스가 작곡한 교향시 〈차라투스트라는 이렇게 말했다〉를 배경음악으로 사용하며 강조된다. 슈트라우스는 니체가 쓴 동명의 글에서 영감을 받아 이 곡을 작곡했다.

니체는 인간을 동물과 초인간 사이의 다리라고 말한다. 그래서 진화 사상을 받아들여 자기 철학의 테두리 안에서 한층 더 발전시켜 나간다.

다윈과 달리 니체는 인간이 생존하는 삶뿐만 아니라 권력에도 관심이 있다고 가정한다. 니체가 말하는 권력은 정치적 권력이 아니라 철학적 권력이다. 강한 사상가가 당대의 행동에 영향을 끼칠 수 있다고 여기기 때문이다. 니체는 기독교가 민중을 위한 플라톤주의라고 주장한다. 플라톤은 이런 식으로 수 세기 동안 전 세계에 퍼져나간 행위에 자기 흔적을 남긴다.

달에 홀린 피에로

참고로 리하르트 바그너의 가극에서도 트랜스휴머니즘 요소를 찾아볼 수 있다. 바그너는 다윈의 진화론을 중요한 이론이라고 생각했다. 바그너는 아들 지크프리트에게 다윈의 저서를 권하며 아들이 책을 통해 교훈을 얻길 바랐다. 4부작으로 구성된 〈니벨룽겐의 반지〉의 1부 오페라 '라인의 황금'에서 바그너가 그리는 신은, 전통적인 의미에서의 신이라기보다는 포스트휴먼에 가깝다는 점이 분명히 드러난다. 신들은 젊음과 강함을 유지하기 위해 프레이야의 황금 사과를 필요로 한다. 황금사과는 생명공학에서 말하는 개선 기술이 틀림없다.

오늘날 수많은 작곡가가 현대 기술이나 유명 과학자, 또는 재앙과도 같은 현대적 도전 과제 등을 주제로 오페라 곡을 쓰고 있다. 필립 글래스의 〈해변의 아인슈타인〉과 〈케플러〉, 스벤 헬비그Sven Helbig의 〈세상의 소음Vom Lärm der Welt〉이 대표적이다. 〈세상의 소음〉은 환경 재앙, 테러, 급진적인 기술 혁신이 일어나는 세상 속에서 한 여성이 아이를 낳기 위해 고군분투하는 이야기다. 트랜스휴머니즘에 관한 의문에 관해서는 특히 마이클 나이먼Michael Nyman의 오페라 〈페이싱 고야Facing Goya〉를 눈여겨봐야 한다. 이 오페라는 오랫동안 행방이 묘연하던 고야의 두개골을 찾아낸 후 고야를 복제하여 그의 재능에 특허를 내고 수익을 창출하는 일을 그린다. 여기서 우생학적 의문이 생긴다. 이 오페라가 트랜스휴머니즘을 주제로 다루긴 하지만, 이 작품을 트랜스휴머니즘 오페라로 부르는 건 잘못된 일이다. 〈페이싱 고야〉는 트랜스휴머니즘 비전을 칭송하기보다는 트랜스휴머니즘과 연관 가능성 있는 문제들을 다룬다. 이 오페라는 나이먼의 다른 작품들처럼 기본적으로 트랜스휴머니즘을 비판하는 태도를 견지한다. 이런 점에서 올리버 색스의 동명 소설을 원작으로 한 오페라 〈아내를 모자로 착각한 남자〉는 상당히 흥미롭다.

나이먼은 계속 언급해 온 〈가타카〉의 영화 음악을 작곡하기도 했다. 영화 속 사회에서는 유전 분석에 필요한 지원 서류가 중요한 부분을 차지한다. 유전자에 근거한 기질이 없으면 사회에서 드러나는 활동을 펼칠 기회가 없다. 이런 상황은 음악가에게도 영향을 끼친다. 영화에는 손가락이 열두 개가 있는 피아니스트만 연주할 수 있는 피아노곡이 등장한다. 이는 기술 발전이 미학적 발전까지 가져온다는 사실을 보여준다. 미래에는 인지 능력이 더욱 발달한 인간이 지금 우리가 엘리베이터 같은 곳에서 흘러나오는 경음악을 지루해하듯 〈달에 홀린 피에로〉(21세기 걸작으로 평가되는, 오스트리아 작곡가 아르놀트 쇤베르크의 실험적인 곡-옮긴이)에 지루함을 느낄지도 모른다.

트랜스휴머니즘을 다루면서 이에 비판적인 예술 작품은 많이 있지만, 확실히 트랜스휴머니즘을 주제로 한 예술 작품은 드문 편이다. 대표적인 예로 졸탄 이스트반의 소설 《트랜스휴머니스트 내기》를 들 수 있다. 전미국 대통령 후보였던 이스트반은 이 소설에서 자신만의 트랜스휴머니즘 철학 관련 접근법을 제시한다. 이 책은 수명 연장과 시스테딩Seasteading의 중요성을 뚜렷하게 설명한다. 시스테딩은 일반적으로 특정 국가 영토에 속하지 않는 공해상에 생활 공간을 설립하는 일을 뜻한다. 이곳에서는 국가가 금지한 연구를 할 수 있다. 이 같은 일은 새롭고 흥미로운 가능성을 선사하는 데서 그치지 않고 새로운 정치적 도전 과제가 되기도 한다. 이스트반의 트랜스휴머니즘 접근 방식은 특히 자유주의적 정치 비전과 관련이 있으며, 이는 다른 수많은 트랜스휴머니스트가 대단히 비판적인 자세를 갖고 주시하는 부분이다.

대중의 상당수는 트랜스휴머니스트와 피를 빨아먹는 실리콘 밸리 기업가들을 동일시한다. 하지만 이런 인식은 트랜스휴머니즘 운동에 대한 편파적인 설명 탓이다. 윤리와 새로운 기술 재단Institute for Ethics and Emerging Technologies에 몸담은 트랜스휴머니스트는 사회적 자유민주주의를 지지하며 자유주의 사상에 대해서는 비판적인 편이다. 반면에 트랜스휴머니스트임을 자처하고, 일반 대중에게도 그렇게 널리 알려진 유명 기업가들은 자유주의 성향이 더 강하다. 학계에서 활동하는 트랜스휴머니스트는 사회적 자유주의 정치 성향을 지니는 경향이 있다. 이런 이유로 《트랜스휴머니스트 내기》에 나타난 이스트반의 정치 비전을 트랜스휴머니즘의 정치 전반에 대한 청사진으로 오해하면 안 된다.

트랜스휴머니즘은 소설에서도 중요하게 다뤄지는 주제다. 댄 브라운의 《인페르노》는 트랜스휴머니즘 정보를 수집하여 공정하게 묘사한 최초의 세계적 베스트셀러다. 나는 이 소설의 영화화를 잔뜩 기대했으나 소설 속 수많은 뉘앙스가 영화에서는 제대로 그려지지 않아 실망했다. 아마 제작사는 소설의 내용을 모두 이해시키려면 관객에게 과도한 지적 수준이 요구된다고 생각했는지도 모르겠다. 그래서 고도의 지적인 흥미를 유발하는 책이 심심풀이로 팝콘이나 먹으면서 보는 오락용 영화가 되어버렸다. 영화 〈인페르노〉는 공기로 전염되는 유전자 바이러스의 위험성을 중심으로 전개된다. 이 바이러스는 인구 과잉이라는 실존적 위협으로부터 인류를 보호하는 일을 사명으로 여기는 트랜스휴머니스트 과학자가 만든 것이다. 과학자는 이 바이러스가 인류를 소멸로 이끈다고 생각한다.

생명의 소멸 위험을 지적으로 분석하려는 일은 실제로 많은 트랜스휴머니스트의 주된 관심사다. 소설에 등장하는 바이러스는 전 세계로 빠르게 확산하며 바이러스에 감염된 모든 인간의 유전자가 변형된다. 이때 전체 인구의 3분의 1이 불임이 되고, 세계 인구는 안정적으로 유지될 수 있다. 소설에서 과학자는 이 바이러스를 퍼뜨리겠다고 위협한다. 이는 사실상 트랜스휴머니스트를 도발하는 문제지만, 진정한 트랜스휴머니스트는 바이러스에 감염된 인간의 의지에 반하여 유전자를 변형해야 한다고 주장하진 않는다. 트랜스휴머니즘은 기본적으로 자유주의에 기반하며, 진정한 트랜스휴머니스트는 전체주의적 정치 구조를 옹호하지 않는다. 그런데 소설 속에서 전체 인구의 3분의 1을 불임으로 만드는 바이러스는 인류의 일부를 죽이는 살인 바이러스나 마찬가지다. 이는 결코 트랜스휴머니스트가 추구하는 목표가 아니다. 그렇지만 소설 자체는 아주 흥미진진하고, 실제 트랜스휴머니즘 기관을 언급하기도 하며, 트랜스휴머니즘의 몇 가지 기본 특성을 대중에게 널리 전달해 준다. 따라서 이탈리아와 트랜스휴머니즘에 관심이 있는 사람에게 이 책을 추천하고 싶다.

안드로이드는 전기양의 꿈을 꾸는가?

트랜스휴머니즘 주제를 다룬 다른 영화에서는 다양한 분야에 종사하는 예술가들의 협업이 특히 눈에 띈다. 스위스의 시각 디자이너 한스 루돌프 기거Hans Rudolf Giger가 참여하고 리들리 스콧이 감독한 영화 〈에이리언〉에서 이들의 협업은 시각적으로 재미있는 경험을 선사한다. 스콧 감독은 〈블레이드 러너〉에서 필립 K. 딕의 디스토피아 소설 《안드로이드는 전기양의 꿈을 꾸는가?》를 각색해 성공을 거두기도 한다.

많은 기업가의 창의력과 개척 정신을 자극하는 공상과학소설의 중요성을 과소평가해서는 안 된다. 이미 많은 기업가가 공상과학소설에 등장하는 혁신에서 영감을 받아 실제로 무언가를 창작해 낸 사례가 있다. 예를 들어 잠수함 개발의 기원은 쥘 베른의 소설 《해저 2만리》로 거슬러 올라간다. 게다가 공상과학소설은 나중에 현실 세계에서 사용하는 용어를 만들어내기도 한다. 최근 사례 가운데 가장 흥미로운 것 한 가지는 1992년 닐 스티븐슨의 소설 《스노 크래시》에서 유래한 '메타버스'다.

어떤 철학적인 의문은 예술 작품에서 아주 생생하게 표현되어 철학 논문보다도 한결 더 명확하게 전달된다. 〈스타트렉: 더 넥스트 제너레이션〉 시리즈의 에피소드 '누가 데이터를 소유하는가?'는 로봇의 도덕적 지위에 관해 지적인 차원에서 접근하는 이상적인 예시다. 로봇은 존중받을 자격이 있는가? 안드로이드는 도덕적 지위를 가져야 하는가? 로봇을 도덕적으로 존중하려면 로봇은 어떤 특성이 있어야 하며, 이 특성은 어째서 존중과 연관되어야 하는가? 중요한 질문은 데이터가 스타플릿의 소유물인지, 아니면 자기 일을 그만둘 수 있는 동료 직원인지다. 남직원인지 여직원인지 또는 그냥 동료인지는 다루지 않는다. 안드로이드에 성별이 있는가? 로봇에서 성별은 무엇을 의미하는가? 이 에피소드의 주요 내용은 로봇이 가진 매력적인 능력의 비밀을 밝히기 위해 데이터를 분해하고 자세히 분석하라는 관리 당국의 요구와 이 능력을 복제하려는 소망에 관한 것이다.

하지만 데이터를 정확하게 분석하는 것은 데이터를 이전과 똑같이 복원할 수 있을지 불확실하기에 데이터가 파괴될 위험이 있다. 데이터는 이런 위험을 감수하고 싶지 않아서 일을 그만두려고 생각한다. 하지만 데이터는 인간이 아니라 스타플릿의 재산이며, 재산은 스타플릿이 자유롭게 처리할 수 있으니 데이터 마음대로 일을 그만두지 못한다는 대답을 듣는다. 그래서 철학적 근거를 고려하여 데이터가 자기 직무를 포기할 권리가 있는지 결정하는 법원 심리가 열린다.

이 같은 부분은 기술 발전과 함께 점차 강하게 문제를 제기한다. 특정 조건에서 로봇, 알고리즘, 인공지능에 인간의 지위를 부여할 수 있는가? 서양 인본주의 역사에서 인간은 주로 신성한 불꽃으로 말미암은 존재로 여겨진다. 같은 이유로 신과 천사도 대개 인격적 존재로 접근한다. 하지만 사실 수많은 인간은 인격체로서 지위를 얻으려 맹렬하게 투쟁해야 했다. 그런데 모든 인간을 인격체로 동일시하는 일 또한 차별적인 인간 중심주의이자 '종 차별주의'는 아닌가? 어떤 존재란 모름지기 호모 사피엔스라는 종에 속하는 기준이 아니라 도덕적으로 적합한 능력을 기준으로 존중받아야 하지 않는가? 원칙적으로 유기체가 아닌 존재도 도덕과 연관된 능력을 갖출 수 있는가? 한 개체가 인격체가 되려면 어떤 능력이 있어야 하는가?

이 질문과 밀접하게 관련된 또 다른 철학적 주제는 알렉스 가랜드 감독의 영화 〈엑스 마키나〉에서 다뤄진다. 이 영화는 한 프로그래머가 인터넷 회사 괴짜 대표의 집에서 여성 인공지능 로봇을 만나게 되는 내용을 담고 있다. 로봇은 프로그래머가 자주적으로 행동하도록 그를 조종한다. 이 영화에서는 자주성에 대한 가능성과 자주성에 필요한 능력을 재미있는 방식으로 다룬다.

반면 스파이크 존즈 감독의 영화 〈그녀〉에는 한 이혼남과 더 발전한 형태의 시리가 등장한다. 이 운영 체제는 대화도 나누고, 관능적인 동반자가 될 수도 있다. 사용자와 운영 체제가 서로를 더 오래 알수록 운영 체제는 고객의 선호를 더욱 잘 맞춰준다. 영화는 남성과 운영 체제 사이에 관능적이고 감정적이며 다층적인 관계가 어떻게 구축되는지 매력 있게 그려낸다. 동시에 이런 식으로 새로운 관계 형태를 만드는 일이 가능하다는 사실이 분명해진다. 챗봇은 여러 사용자와 동시에 친밀한 대화를 나눌 수 있다. 중국에는 현재 수억 명의 고객과 상호 작용하는 샤오이스라는 챗봇이 있다.

조니 뎁이 출연한 영화 〈트랜센던스〉는 여기서 한 걸음 더 나아가 마인드 업로딩을 이야기한다. 이 영화 속에서는 현실과 허구가 흥미진진하게 합쳐진다. 폴 베타니가 연기하는 인물이 과학자로서 '초월Transcendence'을 이야기할 때, 실제 일론 머스크가 관객석에 앉아 그 설명을 듣는다. 머스크는 자기 자신을 연기하는 현장에 있는 것이다. 이 영화는 〈그녀〉만큼 관객으로부터 강렬한 감정을 끌어내지는 못했어도, 마인드 업로딩이란 주제를 철학 논문보다 훨씬 더 생생하게 전달하는 데는 성공한다.

누가 원작자인가

딥러닝을 이용해 예술 작품을 만드는 일은 이미 가능하다. 2016년 초 플로 머신Flow Machine이라는 AI가 비틀즈의 목소리로 부르는 〈아빠의 차 Daddy's Car〉를 작곡한 바 있다.[87] 2018년에는 컴퓨터가 독자적으로 창조한 그림 '에드몽 드 벨라미Edmond de Belamie'가 크리스티 경매에서 40만 달러가 넘는 가격에 낙찰되기도 했다.[88] 2021년에는 오래전에 해체된 너바나의 신곡이 발표됐다. 딥페이크 알고리즘을 통해 1994년에 사망한 리더 커트 코베인의 목소리를 합성 생성한 것이다.[89] 이런 작품의 품질은 놀라울 정도도. 이것이 예술 작품인지, 그리고 누구를 원작자로 봐야 하는지는 아직 불분명하다.

주목할 만한 점은 인공지능이 달성 가능한 수준이 어느 정도인지에 관한 것이다. 대중이 사용하는 인터넷이 등장한 지 이제 35년밖에 되지 않았다. 이는 디지털화가 아직 태아 단계에 불과하다는 의미다. 그동안 인터넷이 이미 인간의 삶을 크게 바꾼 것을 감안할 때 향후 수십 년에 걸쳐 가져올 잠재력은 헤아리기 어려울 정도다.

더불어 인간의 신체를 변화시킬 수 있는 기술적 선택지도 점점 더 발전하고 있다. 트랜스휴머니스트 나타샤 비타모어가 고안해 낸 전신을 인공 보철물로 디자인한 '프리모 포스트휴먼'과 같은 것이 이 분야에서 확실히 획기적인 작품으로 꼽힌다. 예를 들어 프랑스 예술가 생트 오를랑 Saint Orlan은 신체 개조를 행위 예술로 구현한다. 특히 호주 교수 스텔락 Stelarc이 행위 예술의 하나로 자기 왼쪽 팔에 귀를 이식한 사례는 널리 알려져 있다. 이 모든 사례에서 인간의 신체는 그 자체로 하나의 소재가 된다. 나타샤 비타모어는 기능 면에서 수정을 통한 증대 효과를 노렸고, 오를랑은 영구적 변형의 가능성에 더 초점을 맞춰 변화를 꾀한다. 양쪽 모두 트랜스휴머니즘과 관련이 있다. 트랜스휴머니즘은 좋은 삶에 대한 개념을 암시한다. 여기에 우리가 추구해야 할 이상향이나 크게 다양한 선택지가 있는가?

이쯤에서 나타샤 비타모어가 본인 이름을 스스로 지은 것도 이미 예술 행위라는 점을 짚고 넘어가야 한다. 참고로 이 같은 개명은 비타모어의 남편 맥스 모어를 비롯해 FM-2030도 해당하는 트랜스휴머니즘 차원의 접근 방식이다. 이때 두 가지 상황을 언급해야 한다. 첫째, 자기 이름을 우연한 기회에 짓는 때가 있다. 둘째, 자주적으로 이름을 지을 때는 당사자가 특히 중요한 통찰력을 갖고 있어야 한다. FM-2030은 이름에서 알 수 있듯이 2030년에 그가 100세가 된다는 의미다. 그는 자기 이름을 통해 건강 수명 연장의 중요성을 강조하고자 했다. 맥스 모어는 끊임없는 자기 극복의 중요성을 말한다. 그는 항상 '더 많은 것'을 원하고 매번 자기 한계를 뛰어넘고자 한다. 나타샤 비타모어는 충만한 삶을 달성하는 일에 중점을 두고 있으며, 그의 전신 인공 보철물에서는 미적 요소도 간과할 수 없는 부분이다. 비타모어의 접근 방식은 현재 우리가 사는 세상을 미화하는 행위로도 이해할 수 있다.

트랜스휴머니즘의 맥락에서 전혀 다른 존재인 인간과 기계 및 예술 작품에 관해 흥미로운 철학적 의문이 생긴다. 특히 스텔락의 '두 번째 삶Second Life'이란 퍼포먼스가 눈에 띈다. 스텔락은 '두 번째 삶'이란 게임 속에서 아바타가 되어 다른 아바타와 교류한다. 스텔락과 교류하는 다른 아바타들은 여러 나라 출신의 참가자들이 조작한다. 스텔락의 아바타는 그의 몸과 연결되어 있다. 하지만 스텔락은 신체의 절반만 의식적으로 제어할 수 있고, 나머지 절반의 움직임은 컴퓨터로 제어하는 무작위 생성 기계가 신체에 전달하는 전기 자극으로 발생한다. 이 퍼포먼스는 행동에 대한 책임의 소지가 원래 누구에게 있으며, 교류가 일어나는 장소 및 신체의 한계에 의문을 제기하게 만든다. 전기 자극을 일으키는 컴퓨터가 신체의 일부인 유기체에 연결되어 있는가? 디지털 아바타를 신체의 한 부분으로 볼 수 있는가? 신체는 비유기적 구성 요소까지 포괄하는가?

아이보그Eyeborg를 장착한 닐 하비슨Neil Harbisson의 퍼포먼스를 보면 다른 접근법을 얻을 수 있다. 이 색맹 예술가는 엔지니어와 함께 색을 들을 수 있는 장치를 개발하여 자기 신체를 확장한다. 기술로 신체를 변화시켜 공감각이 가능해진 것이다. 하비슨은 "사이보그가 되는 일은 그저 인생을 건 선택만이 아닙니다"라고 분명하게 밝힌다. "사이보그는 예술적 표현입니다. 저는 제 몸과 뇌를 조각품으로 취급합니다."[90]

하비슨의 협력자인 문 리바스Moon Ribas 역시 발바닥에 지진 감지 센서를 이식한다. 리바스는 지구에서 지진이 발생할 때마다 센서를 통해 지진 강도를 느끼며, 이 감각을 자신의 무용 공연에 활용한다. "지구와 내가 듀엣을 하는 것과 비슷합니다. 지구는 작품의 실제 안무가고, 나는 지구가 제공하는 데이터를 모방할 뿐입니다."[91] 리바스는 공연 중에 지진이 일어나지 않으면 춤을 추지 않는다.

팝 음악도 일찍이 사이보그라는 주제와 음악적 혁신 측면에서 디지털화 가능성을 중점적으로 다뤄왔다. 예를 들어 아이슬란드 가수 비요크는 라이브 콘서트에서 리액터블(Reactable, 테이블 내부에 설치된 카메라가 스크린 위에 놓인 물체의 종류와 움직임을 감식하여 내부의 컴퓨터로 전송하면 컴퓨터가 이를 해석하고 오디오 신시사이저와 비디오 프로젝터를 이용해 소리와 이미지를 생성함-옮긴이)과 같은 새로 개발된 악기를 사용한다. 일렉트로닉 및 디지털 팝 음악 분야의 선구자 크라프트베르크의 테크노 음악 연출 기법은 지난 50년간 음악사에 결정적인 영향을 끼쳤다. 특히 〈기계 인간〉이라는 일곱 번째 정규 앨범이나, 〈우리는 로봇이다Win sind die Roboter〉라는 공연에서 가수들이 사이보그 점프슈트를 입고 기계로 왜곡시킨 목소리를 내면서 기계 뒤에서 움직이지도 않고 서 있는 광경이 눈에 띄는 부분이다.

트랜스휴머니즘의 주제와 모티브는 바디 아트, 음악, 행위 예술뿐만 아니라 조각과 조형 예술에서도 찾아볼 수 있다. 호주 예술가 패트리샤 피치니니Patricia Piccinini의 작품이 특히 대표적인 사례다. 피치니니의 조각품 〈줄기세포가 있는 정물Still Life with Stem Cells〉에서는 어린 소녀가 줄기세포를 가지고 놀면서 줄기세포로 생명을 만들어가는 모습을 보여준다. 여기에는 이 장 초반에 언급한 프로메테우스의 모티브인 놀이하는 인간, 호모 루덴스가 등장하는데, 이 인간은 다른 인간을 창조하는 존재다. 여기서 인간은 신이 독점하던 창조 행위를 모방한다. 또한 파치니니는 엔지니어와 협력하여 자동차 사고에서 살아남을 확률이 높은, 진화한 가상 인간인 '그레이엄Graham'을 실물 크기로 제작한다. 그레이엄처럼 생긴 생명체는 자동차 사고에서 살아남을 확률이 높다.

자동화의 발달로 사회에서 로봇의 중요성이 점차 커지고 있다. 이 발전상은 로봇 아트에서도 다루는 부분이다. 순위엔Sun Yuan과 펑유Peng Yu 부부가 2015년에 제작한 로봇 아트 작품 〈나도 어쩔 수가 없다Can't help myself〉는 점점 더 많은 공정이 산업용 로봇으로 인해 자동화되어 가는 세상에서 맞닥뜨리는 도전 과제를 보여준다.

트랜스휴머니즘의 미학

트랜스휴머니즘 모티프는 예술 작품의 내용뿐만 아니라 형태와 재료까지 결정한다. 특히 만화 미학Comic-Asthetik에서 슈퍼 히어로가 눈에 띄는데, 제프 쿤스Jeff Koons의 조각품 '헐크 엘비스Hulk Elvis'를 예로 들 수 있다. 여기서 만화 미학이란 트랜스휴머니즘 맥락과 연관 있는 주제를 가리킨다. 이제는 만화도 미학적 관점에서 진지하게 받아들이는 주제가 되었다. 이런 식으로 만화 미학은 예술품과 관련이 있다.

참고로 미국 시트콤 〈빅뱅 이론〉 시리즈의 주인공들이 모두 만화책 애호가인 것은 우연이 아니다. 이 멋진 드라마에서는 매번 가지각색의 트랜스휴머니즘 사상이 주제로 등장한다. 머스크가 특별 출연하고, 바이오 아티스트인 에두아르도 칵Eduardo Kac이 만든 형광 토끼 알바Alba가 등장하며, 만화 역시 드라마에서 중요 소재로 등장한다. 드라마 주인공 대부분은 만화책을 수집하고, 만화에 관해 깊이 있는 의견을 나누며, 만화를 과학적으로 분석하기도 한다. 만화 속 영웅처럼 의상을 차려입거나 만화 박람회에도 꾸준히 참가한다. 컴퓨터 앞에 죽치고 앉아 사회성에 문제가 있고, 과학적인 주제에 끊임없이 토론하는 젊은 괴짜 남성. 이것이 대중에게 고정 관념으로 박혀버린 트랜스휴머니스트의 모습이다. 현실에서는 분명 이보다 더 다양한 부류가 존재하지만, 그렇다고 해서 고정 관념이 완전히 사라지진 않는다.

소라야마 하지메(空山基, 일본 일러스트레이터, 그래픽 디자이너-옮긴이)의 '섹시 로봇'은 트랜스휴머니즘 미학이 가진 또 다른 외형을 제시한다. 이 로봇의 흠잡을 데 없이 매끄러운 표면은 트랜스휴머니즘 특유의 아름다움을 상징하는 모습이 되었고, 현실 세계에서도 널리 퍼지게 되었다. 흠 없이 매끄러운 표면은 애플 제품이나 인체 조각 작품에서도 볼 수 있다. 음순과 엉덩이 부위 체모까지 제거하는 전체 브라질리언 왁싱은 오늘날 많은 사람이 받는 시술이다. 매끄러운 피부는 소수의 성적 페티시가 아니라 널리 퍼진 문화 현상으로 자리 잡았다. 벨기에의 멀티미디어 아티스트 마이클 베니스티Michael Benisty의 조각품 '부서졌지만 함께 모인Broken but put together'도 이런 매끄러움의 미학을 훌륭하게 표현한다. 2019년 네바다에서 열린 '버닝 맨 페스티벌'에 전시된 이 작품은 실리콘 밸리의 트랜스휴머니스트 엘리트와 매끄러운 미학의 밀접한 관계를 잘 보여준다.

마지막으로 특히 슈퍼 플랫(Superflat, 미술가 무라카미 다카시가 주도한 일본 만화와 애니메이션의 영향을 받은 포스트모더니즘 미술 사조-옮긴이) 운동에서 수많은 예술가의 작품을 특징짓는 귀여움의 미학Kawaii-Asthetik을 언급하지 않을 수 없다. 일본 네오팝 아티스트 'Mr.(미스터)'의 사랑스러운 화풍은 이러한 귀여운 미학의 천진난만한 장난기를 생생하게 구현한다. 우리 일상 속 인스타그램에서도 찾을 수 있는 이런 그림은 애니메이션과 일본 만화의 중심 소재이기도 하다. 인스타그램 사용자는 귀여움 필터를 이용해 자기 사진을 가공 후 공유하여 자신이 원하는 대로 팔로워에게 자기 모습을 보여준다.

사교 활동이 현실에서 디지털 소셜 네트워크로 옮겨지면서 새로운 차림새도 등장했다. 이제 우리는 아날로그 세상에서 만나는 사람들에게만 돋보이고 싶어서 옷에 투자하지 않는다. 팬데믹이 시작되면서 인간관계가 대부분 온라인에서 이뤄지고 있고, 이에 우리는 온라인 친구 앞에서도 멋진 옷을 입고 싶어 한다. 그래서 드레스엑스닷컴dressx.com 같은 온라인 패션 쇼핑몰에서 가상으로만 존재하는 디지털 의상을 구매한 후 인스타그램 친구들에게 멋진 모습을 보여준다. 특별히 더 눈에 띄고 싶다면 독특한 NFT 디자이너 작품을 구매한다. 이런 작품은 보기에도 좋고, 블록체인에서 자신만의 유일한 NFT 작품을 소유했다는 사실을 친구들에게 자랑할 수도 있다. 디지털 디자이너 의상은 기존 의상보다 사회적으로 더 차별화된다. 결국 NFT는 곧 창의성의 증거로 사용된다.

바이오 아트와 크립토 아트

트랜스휴머니즘 관련 내용을 담은 예술 작품을 소개하며 트랜스휴머니즘 맥락에서 중요한 역할을 하는 세 가지 미적 형식(슈퍼 히어로, 매끄러움, 귀여움)에 대한 간략한 개요를 살펴보았으니, 이제 소재 혁신 측면을 언급하겠다. 트랜스휴머니즘에서 인간 발달에 가장 중요한 두 가지 영역은 유전적 진화와 디지털 진화다. 이와 발맞춰 두 가지 새로운 예술 형태가 발전한다. 바로 바이오 아트와 크립토 아트다.

1997년 에두아르도 칵은 '바이오 아트'라는 용어를 만든다. 칵의 바이오 아트 작품 중 다수가 현재 트랜스휴머니즘 예술품의 아이콘이 되었다. 그가 만든 가장 유명한 작품은 두말할 필요 없이 형광 토끼 〈알바〉다. 이 토끼는 유전자 변형을 통해 살아 있는 토끼로 만든 예술품이다. 토끼는 어둠 속에서 녹색으로 빛이 난다. 그렇다면 이 작품은 살아 있을 때만 예술 작품인 걸까? 토끼가 죽은 이후 일어나는 부패 과정도 예술에 포함되는 걸까? 이 새로운 장르에서 발생하는 미학적 도전 과제는 다채롭다. 어떤 예술 작품을 바이오 아트로 간주할지는 아직 명확한 답이 정해지지 않은 문제다. 데미안 허스트Damien Hirst의 대표 작품 〈살아 있는 사람의 마음속에 있는 죽음의 물리적 불가능성The Physical Impossibility of Death in the Mind of Some〉도 실제 상어를 기술로 가공하여 만든 것이므로 바이오 아트가 된다. 허스트의 작품에서 우리는 포름알데히드 용액에 보존 처리된 죽은 상어 사체를 본다. 앞서 언급한 피치니니의 조각품도 바이오 아트 작품인가? 파치니니의 작품 세계에서는 무엇보다 유전자 변형 모티브를 장난감처럼 묘사한다. 파치니니의 작품에 살아 있는 유기체는 등장하지 않지만, 그의 작품은 바이오 아트의 근간이 되는 윤리 문제를 노골적으로 다룬다. 에두아르도 칵이 피튜니아꽃의 유전자를 변형한 〈에듀니아Edunia〉도 매력적인 작품이다. '에듀니아'는 칵의 이름인 에두아르도와 피튜니아의 합성어다. 바이오 아트라는 용어에 명확한 정의가 더 필요하긴

하지만, 이 새로운 예술 장르는 확실히 유기체 진화에 큰 희망을 걸고 있는 탄소 기반 트랜스휴머니즘의 신개념 패러다임이다.

탄소 기반 트랜스휴머니즘을 의미하는 바이오 아트와 달리 '크립토 아트'는 규소 기반 트랜스휴머니즘, 즉 디지털 진화를 중점으로 한 발전 양상을 트랜스휴머니즘을 통해 근원적으로 표현한다. 크립토 아트 장르는 인터넷의 발전과 함께 등장했다. 1990년경에 등장한 웹 1.0에서는 모든 사용자가 소비자에 불과했다. 2003년부터는 사용자가 '프로슈머(참여형 소비자)'가 되는 웹 2.0이 등장한다. 이제 사용자는 클라우드 컴퓨팅을 통해 콘텐츠를 소비하고 생산까지 한다. 웹 3.0은 블록체인을 기반으로 하는 새로운 형태의 인터넷을 의미한다. 앞서 언급한 메타버스도 세컨드 라이프Second Life의 발전된 형태로 내용 면에서 웹 3.0에 포함된다. 현실 세상 구조는 디지털 세계에 유사한 형식으로 복제된다. 이제 블록체인 기술을 이용해 디지털 예술품에 고유성을 부여하고, 명확한 소유권을 예속시키는 일도 가능하다. NFT 예술품의 소유권은 소유자가 특정 NFT를 가지고 있다는 전제하에 주어진다. 그러나 구매 계약에 이 사실을 명시적으로 기재해야만 소유자가 자동으로 NFT 저작권에 대한 권리를 갖는다. 이 같은 방식으로 예술가는 내용은 같으면서도 다양한 크기의 NFT를 만들어 작품별로 한정판을 하나씩 제작할 수도 있다. 최근에는 아방가르드 분야뿐만 아니라 디즈니 역시 엄청나게 고가인 NFT를 제작하고 있다.

미학적 관점에서 NFT는 고유한 작품만의 분위기를 상기시킨다는 면에서 매력적이다. NFT는 유일무이하고, 직접적으로 블록체인 내 특정 소유자에게 귀속된다. 그러면서 예술품이 가진 모티브를 원하는 만큼 복제할 수 있다. 이 사본은 어떤 형태든 간에 원본과 다르지 않다. 이렇게 언제든 예술품을 재생산할 수 있다는 점과 예술품의 단일성은 완전히 새로운 분위기, 즉 트랜스휴머니즘적 분위기(아우라)를 조성하고 있다. 이는 곧 오리지널 NFT에 부합하는 일이다.

블랙 미러

해가 갈수록 내가 가르치는 학생 중 트랜스휴머니즘을 아는 사람이 점점 많아지고 있다. 트랜스휴머니즘에 대해 명확하게 들어본 적이 없다고 해도 최소한 트랜스휴머니즘 사상이나 이념, 비전을 다룬 시리즈[92]를 하나 이상 본 적이 있을 것이다. 트랜스휴머니즘을 주제로 하여 새로운 영화나 시리즈물 내지는 만화가 계속 나오고 있다. 이 중에 가장 성공을 거둔 시리즈는 〈블랙 미러〉일 것이다. 〈블랙 미러〉 시리즈는 2011년부터 2014년까지는 영국 지상파 TV 채널 4에서 방영한 후, 2016년부터 2019년까지는 넷플릭스에서 제작했다. 〈블랙 미러〉는 22개의 에피소드로 구성되어 있으며, 미디어와 기술에 관한 여러 다양한 주제를 다룬다. 개별 에피소드가 다른 에피소드와는 상관없이 진행되는 옴니버스 형식이다. 〈블랙 미러〉 시리즈는 프라임타임 에미상에서 '최우수 TV 영화' 부문을 3회 연속 수상했으며, 마땅히 받을 만했다. 〈블랙 미러〉에는 특히 철학적으로 주목할 만한 에피소드가 많다. 그중에는 디지털로 인간이 서로를 평가하는 세상을 그린 '추락Nosedive'도 있다. 2016년에 방송된 이 가상의 〈블랙 미러〉 세상의 기본 개념은 이미 2014년부터 중국의 사회 신용 시스템에 적용되어 실현돼 왔다.

　2018년에는 〈블랙 미러〉 프로젝트의 일부분으로 인터랙티브 영화 〈블랙 미러, 밴더스내치〉가 방영된다. 영화의 길이는 약 90분으로 제한됐지만 총 5시간 분량의 영상이 있다. 어떤 영상을 볼지는 전적으로 각 시청자의 결정에 달려 있다. 개념상 '밴더스내치Bandersnatch'는 영화와 컴퓨터 게임이 접목된 복합 미디어다. 따라서 영화가 끝나는 방식에도 다양한 버전이 존재한다. 심지어 어떤 영화 음악을 재생할지도 시청자의 능동적인 결정에 달려 있다.

　다양한 〈블랙 미러〉 에피소드는 트랜스휴머니즘에서 가장 중요한 측면을 전달하는 역할을 한다. 스토리텔링, 미디어 및 비주얼 면에서 〈블랙 미러〉 시리즈는 뛰어난 품질을 자랑한다. 물론 트랜스휴머니즘을 훌륭하게 풀어내는 기타 많은 시리즈물이 있다. 그중 하나가 2016년부터 방영 중인 미국 드라마 〈웨스트월드〉다. 이 드라마는 미래형 테마파크에서 안드로이드와 인간 간에 벌어지는 사건을 다룬다. 윤리적으로 논란의 소지가 있는 로봇의 가상 강간 가능성 같은 분야를 논하는 것에도 주저함이 없다. 이런 행위를 도덕적으로나 법적으로나 어떻게 평가해야 하는가? 로봇은 감정과 감각이 없는 물건이다. 그러면 로봇이 행하는 가상의 강간은 어떻게 봐야 하는가? 스페인과 이탈리아에는 이미 로봇 매춘 업소가 있어 남성과 여성 로봇을 모두 예약할 수 있다. 이러한 판타지 강간 프로그램을 섹스 로봇에서 선택할 수 있는 하나의 옵션으로 만들 수도 있다.

　딕의 환상적인 이야기를 원작으로 한 작품으로는 영화 말고도 2017년 영국에서 첫 전파를 탄 〈일렉트릭 드림스〉 시리즈가 있다. 앞서 우리는 디스토피아 소설《안드로이드는 전기양의 꿈을 꾸는가?》를 통해 딕을 알고 있다. 이 소설은 스콧 감독이 영화 〈블레이드 러너〉를 제작하는 데 영감을 준다. 유명 영화 〈마이너리티 리포트〉도 딕의 소설을 원작으로 한 작품이다. 휴머노이드와의 공생, 우주 관광 체험, 텔레파시 능력을 지닌 사람들은 이 시리즈에 등장하는 주제 중 일부일 뿐이다.

휴머노이드 자체와 휴머노이드가 가진 다양한 면모는 수많은 시리즈의 주제이기도 하다. 스웨덴 시리즈 〈리얼 휴먼〉을 리메이크한 영국 채널 4의 〈휴먼스〉에는 가정용 휴머노이드 로봇 '신스'가 시리즈의 주인공으로 등장한다. 이 시리즈의 대본 작가들은 권위 있는 영국 영화 및 텔레비전 예술상BAFTA, British Academy of Film and Television Arts을 받는다. 〈휴먼스〉는 인공지능, 의식이 있는 로봇, 인간과 로봇 간의 상호작용, 그리고 최근 인기를 끌고 있는 마인드 업로딩을 다양한 줄거리로 다룬다. 시리즈의 큰 성공에 힘입은 나머지 2018년에는 중국어로 각색된 작품까지 제작된다.

리처드 모건의 동명 소설을 원작으로 한 넷플릭스의 사이버 펑크 시리즈 〈얼터드 카본〉도 영화상(2018)을 받는다. 이 시리즈는 큰 성공에도 불구하고 시즌 2까지만 제작이 되고 말았다. 첫 번째 시즌의 많은 에피소드는 2384년 미래형 대도시 베이 시티에서 진행된다. 이 가상 세계에서는 인간의 기억과 의식이 목에 있는 하드 드라이브에 저장되고, 사망 후에는 인격을 새로운 몸에 옮기는 일이 가능하다. 그렇지만 죽음을 맞이할 가능성은 남아 있다. 베이 시티에서 가장 부유한 사람들은 성경의 므두셀라Methuselah에 대한 경의를 표하는 뜻에서 메스Meth라고 불린다. 메스의 의식은 위성에 저장되어 다른 신체로의 이동이 훨씬 수월하다. 이런 발상은 일부 트랜스휴머니스트에게 꽤 그럴듯한 미래 비전으로 인정받는다.

마인드 업로딩 또한 공상과학 시리즈의 주제가 된다. 2020년 미국에서 방영된 〈업로드〉가 대표적이다. 이 시리즈의 기본 사상은 2033년, 인간이 가상의 후세에 자신을 업로드할 선택지가 주어진다는 것으로, 사생활권이나 디지털 후손에 관한 의문과 함께 수없이 복잡한 관계가 흥미롭게 뒤섞인다. 이 시리즈의 세 번째 시즌은 2022년 5월에 방영되었다.

인격의 디지털화 외에도 '인류의 멸종'이란 주제 역시 인기가 높다. 넷플릭스에서는 애니메이션 특유의 스타일이 돋보이는 창의적인 시리즈 〈러브, 데스+로봇〉이 방영된다. 이 시리즈는 22분 이하의 단편 에피소드로 구성되어 있다. 한 에피소드에서는 세 로봇이 종말을 맞이한 도시를 돌아다니며 자신의 기원을 찾는 이야기가 펼쳐진다. 여기에는 인간의 멸종도 관련이 있다. 인간의 멸종은 HBO에서 2020년 제작한 스콧 감독의 〈레이즈드 바이 울브스〉에서도 나온다. 스콧은 앞서 언급한 영화 〈에이리언〉과 〈블레이드 러너〉의 감독이기도 하다. 〈레이즈드 바이 울브스〉는 전쟁으로 지구가 파괴된 후 두 안드로이드가 인간 아이들의 양육을 맡게 되는 이야기다.

디지털화의 끊임없는 발전은 디지털화가 품은 또 다른 철학 도전 과제를 보는 인식도 높이고 있다. 가상 현실 문제는 2018년 방영된 영국 공상과학 시리즈 〈체이싱 섀도우〉에서 다루어진다. 주인공 레일라는 온라인 멀티플레이어 롤플레잉 게임에 참여하길 즐긴다. 가상 현실 경험과 실제 세계의 경험이 밀접하게 얽힌 점이 이 시리즈가 지닌 철학적 매력이다. 인간의 아바타는 인격의 연장선상에 있는가?

2021년, 미국 유료 케이블 방송 채널 HBO에서 〈메이드 포 러브〉 시리즈가 첫선을 보였다. 이 시리즈에서는 억만장자 남편이 아내의 뇌에 추적 장치를 이식한다. 이 칩을 통해 남편은 아내의 위치뿐만 아니라 아내의 감정까지 알 수 있다. 한편 아내는 남편에게서 벗어나려 고군분투하고, 이는 끔찍한 문제로 이어진다. 2019년 FX 네트웍스는 스트리밍 플랫폼 훌루에 미래 사건 예측과 연관된 양자 컴퓨터의 가능성을 다룬 공상과학 시리즈 〈데브스〉를 공개했다. 〈데브스〉는 자유 의지, 결정론과 같은 철학적 주제를 흥미진진한 방식으로 풀어놓는다.

독일을 비롯한 비영어권 국가에도 트랜스휴머니즘을 주제로 한 시리즈와 콘텐츠가 있다. 2020년부터 넷플릭스에서 제작을 시작한 독일 드라마 〈바이오해커스〉 시리즈가 특히 돋보인다. 이 시리즈는 유전공학의 가능성과 그 한계를 주제로 다룬다. 2019년 프랑스 넷플릭스에서는 〈오스모시스OSMOSIS〉 시리즈를 만들었다. 여기서 완벽한 사랑은 알약 하나만 먹으면 두뇌에 장착된 임플란트를 통해 실현된다. 두 사람 모두 이런 임플란트를 가지고 있으면 가상 공간에서 결합해 완벽하게 스며들 수 있다. 브라질에서는 2020년 비슷한 주제를 다룬 넷플릭스 시리즈 〈더 시스템〉이 제작되었는데, 이 작품은 전지전능한 보안 시스템이 가진 사회 문제를 언급한다. 개인적인 생각으로 이는 디지털화와 관련 있는 가장 중요한 주제다. 그런가 하면 2019년 넷플릭스에서 방영한 러시아 드라마 〈그녀, 안드로이드〉 시리즈도 있다. 로봇을 섹스용으로 사용하려는 인간을 죽이는 로봇의 이야기를 담아내며, 인간과 로봇의 관계를 논한다. 이를 통해 아리사라는 이름을 가진 첨단 로봇이 아시모프의 로봇 법칙을 따르지 않는다는 사실이 분명히 드러난다(제1원칙, 로봇은 인간에게 해를 입혀서는 안 되며, 부작위로써 인간이 해를 입게 두어서도 안 된다. 제2원칙, 제1원칙에 어긋나지 않는 한 로봇은 인간의 명령에 복종해야 한다. 제3원칙, 제1원칙과 제2원칙에 어긋나지 않는 한 로봇은 자기 자신을 보호해야 한다. 이후 제0원칙이 추가되었다. 로봇은 인류를 해칠 수 없으며, 인류가 해를 입게 두어서도 안 된다. 따라서 제1, 2, 3원칙에도 각각 제0원칙에 어긋나지 말 것이라는 단서가 붙었다-옮긴이).
2020년 한국 넷플릭스에서는 인공지능의 한계를 문제 삼는 〈나 홀로 그대〉가 공개되었다. 여기서 '홀로'란 이야기 중심에 있는 인공지능 홀로그램을 가리킨다.

아이언맨

영화 산업은 특히 트랜스휴머니즘의 모티브를 가공하는 데 제격이며, 앞으로도 계속 그럴 것이다. 트랜스휴머니즘을 다루는 새로운 장편 영화들이 끊임없이 개봉되고 있다. 마블 스튜디오에서 제작한 공상과학 영화 〈어벤져스: 엔드게임〉은 2019년 흥행수익 면에서 세계적으로 가장 큰 성공을 거둔 영화가 된다. 악당 타노스가 우주 생명체의 절반을 멸망시키자, 슈퍼 히어로 팀 어벤져스가 시간 여행을 이용하여 되돌리려고 노력하는 내용이다. 여기에 등장하는 영웅들은 기술을 통해 초능력을 얻는다. 헐크는 감마선에 노출됨으로써, 헨리 '행크' 핌 박사는 화학 물질을 이용해서 몸 크기를 자유자재로 바꿀 수 있다. 아이언맨의 중무장 슈트는 그만의 특별한 전투력을 강화한다.

트랜스휴머니즘 요소와 주제는 할리우드 영화는 물론 넷플릭스 제작물에서도 자주 등장한다. 2019년 영화 〈나의 마더〉에서 로봇 '마더'는 종말 이후 세상에서 지구에 다시 인간이 살도록 만드는 역할을 한다. 이미 언급했듯 기술을 통해 인류가 멸망할 가능성은 트랜스휴머니즘에서 매우 중요한 부분을 차지한다. 2021년에 개봉한 미국 공상과학 영화 〈아웃사이드 더 와이어〉도 전 지구적 재앙을 막는 것이 중심 주제다. 이 영화에서 안드로이드 장교는 드론 조종사와 함께 재앙을 저지하는 힘든 임무를 맡는다.

트랜스휴머니즘을 모티브로 하는 영화는 특히 동아시아 지역에 널리 퍼져 있다. 2022년에 개봉한 한국 영화 〈트랜스〉는 두뇌 전기 자극을 통해 트랜스휴먼이 되어 과거 자신을 괴롭힌 자들에게 복수하려는 한 소녀의 꿈에 관해 이야기한다. 뇌심부자극술은 이 아이디어를 실행에 옮기는 첫걸음이 될 수 있다. 2020년에 개봉한 한국 영화 〈인공지능 그녀〉는 BCI가 표준이 된 세상을 묘사한다. 인간은 이 인터페이스를 통해 경험을 구매함과 동시에 AI 데이터의 노예가 되기도 한다. 이는 일부 AI 과학자들도 경고하고 있는 공포 시나리오를 상징적으로 나타낸 부분이다. 2021년에 개봉한 한국 영화 〈메이킹 메모리〉도 BCI에 관한 이야기다. 이 영화에서는 기계가 기억을 동영상으로 재생할 수 있게 되면서 수많은 사회 문제를 일으킨다.

2017년에 제작된 일본 영화 〈정크 헤드〉에서는 유전자 기술로 인간이 더 오래 살게 되지만, 그 결과 더는 자연 번식을 하지 못하면서 새로운 여러 문제가 발생한다. 성생활과 생식을 분리하는 일은 이미 예전부터 현재까지 이어진 발전이며, 트랜스휴머니즘에서 중요한 의미가 있다. 몇몇 트랜스휴머니스트가 개발한 일부 비전을 성생활 영역에서 구현하는 일은 실제로 성 혁명 2.0이라는 이름으로 진행되고 있다. 이는 여러 영화에서 우리가 이미 발견한 부분이다.

남미에서도 트랜스휴머니즘을 주제로 한 영화가 제작되었다. 2021년 칠레에서는 다섯 개의 에피소드로 구성된 옴니버스 공포 영화 〈앱스〉가 제작되었다. 각 에피소드는 앱을 중심으로 전개된다. 에피소드별로 서로 다른 공포 상이 나타난다. 같은 해에 유전자 편집을 이용하여 후손의 삶의 질을 향상하려는 부부의 이야기를 다룬 칠레 단편 영화 〈테오〉가 개봉했다.

만화부터 게임까지

트랜스휴머니즘을 모티브로 삼는 매체는 영상 시리즈와 영화뿐만이 아니다. 10권으로 구성된 일본 만화 《이키가미》는 사망 예고를 다룬다. 천 명 중에 한 명이 18세에서 24세에 터져 죽게 되는 나노캡슐을 주입받고, 그 사실을 하루 전에 알게 된다. 이런 식으로 인간에게 생명이 얼마나 소중한지 명확하게 알려준다. 일본 소설 《소드 아트 온라인》은 온라인 멀티플레이어 롤플레잉 게임에 관한 철학적 문제를 다룬다. 소설을 바탕으로 애니메이션 시리즈나 애니메이션 영화도 제작되었다. 트랜스휴머니즘 관점에서 이 《소드 아트 온라인》은 온라인 세계가 실제 아날로그 세상만큼 현실적이라서 특히 재미있다. 머스크는 디지털 세계가 몇 년 안에 《소드 아트 온라인》 속 세계처럼 발전하리라 예상한다.

한편 유명 작가들의 작품에서도 트랜스휴머니즘 요소를 점차 많이 찾아볼 수 있다. 노벨 문학상 수상자 가즈오 이시구로의 소설《클라라와 태양》은 유전자가 변형된 아이들이 에이에프(Artificial Friend, 인공 친구)와 함께 성장하는 먼 미래를 배경으로 한다. 이 이야기의 여주인공은 인간 세계를 이해하려고 노력하는 인공지능이다.

컴퓨터 게임 분야에서 트랜스휴머니즘이 차지하는 부분 역시 과소평가할 수 없다. 컴퓨터 게임은 시리즈물이나 소설의 소재이면서도 게임 그 자체로 지적 요소가 상당하다. 경제적 관점에서 볼 때 현재 게임 산업은 적어도 영화 산업만큼이나 중요하다. 수많은 컴퓨터 게임이 트랜스휴머니즘에서 모티브를 얻고 있다. 특히 매력적인 게임은 고대 그리스어로 '기계로부터 온 신'이라는 뜻을 가진 고대 무대 장치 '데우스 엑스 마키나 Deus ex machina'에서 따온 '데이어스 엑스Deus Ex'라는 게임이다. 실제로 존재했던 무대 장치에 고대 드라마 속 신이 등장해 게임에 결정적으로 개입하고 갈등을 해결하는 장면을 만들어낸다. 매력적이면서 대단히 복잡한 게임 '데이어스 엑스'에서는 나노 기술로 최적화된 요원들이 세계를 지배하려는 지하 조직을 막아내야 한다. '데이어스 엑스'는 컴퓨터 게임 역사에 이정표가 된 게임으로, 줄거리와 캐릭터의 기반이 되는 과학 지식을 훌륭하게 담아내 설명해 준다. 세계 각지에서 미래 기술에 대한 비전이 다양해지면서 트랜스휴머니즘과 관련된 지역 고유의 문화 흐름도 뚜렷해지고 있다.

트랜스휴머니즘을 지향하는 예술 사조

로렌스 렉 감독은 2016년 〈시노퓨처리즘Sinofuturism〉(중화미래주의)이라는 영화를 시작으로 인공지능의 가능성을 주제로 한 흥미로운 중국 영화를 연이어 선보인다. 2017년에는 〈지오맨서Geomancer〉를, 2019년에는 〈아이돌〉을 개봉한다. 문화 운동이기도 한 시노퓨처리즘은 아프로퓨처리즘Afrofuturism에 앞서 있다.

1993년 마크 데리가 만든 아프로퓨처리즘은 공상과학 요소와 기술 문화의 도전 과제가 융합한 여러 아프리카 국가의 문화 미학을 의미한다. 아프로퓨처리즘은 다채로운 예술 장르에서 뛰어난 작품을 탄생시키면서 광범위한 문화적 흐름을 만들어낸다. 공상과학 작가 옥타비아 버틀러는 특히 1993년에 발표한 소설《씨앗을 뿌리는 사람의 우화》를 통해 아프로퓨처리즘 운동 발전에 결정적으로 공헌한다. 시각 예술 분야에서는 21세기 아프리카 미래주의 예술을 미리 내다본 장 미셸 바스키아Jean Michel Basquiat의 작품을 주목할 만하다. 음악 분야에서는 재즈 작곡가이자 음악가인 선 라Sun Ra와 조지 클린턴이 리더를 맡아 〈머더십 커넥션〉, 〈펑켄슈타인 박사의 클론The Clones of Dr. Funkenstein〉 등의 앨범을 낸 팔리아멘트 펑카델릭을 언급할 수 있다. 케냐 출신의 젊은 예술가 사이러스 카비루Cyrus Kabiru도 눈에 띈다. 그의 미래지향적인 조각품은 아프로퓨처리즘 미학의 중요한 특성을 모범적으로 표현한다.

시노퓨처리즘과 아프로퓨처리즘에 트랜스휴머니즘 요소가 있어도, 트랜스휴머니즘은 확실히 서구 및 영미권에 기원을 두며 전통 진화론과 밀접한 관련이 있다. 올더스 헉슬리의 가문이 트랜스휴머니즘과 깊은 연관이 있다는 점은 지금쯤이면 분명해졌을 것이다. 시노퓨처리즘과 아프로퓨처리즘과 더불어 트랜스휴머니즘의 '세계 지역화Glocalization'가 일어나고 있다. 한편으로는 이 두 지역의 미래주의 문화 운동이 각각 동아시아 문화권과 아프리카 문화권을 바탕으로 하지만, 다른 한편으로는 단일 동아시아 문화나 단일 아프리카 문화가 존재하지 않는 것이 사실이다. 이 두 지역의 미래주의 문화 운동은 글로벌 기술 발전, 특히 영미 문화로부터 막대한 영향을 받고 있다.

최근 유럽 대륙에서도 트랜스휴머니즘을 지향하는 예술 사조가 자리를 잡았다. 미학적 관점과 지적 관점 모두에서 유럽 지역 문화 환경만의 특색을 확인할 수 있다. 특히 문 리바스, 테레사 슈베르트Theresa Schubert, 조안나 그로초프스카Joanna Grochowska, 타티아나 폰 레이스Tatyana von Leys 같은 여성 예술가들이 눈에 띤다. 문 리바스의 무용 공연은 이 장의 첫머리에서 이미 언급한 바 있다. 테레사 슈베르트의 작품은 바이오 아트 분야에서, 조안나 그로초프스카는 트랜스휴머니즘 조각으로, 타티아나 폰 레이스는 유화로 특히 유명하다. 이 예술가들의 작품에는 유럽 대륙만의 특징이 있다. 유럽 대륙의 현대 트랜스휴머니즘 문화, 지적 및 예술 창작의 많은 요소는 유럽 대륙에서 변형된 트랜스휴머니즘 또는 유로 트랜스휴머니즘으로 이해할 수 있을 것이다. 이는 변함없이 흥미로운 분야다. 다양한 트랜스휴머니즘 예술 경향이 얼마나 효과적일지는 지켜봐야 할 것이다.

트랜스휴머니즘이 중요한 현대 문화 사조 중 하나라는 부분은 누구나 인정하는 바다. 학문 분야에서도 이미 트랜스휴머니즘을 접할 수 있다. 2017년부터 펜실베이니아 주립대학 출판부는 포스트휴먼을 전문으로 다루는 학술지《포스트휴먼 연구 저널》을 발간하고 있다. 서울 이화여자 대학교는 '포스트휴먼 연구'를 주제로 한 석박사 이수 과정을 개설했다. 포스트휴먼 개념의 틀 안에서 예술 창작 활동을 지적으로 분석하는 일은 모든 트랜스휴머니즘 프로젝트를 통틀어 특히 중요하다.

예술과 미디어에서의 트랜스휴머니즘 구현

클라이네궁크 ◇ 예술에서 트랜스휴머니즘을 논할 때는 두 가지 영역을 구분해야 한다고 생각하는데요. 하나는 예술에서 트랜스휴머니즘이 주제가 되는 영역이고, 다른 하나는 트랜스휴머니즘만의 독자적 예술 형식을 끄집어낼 수 있느냐 하는 것입니다. 이건 상당히 흥미로운 질문이 될 겁니다.

먼저, 트랜스휴머니즘은 주로 공상과학 문학 내지는 영화에서 다뤄지는데요. 여기서 영감이 어떻게 오가는지 관찰하는 일은 아주 재밌습니다. 50여 년 전 베이비붐 세대는 텔레비전 앞에 앉아 〈스타트렉〉을 시청했지요. 이 TV 시리즈가 현재 기술 분야 종사자들에게 큰 영향을 끼친 게 분명합니다. 예를 들어 〈스타트렉〉 주인공들이 무선 전화기를 이용해 통화하는 장면이 아주 인상적이었죠. 그때만 해도 무선 전화기는 아직 공상과학소설 속 이야기에 불과했거든요. 현재 청소년들은 유선 전화기를 박물관에서나 볼 수 있을 거예요. 하지만 몇몇 최신 사례도 있습니다. 그중 하나가 마인드 업로딩이라는 트랜스휴머니즘적 발상이지요. 이 아이디어는 할리우드 영화 〈트랜센던스〉의 주요 소재가 됩니다. 영화에서 일론 머스크는 자기 자신을 연기하며 청중들 사이에 앉아 있어요. 어쩌면 머스크는 그 자리에서 뉴럴링크의 새로운 프로젝트에 대한 영감을 받았을지 모릅니다. 이는 주목할 만한 상호 작용입니다.

조르그너 ◇ 공상과학 분야를 과소평가해서는 안 됩니다. 현재 활발하게 활동 중인 대다수 트랜스휴머니스트는 공상과학소설의 열광적 팬이며, 이들은 여기서 영감을 얻습니다. 심지어 트랜스휴머니스트를 자처하는 졸탄 이스트반이 쓴 《트랜스휴머니스트 내기》란 소설도 있습니다. 이 소설은 실제로 중요한 트랜스휴머니즘 이슈를 언급합니다. 전문가의 관점에서는 확실히 흥미롭습니다. 하지만 이 소설이 문학적으로 인정받는 예술 작품인지는 모르겠네요. 다른 장르는 트랜스휴머니즘과의 관련성이 그리 깊지 않습니다.

클라이네궁크 ◇ 하지만 저는 공상과학소설 밖에서도 트랜스휴머니즘을 찾아볼 수 있다고 생각합니다. 제가 가장 좋아하는 작가 목록의 맨 위에는 프랑스 문학계에서 무서운 신동으로 이름난 미셸 우엘벡이 있어요. 우엘벡은 화제가 되는 시대 정신을 기가 막히게 감지하는 감각으로 큰 성공을 거뒀지요. 우엘벡의 소설에는 트랜스휴머니즘 사상이 반복해서 등장합니다. 그의 소설 《소립자》의 주인공은 트랜스휴먼을 창조하는 유전학자고요, 소설 《어느 섬의 가능성》 역시 인간을 인공적으로 복제하는 일에 무게를 두고 이야기가 흘러갑니다. 이처럼 트랜스휴머니즘 주제를 다루는 유명 주류 작가들이 분명 존재합니다.

조르그너 ◇ 아시아에서도 비슷한 현상이 나타나고 있습니다. 일본의 노벨 문학상 수상자 가즈오 이시구로의 최근 소설《클라라와 태양》도 트랜스휴머니즘 사상을 다루고 있습니다. 아이들이 유전자 조작을 당하고, 인공지능이 존재하는 디스토피아 미래에 관한 이야기인데요. 소설 속 주인공의 친구는 인공지능을 탑재한 안드로이드입니다. 우엘벡이나 이시구로는 트랜스휴머니즘이란 말을 대놓고 언급하지는 않지만, 두 저자 모두 트랜스휴머니즘을 심도 있게 이야기합니다.

클라이네궁크 ◇ 시각 예술로 넘어가 보겠습니다. 이 분야에서는 완전히 새로운 기술이 사용되고 있어요. 일단 저는 디지털 아트만 언급하겠습니다. 신기술을 중심으로 NFT와 같은 완전히 새로운 마케팅 방식이 등장하고 있습니다. 최근 몇 년간 NFT 예술은 미술계와 미술 시장에서 큰 화제가 되었지요. 하지만 현재로서는 이 모든 것이 크게 무너져내리고 있다는 사실을 인정해야 할 거예요. 2년 전만 해도 높은 가격에 거래되던 작품이 지금은 최대 90퍼센트까지 가격이 내려갔습니다. 이쯤에서 디지털 아트는 정말 예술의 진보인지, 아니면 기획된 과장 광고인지 묻지 않을 수 없군요.

조르그너 ◇ NFT는 예술 작품의 미학과는 관련이 없습니다. NFT는 디지털 아트의 무한한 복제 가능성을 고려할 때, 구매자가 유일무이한 원본을 사들인다고 말할 수 있는 물건을 만드는 수단일 뿐입니다. 기술적으로 예술 작품의 복제가 가능한 시대에도 원본만이 풍기는 특유의 분위기는 계속 존재하거든요. 현재 전 세계적으로 많은 예술가가 NFT를 이용해 작업하고 있는데요. 만약 NFT 시장이 갑자기 붕괴한다면, 암호화폐로 억만장자가 된 사람들이 그 많은 돈을 주체 못 하고 크립토 아트에 투기한 탓일 수도 있습니다. 그럼 주식 시장처럼 폭락으로 이어지겠죠.

클라이네궁크 ◇ NFT가 새로운 예술이라기보다는 디지털 아트를 법적으로 보호하는 방법이라는 생각에 동의합니다. 당연히 NFT에서 예술의 질을 논할 수는 없겠지요. 다른 어떤 분야와 마찬가지로 디지털 아트에서도 걸작은 극소수이고, 평범한 예술품이 많습니다. 어쩌면 우리는 옥석을 가리는 광경을 목도하고 있는지도 모르겠어요. 하지만 제가 언급하고 싶은 사실 하나는 우리가 컴퓨터 기술을 활용하여 예술을 한다는 부분입니다. 또 다른 추세로 컴퓨터가 독자적으로 예술품을 만들어내는 사례가 증가하고 있습니다. 예를 들어 비틀즈 목소리로 부르는 노래가 나오고, 베토벤의 10번 교향곡(베토벤의 교향곡은 9번까지 있음-옮긴이)이 나온다면, 이는 중요한 새로운 발전일까요?

조르그너 ◇ 일본에서 열린 단편 공모전에서 알고리즘이 쓴 이야기가 상위 5개 작품 중 하나로 선정되었다고 하더군요. 아주 흥미로운 사실이 아닐 수 없습니다. 알고리즘의 미적 품질 수준이 문학자들에게 충분히 깊은 인상을 남겼나 봅니다. 저는 인공지능이 만든 비틀즈의 노래를 들어봤습니다. 〈아빠의 차〉는 1위 히트곡까진 아닐지라도 나쁘지 않은 노래임은 분명했어요. 이렇게 우리는 음악을 창작하는 방법의 시작점에 서 있을 뿐입니다. 딥러닝을 통해 얼마나 많은 일을 실현할 수 있을지 상상해 보면 흥분을 감출 수가 없군요.

클라이네궁크 ◇ 인공지능으로 만든 작품이 원작에 얼마나 근접하였는지 보면 놀라울 때가 많습니다. 하지만 이런 인공지능을 이용해 만든 결과물이 언제까지 흥미로울지는 의문입니다. 결국 예술을 매력적으로 만드는 요소는 새롭고 창의적이며 진부하지 않은 것이니까요. 알고리즘이 바그너의 〈로엔그린〉 서곡을 작곡하고 제임스 조이스의 《율리시스》와 같은 소설을 쓰거나 파블로 피카소의 〈아비뇽의 여인들〉과 비슷한 작품을 화폭에 담는 일은 상상도 할 수 없습니다. 제가 말한 작품들은 전부 예술을 만들어낸 개혁, 붕괴, 창의적 추진력의 예시입니다. 알고리즘에는 이런 창의성이 아예 없어요. 기껏해야 완벽한 모작을 만드는 데 그치고 말지요. 장 콕토는 다음과 같이 멋진 말을 남겼습니다. "그녀의 뺨은 장미 꽃잎 같았다, 라는 문장을 처음 쓴 사람은 천재이고, 두 번째로 이 문장을 쓴 자는 바보다." 이런 점에서 컴퓨터는 바보 같은 예술품을 제작하고 있을 뿐입니다.

조르그너 ◇ 그 부분에서만큼은 확신하지 못하겠군요. 예를 들어 컴퓨터가 딥러닝을 통해 특정 양식을 모방하는 데서 그치지 않고, 여러 양식을 섞는 일이 가능해지면 새로운 것이 탄생할 수도 있습니다. AI가 스트라빈스키, 비틀스, 필립 글래스 특유의 양식을 조금씩 섞거나 서로 연결할 가능성이 있지요. 이때 도출되는 결과물을 가리켜 알고리즘 영감이라고 합니다. 게다가 예술 분야에서 진짜 대단한 개혁은 규칙이 아니라 예외에서 비롯된다는 사실도 알아야 합니다. 이런 평가는 독창적인 '딥러닝 예술가'에게도 똑같이 적용해야 합니다.

클라이네궁크 ◇ 그건 맞는 말씀입니다. 바로 그런 대단한 예외가 미술사를 만들고 예술을 발전시키지요. 언젠가 알고리즘이 이 일을 할 수 있을지는 아직 모르겠습니다만. 조금 더 깊이 들어가 보죠. 순수 트랜스휴머니즘 예술을 말한다면 퍼포먼스 아트가 가장 근접한 주제일 겁니다. 형태적 자유는 트랜스휴머니즘의 주요 주제이지요. 예를 들어 예술 작품을 만들려고 일부러 신체를 변형시키는 예술가도 있습니다. 트랜스휴머니즘 예술이 완전히 새로운 것을 창조하는 분야가 있다면 바로 이런 분야 아닐까요?

조르그너 ◇ 신체를 변형한다는 맥락에서 항상 언급되는 스텔락이나 오를랑 같은 예술가를 보면 확실히 그렇습니다. 이들에게 신체는 훌륭한 얘깃거리입니다. 꼭 '더 좋게, 더 아름답게, 더 발전된' 의미에서의 예술이 아닙니다. 오히려 신체는 끊임없이 변화하는 소재가 되죠. 예술가는 의도적으로 기술을 사용하여 형체가 있는 존재를 계속 변화시킵니다. 따라서 바디 아트, 퍼포먼스 아트, 로봇 아트는 트랜스휴머니즘의 맥락에 많은 부분을 차지하는 분야입니다. 여기서 모든 예술 작품은 하나의 사건이 되는데, 이 사건은 무언가를 보여주려는 의도가 있습니다. 또한 퍼포먼스 요소는 새로운 형태의 생명체를 창조하는 데도 쓰입니다. 예를 들어 에두아르도 칵이 만든 살아 있는 조각품, 이른바 형광 토끼 〈알바〉 같은 것이요. 칵은 유전자 변형 기술을 이용하여 살아 있는 생명체를 예술 작품으로 만들었습니다. 이것은 여러모로 상당히 주목할 만한 예술 작품입니다.

클라이네궁크 ◇ 유전자 변형을 통해 만든 예술품을 완전히 새로운 걸로 봐야 할지는 논쟁의 소지가 있습니다. 형태 변환은 인간이 항상 추구해 온 일입니다. 과거 '원시 민족'으로 불린 종족 사이에는 신체를 과도하게 잡아 늘이는 경향이 나타나요. 치장할 용도로 흉터를 새기고, 입술에 작은 못을 박거나 원판을 집어넣기도 하고, 귓불에 엄청나게 큰 피어싱을 하기도 합니다. 이 같은 행위 이면에는 분명히 인간만의 독특한 의식이 숨어 있습니다. '나는 그저 피조물이 아니라 자신을 스스로 창조하는 자다.' 물론 문신을 하는 모든 사람은 신체에 변화가 생깁니다. 어떤 사람은 자기 원래 피부가 거의 보이지 않을 정도로 온몸을 문신으로 뒤덮어 살아 있는 종합 예술 작품으로 탈바꿈합니다. 그런데 이는 고급 예술이라기보 다는 쓰레기에 가깝지요. 하지만 이때도 형태적 변화가 일어납니다. 일부 변화가 너무 멀리 가버린 거죠. 소셜 미디어에는 정말 극단적인 변형을 꾀하는 사람들이 있습니다. 예를 들어 앤서니 로프레도Anthony Loffredo 라는 프랑스인은 '블랙 에일리언Black Alien'으로 변했습니다. 그는 에일리언이 되려고 코와 귀를 절단하고, 손가락까지 잘라 남은 손가락 끝부분을 갈고리 모양으로 만들었습니다. 이 시점에서 형태적 자유의 권리를 실천하는 데 이런 행위가 예술인지 아니면 그냥 기괴한 쇼인지 의문이 생기네요.

조르그너 ◇ 개별 사례를 들어 대답하는 것은 상당히 곤란합니다. 하지만 형태적 자유는 어떤 식으로든, 그것이 대중이 꼭 아름답다고 여기지 않는 쪽으로도 자기 신체를 바꿀 수 있는 권리를 의미합니다. 우리에겐 이제 새로운 키워드가 생겼습니다. 물론 신체 변화를 가장 빈번하게 만들어내는 사람은 예술가가 아니라 수십 년 동안 의술을 완성해 온 성형외과 의사들이겠죠. 그러면 성형외과 의사야말로 트랜스휴머니스트 예술가의 대표주자 격이 아닐까요?

클라이네궁크 ◇ (웃음) 성형외과 동료들이 이 말을 들으면 분명 좋아하겠군요. 제 동료 중 상당수는 실제로 자신을 수공업자가 아니라 예술가라고 생각합니다. 수술실을 '트랜스휴머니스트 아틀리에'라고 부르게 된다면 업계에서 크게 환호할 겁니다.

주

1 Julian Huxley: 'Transhumanism', in: *Religion without revelation*, London 1927. Neubearbeitung in: Ders.: *New Bottles for New Wine*, Chatto & Windus, London 1957, P. 13 – 17.

2 John D. Bernal: *The World, the Flesh & the Devil: An Enquiry into the Future of the Three Enemies of the Rational Soul*, Jonathan Cape 1929.

3 Giovanni Pico della Mirandola: *Oratio de hominis dignitate / Redeüber die Würde des Menschen*, Reclam 1997.

4 https://de.wikipedia.org/wiki/Julien_Offray_de_La_Mettrie

5 Robert Ettinger: *The Prospect of Immortality*, 1962; https://cryonics.org/cryonics-library/the-prospect-of-immortality/

6 Hans Moravec: *Mind Children. The Future of Robot and Human Intelligence*, Harvard University Press, Neudruck 1990.

7 Eric Drexler: *Engines of Creation, Challenges and Choices of the last Technological Revolution*, Anchor Books 1986.

8 FM-2030: *Are You a Transhuman? Monitoring and Stimulating Your Personal Rate of Growth in a Rapidly Changing World*, Grand Central Publishing, 1989.

9 Max More: 'Transhumanism: Towards a Futurist Philosophy', in: *The Transhumanist Reader*, Wiley-Blackwell 2013.

10 https://en.wikipedia.org/wiki/Morphological_freedom

11 Nir Barzilai, Jill P. Crandall, et al.: 'Metformin as a Tool to Target Aging', in: *Cell Metab*, 23 (6), 2016, P. 1060 – 1065.

12 Bernd Kleine-Gunk u. Markus Metka: *Auf der Suche nach Unsterblichkeit – Die Geschichte der Anti-Aging-Medizin von der Antike bisheute*, Brandstätter, 2010.

13 Ray Kurzweil, Terry Grossman: *Fantastic Voyage: Live Long Enough to Live Forever*, Rodale Books, 2004.

14 Ray Kurzweil, Terry Grossman: *Transcend: Nine Steps to Living Well Forever*, Rodale Books, 2009.

15 Aubrey de Grey, Michael Rae: *Ending Aging*, St. Martin's Press, 2007.

16 William Martin u. Michael J. Russell: 'On the origin of cells: a hypothesis for the evolutionary transitions from abiotic geochemistry to chemoautotropic prokaryotes, and from prokaryotes to nucleated cells', in: *Philos*

Trans R Soc Lond B Biol Sci 358 (1429), P. 59 – 85.

17 Megan Scudellari: 'To stay young, kill zombie cells', in: *Nature* 550(2017), P. 448 – 450.

18 Joanna Poulton, Marcos R. Chiaratti, et al.: 'Transmission of Mitochondrial DNA Diseases and Ways to Prevent Them', in: *PLOS Genetics*, 12. 8. 2010, doi.org/10.1271/journal.pgen.1001066

19 Aubrey de Grey: 'A Strategy for postponing aging indefinitely', in: *Stud Health Technol Inform* 118 (2005), P. 209 – 219.

20 Kui Lin, Cynthia Kenyon, et al.: 'daf-16: An HNF-3/forkhead Family Member That Can Function to Double the Life-Span of Caenorhabditis elegans', in: *Science* 278 (1997), P. 1319 ff.

21 Eric Drexler: *Engines of Creation: The Coming Era of Nanotechnology*, Anchor Library of Science, 1987.

22 Ralph Merkle: 'The Molecular Repair of the Brain', http://www.merkle.com/cryo/techFeas.html

23 Blaise Pascal: *Gedanken – Pensées (vollständige Ausgabe in Neuübersetzung)*, marix Verlag, 2017.

24 Ray H. Baughman: 'Playing Nature's Game with Artificial Muscles', in: *Science 30*8, Nr. 5718 (2005), P. 63 – 65.

25 Sandeep Kumar Singh, Saurabh Srivastav, et al.: 'Neuroprotective and Antioxidant Effect of Ginkgo biloba Extract Against AD and Other Neurological Disorder', in: *Neurotherapeutics*, Nr. 16 (2019), P. 666 – 674.

26 Werner Pieper, *Nazis on Speed-Drogen im 3.Reich*, 한 권에 1~2권 함께 수록, The Grüne Kraft, 2016. 트랜스휴머니즘이란 용어가 전 세계에 퍼지기도 전에 이미 트랜스휴머니즘 사상이 얼마나 많은 시인과 사상가에게 영향을 끼쳤는지 보는 일은 언제나 흥미롭다. 표현주의파 서정 시인이자 수필가였던 고트프리트 벤은 의사이기도 했다. 벤은 트랜스휴머니즘 사상에 특히 관심을 보이며 1943년 〈선동당한 삶〉이란 글에서 이렇게 말한다. "페르비틴을 폭격기 조종사나 벙커를 파는 사람에게 쏟아붓는 대신 원래 목적에 걸맞게 고학년 학생의 두뇌 발달에 사용할 수도 있었습니다. 누군가에겐 잘못된 말로 들리겠지만 이는 인간 사상의 자연스러운 발달 과정일 뿐입니다." 그리고는 전형적인 벤 특유의 문장으로 마무리를 짓는다. "능률이 좋은 두뇌는 우유가 아니라 알칼로이드로 강화됩니다."

27 Christian J. Teter, Sean Esteban McCabe, et al.: 'Illicit Use of Specific Prescription Stimulants Among College Students: Prevalence, Motive, and Routes of Administration', in: *Pharmacotherapie*, 26 (10), 2006, P. 1501 – 1510.

28 Danielle C. Turner, Trevor W. Robbins, et al.: 'Cognitive enhancing effects of modafinil in healthy volunteers', in: *Psychopharmacology* 165 (3), 2003, P. 260 – 269.

29 Catherine J. Harmer, Ronald S. Duman, et al.: 'How do antidepressants work? New perspectives for refining future treatment approaches', in: *Lancet Psychiatry* 4 (5), 2017, P. 409 – 418.

30 www.gehirn-und-geist.de/memorandum

31 Brendan Maher: 'Poll results: look who's doping', in: *Nature* 452(2008), P. 674f.

32 Ursula Voss, Romain Holzmann, et al.: 'Induction of self awareness in dreams through frontal low current stimulation of gamma activity', in: *Nature Neuroscience* 17 (2014), P. 810 – 812.

33 https://www.youtube.com/watch?v=sr8hzF3j2fo

34 Richard Feynman: 'There's Plenty of Room at the Bottom', in: *Engineering and Science* 23 (5), P. 22 – 36, https://web.pa.msu.edu/people/yang/RFeynman_plentySpace.pdf

35 K. Eric Drexler: *Engines of Creation. The Coming Era of Nanotechnology*, Anchor Books, New York 1986.

36 Robert A. Freitas Jr.: *Nanomedicine, Band 1: Basic Capabilities*, Landes Bioscience, Austin 1999; ders.: *Nanomedicine*, Band IIA: *Bio-compatibility*, Landes Bioscience, Austin 2003.

37 Robert A. Freitas Jr.: 'Clottocytes: Artificial Mechanical Platelets', in: *Foresight Update*, Nr. 41, 30. 6. 2000, P. 9 – 11, 참조. https://www.kurzweilai.net/clottocytes-artificial-mechanical-platelets

38 Robert A. Freitas Jr.: 'Microbivores: Artificial Mechanical Phagocytes using the Digest and Discharge Protocol', 2001, siehe http://www.rfreitas.com/Nano/Microbivores.htm, http://www.zyvex.com/

Publications/papers/Microbivores.html

39 Gordon E. Moore: 'The Future of Integrated Electronics', in: *Electronics*, Band 38, 1965.

40 Alexander A. Bolonkin: 'Femtotechnology: Nuclear AB Matter with Fantastic Properties', in: *American Journal of Engineering and Applied Sciences* (2009), P. 501 – 514; Brian Wang: 'Femtotechnology: AB-Needles Fantastic properties and applications', http://nextbigfuture.com/2011/10/femtotechnology-ab-needles-fantastic.html; Alexander A. Bolonkin: 'Femtotechnology: Stability of ABneedles.Fantastic Properties and Application', http://vixra.org/pdf/1111.0064v1.pdf

41 Ben Goertzel: 'There's Plenty More Room at the Bottom: Beyond Nanotech to Femtotech', http://hplusmagazine.com/2011/01/10/theres-plenty-more-room-bottom-beyond-nanotech-femtotech/

42 Martin Jinek, Jennifer A. Doudna, Emmanuelle Charpentier: 'A programmable dual-RNA-guided DNA endonuclease in adaptive bacterial immunity', in: *Science* 337 (6096), 2012, P. 816 – 821.

43 Julian D. Gillmore, Ed Gane, et al.: 'CRISPR-Cas9 In Vivi Gene Editing for Transthyretin Amyloidosis', in: *N Engl J Med*, 385 (6), 2021, P. 493 – 502.

44 Giulia Pavani, Anna Fabiano, et al.: 'Correction of ß-thalassemia by CRISPR/Cas9 editing of the α-globin locus in human hematopoietic stem cells', in: *Blood Advances*, Bd. 5, Nr. 5 (2021).

45 Peter Sloterdijk: *Regeln für den Menschenpark: Ein Antwortschreiben zu Heideggers Brief über den Humanismus*, Suhrkamp, 1999.

46 Gabi Schobers, Rebekka Koeck, et al.: 'Liquid biopsy: state of reproductive medicine and beyond', in: *Human Reproduction* 36, Nr. 11 (2021), P. 2824 – 2839.

47 Xinzhu Wei, Rasmus Nielsen: 'CCR5-Δ32 is deleterious in the homozygous state in humans', in: *Nature Medicine* 25 (2019), P. 909 – 919.

48 Allan G Bromley: 'Difference and Analytical Engines', in: William Aspray (Hrsg.): *Computing Before Computers*, Iowa State University Press, 1990.

49 Friedrich Naumann: 'Konrad Zuse (geb. 1910), Schöpfer des ersten funktionsfähigen Computers', in: Gisela Buchheim, Rolf Sonnemann(Hgg.): *Lebensbilder von Ingenieurwissenschaftlern: eine Sammlung von Biographien aus zwei Jahrhunderten*, Birkhäuser, Berlin 1989, P. 203 – 214.

50 Andrew Hodges, Alan Turing: *The Enigma*, Princeton University Press, 2014, P. 416.

51 Ronald Kline: 'Cybernetics, Automata Studies, and the Darth-433 mouth Conference on Artificial Intelligence', in: *EEE Annals of the History of Computing*, Bd. 33, Nr. 4, April 2011.

52 Ray Kurzweil: *The Age of Intelligent Machines*, MIT Press, 1990.

53 Nick Bostrom: Superintelligenz: *Szenarien einer kommenden Revolution*, Suhrkamp, 2016.

54 Steven Pinker, *The Blank Slate: The Modern Denial of Human Nature*, Penguin Books, 2002.

55 https://www.forschung-und-wissen.de/nachrichten/biologie/gene-der-unsterblichen-qualle-entschluesselt-13376608, 접속일: 28. 8. 2023.

56 https://www.vox.com/future-perfect/2019/2/12/18215534/billgates-global-poverty-chart, 접속일: 28. 2. 2023.

57 https://www.forbes.com/sites/qai/2022/12/07/elon-musks-neuralink-brain-implant-could-begin-human-trials-in-2023/?sh=490d6739147c (접속일: 28. 2. 2023).

58 Sloterdijk, Peter (2001): 'Regeln für den Menschenpark', in: Ders.: *Nicht gerettet. Versuche nach Heidegger*, Suhrkamp, Frankfurt a. M., P. 312.

59 Habermas, Jürgen: *Die Zukunft der menschlichen Natur*, Suhrkamp, Frankfurt a. M., P. 43.

60 https://natalist.com/blogs/learn/the-ivf-funnel-understandingyour-chances-of-success (접속일: 18. 2. 2023).

61 https://www.deutschlandfunk.de/der-vatikan-und-der-beginndes-lebens-beseelt-von-anfang-an-100.